onheça o araiva Conecta

Uma plataforma que apoia o leitor em sua jornada de estudos e de atualização.

Estude *online* com conteúdos complementares ao livro e que ampliam a sua compreensão dos temas abordados nesta obra.

Tudo isso com a **qualidade Saraiva Educação** que você já conhece!

Veja como acessar

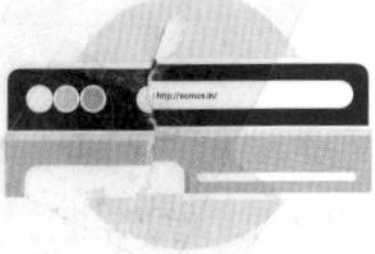

No seu computador

Acesse o *link*

https://somos.in/OABPT7

No seu celular ou tablet

Abra a câmera do seu celular ou aplicativo específico e aponte para o *QR Code* disponível no livro.

Faça seu cadastro

1. Clique em **"Novo por aqui? Criar conta"**.
2. Preencha as informações – insira um *e-mail* que você costuma usar, ok?
3. Crie sua senha e clique no botão **"CRIAR CONTA"**.

Pronto! Agora é só aproveitar o conteúdo desta obra!*

Qualquer dúvida, entre em contato pelo *e-mail* **suportedigital@saraivaconecta.com.br**

Confira o material dos autores para você: **https://somos.in/OABPT7**

*Sempre que quiser, acesse todos os conteúdos exclusivos pelo *link* ou pelo *QR Code* indicados. O seu acesso tem validade de 24 meses.

Coordenação

MARCELO HUGO DA ROCHA

Autores

GABRIEL QUINTANILHA

Doutor em Direito pela Universidade Veiga de Almeida. Mestre em Economia e Gestão Empresarial pela Universidade Candido Mendes – UCAM. Pós-Graduado em Direito Público e Tributário, extensão em Tributação Internacional pela Universiteit Leiden (Holanda). Membro da International Fiscal Association – IFA, da Associação Brasileira de Direito Financeiro – ABDF, do Instituto Brasileiro de Direito Tributário – IBDT. Sócio Fundador da Sociedade Brasileira de Direito Tributário – SBDT. Autor do EAD do IBMEC e da Fundação Getulio Vargas. Professor de Direito Tributário da FGV, de Planejamento e Gestão Tributária dos cursos de MBA do IBMEC, da Pós-Graduação em Direito Tributário da Universidade Federal Fluminense – UFF, de Direito Tributário da Pós-Graduação em Direito Tributário da UCAM, da Escola de Magistratura do Estado de Alagoas – ESMAL, de Direito Tributário da Universidade do Grande Rio – Unigranrio, da Unifor, da Unilasalle, da Escola Superior de Advocacia da OAB/RJ, da Fundação Escola Superior do Ministério Público do Rio de Janeiro – FEMPERJ e de cursos preparatórios para concurso. Autor de obras jurídicas. Advogado.

RAFAEL NOVAIS

Mestre em Direito pela Universidade Católica de Pernambuco – Unicap. Especialista em Direito Público e Tributário. Especialista em Giustizia Costituzionale e Tutela Giurisdizionale dei Diritti pela Universidade de Pisa/Itália. Palestrante, consultor e doutrinador. Instrutor e assessor jurídico no Tribunal de Justiça do Estado de Pernambuco – TJPE. Instrutor especial na Escola Fazendária da Secretaria da Fazenda Pública de Pernambuco – Esafaz. Professor de Ética, Direito e Processo Tributário em diversos cursos preparatórios para concursos públicos e exames da OAB em todo o Brasil. Autor de obras jurídicas.

PASSE NA

OAB 2ª Fase

COMPLETAÇO®

Marcelo Hugo da Rocha
Coordenação

Gabriel Quintanilha
Rafael Novais

PRÁTICA TRIBUTÁRIA

7ª edição
2023

saraiva jur

Av. Paulista, 901, Edifício CYK, 4º andar
Bela Vista – São Paulo – SP – CEP 01310-100

SAC | sac.sets@saraivaeducacao.com.br

Diretoria executiva Flávia Alves Bravin
Diretoria editorial Ana Paula Santos Matos
Gerência de produção e projetos Fernando Penteado
Gerência editorial Thais Cassoli Reato Cézar

Novos projetos Aline Darcy Flôr de Souza
Dalila Costa de Oliveira

Edição Jeferson Costa da Silva (coord.)
Liana Ganiko Brito

Design e produção Daniele Debora de Souza (coord.)
Laudemir Marinho dos Santos
Camilla Felix Cianelli Chaves
Deborah Mattos
Lais Soriano
Tiago Dela Rosa

Planejamento e projetos Cintia Aparecida dos Santos
Daniela Maria Chaves Carvalho
Emily Larissa Ferreira da Silva
Kelli Priscila Pinto

Diagramação Fernanda Matajs
Revisão Paula Brito
Capa Tiago Dela Rosa
Produção gráfica Marli Rampim
Sergio Luiz Pereira Lopes
Impressão e acabamento Vox Gráfica

DADOS INTERNACIONAIS DE CATALOGAÇÃO NA PUBLICAÇÃO (CIP)
VAGNER RODOLFO DA SILVA – CRB-8/9410

Q7p Quintanilha, Gabriel

Passe na OAB 2ª Fase – Completaço® – Prática Tributária / Gabriel Quintanilha, Rafael Novais; coordenado por Marcelo Hugo da Rocha. – 7. ed. – São Paulo: SaraivaJur, 2023. (Coleção Completaço®)

312 p.

ISBN 978-65-5362-675-1 (Impresso)

1. Direito. 2. OAB. 3. Exame de Ordem. 4. Prática Tributária. I. Novais, Rafael. II. Rocha, Marcelo Hugo da. III. Título.

2022-3630 CDD 340
CDU 34

Índices para catálogo sistemático:

1. Direito 340
2. Direito 34

Data de fechamento da edição: 30-11-2022

Dúvidas? Acesse www.saraivaeducacao.com.br

CÓD. OBRA 16209 CL 607907 CAE 818298

À minha querida família, por todo amor e dedicação.
À minha mãe, Adelza; ao meu pai, Guilherme;
e ao meu irmão, Guilherme Filho.
Ao professor Ailton Novais, com carinho, pela acertada
influência nos conselhos que me guiaram ao direito.
A você, em especial, meu aluno de todo o Brasil, que
aprendeu comigo a amar o Direito Tributário.

Rafael Novais

À minha esposa, que sempre caminhou ao meu lado.
Sem seu apoio não chegaria a lugar algum.
Seu amor me faz mais forte.
À pequena Duda, minha razão de viver,
que me deu novos olhos para ver o mundo.
Olhos de amor e paz.
Aos meus pais, que apostaram na educação
como alicerce para o meu futuro.
In memoriam, ao meu querido e eterno amigo,
Eduardo Boquimpani,
que me apresentou ao Direito Tributário
ainda no início da Faculdade de Direito
e sempre acreditou no meu potencial.
Você será eterno.

Gabriel Quintanilha

Nota da coordenação

A coleção Passe na OAB 2ª Fase com sete volumes, um para cada disciplina optativa, nasceu na primeira série **"Questões & Peças Comentadas"** lançada em 2011 e que teve três edições no total. Neste período, foi lançada outra série para completar a preparação: **"Teoria & Modelos"**. Então, em 2017, lançamos a primeira edição do **Completaço® 2ª Fase** e que reunia a experiência de ambas as abordagens nas séries anteriores num único livro para cada disciplina.

Com o tempo, fomos reunindo novas ferramentas para dirigir pelo caminho mais rápido para aprovação na OAB. Incluímos roteiros passo a passo, súmulas selecionadas, cronograma de estudos, quadro de incidência de peças e vídeos, além de melhorias na apresentação do conteúdo com quadros, esquemas e uma diagramação mais amigável e didática. A experiência dos autores, todos professores reconhecidos, também está presente no livro que você tem em mãos e no conteúdo digital exclusivo ao seu alcance no **Saraiva Conecta**.

No **conteúdo digital**, você encontrará muito mais questões dissertativas comentadas, peças processuais exemplificadas e vídeos com dicas com os professores. O cronograma de estudos para 40 dias de preparação e as súmulas selecionadas também estão disponíveis para acessar de forma virtual, incluindo novas atualizações dos autores. É por isso que escolhemos "Completaço" como título para esta coleção: o conteúdo é mais que completo, é Completaço!

Bons estudos e ótima aprovação!

Marcelo Hugo da Rocha
@profmarcelohugo

Apresentação

Antes de iniciarmos o estudo da 2ª fase de direito tributário no Exame de Ordem, precisamos compreender como funciona toda a estruturação da prova, ressaltando aquilo mais exigido e a distribuição dos pontos.

A divisão estrutural do exame, nos moldes atuais, requer do examinando a elaboração de uma peça prático-profissional (valendo até 5,0 pontos), aliada à resolução de quatro questões (1,25 ponto cada) que abordam as diretrizes da matéria escolhida nessa segunda etapa.

Em direito tributário, os aspectos materiais e processuais podem ser cobrados tanto na peça processual como também nas questões explanadas, exigindo-lhe conhecimento sobre toda a disciplina.

O diferencial da matéria tributária se encontra exatamente no tamanho de seu conteúdo, considerado enxuto se comparado com outras matérias do próprio exame.

O objetivo desta obra, portanto, será deixar-lhe preparado para identificar, sanar e resolver os elementos da prática tributária no exame (peça ou questões), abordando as principais diretrizes dessa disciplina.

Na primeira parte, abordaremos as *peças processuais* já explanadas pela Banca elaboradora do exame, sem prejuízo de outras inéditas que influenciam, direta ou indiretamente, na esfera tributária.

Em um segundo momento, estudaremos as *questões subjetivas* já exigidas em provas anteriores, aplicando o gabarito oficial da banca com as devidas atualizações jurisprudenciais, além de nossos comentários.

Assim, convidamos todos a desfrutar de uma obra completa para o estudo processual tributário em 2ª fase do Exame da OAB, elaborada por professores de larga experiência para sua *aprovação.*

Os Autores

Sumário

Quadro de incidência de peças

PEÇAS	EXAMES					
Ação Declaratória	X					
Ação Anulatória	IV	XXXI				
Mandado de Segurança (MS)	VII	IX	XI	XIV	XIX	XXIX
Embargos à Execução	II	III	XX	XXII	XXVII	
Exceção de Pré-Executividade (EPE)	XIII	XV				
Ação de Repetição do Indébito	VI	XXI	XXIII	XXIV		
Ação de Consignação	V					
Agravo	VIII	XII	XVII	XVIII	XXVI	XXXIII
Apelação	XVI	XXV	XXX	XXXII	XXXV	
Recurso Ordinário	XXVIII					

1. O PROCESSO ADMINISTRATIVO TRIBUTÁRIO

1.1. Aspectos gerais

O início da cobrança de créditos tributários exige uma série de procedimentos tomados administrativamente por parte da Fazenda Pública interessada nessa arrecadação. Esse conjunto integrado de medidas administrativas desencadeia o denominado "procedimento administrativo".

Com efeito, em demandas judiciais ordinárias, as partes envolvidas no litígio (geralmente particulares) necessitam expor seus fundamentos e direitos em *fase de conhecimento* para, com a sentença de mérito, passar a exigir do sucumbente o cumprimento da decisão em *fase de execução.*

Nos tributos não funciona assim.

Na relação tributária, a *fase de conhecimento*, por assim dizer, não seria exposta diretamente ao judiciário para concretização dos créditos a receber. Em verdade, as pessoas jurídicas de direito público dotadas do poder de tributar devem iniciar a construção de seus créditos ainda na esfera administrativa.

Essa imposição, aliás, decorre do basilar princípio da legalidade tributária. Em um dito Estado Democrático de Direito, faz-se necessária a obediência à vontade coletiva externada na lei, utilizando-se da máxima de que "ninguém será obrigado a fazer ou deixar de fazer alguma coisa senão em virtude de lei" (art. 5º, II, da CF).

Nesses termos, a submissão ao pagamento de tributos decorre, exatamente, da sua obrigatoriedade legal, designada no próprio conceito de tributo explanado no art. 3º do Código Tributário Nacional:

> *Art. 3º Tributo é toda prestação pecuniária compulsória, em moeda ou cujo valor nela se possa exprimir, que não constitua sanção de ato ilícito, instituída em lei e cobrada mediante atividade administrativa plenamente vinculada.*

Assim, observa-se que o tributo é: i) uma prestação pecuniária; ii) compulsória; iii) em moeda ou cujo valor nela se possa exprimir; iv) que não constitua sanção de ato ilícito; v) instituída em lei; e vi) cobrada mediante atividade administrativa plenamente vinculada.

Para fins didáticos, esse conceito costuma ser destrinchado para que se possa compreender o que cada termo significa no Direito Tributário:

a) ***Prestação pecuniária:*** o tributo é uma prestação, ou seja, deriva de uma relação obrigacional consistente em dar dinheiro ao Estado. O tributo deve ser pago em dinheiro, pois visa custear as atividades estatais, não cabendo o pagamento do tributo *in pecunia* ou *in natura;*

b) ***Compulsória:*** o tributo é compulsório. Sua cobrança independe da manifestação de anuência do contribuinte ou até mesmo da discricionariedade do credor. Basta que se pratique o fato gerador para que o tributo seja devido, diferenciando-se, assim, a obrigação tributária da obrigação civil, em que prepondera a vontade das partes. No entanto, para que seja obrigatório, deve ser oriundo de lei, em razão do disposto no art. 5º, II, da Constituição Federal de 1988;

c) ***Em moeda ou cujo valor nela se possa exprimir:*** o tributo deve ser pago em moeda, ou seu equivalente, desde que previsto em lei (arts. 156, XI, e 162, I e II, ambos do CTN). Importante frisar que o Código Tributário Nacional expressamente admite a dação em pagamento de bens imóveis como causa de extinção do crédito tributário (art. 156, XI, do CTN) e a jurisprudência passou a possibilitar também a dação em pagamento de bens móveis (ADIn n. 2.405);

d) ***Que não constitua sanção de ato ilícito:*** o tributo se distingue da multa nesse aspecto. Enquanto a multa caracteriza uma sanção para reprimir a prática de um ato ilícito, o tributo nunca terá essa finalidade, pois seu nascimento decorre da prática do fato gerador e não de um ato ilícito. A finalidade do tributo é, em regra, arrecadatória (o tributo também pode possuir algumas finalidades específicas, como a de intervenção no domínio econômico);

e) ***Instituída em lei:*** em regra, o tributo só pode ser criado por intermédio de lei formal. No entanto, desde que não haja reserva de lei complementar, é permitida a criação por medida provisória (ato normativo equivalente à lei), de acordo com o posicionamento do Supremo Tribunal Federal;

f) ***Cobrada mediante atividade administrativa plenamente vinculada:*** o ato administrativo da Fazenda Pública credora é vinculado. O administrador público não possui discricionariedade na cobrança do tributo. Ocorrendo a prática do fato gerador, o tributo deve ser cobrado.

Pois bem. A análise dessa legalidade tributária também deve ser observada pelos agentes e autoridades administrativas, pautando suas condutas dentro dos poderes que a Constituição Federal e normas infraconstitucionais lhes concedem, sem desvio ou abuso no seu múnus público.

O mencionado conceito legal de tributo determina, na parte final, que a cobrança de tributo deve ser realizada "mediante atividade administrativa plenamente vinculada", demonstrando, mais uma vez, a necessidade em respeitar procedimentos internos.

A atividade de ***lançamento tributário*** serve, exatamente, para que a administração tributária possa formalizar a existência desses créditos tributários, verificando a matéria correspondente, identificando o devedor, calculando valores e aplicando eventuais penalidades aos infratores (art. 142 do CTN).

O lançamento é atividade administrativa plenamente vinculada, sendo caracterizado como um poder-dever da autoridade administrativa que responderá pela omissão caso não seja praticado na forma da lei.

A ocorrência do fato gerador, então, dá início a uma cadeia de acontecimentos que permite ao Estado o exercício do poder de tributar.

Assim, com a prática do fato gerador, há o surgimento de um vínculo obrigacional em que de um lado há o Estado como sujeito ativo, ou seja, pessoa jurídica competente para a cobrança do tributo e, de outro, o sujeito passivo dessa obrigação, que pode ser o contribuinte ou o responsável.

Estabelecido o tributo por meio da criação por lei da *Hipótese de Incidência* (HI), a prática do fato gerador (FG) e o consequente surgimento da obrigação tributária (OT) não são suficientes para que a dívida seja expressa em valores, devendo ela ainda ser quantificada, uma vez que a obrigação tributária não é líquida. A quantificação da obrigação se dá por meio do referido lançamento (LC), que tem o condão de constituir o crédito tributário (CT).

```
                              ┌─ Ato Declaratório ─┐
                        OT ◄──┤
                       ▲   ▲  └─ Ato Constitutivo ─┐
                      ╱     ╲                      │
   HI ──────────►   FG ──────────► LÇ ──────────► CT

   Hipótese de      Fato Gerador:        Lançamento Tributário:
   Incidência:      Sujeito Passivo      Procedimento Administrativo que
   Norma Abstrata   Realiza no mundo     declara a anterior Obrigação
   prevista na "Lei" "VIDA", surgindo a  Tributária e constitui o
                    Obrigação            Crédido Tributário
                    Tributária
```

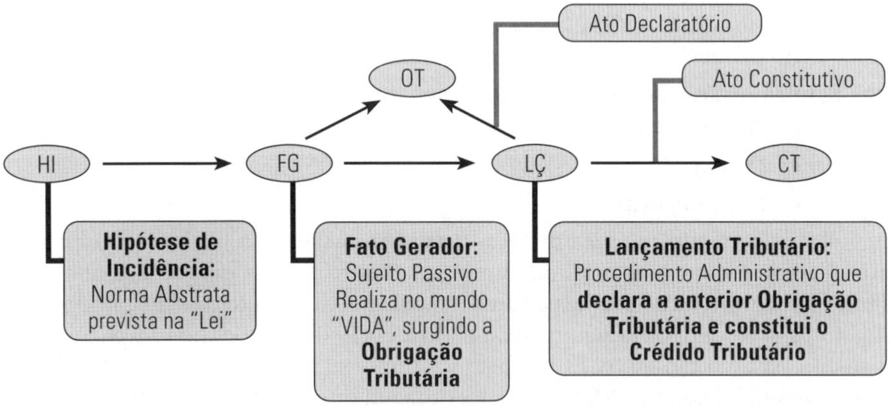

Outrossim, como já dito, para que seja quantificado o tributo, compete à autoridade administrativa praticar o lançamento, que consiste no procedimento administrativo previsto no art. 142 do Código Tributário Nacional, em que o Fisco apura o tributo devido e impõe a multa, caso seja cabível ao caso concreto.

É importante destacar que não basta que o lançamento seja praticado para a constituição do crédito tributário, devendo ser ele notificado ao sujeito passivo, sob pena de decadência, que consiste na perda do direito de constituir o crédito pelo lançamento e é causa de extinção do crédito tributário, prevista no art. 156, V, do Código Tributário Nacional.

Assim, caso a autoridade competente pratique o lançamento, mas não notifique o sujeito passivo da obrigação, não há que se falar em constituição do crédito tributário.

Uma vez notificado o sujeito passivo, surgem o crédito tributário e a obrigação de efetuar o pagamento. Nesse caso, o tributo pode ser adimplido ou não, bem como pode ser objeto de impugnação na esfera administrativa, instaurando-se, na hipótese, o processo administrativo tributário.

No momento da sua prática, o lançamento deve se reportar à data da ocorrência do fato gerador. Em outros termos não se aplica, a lei vigente quando do lançamento, mas sim aquela válida na época da ocorrência do fato gerador de obrigação tributária (art. 144 do CTN).

Com isso, caso o fato gerador de um tributo tenha sido praticado sob a vigência da lei "X" e o lançamento, dois anos após, sob a vigência da lei "Y", aplica-se ao lançamento a lei "X", vigente na data do fato gerador da obrigação tributária.

Tal regra possui algumas exceções, como as hipóteses em que a nova lei aumente as garantias e privilégios do crédito tributário ou os poderes da fiscalização, bem como nos casos em que a lei nova reduza a penalidade ou deixe de tratar a conduta do agente como uma infração, desde que não haja coisa julgada (arts. 106 e 144, § 1º, do CTN).

Ademais, uma vez notificado ao sujeito passivo, o lançamento não poderá mais sofrer alterações, ressalvadas as hipóteses de impugnação do sujeito passivo, recurso de ofício e iniciativa de ofício da autoridade fiscal (art. 145 do CTN). Trata-se do princípio da inalterabilidade do lançamento.

Doutrinariamente, as modalidades de lançamento dividem-se em três:

- *Declaração,*
- *Ofício e*
- *Homologação.*

No lançamento por ***declaração***, o sujeito passivo da obrigação tributária presta informações à autoridade administrativa tributária quanto aos fatos, cabendo à administração pública apurar o montante do tributo devido e notificar o sujeito passivo para pagamento (art. 147 do CTN). Nessa modalidade, participam o sujeito passivo e o Fisco. O Imposto de Importação (II) pode ser enquadrado como exemplo dessa modalidade, na medida em que o contribuinte deverá declarar mercadorias e bens trazidos do exterior.

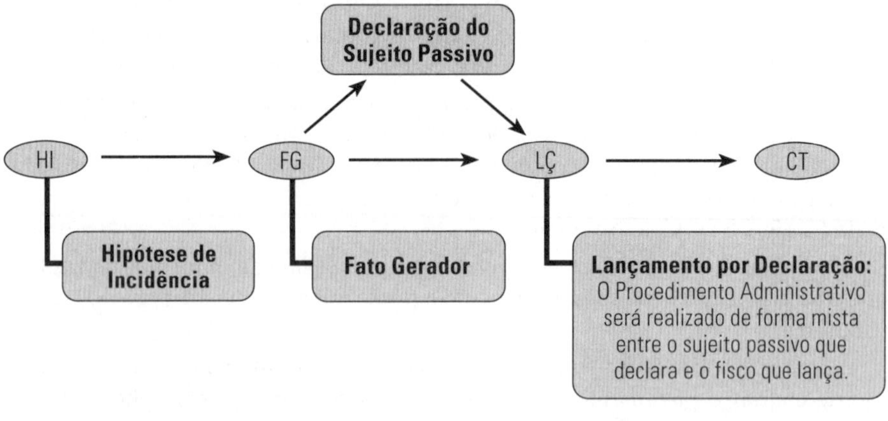

No lançamento de ***ofício***, a autoridade fazendária realiza todo o procedimento administrativo, obtendo as informações e realizando o lançamento, sem qualquer auxílio ou participação do sujeito passivo da obrigação tributária ou de terceiro (art. 149 do CTN).

Podemos citar como exemplo o Imposto sobre a Propriedade predial e Territorial Urbana (IPTU), pois caberá ao respectivo município o papel de verificar e calcular o imposto, ao passo que o contribuinte apenas receberá a cobrança.

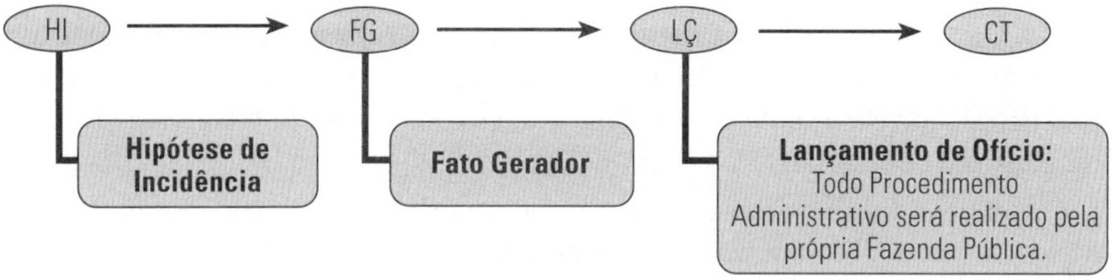
HI
FG
LÇ
CT
Hipótese de Incidência
Fato Gerador
Lançamento de Ofício:
Todo Procedimento Administrativo será realizado pela própria Fazenda Pública.

Por fim, no lançamento por ***homologação***, cabe ao sujeito passivo da obrigação tributária apurar o tributo devido, antecipar o pagamento e remeter para a conferência do Fisco (art. 150 do CTN). Com isso, a apuração fica sujeita a confirmação posterior da autoridade administrativa. Essa modalidade é adotada pelos Estados no Imposto sobre Circulação de Mercadores e prestação de Serviços (ICMS), cabendo ao próprio comerciante-contribuinte o dever de calcular e pagar antecipadamente.

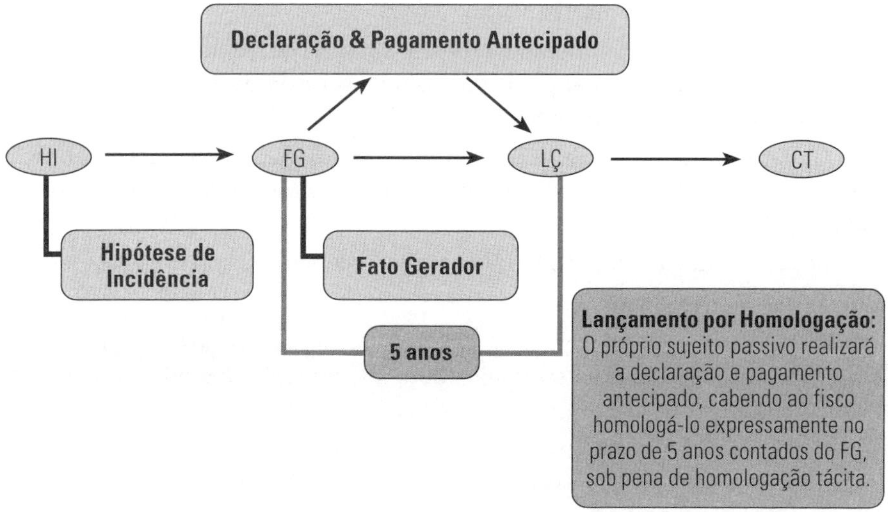
Declaração & Pagamento Antecipado
HI
FG
LÇ
CT
Hipótese de Incidência
Fato Gerador
5 anos
Lançamento por Homologação:
O próprio sujeito passivo realizará a declaração e pagamento antecipado, cabendo ao fisco homologá-lo expressamente no prazo de 5 anos contados do FG, sob pena de homologação tácita.

Perceba, portanto, que essa atividade de lançamento, perpetrada internamente pelas Fazendas Públicas federais, estaduais, distrital e municipais, requer o respeito aos *procedimentos administrativos* desses entes.

Cada ente político será livre para instituir suas respectivas leis locais dispondo sobre o procedimento do lançamento tributário e o consequente processo administrativo tributário, considerando a autonomia constitucional a eles deferida (art. 18 da CF).

Nessa linha de pensamento, surge a seguinte indagação: existe alguma possibilidade de participação do contribuinte nesse procedimento interno?

Como resposta: ***Sim.***

A Carta Magna do Estado Brasileiro consagra o pleno acesso dos particulares às atividades desenvolvidas pelos entes políticos, garantindo a devida transparência e a possibilidade de petição na defesa de direitos ou contra ilegalidades ou abusos de poder (art. 5º, XXXIV, *a*, da CF).

Também devemos ressaltar que as garantias constitucionais do *contraditório e ampla defesa* não foram apenas consagradas para aplicação em esfera judicial, sendo asseguradas, ainda, nos processos administrativos, entre eles o tributário (art. 5º, LV, da CF).

Assim, assegurada a participação do sujeito passivo da relação tributária (contribuinte ou responsável tributário) na esfera administrativa, resta-nos dividir a natureza dessa participação em: litigiosas e não litigiosas.

Entre a pluralidade de processos administrativos designados em legislações específicas, destacam-se:

a) **litigiosas:** impugnação administrativa e recurso voluntário; e

b) **não litigiosas:** consulta fiscal.

Essa separação será fundamental para, em sede de exame de ordem, conseguirmos identificar eventual peça processual a ser exigida, em face da previsão expressa no edital desse certame.

De fato, a atual banca *ainda não exigiu* como peça profissional a aplicação do *processo administrativo tributário*, inclinando sua preocupação com a advocacia judicial.

Basicamente, os fundamentos para ausência concreta de tal exigência seriam:

a) **Padronização do exame**

Na atual estrutura aplicada ao Exame de Ordem, temos a unificação das provas em todas as seccionais do País, impossibilitando a exigência de leis locais na elaboração do certame.

Conforme fora advertido anteriormente, os entes políticos são autônomos para editar suas leis específicas dispondo sobre o *processo administrativo* de seus tributos. Assim, é inviável exigir do examinando o pleno conhecimento de todas essas normas administrativas.

Entretanto, estudaremos as aplicações gerais da *legislação federal* para abordagem *genérica* das possíveis peças administrativas.

b) Peça não privativa de advogado

Outro aspecto que reforça a ausência de exigência prática no exame seria a ampla capacidade postulatória na esfera administrativa.

Com efeito, para apresentação de defesa em qualquer esfera administrativa, entre elas a tributária, será desnecessária a habilitação nos quadros da Ordem dos Advogados do Brasil.

Aliás, na prática, muitas defesas tributárias são apresentadas por sócios, gerentes, administradores, contadores etc., ainda sendo pouco atuante a advocacia nessa seara.

Assim, tendo em vista a pluralidade de peças próprias da advocacia, a banca não privilegia essa defesa administrativa.

Apesar dos argumentos acima expostos, *nada impede* a cobrança de peças administrativas no exame de 2ª fase de direito tributário, razão pela qual abordaremos as principais.

Como se não bastasse, o exaurimento da esfera administrativa não é requisito para que ocorra a discussão judicial do crédito tributário. Assim, o sujeito passivo do crédito tributário não precisa discutir administrativamente o lançamento, podendo promover a ação judicial respectiva.

E, caso ingresse com a discussão judicial, estará desistindo tacitamente da esfera administrativa (art. 38, parágrafo único, da Lei n. 6.830/80).

1.2. Impugnação administrativa

1.2.1. Conceito e cabimento

Considerada a principal espécie de defesa *litigiosa* na seara administrativa, a *impugnação* concede o primeiro acesso às garantias do contraditório e ampla defesa ao sujeito passivo.

Conforme fora abordado no tópico anterior, a autoridade administrativa efetivará o procedimento administrativo de lançamento tributário em todas as suas nuances (art. 142 do CTN), para em seguida notificar o devedor quanto ao pagamento da exação.

O art. 160 do Código Tributário Nacional determina a necessidade de notificação do sujeito passivo para que, no prazo de 30 dias[1], efetue o pagamento do respectivo tributo.

Seguindo essa mesma linha estampada no Código Tributário Nacional, os Decretos federais n. 70.235/72 e n. 7.574/2011 consagram ao sujeito passivo direito

---

1 Ressalte-se que o prazo de 30 dias mencionado no art. 160 do Código Tributário Nacional poderá ser modificado (majorado ou minorado) por meio de qualquer legislação tributária (art. 96 do CTN) dos Municípios, Estados, Distrito Federal ou União.

de *impugnação ao lançamento*, externando eventual irresignação com a atividade desenvolvida pelo fisco.

No mesmo prazo para realização do pagamento, poderá o sujeito passivo apresentar essa impugnação, devendo explanar seus argumentos contrários à cobrança efetuada (arts. 14 e seguintes do Decreto n. 70.235/72 e 56 e seguintes do Decreto n. 7.574/2011).

Em termos mais simples, poderíamos comparar a impugnação administrativa ao que, na esfera judicial, compreendemos como *contestação* (o primeiro momento de defesa do demandado).

Ressalte-se que, ao impugnar o auto de infração ou a nota de lançamento, o crédito tributário estará com sua exigibilidade suspensa, permitindo ao sujeito passivo obter a certidão positiva com efeitos de negativa, conforme disposição do art. 151, III, do Código Tributário Nacional combinado com o art. 206 do mesmo diploma legal. Em outros termos, o impugnante poderá ter acesso a documento administrativo que demonstre a existência da dívida em discussão, mas que o poder público não poderá lhe exigir nesse momento (suspensão).

Importante frisar que a instauração da discussão administrativa do crédito tributário não é requisito para a ação judicial, não havendo necessidade do exaurimento da esfera administrativa.

Por fim, merece destaque que a publicação da Lei n. 13.988/2020 trouxe para o ordenamento jurídico o contencioso administrativo de pequeno valor, que é aquele cujo valor do lançamento fiscal não ultrapassa 60 salários mínimos. Tal lei foi regulamentada pela Portaria n. 340 do Ministério da Economia, afastando a atribuição do Conselho Administrativo de Recursos Fiscais – CARF para o julgamento dos recursos voluntários. Agora, em primeira instância e última instância caberá o julgamento às Delegacias de Julgamento da Secretaria Especial da Receita Federal do Brasil – DRJs.

Considerando que esta obra objetiva a análise precisa das peças processuais tributárias, passaremos à verificação das características dessa *impugnação administrativa*.

1.2.2. Características e requisitos

A impugnação administrativa requererá o preenchimento de requisitos específicos estabelecidos na legislação de regência, no nosso estudo os Decretos federais n. 70.235/72 e n. 7.574/2011.

Na análise dessas legislações, verificamos a estruturação da peça processual semelhante aos autos forenses, quando o examinando deverá identificar e explanar, resumidamente[2]:

- A autoridade julgadora a quem é dirigida;
- A qualificação do impugnante;

[2] Art. 16 do Decreto n. 70.235/72 e art. 57 do Decreto n. 7.574/2011.

- Os motivos de fato e de direito em que se fundamenta;
- Os pontos da discordância;
- As provas, diligências e perícias que pretende produzir.

O edital do Exame de Ordem não permite a criação de dados na elaboração das peças prático-profissionais, objetivando a não identificação do examinando. Assim, apenas utilize os elementos expressamente apresentados na prova e, caso necessário, complemente as informações com a utilização de três pontos (ex.: portador do Registro Geral n. ...).

Ademais, ressaltemos alguns pontos específicos de destaque nessa espécie processual:

a) Endereçamento

Para os tributos federais, o julgamento de 1ª instância será efetivado pelas *Delegacias da Receita Federal de Julgamento*, órgãos de deliberação interna e natureza colegiada da *Secretaria da Receita Federal do Brasil* (art. 25, I, do Decreto n. 70.235/72 e art. 61 do Decreto n. 7.574/2011).

Ressalte-se que, diante da ausência de uniformidade nas legislações locais e tratando-se de impugnações aos tributos estaduais ou municipais, o exame deverá apontar qual o órgão responsável pelo respectivo julgamento, caso esteja exigindo uma impugnação como peça prático-profissional.

b) Desnecessidade de depósito

Tema corriqueiramente abordado em exames seria a exigência de prévio depósito de valores para o exercício do direito de impugnação administrativa.

Essa situação, infelizmente, decorre da constante realidade nas legislações locais em exigir do impugnante que efetue o depósito de valores (total ou parcial) para que possa apresentar defesa administrativa.

Entretanto, considerando-a como garantia elencada a nível constitucional (*contraditório e ampla defesa*), o Supremo Tribunal Federal já pacificou a *desnecessidade* de depósito ou arrolamento de bens para exercício do direito de petição administrativo. Nesse sentido:

Súmula Vinculante 21. *É inconstitucional a exigência de depósito ou arrolamento prévios de dinheiro ou bens para admissibilidade de recurso administrativo.*

Realize abertura de tópico específico na impugnação administrativa alegando a desnecessidade dessa condicionante de depósito ou arrolamento.

c) Efeito suspensivo

A apresentação de *impugnação, reclamações ou recursos administrativos* tem o condão de suspender a exigibilidade do crédito tributário, nos moldes do art. 151, III, do Código Tributário Nacional.

Considerando que o sujeito passivo apresentou fundamentos ainda na seara administrativa, faz-se necessário que o respectivo Fisco apresente resposta definitiva. Sentido algum existe em prosseguir com a cobrança do crédito tributário antes de torná-lo definitivo com o julgamento dessa mesma impugnação.

Realize abertura de tópico na peça explanando a suspensão da exigibilidade do crédito tributário com fundamento no art. 151, III, do Código Tributário Nacional.

Uma vez suspensa à exigibilidade do crédito tributário, o impugnante fará jus imediatamente à certidão positiva com efeitos de negativa (art. 206 do CTN).

1.2.3. Identificando a peça no exame

Cabe-nos, nesse momento, munir-lhes de elementos capazes de identificar a exigência dessa peça processual no Exame de Ordem.

Acredite, independentemente das peças processuais estudadas nesta obra, a prova da OAB vai *conversar com o examinando!!!*

Durante o enunciado da questão prático-profissional, alguns elementos serão explanados abertamente para escolha da medida adequada.

Tratando-se de impugnação administrativa, podemos citar como bons exemplos a utilização das seguintes orações:

- *Considerando que você foi contratado para realizar defesa administrativamente em favor do contribuinte [...]*
- *Redija a peça processual na defesa de direitos na esfera administrativa [...]*
- *Apresente impugnação ao auto de infração/lançamento tributário [...]*
- *Realize a primeira defesa administrativa em favor de Fulano de tal [...]*
- *Tendo em vista ter o contribuinte recebido notificação de lançamento em menos de 30 dias, apresente defesa menos onerosa administrativamente [...]*

Caso o enunciado não especifique que a discussão deverá ser administrativa, poderão ainda ser utilizados na defesa do contribuinte o Mandado de Segurança e a Ação Anulatória do Crédito Tributário, por exemplo. Por isso que é necessária a ordem presente no enunciado.

1.2.4. Modelo estruturado

ILUSTRÍSSIMO SENHOR DELEGADO DA DELEGACIA DA RECEITA FEDERAL DO BRASIL DE JULGAMENTO

(Espaço de três a quatro linhas)

Referente ao Lançamento/Auto de Infração n. ...

Nome, nacionalidade, estado civil, profissão, portador do RG n. ..., inscrito no CPF sob o n. ..., residente e domiciliado..., por meio de seu Advogado abaixo assinado, procuração anexa, com endereço profissional para receber todas as informações processuais..., vem, respeitosamente, perante o Ilustre Julgador Administrativo, com fulcro nos arts. 14, 15 e 16 do Decreto n. 70.235/72, arts. 56 e 57 do Decreto n. 7.574/2011, bem como art. 151, III, do CTN, apresentar

IMPUGNAÇÃO ADMINISTRATIVA

ao Lançamento/Auto de Infração em epígrafe, lavrado pelo Auditor Fiscal da Receita Federal do Brasil, integrante da União Federal, pessoa jurídica de direito público interno, pelos fatos e fundamentos a seguir expostos:

I – Tempestividade e Suspensão da Exigibilidade do Crédito

Considerando que a notificação do Auto de Infração/Lançamento Tributário ocorreu na data de..., verifica-se que ainda não houve decurso do prazo de 30 dias estabelecido no art. 15 do Decreto n. 70.235/72, restando tempestiva a presente peça de resistência.

Ademais, ressalte-se que a mera apresentação dessa impugnação administrativa suspende a exigibilidade do crédito tributário, nos moldes do art. 151, III, do CTN, ficando o Fisco impedido de realizar qualquer procedimento de cobrança.

II – Desnecessidade de Depósito Preliminar

Sendo o contraditório e a ampla defesa garantias fundamentais do contribuinte, insculpidas no art. 5º, XXXV, da CRFB, a exigência de depósito prévio como requisito de admissibilidade de impugnação ou recurso administrativo se apresenta inconstitucional, conforme teor da Súmula 373 do STJ e da Súmula Vinculante 21 do STF.

Portanto, é descabida a exigência de depósito prévio para a presente impugnação.

III – Dos Fatos

Realizar resumidamente a narrativa dos fatos existentes no enunciado da questão. Evitar a repetição de expressões desnecessárias.

IV – Do Direito

Nessa oportunidade, o examinando deverá expor todos os fundamentos jurídicos na defesa do sujeito passivo contra o Auto de Infração/Lançamento tributário.

Devem ser abordados todos os fundamentos para a defesa, citando os artigos aplicáveis desde a Constituição Federal, legislação complementar e ordinária, bem como as súmulas aplicáveis.

Estruture o item "do direito" subdividindo-o em tópicos, pois facilitará a análise do avaliador na correção dos pontos (conseguira identificar seus fundamentos de maneira mais clara).

Ex.: III.I – Do direito de defesa administrativa; III.II – Da ilegalidade do lançamento tributário; III.III – Da imunidade tributária.

V – Dos Pedidos

Ante o exposto, requer:

a) que seja recebida a impugnação administrativa, consagrando a ampla defesa constitucional, bem como atribuída a suspensão da exigibilidade do crédito tributário aqui discutido, nos termos do art. 151, III, do CTN;

b) a intimação da Autoridade Administrativa responsável pelo Lançamento/Auto de Infração para, querendo, apresentar manifestação;

c) seja julgada procedente a presente impugnação para fins de anular o Lançamento/Auto de Infração, uma vez que... (resumir a tese jurídica).

Por fim, o impugnante esclarece o rol de provas para produção em anexo, sem prejuízo da aplicação do art. 16, § 4º, do Decreto n. 70.235/72 e do art. 57, § 4º, do Decreto n. 7.574/2011.

Nesses termos, pede deferimento.

Local..., Data...

Advogado... OAB.../n. ...

1.3. **Recurso voluntário**

1.3.1. Conceito e cabimento

A utilização do recurso voluntário assemelha-se ao judicial recurso de *apelação,* quando o sujeito passivo não concorda com a decisão proferida na anterior impugnação administrativa apresentada.

Novamente, cabe-nos a ressalva já realizada no estudo da impugnação: o cabimento e os requisitos dessa peça processual dependerão da específica legislação local sobre o tributo (*municipal, distrital, estadual ou federal*)[3].

Para o estudo efetuado em *exame unificado de OAB,* permaneceremos utilizando a disciplina dos Decretos federais n. 70.235/72 e n. 7.574/2011.

Trata-se de peça *litigiosa* em verdadeiro pedido de reapreciação dentro da esfera administrativa, ainda considerando os direitos constitucionais de petição, contraditório e ampla defesa (art. 5º, XXXIV, *a,* LV, da CF). Fundamenta-se na possibilidade de erros, inconsistências e omissões na decisão de primeira instância julgadora.

3 Inclusive, algumas legislações sequer admitem o recurso voluntário.

Uma vez cientificado ao interessado o teor da decisão sobre a impugnação, poderá ele apresentar o *recurso voluntário*, no prazo de 30 dias, para julgamento em sede de 2ª instância administrativa (art. 33 do Decreto n. 70.235/72 e arts. 73 e 74 do Decreto n. 7.574/2011).

1.3.2. Características e requisitos

Os decretos federais acima referidos não definem os requisitos formais para apresentação dessa peça processual. Em verdade, utilizaremos os mesmos requisitos da impugnação administrativa, adaptando-os ao modelo recursal.

Desse modo, trataremos: autoridade julgadora, qualificação do recorrente, motivos de fato e de direito e os pontos da discordância[4].

Passemos à análise de especificidades na elaboração dessa peça:

a) **Endereçamento**

Diferente do recurso de apelação, o recurso voluntário não é processado pela primeira instância administrativa. Não cabe análise de admissibilidade, devendo ser apresentado e endereçado ao Conselho Administrativo de Recursos Fiscais – CARF.

As seções do CARF, órgãos responsáveis pelo julgamento, são divididas por competência em razão da matéria. No exame de ordem, essa competência não deve ser exigida do candidato, que não terá acesso à legislação respectiva durante a elaboração da prova.

b) **Desnecessidade de depósito**

Seguindo os mesmos fundamentos explorados na *impugnação administrativa*, também não será necessário o depósito prévio ou arrolamento de bens para apresentação do *recurso voluntário* (*Súmula Vinculante 21*).

c) **Efeito suspensivo**

A apresentação de qualquer defesa administrativa, dentre elas o *recurso voluntário*, tem o condão de suspender a exigibilidade do crédito tributário até o final da decisão (art. 151, III, do CTN).

1.3.3. Identificando a peça no exame

A identificação dessa peça administrativa na prova prático-profissional requererá a indicação de anterior decisão administrativa denegando direito ao contribuinte. Como exemplos, encontramos:

- *Considerando que houve decisão administrativa de 1ª instância desfavorável ao seu cliente [...]*
- *Redija o recurso na defesa de direitos em esfera administrativa [...]*

---

4 A doutrina processualista também aponta sobre a possibilidade de produção probatória na 2ª instância julgadora.

- *Fulano de tal lhe procura, logo após obter ciência da decisão administrativa, para apresentação de defesa menos onerosa em 2ª instância administrativa [...]*

O enunciado terá que especificar que se trata de discussão administrativa.

1.3.4. Modelo estruturado

À ... SEÇÃO DO CONSELHO ADMINISTRATIVO DE RECURSOS FISCAIS

(Espaço de três a quatro linhas)

Nome da Empresa, pessoa jurídica de direito privado, inscrita no CNPJ sob n. ..., com sede domiciliada..., por meio de seu Advogado abaixo assinado, procuração anexa, com endereço profissional para receber todas as informações processuais..., vem, respeitosamente, perante esse Ilustre Julgador Administrativo, inconformado com a respeitável Decisão..., tomada na impugnação administrativa n. ..., apresentar

RECURSO VOLUNTÁRIO,

com fulcro no art. 33 do Decreto n. 70.235/72, arts. 73 e 74 do Decreto n. 7.574/2011, bem como art. 151, inciso III, do CTN, segundo as razões inclusas.

Assim, requer o processamento do presente recurso, mantendo a exigibilidade do crédito suspensa e determinando a intimação do recorrido para, querendo, apresentar manifestação.

Razões do Recurso Voluntário

Recorrente: Nome...

Recorrido: ...

Referente: Impugnação n. ...

Egrégio Conselho Administrativo de Recursos Fiscais

Colenda Seção...

Ínclitos Conselheiros

I – Da Tempestividade e Manutenção do Efeito Suspensivo

Considerando que a cientificação da decisão administrativa de 1ª instância ocorreu na data de..., verifica-se que ainda não houve decurso do prazo de 30 dias estabelecido no art. 33 do Decreto n. 70.235/72.

Ademais, requer a manutenção da suspensão da exigibilidade do crédito tributário até o exaurimento da esfera administrativa, nos moldes do art. 151, III, do CTN.

II – Dos Fatos

Realizar resumidamente a narrativa dos fatos existentes no enunciado da questão. Evitar a repetição de expressões desnecessárias.

III – Do Direito

Nessa oportunidade, o examinando deverá expor todos os fundamentos jurídicos na defesa do sujeito passivo contra a decisão de 1ª instância, requerendo sua reforma. Sugerimos, novamente, a subdivisão em tópicos. Ex.: III.I – Do direito a 2ª Instância Recursal / III.II – Da Ilegalidade da cobrança / III.III – Da Não incidência do respectivo tributo etc.

IV – Do Pedido

Ante o exposto, requer:

a) o recebimento do recurso com a manutenção da suspensão da exigibilidade do crédito tributário, nos moldes do art. 151, III, do CTN;

b) o provimento do recurso para que a respeitável Decisão de folhas... seja anulada/reformada, uma vez que... (resumir os fundamentos jurídicos).

Local... Data...

Advogado... OAB.../n. ...

1.4. Consulta fiscal

1.4.1. Conceito e cabimento

Conceitua-se como processo administrativo *não litigioso* em que o requerente apenas detém dúvida quanto à aplicação da legislação tributária. Objetivando ver sanada a celeuma existente, requer ao próprio Fisco que esclareça qual medida deve ser tomada.

O art. 161, § 2º, do Código Tributário Nacional faz alusão a sua existência, mesmo sem lhe regular, ao determinar o afastamento de encargos moratórios durante o período em que o contribuinte apenas consultar a respectiva Fazenda Pública.

Entretanto, mais uma vez ressaltamos: a existência da consulta fiscal dependerá da legislação local do respectivo ente tributante. Aqui novamente utilizaremos o disciplinamento federal dos Decretos federais n. 70.235/72 e n. 7.574/2011.

Fundada no direito de petição aos órgãos públicos (art. 5º, XXXIV, *a*, da CF), deverá o consulente comprovar seu estado de dúvida quando a situação de fato que enseje a obtenção de entendimento do poder público.

Desse modo, esse direito não pode ser utilizado indiscriminadamente para qualquer tipo de consulta, quando claramente o intuito for de protelar o cumprimento das obrigações tributárias.

Será necessária a demonstração do *estado de incerteza* sobre o enquadramento jurídico da norma tributária (arts. 46 e seguintes do Decreto n. 70.235/72 e arts. 88 e seguintes do Decreto n. 7.574/2011), dependendo, ainda, da existência de um caso concreto, não cabendo consulta sobre lei em tese.

Importante frisar que não cabe a consulta fiscal acerca de situações hipotéticas, conforme previsto no art. 46 do Decreto n. 70.235/72, que regulamenta o processo administrativo fiscal federal.

Dessa forma, somente será cabível a consulta sobre situação fática, não sendo cabível o procedimento para situações em abstrato.

1.4.2. Características e requisitos

Novamente os decretos federais suscitados não definiram os requisitos formais para apresentação dessa peça processual. Em verdade, mais uma vez, utilizaremos as formalidades da impugnação administrativa.

Desse modo, trataremos de: autoridade consultada, qualificação do consulente, motivos de fato e de direito e requerimento de esclarecimento.

Superadas as generalidades, passemos à verificação de suas especificidades em termos de peça processual.

a) Endereçamento

A consulta deverá ser apresentada por escrito, no domicílio tributário do consulente, ao órgão local da entidade incumbida de administrar o tributo sobre o qual versa.

Tratando-se de tributos federais, a competência será do superintendente da respectiva Secretaria da Receita Federal do Brasil da região do consulente (art. 47 do Decreto n. 70.235/72 e art. 91 do Decreto n. 7.574/2011).

Tratando-se de aplicação unificada do Exame da 2ª Fase OAB, se a prova exigir o procedimento administrativo de consulta fiscal sobre tributos estaduais ou municipais, deverá designar expressamente qual a autoridade competente para respondê-la.

b) Efeito suspensivo

Conforme mencionado em linhas anteriores, o procedimento de consulta já teria o condão de afastar encargos da mora no pagamento dos tributos (art. 161, § 2º, do CTN).

Caminhando no mesmo sentido, os decretos federais determinam, como regra, a *impossibilidade de instauração de procedimento fiscal* relativamente à espécie consultada até 30 dias após ciência de sua *conclusão.*

Importa concluirmos que, durante o trâmite do procedimento de consulta, não haverá atos de cobrança do respectivo crédito tributário, ressalvadas pontuais exceções (arts. 48 e 49 do Decreto n. 70.235/72 e arts. 89 e 90 do Decreto n. 7.574/2011).

1.4.3. Identificando a peça no exame

Tratando-se de exigência da *consulta fiscal* no exame de ordem, os examinandos devem manter atenção aos indicativos mínimos de *dúvida*. Como exemplos:

- *Considerando que existe dúvida sobre a aplicação da legislação tributária ao caso concreto [...]*
- *Redija a peça processual pertinente para sanar celeuma de interpretação na esfera administrativa [...]*
- *Fulano de tal lhe procura para defesa de direito em decorrência do estado de incerteza sobre o enquadramento da legislação tributária [...]*

1.4.4. Modelo estruturado

ILUSTRÍSSIMO SENHOR SUPERINTENDENTE DA RECEITA FEDERAL DO BRASIL DA REGIÃO...

(Espaço de três a quatro linhas)

Nome, nacionalidade, estado civil, profissão, portador do RG n. ..., inscrito no CPF sob o n. ..., residente e domiciliado..., por meio de seu Advogado abaixo assinado, procuração anexa, com endereço profissional para receber todas as informações processuais..., vem, respeitosamente, perante essa Ilustre Autoridade, apresentar

CONSULTA FISCAL,

com fulcro no art. 88 e seguintes do Decreto n. 7.574/2011 e art. 46 e seguintes do Decreto n. 70.235/72, considerando dúvida sobre aplicação da norma tributária, abaixo explanada.

I – Dos Fatos

Realizar resumidamente a narrativa dos fatos existentes no enunciado da questão. Evitar a repetição de expressões desnecessárias.

II – Concessão de Efeito Suspensivo

Considerando a existência de dúvida sobre a aplicação da legislação tributária para situação em apreço, requer a atribuição de efeito suspensivo até definitiva solução.

Ademais, ressalte-se que a legislação de regência determina a impossibilidade de instauração de procedimento fiscal sobre a matéria pelo prazo de 30 dias após conclusão da celeuma (arts. 48 e 49 do Decreto n. 70.235/72 e arts. 89 e 90 do Decreto n. 7.574/2011).

III – Do Direito

Nessa oportunidade, o examinando deverá expor todos os fundamentos jurídicos relacionados à existência de dúvida ("estado de incerteza"), pugnando pela solução administrativa. Também será possível a fragmentação em tópicos, objetivando a melhor identificação dos elementos jurídicos pelo avaliador. Ex.: III.I – Do procedimento de consulta / III.II – Da dúvida sobre aplicação da norma tributária.

IV – Dos Pedidos

Ante o exposto, requer:

a) que seja recebida a consulta administrativa e atribuído efeito suspensivo à presente consulta, impedindo quaisquer procedimentos de cobrança na pendência de seu julgamento, nos moldes do art. 89 do Decreto n. 7.574/2011, do art. 48 do Decreto n. 70.235/72 e do art. 161, § 2º, do CTN;

b) o posicionamento definitivo sobre a dúvida suscitada, esclarecendo qual posicionamento deverá ser adotado por esse contribuinte, uma vez... (resumir os fundamentos jurídicos).

Nesses termos, pede deferimento.

Local..., Data...

Advogado... OAB.../n. ...

2. O PROCESSO JUDICIAL TRIBUTÁRIO

2.1. Aspectos gerais

Conforme estudamos nas linhas iniciais desta obra, a constituição do crédito tributário será realizada internamente pelas Fazendas Públicas interessadas, no típico *procedimento/processo administrativo de lançamento tributário* (art. 142 do CTN).

Esse procedimento substituiria a conhecida *fase de conhecimento do processo judicial ordinário*, concedendo ao *Fisco* o poder de declarar e constituir o crédito tributário unilateralmente.

Uma vez criada a relação tributária, o sujeito passivo (contribuinte ou responsável) será chamado para realização do seu pagamento, via de regra no prazo de 30 dias, salvo se específica legislação tributária dispuser de forma diversa (art. 160 do CTN).

Durante esse período, o devedor tributário poderá efetuar o pagamento do montante exigido, extinguindo-se o crédito tributário (art. 156, I, do CTN), ou mesmo apresentar *impugnação administrativa*, nos moldes estabelecidos na legislação local e estudados no capítulo anterior.

Mas o que acontece se o contribuinte deixar transcorrer todo o prazo sem realização do pagamento ou apresentação de impugnação? Ou ainda que tenha apresentado defesa(s) administrativa(s), tenha perdido a discussão?

Logicamente que o ente tributante necessita tomar medidas para ver seu crédito adimplido pelo devedor.

Vencido o prazo sem o pagamento do tributo ou após encerrada discussão administrativa, o Fisco finalizará o ato constitutivo do crédito com a *inscrição em dívida ativa* (art. 201 do CTN).

Dessa atividade interna de inscrição, expedir-se-á *Certidão de Dívida Ativa (CDA)*, contendo elementos identificadores da relação tributária (art. 202 do CTN) e considerado o título executivo extrajudicial a embasar a ação fiscal de execução (art. 784, IX, do CPC).

Por exemplo, a inscrição em dívida ativa é atividade privativa da Procuradoria-Geral da Fazenda Nacional, no tocante aos tributos federais, conforme expresso no art. 2º, § 4º, da Lei n. 6.830/80.

Com a inscrição em dívida ativa, o crédito tributário passa a gozar de presunção relativa de liquidez e certeza, cabendo ao devedor desconstituir tal presunção. Ademais, por se tratar de título executivo extrajudicial, o Fisco poderá adotar dois meios para a satisfação do crédito: o protesto da Certidão de Dívida Ativa, já reconhecido como constitucional pelo Supremo Tribunal Federal no julgamento da ADI 5.135, ou a ação de cobrança, que é a Execução Fiscal, regida pela Lei n. 6.830/80.

Entretanto, por mais que o *Fisco* tenha substituído a *fase de conhecimento judicial* pelo procedimento interno de lançamento, para expropriação forçada de bens do contribuinte, será necessário o ingresso de demanda judicial denominado de *execução fiscal.*

O motivo residiria na garantia constitucional do devido processo legal (*due process of law*), estampada no art. 5º, LIV, da Carta Magna de 1988, ao determinar:

> ***Ninguém será privado da liberdade ou de seus bens sem o devido processo legal.***

Desse modo, a liberdade e o patrimônio dos cidadãos estão protegidos por cláusula pétrea constitucional, exigindo a participação do Estado-Juiz para sua mitigação.

Se a declaração e a constituição do crédito foram efetuadas *unilateralmente* pela Fazenda Pública, faz-se necessária a participação de terceiro imparcial (*magistrado*) na condução do processo de pagamento forçado, analisando eventuais excessos, erros, omissões, inexatidões, inconstitucionalidades, ilegalidades etc.[1].

Em síntese, para ultimar os atos de cobrança, o poder público necessita do ingresso da demanda judicial de execução que, conforme será oportunamente aprofundado, rege-se pela específica Lei n. 6.830/80 (Lei de Execuções Fiscais – LEF).

De outra banda, o contribuinte também poderá intentar ações e medidas judiciais na defesa de seus direitos, quando considerar a existência de vícios que maculam a cobrança dos tributos designados na *CDA*[2].

Nesta obra, estudaremos as principiais espécies de defesas em favor do sujeito passivo, possíveis de exigência na 2ª fase do Exame de Ordem.

2.2. Identificando as espécies processuais tributárias

Se, de um lado, a Fazenda Pública detém de específica ação judicial para a cobrança dos tributos (*ação de execução fiscal*), o particular também poderá manejar medidas judiciais na defesa de seus interesses.

Esquematicamente, podemos listar como medidas judiciais em favor do sujeito passivo (contribuinte ou responsável tributário):

- Ação declaratória de inexistência de relação jurídico-tributária;
- Ação anulatória de débito fiscal;
- Mandado de segurança (preventivo ou repressivo);

---

1 Atente-se que em muitas repartições públicas fiscais não encontramos profissionais com formação jurídica realizando a atividade de lançamento, corroborando para a existência de incorreções.

2 Inclusive a presunção de certeza e liquidez da CDA será relativa, podendo ser afastada por prova em sentido contrário (art. 204, parágrafo único, do CTN).

- Embargos à execução fiscal;
- Exceção de pré-executividade;
- Ação de repetição do indébito tributário;
- Ação de consignação em pagamento.

De início, ressaltamos que a apresentação dessas peças processuais não exclui a possibilidade de outras modalidades de defesas judiciais, a exemplo dos *recursos cíveis e ações constitucionais*, também estudados nesta obra.

Utilizando as espécies acima estruturadas, perceberemos que sua aplicação dependerá do atual estado de cobrança dos créditos tributários, amoldando-se cada medida em um determinado momento.

Para tanto, mais uma vez, a prova irá *conversar com o candidato*, demonstrando os elementos mínimos para identificação da peça exigida.

Objetivando facilitar nosso estudo, encontraremos nas provas os seguintes indicativos:

a) Ainda não houve lançamento tributário/auto de infração efetivado: **ação declaratória de inexistência de relação jurídico-tributária ou mandado de segurança (*preventivo*).**
b) Houve lançamento tributário/auto de infração, mas não o início de execução fiscal: **ação anulatória de débito fiscal ou mandado de segurança (*repressivo*).**
c) A cobrança já se encontra em processo judicial de execução fiscal: **embargos à execução fiscal ou exceção de pré-executividade[3].**
d) Pagamento indevido: **ação de repetição do indébito tributário.**
e) Garantir o direito de pagamento: **ação de consignação.**

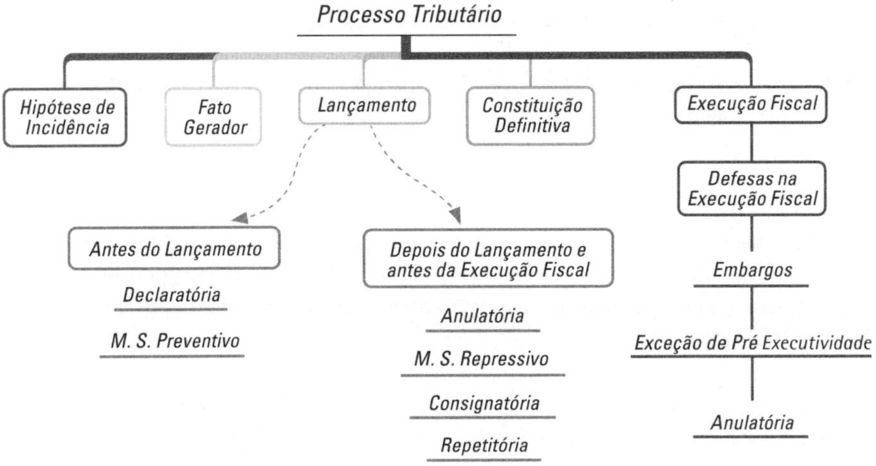

[3] Estudaremos a admissão excepcional da ação anulatória mesmo após existência de ação de execução fiscal (AgRg no REsp 928.639/RJ).

No estudo das especificidades de cada uma dessas espécies processuais, identificaremos outros elementos que levarão o candidato à adoção da peça correta.

Em casos pontuais, o espelho de prova poderá comportar mais de uma peça como correta, aprovando examinandos que optem por uma ou outra. A exemplo, no IV e IX Exames aplicados pela banca FGV em que foram aprovados aqueles que manejaram o mandado de segurança ou ação anulatória.

2.3. **Estrutura básica das peças judiciais**

2.3.1. Requisitos da petição

Antes de iniciarmos o estudo das espécies processuais tributárias, realizaremos abordagem sobre os *requisitos básicos das peças judiciais.*

De início, precisamos compreender que a questão prático-profissional de 2ª fase da OAB *não* requererá do examinando a extensão de suas redações, primando pela simplicidade e objetividade em detrimento da prolixidade.

O quantitativo de linhas concedidas ao examinando (150 linhas distribuídas em cinco páginas) já seria bom indicativo do viés objetivo do exame, exigindo o domínio completo da matéria sem firulas ou excessos.

Em termos mais simples, a prova vai prestigiar a boa redação do examinando conjuntamente com seu conhecimento jurídico, aplicando-se as normas jurídicas (Constituição, Código Tributário Nacional, leis e súmulas) ao caso concreto.

Seguiremos a estruturação estabelecida pelo regramento processualista brasileiro (art. 319 do CPC), para explanação básica desses requisitos: *endereçamento, qualificação das partes, fatos, fundamentos jurídicos, tutelas provisórias ou antecipatórias, pedidos e fechamento.*

2.3.2. Endereçamento

O primeiro requisito de uma petição seria o *endereçamento,* quando o requerente procura a autoridade judicial competente para realizar o julgamento da causa. Para tanto, será necessário respeitar as regras da Constituição Federal e do Código de Processo Civil.

Realize o endereçamento nas primeiras linhas da prova, de forma literal e sem abreviações. Ex.: Ao Juízo de Direito da... Vara da Fazenda Pública da Comarca de...

É importante frisar que, com a entrada em vigor do CPC de 2015, as iniciais não mais são endereçadas ao juiz, mas sim ao juízo competente, conforme previsto no art. 319, I.

Na escolha do endereçamento, o examinando deve analisar o tributo em questão, bem como os sujeitos da relação jurídica, dividindo-se entre *Justiça Federal* e *Justiça Estadual (comum)*[4].

Será competente a Justiça Federal se atendidos os pressupostos do art. 109 da Constituição Federal. Assim, caso a União, suas autarquias, fundações e empresas públicas sejam parte no processo, a competência será da Justiça Federal, ainda que esteja em discussão um tributo estadual ou municipal.

Portanto, a identificação do tributo em debate não é critério exclusivo para identificação da peça processual cabível. Tomemos como exemplo uma discussão que envolva IPTU da Empresa Brasileira de Correios e Telégrafos – ECT. Apesar de o IPTU ser um imposto de competência municipal e o município figurar no polo passivo da demanda, a competência para processar e julgar essa causa será da Justiça Federal, pois o ECT enquadra-se como empresa pública federal.

Ademais, as sociedades de economia mista serão processadas e julgadas na Justiça Estadual comum, não se aplicando a *vis atrativa* da Justiça Federal, conforme posicionamento firmado nas Súmulas 508, 517 e 556 do Supremo Tribunal Federal.

> ***Súmula 508, STF.*** *Compete à Justiça Estadual, em ambas as instâncias, processar e julgar as causas em que for parte o Banco do Brasil S.A.*
>
> ***Súmula 517, STF.*** *As sociedades de economia mista só têm foro na Justiça Federal, quando a União intervém como assistente ou opoente.*
>
> ***Súmula 556, STF.*** *É competente a Justiça Comum para julgar as causas em que é parte sociedade de economia mista.*

Ainda sobre a Justiça Federal, devemos destacar que as causas que envolvam pessoas físicas ou jurídicas (enquadradas como micro ou pequenas empresas) e a causa for de valor igual ou inferior a 60 salários mínimos, a competência para processar e julgar a causa será do Juizado Especial Federal, conforme art. 3º da Lei n. 10.259/2001, ressalvadas as devidas exceções.

Na Justiça Estadual, o endereçamento dependerá de especificações do "Código de Organização Judicial" – COJ de cada Estado e do Distrito Federal. Tratando-se de exame unificado, utilizaremos padrões para aplicação nacional.

No estudo das peças específicas, trabalharemos os possíveis endereçamentos.

2.3.3. Qualificação das partes

Superados os elementos relacionados ao endereçamento, o examinando deve realizar a qualificação completa do autor e réu. Mais uma vez, aconselhamos os candidatos a realizarem toda qualificação, evitando abreviações.

---

[4] Como regra, verificaremos a utilização da justiça comum (estadual), utilizando a esfera federal nos casos designados no art. 109 da Constituição Federal de 1988.

Assim, teremos *os nomes, os prenomes, o estado civil, a profissão, o número de inscrição no Cadastro de Pessoas Físicas ou no Cadastro Nacional da Pessoa Jurídica, o domicílio e a residência do autor e do réu. Além disso, com base na exigência do CPC de 2015, deverá constar também o endereço eletrônico do Autor e do Réu.*

> *Inexistindo dados apresentadas pelo Exame, o candidato não poderá inventar informações, a exemplo de nomes fictícios ou números, sob pena de eliminação por identificação. Ocorrendo omissão de dados, utilize reticências [...] seguindo exigência do edital.*

2.3.4. Fatos

Nessa oportunidade, o examinando deverá explanar os fatos que ensejaram a busca pela solução judicial.

Sem inventar acontecimentos novos, o próprio enunciado da questão processual dará ao examinando os fatos necessários, bastando sua reprodução em texto na peça. Deve-se ter atenção, pois o enunciado não deverá ser copiado, mas reproduzido com as palavras do candidato.

> *Em alguns exames, o enunciado não será apresentado em narrativa. Nesses casos, leia com atenção e elabore redação concisa, evitando repetição de expressões desnecessárias.*

2.3.5. Fundamentos jurídicos

Agora chegou o momento de explanar os argumentos jurídicos para tutela de direitos do sujeito passivo. Estamos diante da necessidade de amoldarmos os fatos narrados com a pretensão judicial desejada.

Novamente, aconselhamos a subdivisão do tópico para abordagem completa de todos os elementos jurídicos exigidos na questão. O examinando deverá aplicar as normatizações da Constituição Federal, do Código Tributário Nacional, leis e súmulas (premissa maior), aos fatos outrora narrados (premissa menor).

2.3.6. Tutelas provisórias ou antecipatórias

O requerimento de medidas provisórias ou antecipatórias no direito tributário objetiva a concessão de *suspensão a exigibilidade do crédito*, nos moldes do art. 151, IV e V, do Código Tributário Nacional.

A mera propositura de ações judiciais na defesa de interesses dos contribuintes não obsta que o *fisco* proceda com o lançamento tributário e constitua o respectivo crédito, exigindo-lhe.

Desse modo, será necessária a utilização dessas medidas iniciais exatamente para evitar a imediata exigibilidade da exação até o final pronunciamento judicial. É importante frisar que as tutelas provisórias não impedem o lançamento, mas somente a cobrança do tributo. O lançamento deverá ser praticado com ressalva de cobrança, para evitar a ocorrência da decadência. Como exemplo na esfera federal, obstando apenas o lançamento da multa (art. 63 da Lei n. 9.430/96).

No Exame de Ordem, utilizaremos as medidas *liminares no mandado de segurança, tutelas provisórias em ações ordinárias e efeitos suspensivos nos recursos judiciais.*

Baseando-se na lei geral do mandado de segurança (Lei n. 12.016/2009), estudaremos que a concessão de ***liminar*** dependerá do preenchimento de dois requisitos: *fumus boni iuris (fumaça do bom direito)* e o *periculum in mora (perigo da demora).*

Em se tratando das *tutelas provisórias,* o Código de Processo Civil (Lei n. 13.105/2015) inovou no sistema processual brasileiro, conjugando as *tutelas de urgência e evidência* (art. 294 do CPC).

A ***tutela de urgência*** será aplicada quando houver elementos que evidenciem a *probabilidade do direito* e o *perigo de dano ou o risco ao resultado útil do processo* (art. 300 do CPC), ao passo que a ***tutela de evidência*** se caracteriza com o abuso do direito de defesa ou o manifesto propósito protelatório da parte, alegações comprovadas apenas documentalmente e se houver tese firmada em casos repetitivos ou súmula vinculante; se tratar de pedido reipersecutório fundado em prova documental adequada do contrato de depósito e a petição inicial for instruída com prova documental suficiente dos fatos constitutivos do direito do autor a que o réu não oponha prova capaz de gerar dúvida razoável (art. 311 do CPC).

Em recursos judiciais, identificaremos aqueles que comportarão atribuição do duplo efeito: ***devolutivo*** e ***suspensivo.***

Ademais, também é cabível a tutela recursal na apresentação de recursos, como o agravo de instrumento, por exemplo, na forma do art. 1.019, I, do Código de Processo Civil.

Longe de exaurirmos o tema, até pela incompatibilidade e dimensão da matéria em face da objetividade desta obra, abordaremos nas espécies processuais o cabimento dessas medidas.

2.3.7. Pedidos

De suma importância em uma petição, *os pedidos* serão divididos em vários elementos. Estruturaremos todos eles, passando pela necessidade de concessão de tutela antecipada/liminar/efeito suspensivo, citação/intimação, procedência/reforma, produção de provas, entre outros a depender da espécie processual manejada.

2.3.8. Fechamento

O momento final de uma petição também dependerá da espécie utilizada, merecendo destaque no estudo realizado em próximos capítulos.

Contudo, na maioria das peças, encontraremos o pedido de produção probatória, valor da causa, local, data, nome do advogado e número de sua inscrição na OAB.

Novamente alertamos para não identificação do examinando na prova aplicada. Se o enunciado não abordar local, data, nome ou número para advogado, o examinando não deve criar dados ou colocar seu nome.

Superados os elementos básicos de uma petição, nos próximos capítulos desta obra convidamos ao estudo das específicas peças processuais tributárias exigíveis em 2ª fase da OAB.

3. AÇÃO DECLARATÓRIA DE INEXISTÊNCIA DE RELAÇÃO JURÍDICO-TRIBUTÁRIA

3.1. Considerações iniciais: conceito e cabimento

A *ação declaratória* tem como objetivo principal a obtenção de certeza jurídica acerca da existência, da forma como se opera ou da inexistência de determinada relação, bem como a autenticidade ou falsidade de documento.

Como o próprio nome sugere, a intenção do proponente se amolda à necessidade de tutela jurisdicional de cunho meramente *declaratório* e não condenatório, limitando-se à explanação sobre alguma relação jurídica.

O disciplinamento jurídico dessa peça encontra-se no Código de Processo Civil (Lei n. 13.105/2015) ao designar:

> Art. 19. O interesse do autor pode limitar-se à declaração:
> I – da existência, da inexistência ou do modo de ser de uma relação jurídica;
> II – da autenticidade ou da falsidade de documento.

Note que, por meio da leitura do dispositivo legal, a aplicação processual da *ação declaratória* poderá ser dividida em duas espécies: *positiva* ou *negativa*.

A propositura na espécie *positiva* objetiva a declaração sobre a *existência* de determinada relação jurídica (*ou modo de ser*), bem como a *autenticidade* de documento. Já o manejo de forma *negativa* atrela-se à declaração de *inexistência* de relação jurídica ou *falsidade* documental.

Observamos, portanto, que a utilização dessa peça processual tem respaldo em todo o ordenamento jurídico brasileiro, estampada no códex processualista cível.

Pois bem. Esse mesmo disciplinamento jurídico também será aplicado à seara do direito tributário.

Com efeito, em diversas relações tributárias, o sujeito passivo (contribuinte ou responsável) poderá encontrar *dúvidas* sobre sua submissão a específicas exações, bem como aos *limites* do seu dever.

Em outras situações, perceberá que *não faria parte de qualquer relação tributária*, baseando-se em motivos de flagrante ilegitimidade, ilegalidade, inconstitucionalidade, dentre outros.

Desse modo, considerando a necessidade de proteção judicial contra pontuais desmandos da atividade pública tributária, o interessado poderá utilizar essa importante *defesa prévia* de seus interesses.

A denominação de defesa prévia decorre do momento processual para sua utilização, qual seja: antes do lançamento tributário/auto de infração.

Ainda que venha ser possível a utilização processual da ação declaratória após violação de direitos (art. 20 do CPC), na relação tributária tal medida deve ser manejada quando ainda *não ocorreu atividade concreta do Fisco*. Essa situação decorre da limitação material da ação declaratória que, conforme já explanado, apenas tem o condão de declarar a existência ou inexistência de relação jurídica, sendo instrumento inviável para desconstituir crédito tributário já externado com o *lançamento ou auto de infração*.

Em capítulos posteriores, estudaremos outras espécies processuais utilizadas para desconstituição de crédito já materializado, a exemplo da ação anulatória.

Historicamente, a cobrança dessa peça processual no direito tributário cinge-se à *declaração de inexistência de relação jurídico-tributária*, afastando o dever do contribuinte em recolher futuras exações ainda não materializadas, em típica modalidade *negativa*.

Entretanto, processualistas não afastam também a modalidade *positiva* argumentando o manejo da peça para *declaração de direito* à compensação, isenção, moratória ou até mesmo o direito à imunidade tributária, entre outras hipóteses.

Tradicionalmente, a prova de 2ª fase da OAB prefere a denominação de ação declaratória de inexistência de relação jurídico-tributária, independentemente se relacionada ou não à concessão de benefícios (declaração de direitos).

3.2. Características

Superadas as considerações iniciais, passemos à análise detida das importantes características dessa ação em matéria tributária.

3.2.1. Rito e fundamentação processual

A ação declaratória seguirá a regra processual do rito comum (art. 318 do CPC), utilizando-se das formalidades necessárias à estruturação de uma petição inicial: endereçamento, qualificação completa das partes, fatos, fundamentos jurídicos, pedidos, fechamento (arts. 319 e 320 do CPC).

Como fundamentação jurídica, encontraremos o já citado art. 19 do Código de Processo Civil, especificando a aplicação do inciso I para declaração de inexistência da relação jurídico-tributária.

Ressalte-se que o requerimento de suspensão da exigibilidade do crédito tributário também exigirá a fundamentação nos respectivos artigos da tutela provisória pleiteada (arts. 300 a 311 do CPC e art. 151, V, do CTN). Importante destacar que a tutela pleiteada deverá ser abordada de forma específica, com seus requisitos próprios, para garantir a obtenção da pontuação respectiva.

De mais a mais, ainda neste capítulo estruturaremos específico modelo dessa peça processual.

3.2.2. Momento, aplicação e efeitos

Conforme explanado em linhas anteriores, a utilização da ação declaratória no exame de ordem ocorrerá de maneira prévia à atividade concreta de lançamento tributário ou auto de infração imposto pelo Fisco.

Assim, a relação jurídica discutida nessa peça processual ainda não foi declarada pelo fisco, tratando-se de mera *ameaça futura.* O interessado apenas obtém prévio conhecimento sobre possível sujeição passiva em relação tributária e toma providências no sentido de prevenir-se.

Assim, o objetivo dessa ação é evitar a cobrança futura, não sendo possível o afastamento do lançamento, uma vez que é atividade vinculada e sujeita à decadência.

Ressalte-se que, além de *futura,* a *ameaça* também precisa ser *real.* Em termos mais simples, deve existir plausibilidade sobre os argumentos apresentados na ameaça, não bastando à relação provável.

A título exemplificativo, não existe efetivo interesse de agir (*utilidade/necessidade*) por parte de qualquer pessoa em ingressar com ação declaratória objetivando a inexistência de relação jurídica em relação ao *Imposto sobre Grandes Fortunas (IGF).* O motivo é bem simples: esse imposto ainda não foi instituído no nosso ordenamento, mesmo detendo a União de competência para tanto (art. 153, VII, da CF).

Quanto aos *efeitos da sentença* exarada na ação declaratória, a regra processual da *coisa julgada* determina sua perpetração no tempo enquanto não ocorrer modificação nos preceitos jurídicos que lhe fundamenta (art. 502 do CPC).

No entanto, tratando-se de relação jurídica continuada, ocorrendo modificação no estado de fato ou de direito, poderá o interessado requerer a revisão do comando sentencial (art. 505 do CPC).

Nesse sentido, posiciona-se o Supremo Tribunal Federal:

> ***Súmula 239.*** *Decisão que declara indevida a cobrança do imposto em determinado exercício não faz coisa julgada em relação aos posteriores.*

Esclarecendo a existência de críticas sobre esse entendimento, uma parcela dos processualistas defende a *relativização* da coisa julgada somente quando ocorrer *modificação no estado de fato ou de direito* (REsp 1.143.895/MG). Expliquemos.

Tomando como exemplo determinado portador de necessidades especiais imutáveis (*cegueira incurável*) que obtém direito, mediante ação declaratória, à isenção específica para não pagar IPTU sobre seu imóvel. Nesse caso, seria desnecessário o manejo de nova ação declaratória todos os anos se a lei da isenção permanecer a mesma.

Ademais, não custa alertar que os efeitos da ação declaratória serão apenas *inter partes (entre as partes envolvidas)* e não *erga omnes (abrangência generalizada).*

Assim, não devem ser incluídos nos pedidos requerimentos para que seja declarada a inconstitucionalidade do tributo, pois ela deve apenas pacificar a relação jurídica entre as partes.

A inconstitucionalidade ou constitucionalidade da norma em abstrato somente poderá ocorrer por meio da ADI ou da ADC. Os pedidos devem ser no sentido do afastamento do tributo em razão da inconstitucionalidade e a declaração em si.

3.2.3. Juízo competente e endereçamento

A identificação do juízo competente para julgamento e processamento da ação declaratória dependerá, basicamente, de dois elementos: *o tributo e as partes envolvidas.*

O primeiro passo que o examinando deve verificar na prova prático-profissional seria o *tributo* em questão.

Tratando-se de *tributos federais,* a competência para julgamento será exercida pela *Justiça Federal,* pois a *União* figurará no polo passivo da relação como ré da demanda.

Em tributos *estaduais e municipais* quem apreciará a demanda, em regra, será a *Justiça Comum Estadual.*

No entanto, em pontuais situações, a definição do juízo também poderá ser designada pelas *partes envolvidas.* O deslocamento da competência para a *Justiça Federal* se limitaria não apenas à identificação da *União,* mas das partes envolvidas na relação jurídica.

O art. 109, I, da Constituição Federal de 1988 determina que *aos juízes federais compete processar e julgar as causas em que a União, entidade autárquica ou empresa pública federal forem interessadas na condição de autoras, rés, assistentes ou oponentes.*

Assim, mesmo que diante de tributos estaduais ou municipais, se atuar como autora qualquer das pessoas supramencionadas, a *Justiça Federal* será a competente para julgamento[1].

Importante destacar que, em causas de competência da Justiça Federal com valor inferior a 60 salários mínimos, cujas partes sejam pessoa física ou jurídica, caracterizada como microempresa ou empresa de pequeno porte, será aplicada a Lei n. 10.259/2001 e será competente o Juizado Especial Federal.

---

1 Esse exemplo ocorreu no VII Exame Unificado da OAB/FGV, quando a parte autora era Empresa Pública Federal (Correios). O endereçamento pontuado foi à Justiça Federal, mesmo se discutindo imposto estadual (IPVA).

Contudo, não se aplica o microcosmo do Juizado nas ações de rito especial, como o mandado de segurança, por exemplo. Frise-se que, se o enunciado não informar o valor da causa, aplica-se a Justiça Federal Comum.

Em qualquer situação, o foro competente será o de domicílio do autor, considerando esse o sujeito passivo contribuinte ou responsável tributário (arts. 51 e 52 do CPC).

No endereçamento da peça processual, adotaremos os seguintes modelos:

- **Justiça Federal:**

Ao Juízo Federal da... Vara Federal da Seção Judiciária de...

- **Justiça Comum[2]:**

Ao Juízo de Direito da... Vara... (Cível/Fazenda Pública/Única) da Comarca de...

- **Juizado Especial Federal:**

Ao Juízo do ... Juizado Especial Federal da Seção Judiciária...

3.2.4. Atribuição de efeito suspensivo

Explicamos que a utilização da ação declaratória será prévia à atuação concreta do Fisco, requerendo a declaração de inexistência de específico liame jurídico.

Contudo, a mera propositura da ação judicial declaratória não obsta que o Poder Público realize os atos subsequentes de efetivação do lançamento tributário, podendo nascer crédito tributário exigível.

Aliás, conforme entendimento sedimentado nos tribunais superiores, o fisco deve proceder à constituição definitiva de seu crédito, ainda que penda discussão judicial, sob pena de operar-se a decadência tributária (ERE 572.603/PR, REsp 260.040/SP).

Desse modo, além da própria propositura da demanda judicial declaratória, deverá o examinando requerer a suspensão da exigibilidade do crédito tributário.

Como regra, a modalidade utilizada para alcance da suspensão seria a concessão de *tutela antecipada em outras espécies de ação judicial* (art. 151, V, do CTN).

Na atual sistemática adotada pelo Código de Processo Civil, a tutela antecipada foi substituída pelo gênero *tutela provisória*, englobando a *tutela de urgência e evidência* (art. 294 do CPC).

Em capítulo anterior já descrevemos a separação genérica entre as modalidades citadas, a qual reportamos ao leitor.

---

2 Ressalte-se novamente que a identificação da vara responsável pelo endereçamento dependerá do respectivo "Código de Organização Judicial" (COJ) adotado por cada Estado de Federação. Aqui, utilizaremos o padrão geral.

Para fins de aplicação no Exame de Ordem, dentro da ordinária ação declaratória o examinando deverá requerer:

I. *Tutela de urgência* (art. 300 do CPC)

Na utilização dessa medida, será necessária a comprovação da *probabilidade do direito* e *perigo de dano ou risco ao resultado útil do processo.*

- Probabilidade do direito: demonstrando que as alegações do autor já aparentam certo grau de veracidade. O conjunto probatório apresentado pelo autor no momento do ingresso da demanda deve demonstrar a probabilidade que o direito perseguido é de sua titularidade (ex.: portador de necessidades especiais demonstra que goza de específica isenção para não pagar IPVA sobre seu veículo).
- Perigo de dano ou risco ao resultado útil do processo: cabe a demonstração de que a concessão da tutela provisória evitaria gerar dano ou risco ao resultado final do processo. Alegações ao magistrado de que a não concessão poderá ocasionar uma série de prejuízos jamais revertidos ou de dificultosa reversão (ex.: portador de necessidades especiais alegando que a não concessão ocasionará em indevida cobrança e o levará a agravamento de suas difíceis condições pessoais).

Os requisitos para a concessão da tutela de urgência deverão estar previstos na peça processual, individualizados e devidamente explicados de acordo com o caso concreto.

II. *Tutela de evidência* (art. 311 do CPC)

A tutela de evidência não possui os mesmos requisitos que a tutela de urgência e não poderá ser concedida de forma cautelar, conforme previsto no art. 301 do CPC, que somente admite a concessão da tutela cautelar de urgência.

O requerimento dessa espécie de tutela antecipada dependerá do enquadramento nas hipóteses do art. 311 do CPC, dentre elas da existência de teses firmadas em casos repetitivos ou súmula vinculante e quando a comprovação for apenas documental, como seria no caso de suposta instituição de taxa de iluminação pública, já pacificada na Súmula Vinculante 41 como inconstitucional.

Também poderá alegar essa modalidade se demonstrar que a inicial tem prova documental suficiente dos fatos constitutivos do seu direito, não opondo o réu prova capaz de gerar dúvida (ex.: a existência de imunidade tributária autoaplicável). Nesse caso, a tutela poderá ser concedida após a instauração do contraditório e defesa do Réu.

No Exame de Ordem, o aluno deverá estar atento para identificar a tutela correta e garantir a pontuação respectiva.

A doutrina processualista também admite a obtenção de suspensão da exigibilidade do crédito tributário, em sede de ação declaratória, por meio do depósito integral em dinheiro (art. 151, II, do CTN). Contudo, considerando que essa ação judicial deve ser manejada em momento anterior à constituição do crédito tributário, em alguns casos seria impossível precisar o quantum *a ser depositado.*

Por fim, devemos destacar que a tutela se presta a suspender a exigibilidade do crédito tributário, mas não impedirá a ocorrência do lançamento, que deverá ser praticado com o fito de prevenir a decadência, conforme o art. 63 da Lei n. 9.430/96.

3.2.5. Cumulação de peças

Ao longo desta obra, observaremos a possibilidade de cumulação da ação declaratória com outras demandas também de natureza ordinária.

Entre as demandas mais comuns, encontraremos a cumulação com a *ação de repetição do indébito tributário.*

Nesses casos, o pleito pretendido pelo sujeito passivo não seria o de apenas obstar futura exação, mas também a devolução de valores pagos anteriormente.

3.2.6. Aplicação incidental

A utilização *incidental* dessa peça processual significa a possibilidade de apresentação *durante o trâmite de outra ação,* quando sobrevenha litígio relativo à existência ou à inexistência de relação jurídica entre as partes.

Conforme detalhamos no tópico anterior, caberia cumulação de peças ordinárias com a ação declaratória. Assim, em situações pontuais, o sujeito passivo proporia a ação declaratória quando já em curso demanda paralela.

A título exemplificativo, suponha que já esteja em trâmite ação de repetição do indébito tributário relacionada à devolução de indevidos IPTUs sobre imóvel pertencente igreja (art. 150, VI, *b*, da CF). Por existir efetiva *ameaça* de futuros lançamentos do mesmo imposto, o interessado poderá apresentar *incidentalmente* a ação declaratória com pedido de tutela provisória.

Ressalte-se que, no exemplo acima narrado, o correto seria a utilização cumulada desde o início da ação, permitindo-se a apresentação *incidental* para evitar efetivos prejuízos ao autor.

3.3. Como identificar a peça no exame

Conforme estudamos ao longo deste capítulo, a identificação da ação declaratória no Exame de Ordem dependerá da ausência de efetiva concretização do lançamento ou auto de infração.

Assim, na prova podemos encontrar como bons exemplos as seguintes orações:

- *Considerando que ainda não houve lançamento tributário ou auto de infração lavrado contra fulano de tal [...]*
- *Mesmo sem existir atividade concreta do fisco, procura-lhe como advogado para realização de defesa prévia [...]*

- *Sabendo que a lei foi publicada ontem e que ainda não houve qualquer fiscalização no estabelecimento do contribuinte, pretende medida judicial já no presente momento [...]*
- *Objetivando medida que assegure o não pagamento de futuro e eventual tributo a ser lançado, redija a peça processual no interesse do seu cliente [...]*
- *Considerando o resultado negativo da consulta fiscal, aliada à ausência de novo procedimento fiscal em face da suspensão legal, redija a peça processual adequada nesse momento [...]*

Em capítulo anterior alertamos ao leitor que, em situações pontuais, também seria possível a utilização do mandado de segurança preventivo nos casos afetos à ação declaratória. No estudo do mandado de segurança, verificaremos quando ambas serão utilizáveis, bem como os casos em que apenas uma será.

3.4. Modelo estruturado

AO JUÍZO FEDERAL DA... VARA FEDERAL DA SEÇÃO JUDICIÁRIA DE...

ou

AO JUÍZO DE DIREITO DA... VARA... (CÍVEL/FAZENDA PÚBLICA/ÚNICA) DA COMARCA DE...

(Espaço de três a quatro linhas)

Nome, nacionalidade, estado civil, profissão, portador do RG n. ..., inscrito no CPF sob o n. ..., residente e domiciliado..., com endereço eletrônico..., por meio de seu Advogado abaixo assinado, procuração anexa, com endereço profissional para receber todas as informações processuais..., integrante do escritório..., inscrito no CNPJ sob o n. ..., na forma do art. 103 do CPC, vem, respeitosamente, perante Vossa Excelência, com fulcro nos arts. 19, inciso I, (300 ou 311) e 319 do CPC cumulado com o art. 151, inciso V, do CTN, propor a presente

AÇÃO DECLARATÓRIA DE INEXISTÊNCIA DE RELAÇÃO
JURÍDICO-TRIBUTÁRIA COM PEDIDO DE
TUTELA PROVISÓRIA (URGÊNCIA OU EVIDÊNCIA)

em face (União, Estados, DF ou Municípios), pessoa jurídica de direito público interno, inscrita no CNPJ sob o n. ..., com endereço... e endereço eletrônico... na pessoa do seu representante legal, pelos fatos e fundamentos a seguir expostos:

I – Dos Fatos

Narração semelhante ao próprio quesito proposto, apenas atentando para não repetição de alguns pontos desnecessários como os nomes das Partes (evitar repetição de expressões).

II – Do Cabimento

A ação declaratória é cabível conforme previsto no art. 19, I do CPC, para pacificar a relação jurídica tributária, gerando segurança jurídica para as partes envolvidas. Explanar a existência de dúvida ou ameaça de cobrança futura.

III – Do Direito

Nessa oportunidade, o examinando deverá expor todos os fundamentos jurídicos na defesa do autor para declaração de inexistência da relação jurídico-tributária.

Realize a subsunção de normas jurídicas ao caso concreto, amoldando-a naquilo que o quesito determinou. Novamente ressaltamos a necessidade de subdivisão em tópicos, facilitando a leitura por parte do avaliador.

Ex.: III.I – Da inexistência de relação jurídica / III.II – Da imunidade tributária / III.III – Da imunidade religiosa.

IV – Da Tutela Provisória ("Urgência ou Evidência")

Objetivando a suspensão da exigibilidade do crédito tributário (art. 151, V, do CTN), o examinando deverá requerer, conforme o caso:

a) Tutela de Urgência (art. 300 do CPC); ou

b) Tutela de Evidência (art. 311 do CPC).

Qualquer que seja a opção, será necessária a explanação de que houve preenchimento dos requisitos já estudados, de forma individualizada e organizada.

V – Dos Pedidos

Ante o exposto, requer:

a) que seja concedida a tutela provisória de urgência (ou evidência) pleiteada para fins de suspender a exigibilidade do crédito tributário em caso de eventual lançamento no curso da ação, nos termos do art. 300 (ou 311) do CPC e art. 151, inciso V, do CTN;
b) que seja dispensada a realização de audiência de conciliação ou mediação nos termos do art. 319, VII, do CPC OU impossibilidade de realização da audiência, pois se trata de um direito indisponível, que não admite autocomposição, aplicando-se o art. 334, § 4º, II, do CPC;
c) a citação da ré (União, Estados, DF ou Municípios), para, querendo, responder aos termos da presente ação;
d) seja julgada procedente a presente ação para fins de se declarar a inexistência de relação jurídico-obrigacional tributária, (uma vez... breve síntese da tese jurídica);
e) a condenação da parte ré nas custas e honorários advocatícios, segundo o art. 85, § 8º, do CPC.

Por fim, pretende o Autor realizar todos os meios de provas em direito admitidas, em especial as provas documentais, nos moldes dos arts. 319, VI, e 369 do CPC.

Dá-se à causa o valor de R$... (numeral e por extenso), na forma do art. 291 do CPC.

Nesses termos, pede deferimento.

Local..., Data...

Advogado... OAB.../n. ...

3.5. Gabaritando o Exame

(I Exame Unificado – Cespe – Adaptada[3]) Juarez aposentou-se no serviço público federal em 15-5-2005. Três anos depois, foi acometido de neoplasia maligna, conforme atestado em laudo pericial, datado de 5-9-2008 e proferido por médico especialista em oncologia do Hospital Vita.

Em razão desse diagnóstico e de posse do laudo médico, Juarez protocolou, junto ao órgão em que trabalhava, ou seja, junto a sua fonte pagadora, pedido de concessão do benefício de isenção do imposto de renda relativamente aos seus proventos de aposentadoria.

O pedido foi negado, sob o argumento de que o laudo pericial apresentado não fora emitido por serviço médico oficial da União. Juarez submeteu-se, então, a perícia feita por junta médica oficial da repartição pública que lhe concedera a aposentadoria.

Após análise dos documentos apresentados e realização de exame físico, foi emitido laudo, datado de 6-2-2009, atestando ser o interessado realmente portador da alegada debilidade. Com o laudo pericial comprovador da moléstia, emitido por serviço médico oficial da União, Juarez protocolou, perante sua fonte pagadora, em 15-2-2009, novo pedido de reconhecimento da isenção.

Transcorrido mais de um ano, a fonte pagadora continua procedendo aos descontos do imposto de renda incidente sobre os proventos da aposentadoria de Juarez, que, inconformado, procurou auxílio de profissional da advocacia.

Com base nos fatos hipotéticos apresentados, redija, na condição de advogado(a) contratado(a) por Juarez, a peça processual adequada para garantir a efetividade do alegado direito violado, sabendo que ele apenas pretende discutir a devolução de valores em outra ação a ser protocolada posteriormente.

GABARITO:

AO JUÍZO FEDERAL DA... VARA FEDERAL DA SEÇÃO JUDICIÁRIA DE...

(Pular de três a quatro linhas)

Juarez, nacionalidade, estado civil, aposentado, portador do RG n. ..., inscrito no CPF sob o n. ..., residente e domiciliado..., com endereço eletrônico..., por meio de seu Advogado abaixo

---

[3] Utilizamos o último exame aplicado pela antiga banca CESPE, uma vez que até o fechamento desta obra a atual banca ainda não cobrou isoladamente a ação declaratória.

assinado, procuração anexa, com endereço profissional para receber todas as informações processuais..., integrante do escritório..., inscrito no CNPJ sob o n. ..., na forma do art. 103 do CPC, vem, respeitosamente, perante Vossa Excelência, com fulcro nos arts. 19, I, 300 e 319 do CPC cumulado com o art. 151, V, do CTN, propor a presente

AÇÃO DECLARATÓRIA DE INEXISTÊNCIA DE RELAÇÃO JURÍDICO-
-TRIBUTÁRIA COM PEDIDO DE TUTELA PROVISÓRIA DE URGÊNCIA

em face da União, pessoa jurídica de direito público interno, inscrita no CNPJ sob o n. ..., com endereço ... e endereço eletrônico ... na pessoa do seu representante legal pelos fatos e fundamentos a seguir expostos:

I – Dos Fatos

O autor, três anos após ter se aposentado do serviço público federal, foi acometido de neoplasia maligna, conforme atestado em laudo pericial na data de 5-9-2008, proferido por médico especialista em oncologia do Hospital Vita.

De posse do laudo médico com o diagnóstico mencionado, protocolou junto ao órgão em que trabalhava (fonte pagadora) pedido de concessão do benefício de isenção, relativamente aos seus proventos de imposto de renda.

Para sua surpresa, o pedido foi negado sob o argumento de que o laudo pericial não fora emitido por serviço médico oficial da União.

Após submissão à junta médica oficial da União para apresentação de documentos e realização de exames, novo laudo constatou, em 6-2-2009, ser o interessado realmente portador da alegada debilidade.

Em 15-2-2009, o autor protocolou novo pedido de reconhecimento da isenção e, transcorrido mais de um ano, a fonte pagadora continua procedendo aos descontos de imposto de renda.

Assim, considerando que até a presente data não houve efetiva resposta sobre a concessão do referido benefício, aliada à possibilidade de futuras cobranças, o autor utiliza desse importante instrumento processual.

II – Do Cabimento

A ação declaratória é cabível conforme previsto no art. 19, I, do CPC, para pacificar a relação jurídica tributária, gerando segurança jurídica para as partes envolvidas. Evidentemente que o autor pretende a pacificação dessa relação para compreensão quanto à sujeição ou não ao mencionado tributo.

III – Do Direito

III.I – A aplicação do princípio da isonomia tributária

A relação jurídico-tributária não se encontra desligada dos ditames constitucionais de garantia ao cidadão, devendo respeitar um conjunto integrado de regras e princípios.

O sistema constitucional tributário consagra seção própria para tratar as limitações ao poder de tributar (arts. 150 a 152 da CF), designando importantes princípios que os entes tributantes devem respeitar como mecanismo de legitimação de suas atividades.

Entre esses princípios, podemos destacar a isonomia tributária (art. 150, II, da CF). Por meio dessa garantia, será vedado à União, Estados, Distrito Federal e Municípios realizar tratamento tributário diferenciado entre contribuintes que se encontrem em situações equivalentes.

Aliás, essa isonomia tributária nada mais seria que o consagrado princípio da igualdade, estruturado na máxima de que "todos são iguais perante a lei" (art. 5º, "caput", da CF).

A máxima aqui explanada concede tratamento igual àqueles em situações de igualdade, ao passo que o tratamento diferente será dado àqueles que externem desigualdades.

Conforme relatado, o autor dessa ação foi diagnosticado com doença grave de neoplasia maligna, dificultando sua qualidade de vida e requerendo maiores cuidados com sua saúde, sob real risco de óbito.

Evidentemente que pessoas nessas condições merecem tratamento tributário diferenciado se comparadas àquelas não acometidas de severa moléstia, justificando-se a isonomia com a aplicação benéfica da lei tributária.

III.II – Da específica isenção tributária

Além do disciplinamento em âmbito constitucional, também nos resta abordar a existência de específica isenção aplicável ao autor da demanda.

Com efeito, o art. 6º, XIV, da Lei n. 7.713/88 determina expressamente a existência de isenção do imposto sobre a renda àqueles acometidos, antes ou após aposentadoria, de doenças graves.

Entre as doenças graves listadas na citada lei, também encontramos a neoplasia maligna.

Assim, considerando os documentos apresentados na repartição pública competente e repetidos em anexo a essa ação, é inegável o direito do autor em se beneficiar com a referida isenção.

Ressalte-se que a alegação de concessão do benefício apenas quando submetido a verificação de junta médica não merece prosperar. Isto porque quem reconhece o tratamento médico é o profissional médico que acompanha o autor, identificando de forma específica a doença do autor.

Ademais, o Superior Tribunal de Justiça já pacificou entendimento nesse sentido e também na desnecessidade de contemporaneidade da doença ou recidiva:

Súmula 598-STJ: É desnecessária a apresentação de laudo médico oficial para o reconhecimento judicial da isenção do Imposto de Renda, desde que o magistrado entenda suficientemente demonstrada a doença grave por outros meios de prova.

Súmula 627-STJ: O contribuinte faz jus à concessão ou à manutenção da isenção do imposto de renda, não se lhe exigindo a demonstração da contemporaneidade dos sintomas da doença nem da recidiva da enfermidade

O autor, portanto, faz jus ao benefício fiscal estampado na Lei federal n. 7.713/88.

IV – Da Tutela de Urgência

O disciplinamento do Código de Processo Civil (Lei n. 13.105/2015) determina a concessão da tutela provisória de urgência nos seguintes termos:

> Art. 300. A tutela de urgência será concedida quando houver elementos que evidenciem a probabilidade do direito e o perigo de dano ou o risco ao resultado útil do processo.

Assim, para o caso proposto, resta-nos comprovar o preenchimento da probabilidade do direito, bem como o perigo de dano.

A probabilidade do direito aqui pleiteado tem guarida no princípio constitucional da isonomia tributária, permitindo tratamento diferenciado entre sujeitos que necessitam de benefícios tributários. Também será perceptível essa comprovação por meio da mencionada Lei n. 7.713/88.

O perigo de dano fica por parte das retenções realizadas sobre os futuros rendimentos recebidos, ensejando em efetivo prejuízo ao autor que já sofre de doença grave.

Desse modo, restam comprovados elementos suficientes para concessão da tutela de urgência, o que desde já requer.

V – Dos Pedidos

Ante o exposto, requer:

a) que seja concedida a tutela provisória de urgência pleiteada para fins de suspender a exigibilidade do crédito tributário em caso de eventual lançamento no curso da ação, nos termos do art. 300 do CPC e do art. 151, V, do CTN;

b) que seja dispensada a realização de audiência de conciliação ou mediação, pois não há que se falar na realização de tal audiência no caso concreto, pois se trata de um direito indisponível, que não admite autocomposição, aplicando-se o art. 334, § 4º, II, do CPC;

c) a citação da União, para, querendo, responder aos termos da presente ação;

d) seja julgada procedente a presente ação para fins de se declarar a inexistência de relação jurídica obrigacional tributária, uma vez que o autor tem direito a isenção tributária nos moldes do art. 150, II, da CF e do art. 6º, XIV, da Lei n. 7.713/88;

e) a condenação da parte ré nas custas e honorários advocatícios, segundo o art. 85, § 8º, do CPC.

Por fim, pretende o autor realizar todos os meios de provas em direito admitidas, em especial as provas documentais, nos moldes dos arts. 319, VI, e 369 do CPC.

Dá-se à causa o valor de R$... (numeral e por extenso), na forma do art. 291 do CPC.

Nesses termos, pede deferimento.

Local..., Data...

Advogado... OAB.../n. ...

4. AÇÃO ANULATÓRIA DE DÉBITO FISCAL

4.1. Considerações iniciais: conceito e cabimento

A *ação anulatória de débito fiscal*, também denominada de *ação anulatória de lançamento tributário*, objetiva a *desconstituição* do ato administrativo de lançamento fiscal ou auto de infração. Trata-se de uma ação constitutiva negativa que tem como objetivo a anulação do crédito tributário já constituído.

No capítulo anterior falávamos apenas na expectativa (*ameaça*) da *atividade administrativa de constituição do crédito tributário*, requerendo do interessado a utilização de ação meramente declaratória.

Agora não. Os interesses do autor não mais se limitarão apenas a uma declaração prévia de que não fará parte de eventual relação tributária, uma vez que essa relação já foi unilateralmente constituída.

Se o *Fisco* já realizou a atividade administrativa (lançamento ou auto de infração), o sujeito passivo necessita da obtenção de tutela judicial *constitutiva negativa (desconstitutiva)* para *anular* essa medida.

Tratando-se também de *ação comum ordinária*, o fundamento legal dessa peça processual será o art. 319 do Código de Processo Civil, dispondo sobre os requisitos essenciais da petição inicial, aliada à específica previsão da Lei de Execuções Fiscais – *LEF* (Lei n. 6.830/80).

Delimitando a discussão judicial da dívida ativa, dispõe a LEF:

> Art. 38. A discussão judicial da Dívida Ativa da Fazenda Pública só é admissível em execução, na forma desta Lei, salvo as hipóteses de mandado de segurança, ação de repetição do indébito ou ação anulatória do ato declarativo da dívida, esta precedida do depósito preparatório do valor do débito, monetariamente corrigido e acrescido dos juros e multa de mora e demais encargos.

O fundamento teórico que autoriza a utilização de ação anulatória amolda-se à *relativa presunção de liquidez e certeza* da CDA.

Inegavelmente que as atividades internas perpetradas pelas Fazendas Públicas poderão ensejar na cobrança de tributos flagrantemente ilegais ou inconstitucionais, por nulidade formal (*vícios procedimentais*) ou mesmo material (*fato gerador fora do campo de incidência tributária*).

Portanto, nada impede que o sujeito passivo aponte a existência dessas falhas que maculam a cobrança de créditos, comprovando-as judicialmente nessa ação[1].

---

1 A presunção de certeza e liquidez concedida à CDA pode ser elidida por prova inequívoca a cargo do interessado (art. 3º, parágrafo único, da LEF e art. 204, parágrafo único, do CTN).

No Exame de Ordem, o candidato deverá optar pela ação anulatória quando o enunciado da questão esclarecer a *existência de lançamento tributário/auto de infração sem, contudo, efetiva ação executiva.* Apesar desse comum enquadramento temporal, o Superior Tribunal de Justiça passou a admitir *excepcionalmente* a utilização da ação anulatória mesmo após o ingresso da execução fiscal (REsp 764.612/SP, REsp 925.677/RJ, REsp 1.136.282/SP).

Entretanto, essa utilização excepcional dependeria da *conjunção* das seguintes situações:

a) Não exista garantia do juízo

Estudaremos que o manejo dos *embargos à execução* (principal espécie de defesa após ingresso da execução fiscal) requererá do examinando a comprovação sobre a existência de *garantia do juízo* (art. 16, § 1º, da Lei n. 6.830/80).

Assim, quando restar impossível a prestação dessa garantia (dinheiro, fiança, bens, por exemplo), o executado não poderá embargar, restando-lhe a via da *exceção de pré-executividade (EPE)* ou, *excepcionalmente, a ação anulatória* (combatendo via reflexa o título que origina a execução).

Importante frisar que o Superior Tribunal de Justiça, no recente julgamento do REsp 1.487.772/SE, firmou posicionamento no sentido de que nas hipóteses em que o executado seja hipossuficiente é possível o manejo dos embargos à execução fiscal ainda que não esteja garantido o juízo, prestigiando o exercício do contraditório, ampla defesa e inafastabilidade do Poder Judiciário.

Para a corte, ao afastar o cabimento dos embargos sem a realização de garantia, a lei de execuções fiscais estaria privilegiando os ricos em detrimento dos pobres que não poderiam se defender da incursão estatal. No exame de ordem, aconselhamentos atenção ao enunciado.

b) Necessidade de dilação probatória

A utilização da *exceção de pré-executividade – EPE* (secundária espécie de defesa após ingresso da execução fiscal) apenas é admitida no ordenamento jurídico em casos conhecíveis de ofício pelo Magistrado e que não demandem dilação probatória (*Súmula 393 do STJ*).

Desse modo, se para a defesa do executado for necessária a produção de provas (documental, testemunhal, pericial, dentre outras) não será possível a utilização da *EPE*, restando-lhe apenas o manejo da *Ação Anulatória.*

> *Tradicionalmente, a prova de 2ª fase da OAB utiliza a ação anulatória entre a atividade do fisco (lançamento ou auto de infração) e a execução fiscal. Para exigência após ingresso da execução, o enunciado demonstrará a existência desses requisitos.*

4.2. Características

Superadas as considerações iniciais, passemos à análise detida das características dessa importante ação tributária.

4.2.1. Rito e fundamentação processual

A ação anulatória seguirá a regra processual do rito comum (art. 318 do CPC), utilizando-se das formalidades necessárias a estruturação de uma petição inicial: endereçamento, qualificação completa das partes, fatos, fundamentos jurídicos, pedidos, fechamento (arts. 319 e 320 do CPC).

Como fundamentação jurídica, encontraremos a específica previsão do art. 38 da Lei de Execuções Fiscais – *LEF* (Lei n. 6.830/80), possibilitando a discussão judicial da dívida ativa com essa ação.

Existindo requerimento de suspensão da exigibilidade do crédito tributário por meio das *tutelas provisórias*, também será necessário fundamentar os respectivos dispositivos legais (arts. 300 a 311 do CPC e art. 151, V, do CTN).

Em tópico posterior, estruturaremos específico modelo dessa peça processual.

4.2.2. Momento, aplicação e efeitos

Conforme estudado, a utilização da ação anulatória no Exame de Ordem ocorrerá, *comumente*, após a atividade concreta de lançamento tributário ou auto de infração imposto pelo fisco, até momento anterior à execução fiscal.

A intenção do sujeito passivo, então, seria desconstituir o crédito já existente.

Precedentes do Superior Tribunal de Justiça adotam *prazo prescricional de cinco anos*, contados da efetiva atividade administrativa, para o manejo dessa ação anulatória, aplicando a previsão estampada no art. 1º do Decreto n. 20.910/32[2-3].

Os *efeitos da sentença* exarada na ação anulatória objetivam tão somente a anulação da atividade administrativa, não autorizando o magistrado proceder com *correção do lançamento ou auto de infração.*

Em termos mais claros, lembrem-se de que as atividades administrativas realizadas pelas Fazendas Públicas serão de competência privativa de seus agentes (art. 142 do CTN), não podendo a autoridade judicial exercer tal papel.

Exemplificando, se o lançamento fiscal efetivou a cobrança de ICMS mediante a alíquota de 27% sobre determinado bem ou serviço e a ação reputava como

---

2 "O prazo prescricional, em sede de ação declaratória de nulidade de lançamentos tributários, é quinquenal, nos moldes do art. 1º do Decreto n. 20.910/32" (Precedentes: AgRg no Ag 711.383/RJ, Rel. Min. Denise Arruda, *DJ* 24-4-2006; REsp 766.670/RJ, Rel. Min. Luiz Fux, *DJ* de 31-8-2006; REsp 755.882/RJ, Rel. Min. Francisco Falcão, *DJ* 18-12-2006).

3 Esse prazo não pode ser confundido com aquele de dois anos concedidos para a específica *ação anulatória de decisão negativa de restituição*, prevista no art. 169 do Código Tributário Nacional.

correta a alíquota de 18%, não poderá o juiz ajustar aquele ato administrativo, mas sim anulá-lo, para que a autoridade administrativa competente empreenda novo lançamento nos valores corretos.

4.2.3. Desnecessidade do depósito

Aspecto que já foi objeto de diversas polêmicas atrela-se a necessidade de depósito prévio como requisito para propositura da ação anulatória.

A celeuma origina-se na mencionada redação do art. 38 da Lei de Execuções Fiscais – *LEF* (Lei n. 6.830/80), ao determinar a utilização da ação anulatória quando *precedida do depósito preparatório do valor do débito, monetariamente corrigido e acrescido dos juros e multa de mora e demais encargos.*

No entanto, a exigência desse prévio depósito de valores violaria os importantes princípios constitucionais do contraditório, ampla defesa e inafastabilidade jurisdicional (art. 5º, XXXV e LV, da CF).

Desse modo, os tribunais superiores passaram a aceitar a utilização dessa ação sem a necessidade de prévio depósito, garantindo o pleno acesso ao judiciário (REsp 962.838/BA, RE 103.400/SP)[4].

Ainda quando existia o vetusto Tribunal Federal de Recursos, foi editada a Súmula 247, que deixava clara a inconstitucionalidade da exigência. Aliás, o Supremo Tribunal Federal pacificou o tema com formulação de súmula vinculante:

> ***Súmula Vinculante 28.*** *É inconstitucional a exigência de depósito prévio como requisito de admissibilidade de ação judicial na qual se pretenda discutir a exigibilidade de crédito tributário.*

Concluímos, assim, pela desnecessidade de depósito preparatório como requisito para utilização dessa espécie processual.

Assim, no exame de ordem, somente deverá ser realizado o depósito do montante integral do crédito tributário em discussão na hipótese em que o enunciado deixe claro que sujeito passivo tem disponibilidade financeira para realização do depósito e interesse em fazê-lo. Caso contrário, o candidato deverá abordar a inexigibilidade do depósito do montante integral em tópico próprio.

4.2.4. Juízo competente e endereçamento

Semelhantemente àquilo estudado na ação declaratória, para identificação do juízo competente no feito anulatório, será necessária a análise de dois elementos: *o tributo e as partes envolvidas.*

---

4 Nesse sentido, já aduzia a Súmula 247 do extinto TFR que "Não constitui pressuposto da ação anulatória do débito fiscal o depósito de que cuida o art. 38 da Lei 6.830, de 1980".

Tratando-se de tributos federais ou lide que contenha a União, entidade autárquica ou empresa pública federal, o julgamento será exercido pela *Justiça Federal* (art. 109, I, da CF).

Importante destacar que, em causas de competência da justiça federal com valor inferior a 60 salários mínimos, cujas partes sejam pessoa física ou jurídica, caracterizada como microempresa ou empresa de pequeno porte, será aplicada a Lei n. 10.259/2001 e será competente o juizado especial federal.

Contudo, não se aplica o microcosmo do juizado nas ações de rito especial, como o mandado de segurança, por exemplo. Frise-se que, se o enunciado não informar o valor da causa, aplica-se a justiça federal comum.

Nas demais situações que envolvam tributos *estaduais e municipais*, a apreciação será da *Justiça Comum Estadual.*

O foro competente continua sendo aquele de domicílio do autor (arts. 51 e 52 do CPC).

No endereçamento da peça processual, adotaremos os seguintes *modelos*:

- **Justiça Federal:**

AO JUÍZO FEDERAL DA... VARA FEDERAL DA SEÇÃO JUDICIÁRIA DE...

- **Justiça Comum:**

AO JUÍZO DE DIREITO DA... VARA... (CÍVEL/FAZENDA PÚBLICA/ÚNICA) DA COMARCA DE...

- **Juizado Especial Federal:**

AO JUÍZO DO ... JUIZADO ESPECIAL FEDERAL DA SEÇÃO JUDICIÁRIA...

Tratando-se de utilização excepcional da ação anulatória após ingresso do executivo fiscal, seu endereçamento deve ser o mesmo onde se processa a execução. Essa medida objetiva evitar decisões conflitantes entre juízos diversos (CC 98.090/SP).

4.2.5. Atribuição de efeito suspensivo

Valendo-se de semelhante raciocínio explanado na ação anterior, a mera propositura de feito anulatório não impede que o fisco ultime os atos de cobrança e ingresse com a execução fiscal.

O próprio Código de Processo Civil autoriza essa postura, estabelecendo no § 1º do art. 784 que "A propositura de qualquer ação relativa a débito constante de título executivo não inibe o credor de promover-lhe a execução".

Assim, o interessado não pode se limitar apenas ao ingresso da demanda, mas sim a obter medidas que impliquem a *suspensão da exigibilidade do crédito tributário.*

A primeira modalidade utilizada para alcançar essa suspensão seria a concessão de *tutela antecipada em outras espécies de ação judicial* (art. 151, V, do CTN).

Mais uma vez ressaltamos que, na atual sistemática adotada pelo Código de Processo Civil, a tutela antecipada foi substituída pelo gênero *tutela provisória*, englobando a *tutela de urgência e evidência* (art. 294 do CPC).

As mesmas explanações desenvolvidas na ação declaratória se aplicam na anulatória, sendo desnecessária a mera repetição neste capítulo. Para compreensão dessas modalidades, recomendamos a releitura do tópico no capítulo anterior.

No entanto, aqui cresce a utilização de uma segunda modalidade de obtenção da suspensão do crédito tributário, qual seja: *o depósito do montante integral* (art. 151, II, do CTN).

De fato, em tópico anterior, debatemos sobre a *desnecessidade do depósito* para utilização da presente ação, invocando a aplicação da Súmula Vinculante 28.

Entenda, *nada impede* que o sujeito passivo, querendo, realize o depósito de valores, apenas não será considerado pré-requisito para manejo dessa peça.

Com a atividade administrativa de lançamento/auto de infração, o contribuinte já consegue precisar o *quantum* exigível, podendo proceder com o depósito integral para alcançar a suspensão da exigência até o final julgamento da ação[5].

4.2.6. Cumulação de peças

Considerando que a ação anulatória se rege pelo rito ordinário, nada impede a cumulação de peças com outras que também adotem essa sistemática.

Entre as demandas mais comuns, encontraremos a cumulação com a *ação de repetição do indébito tributário*.

Nesses casos, o pleito pretendido pelo sujeito passivo não seria apenas relacionado à anulação de lançamento efetivado, mas também a devolução de valores anteriormente pagos.

4.3. Como identificar a peça no exame

Conforme estudamos ao longo deste capítulo, a identificação da ação anulatória no Exame de Ordem dependerá da efetiva concretização do lançamento ou auto de infração, bem como a ausência de ação executiva.

No entanto, não podemos esquecer as condicionantes que autorizam a excepcional exigência dessa ação mesmo após execução fiscal.

Assim, na prova podemos encontrar como bons exemplos as seguintes orações:

- *Considerando que houve auto de infração lavrado contra fulano de tal na data de ontem [...]*
- *Em vista de atividade concreta do fisco relacionada ao lançamento tributário, procura-lhe como advogado para realização de defesa [...]*

[5] Nesse sentido, determina à Súmula 112 do STJ que "O depósito somente suspende a exigibilidade do crédito tributário se for integral e em dinheiro".

- *Sabendo que, mesmo sendo autuado, ainda não houve ingresso de execução fiscal [...]*
- *Objetivando medida que anule o pagamento de tributo lançado, redija a peça processual no interesse do seu cliente [...]*
- *Considerando que o interessado não dispõe de bens para garantia da execução fiscal já apresentada, aliada a latente necessidade de laudo pericial grafotécnico, elabore a ação judicial adequada [...]*

Em capítulo anterior, alertamos ao leitor que, em situações pontuais, também seria possível a utilização do mandado de segurança repressivo nos casos afetos à ação anulatória. No estudo do mandado de segurança, verificaremos quando ambas serão utilizáveis, bem como os casos em que apenas uma será.

4.4. Modelo estruturado

AO JUÍZO FEDERAL DA... VARA FEDERAL DA SEÇÃO JUDICIÁRIA DE...

OU

AO JUÍZO DE DIREITO DA... VARA... (CÍVEL/FAZENDA PÚBLICA/ÚNICA) DA COMARCA DE...

(Espaço de três a quatro linhas)

Nome da Empresa, pessoa jurídica de direito privado, inscrita no CNPJ sob o n. ..., com sede domiciliada..., com endereço eletrônico..., por meio de seu Advogado abaixo assinado, procuração anexa, com endereço profissional para receber todas as informações processuais..., integrante do escritório..., inscrito no CNPJ sob o n. ..., na forma do art. 103 do CPC, vem, respeitosamente, perante Vossa Excelência, com fulcro nos arts. 300 (ou 311) e 319 do CPC, art. 151, inciso V, do CTN, bem como o art. 38 da Lei n. 6.830/80 (Lei de Execução Fiscal), propor a presente

AÇÃO ANULATÓRIA DE DÉBITO FISCAL COM PEDIDO DE
TUTELA PROVISÓRIA (URGÊNCIA OU EVIDÊNCIA OU DEPÓSITO)

em face (União, Estados, DF ou Municípios), pessoa jurídica de direito público interno, inscrita no CNPJ sob o n. ..., com endereço... e endereço eletrônico..., na pessoa do seu representante legal, pelos fatos e fundamentos a seguir expostos:

I – Dos Fatos

Narração semelhante ao próprio quesito proposto, apenas atentando para não repetição de alguns pontos desnecessários como os nomes das Partes (evitar repetição de expressões).

II – Do Cabimento

Na forma do art. 38 da Lei n. 6.830/80, é cabível a ação anulatória para desconstituir o crédito tributário que esteja viciado de alguma forma a prejudicar o contribuinte.

III – Da Inexigibilidade do Depósito do Montante Integral

Apesar do disposto no art. 38 da Lei n. 6.830, que determina o depósito do montante integral como requisito da ação anulatória, é pacífico o posicionamento no sentido de que tal exigência é inconstitucional.

O vetusto Tribunal Federal de Recursos já entendia dessa forma, quando da edição da Súmula 247, que fora endossada pelo Supremo Tribunal Federal, ao editar a Súmula Vinculante 28. Assim, como garantia da inafastabilidade do Judiciário, é inconstitucional a exigência de depósito prévio como requisito de admissibilidade de ação judicial.

IV – Do Direito

Nessa oportunidade, o examinando deverá expor todos os fundamentos jurídicos na defesa do autor para anulação da atividade administrativa de lançamento tributário ou auto de infração.

Realize a subsunção de normas jurídicas ao caso concreto, amoldando-as naquilo que o quesito determinou. Realizem a subdivisão em tópicos, facilitando a leitura do avaliador.

Ex.: IV.I – Da inconstitucionalidade da cobrança / IV.II – Da imunidade tributária / IV.III – Da imunidade religiosa.

V – Da Tutela Provisória (Urgência ou Evidência) OU Depósito do Montante Integral

Objetivando a suspensão da exigibilidade do crédito tributário (art. 151, V, do CTN), o examinando deverá requerer, conforme o caso:

a) Tutela de Urgência (art. 300 do CPC); ou

b) Tutela de Evidência (art. 311 do CPC).

Qualquer que seja a opção, será necessária a explanação de que houve preenchimento dos requisitos já estudados.

No entanto, se o enunciado da questão processual argumentar que o autor tem dinheiro disponível, aconselhamos requerer o depósito do montante integral.

Nessa segunda situação, basta demonstrar o respeito ao art. 151, II, do CTN e Súmula 112 do STJ.

VI – Dos Pedidos

Ante o exposto, requer:

a) que seja concedida a tutela provisória pleiteada para fins de suspender a exigibilidade do crédito tributário, nos termos do art. 300 (ou 311) do CPC e art. 151, V, do CTN; ou que seja atribuída a suspensão da exigibilidade do crédito tributário em decorrência do depósito integral de valores, nos termos do art. 151, II, do CTN e Súmula 112 do STJ[6];

b) que seja dispensada a realização de audiência de conciliação ou mediação, nos termos do art. 319, VII, do CPC OU impossibilidade de realização da audiência, pois se trata de um direito indisponível que não admite autocomposição, aplicando-se o art. 334, § 4º, II, do CPC;

c) a citação da ré (União, Estados, DF ou Municípios), para, querendo, responder aos termos da presente ação;

d) seja julgada procedente a presente ação para fins de se anular o lançamento/auto de infração efetuado, declarando indevida a tributação (uma vez... tese jurídica), confirmando a tutela ora deferida;

e) a condenação da parte ré nas custas e honorários advocatícios, segundo o art. 85, § 3º, do CPC.

Por fim, pretende o Autor realizar todos os meios de provas em direito admitidas, em especial as provas documentais, nos moldes dos arts. 319, VI, e 369 do CPC.

Dá-se à causa o valor de R$... (numeral e por extenso), na forma do art. 291 do CPC.

Nesses termos, pede deferimento.

Local..., Data...

Advogado... OAB.../n. ...

4.5. Gabaritando o Exame

(XXV Exame de Ordem – Reaplicação Porto Alegre/RS) Por ocasião da importação de equipamentos eletrônicos realizada pela pessoa jurídica PJ, a União entendeu que o recolhimento do Imposto sobre Produtos Industrializados (IPI) por parte da contribuinte havia sido realizado de forma incorreta.

De acordo com a União, no caso de desembaraço aduaneiro, o IPI deveria incidir sobre o valor correspondente a 200% do preço corrente dos equipamentos no mercado atacadista da praça do remetente, acrescido do Imposto de Importação (II), das taxas exigidas para a entrada do produto no país e dos encargos cambiais efetivamente pagos pelo importador.

Assim, considerando equivocado o recolhimento do tributo, a União determinou a apreensão dos equipamentos, bem como a interdição do estabelecimento da pessoa jurídica, até pagamento integral do montante devido.

Lavrado auto de infração para a cobrança dos valores supostamente devidos, a pessoa jurídica PJ, inconformada com esta situação, decide apresentar medida judicial para a desconstituição do crédito tributário e, nesse sentido, contestar as medidas adotadas pela Fazenda Nacional.

Diante dos fatos narrados, sabendo que as medidas adotadas pela Fazenda Nacional datam de mais de 120 dias e estão causando prejuízos irreparáveis e que não há processo judicial em

---

6 Caso seja efetivado o depósito, o Candidato não poderá esquecer de requerer a restituição dos valores depositados efetivamente corrigidos na forma da lei.

trâmite a respeito desse caso, redija a peça processual adequada para a garantia dos direitos da pessoa jurídica PJ, que pretende ver a União condenada em honorários de sucumbência.

GABARITO:

AO JUÍZO DA... VARA FEDERAL DA SEÇÃO JUDICIÁRIA DO ESTADO...

(Pular de três a quatro linhas)

PJ, pessoa jurídica de direito privado, inscrita no CNPJ sob o n. ..., com sede domiciliada..., com endereço eletrônico..., por meio de seu Advogado abaixo assinado, procuração anexa, com endereço profissional para receber todas as informações processuais..., integrante do escritório..., inscrito no CNPJ sob o n. ..., na forma do art. 103 do CPC, vem, respeitosamente, perante Vossa Excelência, com fulcro nos arts. 300 e 319 do CPC, art. 151, inciso V, do CTN, bem como o art. 38 da Lei n. 6.830/80 (Lei de Execução Fiscal), propor a presente

AÇÃO ANULATÓRIA DE DÉBITO FISCAL COM
PEDIDO DE TUTELA DE URGÊNCIA

em face da União, pessoa jurídica de direito público interno, inscrita no CNPJ sob o n. ..., com endereço ..., e endereço eletrônico ..., na pessoa do seu representante legal, pelos fatos e fundamentos a seguir expostos:

I – Dos Fatos

A parte autora da presente ação, a pessoa jurídica PJ, recolheu o IPI referente à importação de equipamentos eletrônicos. Entretanto, para sua surpresa, o Fisco Federal entendeu que o contribuinte fez o recolhimento do imposto de forma equivocada.

Pois, para a União, a base de cálculo do IPI deveria ser o valor correspondente a 200% do preço corrente dos equipamentos no mercado atacadista da praça do remetente, acrescido do Imposto de Importação, das taxas exigidas para a entrada do produto no país e dos encargos cambiais efetivamente pagos pelo importador.

Por essa razão, fora lavrado auto de infração para cobrar da empresa PJ os valores supostamente devidos. Além disso, a União determinou a apreensão dos equipamentos, bem como a interdição do estabelecimento da pessoa jurídica, para forçar o pagamento integral da cobrança.

Diante de tais fatos, e considerando a existência de arbitrariedades e ilegalidade na conduta efetivada pela União, utiliza-se da presente ação.

II – Do Cabimento

Na forma do art. 38 da Lei n. 6.830/80, é cabível a ação anulatória para desconstituir o crédito tributário que esteja viciado de alguma forma a prejudicar o contribuinte.

III – Da Inexigibilidade do Depósito do Montante Integral

Apesar do disposto no art. 38 da Lei n. 6.830, que determina o depósito do montante integral como requisito da ação anulatória, é pacífico o posicionamento no sentido de que tal exigência é inconstitucional.

O vetusto Tribunal Federal de Recursos já entendia dessa forma, quando da edição da Súmula 247, que fora endossada pelo Supremo Tribunal Federal, ao editar a Súmula Vinculante 28. Assim, como garantia da inafastabilidade do Judiciário, é inconstitucional a exigência de depósito prévio como requisito de admissibilidade de ação judicial.

IV – Do Direito

IV.I – Da Base de Cálculo correta do IPI

O Imposto sobre Produtos Industrializados, disposto nos arts. 153, IV, da Constituição Federal e 46 do Código Tributário Nacional, é um imposto de competência da União e tem como fato gerador o seu desembaraço aduaneiro, quando de procedência estrangeira; a saída dos estabelecimentos (importador, industrial, comerciante ou arrematante); e a sua arrematação, quando apreendido ou abandonado e levado a leilão.

No caso do desembaraço aduaneiro, inciso primeiro do art. 46 do CTN, a base de cálculo do imposto é o preço normal do produto, acrescido do Imposto de Importação, das taxas exigidas para a entrada do produto no país e dos encargos cambiais efetivamente pagos pelo importador ou dele exigíveis, conforme art. 47, inciso I, alíneas "a", "b" e "c", do CTN.

Verifica-se, portanto, que o Fisco Federal ao exigir o valor correspondente a 200% do preço corrente dos equipamentos no mercado atacadista da praça do remetente agiu incorretamente, por tal exigência não compor a base de cálculo do IPI conforme fundamentado acima.

IV.II – Da violação ao teor das Súmulas 70 e 323 do STF

Conforme narrado, a União, por considerar equivocado o recolhimento do imposto, determinou a apreensão dos equipamentos e a interdição do estabelecimento da pessoa jurídica PJ, a fim de forçar o pagamento integral do montante supostamente devido.

Ocorre que, tais atitudes do Fisco se mostram completamente equivocadas e em pleno desrespeito ao entendimento já consolidado no Supremo Tribunal Federal nas súmulas 70 "É inadmissível a interdição de estabelecimento como meio coercitivo para cobrança de tributo" e n. 323, também do STF, a qual determina "Não é possível apreender mercadorias para forçar o contribuinte a pagar o tributo".

Pois, embora o fisco possa exigir o pagamento do tributo, este não pode utilizar-se de meios abusivos para efetivar essa cobrança, uma vez que a Administração Pública também está sujeita ao princípio do devido processo legal.

V – Da Tutela de Urgência

O disciplinamento do Código de Processo Civil (Lei n. 13.105/2015), em seu art. 300, determina a concessão da tutela provisória de urgência nos seguintes termos:

A tutela de urgência será concedida quando houver elementos que evidenciem a probabilidade do direito e o perigo de dano ou o risco ao resultado útil do processo.

Desse modo, restam comprovados elementos suficientes para concessão da tutela de urgência para suspensão da exigibilidade do crédito, o que desde já requer.

VI – Dos Pedidos

Diante do exposto, requer:

a) deferimento de tutela de urgência para a imediata liberação das mercadorias apreendidas: para cessar a interdição do estabelecimento; e para suspender a exigibilidade do crédito tributário, nos termos do art. 151, V, do CTN e Súmulas 70 e 323, STF;

b) que seja dispensada a realização de audiência de conciliação ou mediação, nos termos do art. 319, VII, do CPC OU impossibilidade de realização da audiência, pois se trata de um direito indisponível que não admite autocomposição, aplicando-se o art. 334, § 4º, II, do CPC;

c) a citação da União, na pessoa de seu representante legal, para, querendo, responder aos termos da presente ação;

d) procedência final do pedido para que seja determinada a desconstituição do crédito tributário indevido, convalidada a liberação dos equipamentos apreendidos e a liberação do estabelecimento;

e) a condenação da parte ré nas custas e honorários advocatícios, segundo o art. 85, § 3º, do CPC.

Por fim, pretende o Autor realizar todos os meios de provas em direito admitidas, em especial as provas documentais, nos moldes dos arts. 319, VI, e 369 do CPC.

Dá-se à causa o valor de R$... (numeral e por extenso), na forma do art. 291 do CPC.

Nesses termos, pede deferimento.

Local..., Data...

Advogado... OAB.../n. ...

4.6. Enunciados de peças profissionais

(IV Exame Unificado OAB – FGV) Equipamentos (partes e peças) que estavam sendo transportados para a empresa Micro Informática Ltda. e que seriam utilizados em sua produção foram apreendidos, sob a alegação da Secretaria de Arrecadação Estadual de que a nota fiscal que os acompanhava não registrava uma diferença de alíquota devida ao Fisco e não teria havido, portanto, o recolhimento do imposto.

Na ocasião, houve o auto de infração e foi realizado o respectivo lançamento. A empresa, que tem uma encomenda para entregar, procura você, na condição de advogado, para a defesa de seus interesses.

Na qualidade de advogado da empresa Micro Informática, apresente a peça processual cabível para a defesa dos interesses da empresa, empregando todos os argumentos e fundamentos jurídicos cabíveis. (Valor: 5,0)

GABARITO: A banca adotou como gabarito oficial a utilização da ação anulatória com pedido de antecipação de tutela (atualmente *tutelas provisórias*), com fundamento no art. 38 da Lei n. 6.830/80 (Lei de Execuções Fiscais - LEF).

Entretanto, também foi aceita a impetração do Mandado de Segurança, nos termos da Lei n. 12.016/2009.

No mérito da ação, fundamentar pela indevida retenção de mercadorias após lavratura do auto de infração (Súmulas 70, 323 e 547 do STF).

Mesmo que a mercadoria estivesse desacompanhada por nota fiscal, não seria possível apreendê-la. A postura adotada pelo Fisco é ilegal e abusiva, ofendendo o princípio da livre iniciativa e o direito de propriedade (arts. 5º, XXII, e 170 da CF).

É defeso à Administração impedir ou cercear a atividade profissional do contribuinte, para compeli-lo ao pagamento de débito, uma vez que tal procedimento redundaria no bloqueio de atividades lícitas, mercê de representar hipótese de autotutela, medida excepcional ante o monopólio da jurisdição nas mãos do Estado-Juiz.

(IX Exame Unificado OAB – FGV) Uma instituição de ensino superior, sem fins lucrativos, explora, em terreno de sua propriedade, serviço de estacionamento para veículos, cuja renda é revertida integralmente para manter suas finalidades essenciais.

Ocorre que tal instituição foi autuada pela Fiscalização Municipal, sob o fundamento de ausência de recolhimento do Imposto sobre Serviços de Qualquer Natureza - ISSQN relativo aos exercícios fiscais de 2008, 2009, 2010 e 2011, visto que a atividade econômica, serviços de estacionamento, consta da lista de serviços anexa à lei municipal tributária aplicável à espécie. A referida instituição pretende viabilizar demanda judicial para a defesa dos seus interesses, uma vez que não houve oferecimento de defesa administrativa em tempo hábil, bem como, contados da data do recebimento do auto de infração pelo Administrador responsável pela instituição até o presente momento, tem-se o total de 100 (cem) dias.

Nesta situação hipotética, considerando que tudo está comprovado documentalmente e que o pagamento do tributo inviabilizaria os investimentos necessários para manter e ampliar os serviços educacionais que a instituição presta, apresente a fórmula jurídica processual mais rápida e eficaz para solucionar a situação descrita, esgotando os fundamentos de direito processual e material, ciente de que, entre a data da autuação e a sua constituição como patrono da referida instituição, transcorreram menos de dois dias. (Valor: 5,0)

GABARITO: A banca adotou como gabarito oficial a utilização da ação anulatória com pedido de antecipação de tutela (atualmente tutelas provisórias), com fundamento no art. 38 da Lei n. 6.830/80 (Lei de Execuções Fiscais - LEF). Entretanto, também foi aceita a impetração do Mandado de Segurança, nos termos da Lei n. 12.016/2009.

No mérito, fundamentar que as instituições de ensino sem fins lucrativos estão abrangidas pela imunidade tributária, de acordo com o art. 150, inciso VI, letra *c*, e § 4º do mesmo artigo da CRFB/88. A Súmula 724, editada pelo STF, já pacificou entendimento no sentido de que desde que a receita auferida por tais entidades se destine às suas finalidades essenciais, não haverá incidência de impostos, incluindo-se neste caso o ISS.

Assim sendo, assiste direito subjetivo da instituição em questão, mediante ajuizamento de Ação Anulatória para afastar a cobrança indevida do ISS objeto do aludido auto de infração.

Eis a estrutura da peça:

Fato - A receita obtida com a exploração dos serviços de estacionamento é revertida para as finalidades essenciais da instituição de ensino.

Direito - A instituição de ensino não é contribuinte do ISS relativo à prestação dos serviços de estacionamento, pois é imune à incidência de impostos, com base no art. 150, VI, letra c, e § 4º do mesmo artigo da CRFB/88.

Antecipação dos efeitos da tutela - Caso não seja deferida a medida pleiteada, a autora será compelida a pagar os valores exigidos ilegalmente ou sofrerá inscrição em dívida ativa e posterior execução, com a constrição dos seus bens. Com isso, deverá ser apreciado pedido de antecipação dos efeitos da tutela antes mesmo da manifestação do município réu, nos termos do art. 273 do CPC/73 (atual art. 300, CPC), para que seja suspensa a exigibilidade do crédito tributário.

Conclusão - A instituição de ensino tem direito subjetivo à anulação do lançamento, com base nos fundamentos de fato e de direito acima expendidos.

Pedido - a) Deferimento da antecipação dos efeitos da tutela, para que seja suspensa a exigibilidade do crédito tributário, art. 273 do CPC/73 (atual art. 300, CPC); b) Citação do município; c) Pedido de produção de provas; d) ao final, confirmada a antecipação dos efeitos da tutela para julgar procedente o pedido de anulação do lançamento, com condenação nas custas do processo e honorários advocatícios.

Valor da causa: R$ valor do débito do ISS.

(XXXI Exame Unificado OAB – FGV) A sociedade empresária Beta S/A, sediada no Município Y do Estado Z, foi autuada por ter deixado de recolher o Imposto Sobre Serviços (ISS) sobre as receitas oriundas de sua atividade principal, qual seja, a de locação de veículos automotores.

Cumpre esclarecer que sua atividade é exercida exclusivamente no território do Município Y e não compreende qualquer serviço acessório à locação dos veículos. Quando da lavratura do Auto de Infração, além do montante principal exigido, também foi lançada multa punitiva correspondente a 200% do valor do imposto, além dos respectivos encargos relativos à mora. Mesmo após o oferecimento de impugnação e recursos administrativos, o lançamento foi mantido e o débito foi inscrito em dívida ativa.

Contudo, ao analisar o Auto de Infração, verificou-se que a autoridade fiscal deixou de inserir em seu bojo os fundamentos legais indicativos da origem e natureza do crédito. A execução fiscal não foi ajuizada até o momento, e a sociedade empresária pretende a ela se antecipar. Neste contexto, a sociedade empresária Beta S/A, considerando que pretende obter certidão de regularidade fiscal, sem prévio depósito, e, ainda, considerando que já se passaram seis meses da decisão do recurso administrativo, procura seu escritório, solicitando a você que sejam adotadas as medidas judiciais cabíveis para afastar a exigência fiscal.

Na qualidade de advogado(a) da sociedade empresária Beta S/A, redija a medida judicial adequada à necessidade da sua cliente, com o objetivo de afastar a cobrança perpetrada pelo Município Y. (Valor: 5,00)

GABARITO: O examinando deverá elaborar a petição inicial de uma ação anulatória de débito fiscal, uma vez que se pretende a anulação dos créditos tributários lançados. O Mandado de Segurança é descabido, tendo em vista o decurso do prazo de 6 (seis) meses.

A ação anulatória deverá ser endereçada à Vara de Fazenda Pública, ou à Vara Cível do Município Y ou da Comarca ... do Estado Z. O autor da ação é a sociedade empresária Beta S/A e o Réu é o Município Y.

O examinando deverá indicar a necessidade de tutela de evidência (art. 311, CPC), ou tutela de urgência (art. 300, CPC), ou tutela antecipada (art. 151, V, CTN) ou tutela provisória para suspensão da exigibilidade do crédito, especialmente considerando a necessidade de obtenção de certidão de regularidade fiscal.

No mérito, o examinando deverá alegar que a) o auto de infração é nulo por vício formal, conforme art. 142 do CTN; b) a atividade da autora consiste na locação de bens móveis, sobre a qual não incide ISS, nos termos da Súmula Vinculante 31 do STF; c) conforme entendimento firmado no STF, é inconstitucional a imposição de multa que ultrapasse o valor do tributo, por malferir o princípio do não confisco, normatizado no art. 150, inciso IV, da CRFB.

Por fim, deve o examinando requerer, preliminarmente, que seja concedida a tutela de evidência (art. 311 do CPC), ou tutela de urgência (art. 300, CPC), ou tutela antecipada (art. 151, V, CTN) ou tutela provisória para suspensão da exigibilidade do crédito, e no mérito, a procedência do pedido para que os créditos tributários sejam extintos ou, subsidiariamente, seja reduzida a multa punitiva imposta para patamar não superior a 100% (cem por cento) do valor do tributo. O examinando deve, ainda, fechar a peça, com a indicação do local, da data, do nome e inscrição da OAB.

5. MANDADO DE SEGURANÇA

5.1. Considerações iniciais: conceito e cabimento

O *mandado de segurança* corresponde à ação processual de natureza constitucional objetivando conceder ao cidadão proteção de direito *líquido e certo*, não amparado por *habeas corpus* ou *habeas data*, contra lesão ou ameaça de lesão *ou abuso de poder* praticada por autoridades públicas, que são as autoridades coatoras.

Também denominado de *remédio constitucional*, essa proteção foi estabelecida no próprio texto da Carta Magna de 1988, caracterizando-se como uma garantia fundamental.

> Art. 5º, LXIX – conceder-se-á mandado de segurança para proteger direito líquido e certo, não amparado por *habeas corpus* ou *habeas data*, quando o responsável pela ilegalidade ou abuso de poder for autoridade pública ou agente de pessoa jurídica no exercício de atribuições do Poder Público.

Também conhecido como *writ* ou *mandamus*, o mandado de segurança é regulamentado pela Lei n. 12.016/2009, que tratou de disciplinar as principais diretrizes desse importante instrumento processual, determinando os necessários requisitos para sua utilização em todas as searas jurídicas de nosso ordenamento.

No direito tributário, a aplicação do *mandado de segurança* toma como base a atividade administrativa realizada para concretização dessa específica relação jurídica.

Em capítulos anteriores, abordamos que parcela da atividade de constituição do crédito tributário será efetivada *internamente* por parte das *administrações tributárias*, por meio de ato privativo de seus agentes públicos (geralmente denominados de *auditores ou fiscais*), nos moldes do art. 142 do Código Tributário Nacional.

Evidentemente que esses mesmos agentes públicos também estariam sujeitos a prática de atividades ilegais e/ou abusivas na cobrança de tributos, gerando a necessidade de correção e reprimenda.

Entre as medidas disponíveis para defesa, encontraremos com frequência a utilização do mandado de segurança *individual*, impetrado por qualquer pessoa, física ou jurídica, em defesa de seus direitos.

O mesmo art. 5º da Constituição Federal, em seu inciso LXX, também reservou a alguns legitimados o poder de utilização do *mandado de segurança cole-*

tivo (legitimidade extraordinária), prestigiando maior número de interessados, quais sejam[1]:

a) partido político com representação no Congresso Nacional;
b) organização sindical;
c) entidade de classe ou associação legalmente constituída e em funcionamento há pelo menos um ano, em defesa dos interesses de seus membros ou associados.

Quanto ao *cabimento* dessa peça no Exame de Ordem, requereremos máxima atenção possível.

No estudo das anteriores ações ordinárias *declaratória e anulatória,* identificamos como elemento diferenciador o estágio de cobrança dos tributos. Se ainda não existisse efetiva atividade do fisco o pleito seria meramente declaratório, ao passo que existindo o lançamento tributário/auto de infração a pretensão seria sua desconstituição com a respectiva anulação.

Seguindo essa mesma linha de raciocínio, o cabimento do mandado de segurança obedecerá a duas modalidades consagradas, quais sejam:

a) mandado de segurança preventivo: aplicado em momento anterior à atividade abusiva ou ilegal praticada pelo fisco. Sua impetração ocorrerá, à semelhança da ação declaratória, antes do lançamento tributário ou auto de infração. Sua utilização objetiva impedir que a autoridade administrativa aplique eventual norma abusiva ou ilegal, mas não a questionando em tese[2]. Destaque-se que somente será cabível mandado de segurança preventivo quando houver o justo receio da violação do direito líquido e certo do contribuinte. Assim, será cabível, por exemplo, na hipótese de solução negativa de consulta, que ensejará a cobrança do tributo. Importante destacar que não cabe mandado de segurança contra lei em tese, mas somente quando a lei tiver efeitos concretos com relação ao contribuinte;

b) mandado de segurança repressivo: sua utilização ocorrerá após concretização da atividade abusiva ou ilegal perpetrada pelo fisco. Semelhante aos casos da *ação anulatória,* será impetrado logo *após* realização do lançamento tributário ou auto de infração.

Nem a Constituição nem a Lei n. 12.016/2009 utilizam os nomes mandado de segurança preventivo ou repressivo, de modo que o exame de ordem não tem adotado tal diferença bastando que o examinando utilize o nome processual Mandado de Segurança. No entanto, é prudente que o nome da peça seja adotado de forma completa.

---

1 Sobre o mandado de segurança coletivo: arts. 21 e 22 da Lei n. 12.016/2009 e Súmulas 629 e 630 do STF.

2 O mandado de segurança não pode ser utilizado como peça substitutiva da ação declaratória de inconstitucionalidade. Nesse sentido, aduz a Súmula 266 do STF: "Não cabe mandado de segurança contra lei em tese".

Ressalte-se que a Fundação Getulio Vargas já aplicou exames em que o examinando pôde optar pela utilização de ação anulatória ou impetração do mandado de segurança. No estudo da identificação dessa peça, abordaremos essa possibilidade, bem como os casos em que apenas uma medida deve ser adotada.

Mas, de antemão, já frisamos que, na prática, sempre que couber mandado de segurança, caberá ação anulatória, mas a recíproca não é verdadeira. Isso porque o mandado de segurança não admite dilação probatória, que é cabível na ação anulatória.

Assim, na prática advocatícia, ao caber o *writ*, caberá a anulatória, mas isso não mais acontece no exame de ordem, onde o enunciado irá delimitar a peça cabível, citando elementos que somente estarão presentes em um mandado de segurança, como é o caso do prazo decadencial de 120 dias para sua impetração, a ausência de condenação em honorários advocatícios e a necessidade de prova pré-constituída para sua impetração.

Por fim, mas não menos importante, devemos abordar o mandado de segurança coletivo, previsto no art. 21 da Lei n. 12.016/2009, que pode ser impetrado por partido político com representação no Congresso Nacional, na defesa de seus interesses legítimos relativos a seus integrantes ou à finalidade partidária, ou por organização sindical, entidade de classe ou associação legalmente constituída e em funcionamento há, pelo menos, 1 (um) ano, em defesa de direitos líquidos e certos da totalidade, ou de parte, dos seus membros ou associados, na forma dos seus estatutos e desde que pertinentes às suas finalidades, dispensada, para tanto, autorização especial.

Aliás, o Supremo Tribunal Federal sumulou a possibilidade de entidade de classe impetrar mandado de segurança coletivo ainda que o interesse seja de apenas uma parte da categoria, sendo dispensada inclusive a autorização dos interessados.

> ***Súmula 629, STF.*** *A impetração de mandado de segurança coletivo por entidade de classe em favor dos associados independe da autorização destes.*

Como se não bastasse, os direitos protegidos pelo mandado de segurança coletivo podem ser coletivos (transindividuais) ou de natureza indivisível, de que seja titular grupo ou categoria de pessoas ligadas entre si ou com a parte contrária por uma relação jurídica básica.

Ademais, também será cabível para tutelar direitos individuais homogêneos, assim entendidos, para efeito desta Lei, os decorrentes de origem comum e da atividade ou situação específica da totalidade ou de parte dos associados ou membros do impetrante.

5.2. Características

Considerando a riqueza de detalhes dessa espécie processual, passemos ao estudo aprofundado de suas principais características.

5.2.1. Rito e fundamentação processual

O mandado de segurança seguirá o rito especial sumaríssimo com instrução processual reduzida em face do *impedimento de dilação probatória* em seu trâmite. Para o cabimento do mandado de segurança, o direito do impetrante deve ser líquido e certo, não comportando produção de novas provas além daquelas já apresentadas no momento de sua inicial.

Diante desse motivo, considerar-se-á medida processual *mais célere* quando comparada àquelas do rito ordinário (*declaratória ou anulatória*). Todavia, com o deferimento do pedido de tutela de urgência ou de evidência em outra ação ordinária, o efeito de suspensão da exigibilidade do crédito tributário será idêntico ao que ocorreria caso tivesse concedida a liminar em mandado de segurança, ou seja, a suspensão da exigibilidade do crédito, conforme art. 151, incisos IV e V, do CTN.

Tratando-se de petição inicial, o mandado de segurança seguirá os mesmos requisitos já utilizados para estruturação das peças anteriores, comportando: endereçamento, qualificação completa das partes, fatos, fundamentos jurídicos, pedidos e fechamento (art. 6º da Lei n. 12.016/2009 e art. 319 do CPC).

Como fundamentação jurídica, aplicaremos o importantíssimo art. 5º, LXIX, da Constituição Federal, conjugado com as especificidades do art. 1º e seguintes da Lei do Mandado de Segurança (Lei n. 12.016/2009).

Existindo requerimento de suspensão da exigibilidade do crédito tributário por meio de *liminar*, também será necessário fundamentar os respectivos dispositivos legais (art. 7º, III, da Lei n. 12.016/2009 e art. 151, IV, do CTN).

Em tópico posterior estruturaremos específico modelo dessa peça processual.

5.2.2. Momento, aplicação e efeitos

A aplicação do mandado de segurança poderá ocorrer em momento anterior ou posterior à atividade administrativa de lançamento tributário ou auto de infração (*preventivo ou repressivo*).

Em ambos os casos, deve restar latente a existência de *ilegalidade* ou *abuso de poder* realizada por agente do fisco ou em vias de ser efetivada.

Segundo designa o art. 23 da Lei n. 12.016/2009, o direito de requerer mandado de segurança *extinguir-se-á decorridos 120 dias*, contados da ciência, pelo interessado, do ato impugnado.

Trata-se de prazo *decadencial* para o exercício do direito *líquido e certo*, não comportando suspensão ou interrupção em sua contagem[3]. Transcorrido o prazo, não mais poderá utilizar esse remédio constitucional, restando-lhe a opção pela ordinária *ação anulatória*.

---

[3] Nesse sentido, dispõe a Súmula 632 do STF: "É constitucional lei que fixa o prazo de decadência para a impetração de mandado de segurança".

Esse mencionado prazo de 120 dias somente será aplicado ao mandado de segurança repressivo. Lembre-se de que na espécie Preventiva ainda não existe efetivação de ato administrativo impugnável, apenas à ameaça que se renova. Esse ponto é muito importante para a identificação da peça processual cabível no exame de ordem.

Quanto aos *efeitos da sentença do mandado de segurança*, destacamos sua nuance *sui generis*.

De fato, se utilizada em determinado momento, apresentará cunho *declaratório*, em outros, o *constitutivo negativo*, mas sempre no escopo de determinar que a autoridade administrativa impetrada faça ou deixe de fazer algum ato por força de mandamento legal. Unem-se, portanto, procedimentos de conhecimento e de execução.

Assim, a sentença em mandado de segurança tem efeito mandamental, representando uma verdadeira ordem para a autoridade coatora.

5.2.3. O direito líquido, certo e a vedação à dilação probatória

Para utilização dessa espécie processual, o autor impetrante deverá demonstrar que detém de direito líquido e certo a tutela judicial pretendida.

O alcance e a precisão semântica dessa expressão "direito líquido e certo" geram desencontros graves de interpretação e de aplicação tanto na prática do cotidiano judicial quanto nas obras jurídicas sobre o tema.

Alerta-se que a expressão não diz respeito à simplicidade ou à facilidade de demonstração da matéria disposta no remédio constitucional, mas sim quanto à objetividade de seu procedimento.

Outrossim, destacamos que todo direito é líquido e certo, sendo que os fatos alegados deverão ser líquidos e certos para a impetração do mandado de segurança. Em outras palavras, o que deve ser líquido e certo são os fatos alegados na exordial, que devem ser comprovados de plano e documentalmente, ao passo que o direito em si é simplesmente a adequação do fato à norma.

Diante desse cenário, independentemente da complexidade do direito a ser aplicado ao caso, não poderá servir-se da produção de provas periciais, ou da oitiva de testemunhas, demonstrando todos os seus elementos já em sua inicial petição. Trata-se de procedimento sumaríssimo, em que não será oportunizada fase de instrução probatória, devendo demonstrar já no início a certeza cristalina de seu direito. Assim, deve-se registrar que a pré-constituição da prova não é exigida de maneira absoluta em nossa ordem jurídica. Documentos que se encontram em repartição pública ou em poder da autoridade impetrada podem ser requeridos pelo magistrado sem prejuízo para liquidez e certeza do direito pleiteado e, consequentemente, do processamento do *mandamus*.

O mandado de segurança não veda a complexidade das discussões jurídicas afetas à matéria de direito, mas, tão somente, limita a discussão quanto às divergências fáticas[4], por ausência de fase probatória.

Assim, a configuração da *liquidez e certeza* que viabilizam o cabimento do mandado de segurança está relacionada à inexistência de controvérsia fática entre as partes processuais, ficando restrita às discussões a apreciação da matéria de direito a ser aplicada.

Como clássico exemplo, podemos citar a impetração do mandado de segurança com o objetivo de desfazer apreensão de mercadorias por não pagamento de tributos. Em tais situações, o impetrante e o impetrado não discutem o fato de o bem ter sido ou não apreendido, mas sim a ilegalidade de tal ato, que já está inclusive reconhecida pelo STF com a edição da Súmula 323.

A exigência de prova pré-constituída e vedação à fase de instrução probatória não impede que o impetrante requeira ao magistrado que a autoridade coatora seja intimada para apresentar nos autos do processo os documentos que estejam de sua posse (conforme art. 6º, § 1º, da Lei n. 12.016/2009). Tal medida tem como objetivo evitar que o impetrante seja impedido de exercer seu direito por uma conduta da própria autoridade que teria violado seu direito líquido e certo.

5.2.4. Vedações legais

Entre os preceitos elencados na Lei do Mandado de Segurança (Lei n. 12.016/2009), encontraremos específicas vedações à sua impetração.

Objetivando facilitar nosso estudo, passemos à análise individualizada:

a) **Atos de gestão comercial (art. 1º, § 2º):** não cabe mandado de segurança contra os atos de gestão comercial praticados pelos administradores de empresas públicas, de sociedade de economia mista e de concessionárias de serviço público.

   Esses atos de gestão comercial relacionam-se a atividades privadas desenvolvidas por essas pessoas e, portanto, não se submeteriam à utilização dessa peça processual. Apenas estará sujeito à aplicação desse remédio se atuar com abuso ou ilegalidade em atividades públicas.

b) **Ato em que caiba recurso administrativo com efeito suspensivo (art. 5º, I):** a intenção do legislador foi estimular a utilização da esfera administrativa em detrimento do abarrotado judiciário. Existindo recurso administrativo com efeito suspensivo (art. 151, III, do CTN), estaria vedada a utilização do mandado de segurança.

---

4 Corroborando esse entendimento, determina a Súmula 625 do STF: "Controvérsia sobre matéria de direito não impede concessão de Mandado de Segurança".

No entanto, a utilização dessa vedação legal acaba por limitar importante preceito constitucional de *inafastabilidade jurisdicional* (art. 5º, XXXV, da CF). Diante desse cenário, os tribunais relativizam tal vedação, existindo, inclusive, a Súmula 429 do Supremo Tribunal Federal determinando que: "A existência de recurso administrativo com efeito suspensivo não impede o uso do mandado de segurança contra omissão da autoridade". Em matéria tributária, ainda há a disposição do art. 38, parágrafo único, da Lei n. 6.830/80, que dispõe no sentido de que ao ingressar com a discussão judicial do crédito tributário, o contribuinte estará desistindo tacitamente da esfera administrativa, que não precisa ser exaurida antes da discussão judicial.

c) **Decisão judicial em que caiba recurso com efeito suspensivo (art. 5º, II):** também não é permitida a utilização do mandado de segurança como substitutivo de recurso judicial.

   O remédio constitucional aqui estudado não comporta dilação probatória, diferentemente dos recursos que comportam mínima apreciação. Nesse sentido, aduz a Súmula 267 do Supremo Tribunal Federal que "Não cabe mandado de segurança contra ato judicial passível de recurso ou correição".

d) **Decisões judiciais transitadas em julgado (art. 5º, III):** utilizando-se da lógica processual de nosso ordenamento, não será admitida a utilização de mandado de segurança contra decisão judicial transitada em julgado.

   Como regra, as decisões judiciais gozam do *status* de imutabilidade em respeito ao direito adquirido, ato jurídico perfeito e a coisa julgada (art. 5º, XXXVI, da CF). Assim, exalta a Súmula 268 do Supremo Tribunal Federal: "Não cabe mandado de segurança contra decisão judicial com trânsito em julgado".

e) **Para restituição de tributo pago indevidamente:** não cabe mandado de segurança para buscar no Judiciário a restituição de tributo pago indevidamente, pois a restituição deverá ser feita em ação própria, qual seja a ação de repetição do indébito. Isso porque, para que o juízo conclua o valor a restituir, deverá ser realizada a dilação probatória, não permitida no mandado de segurança.

f) **Para compensação:** não cabe mandado de segurança para que seja realizada compensação em razão da necessidade de dilação probatória para tal. O Juízo precisa de prova pericial para determinação do valor a ser compensado. No entanto, é importante frisar que cabe mandado de segurança para declaração do direito à compensação, conforme teor da Súmula 213 do Superior Tribunal de Justiça. Nesse caso, o Impetrante requer que o juízo declare o direito à compensação, sendo que a efetivação do direito somente será realizada pelo Fisco administrativamente. O STJ entendeu que, nesses casos, não há necessidade de produção de provas, ao passo que o juízo somente analisa o direito à compensação, que será efetivada pela autoridade fiscal em sede de requerimento próprio, não havendo a produção de efeitos patrimoniais perante o juízo, que se limitará a declarar o direito do impetrante.

g) **Para convalidar compensação:** conforme teor da Súmula 460 do Superior Tribunal de Justiça, não cabe mandado de segurança para convalidar compensação realizada pelo contribuinte. Tal súmula se explica, pois, para convalidar os valores compensados, há necessidade de dilação probatória, o que afasta o mandado de segurança.

5.2.5. Juízo competente e endereçamento

De forma pouco diversa daquilo estudado nas anteriores ações ordinárias, a competência para julgamento da ação do mandado de segurança será definida segundo a categoria da autoridade coatora (*federal, estadual, distrital ou municipal*), bem como o local da ocorrência do fato ilegal ou abusivo.

Assim, mesmo que diante de tributos tipicamente estaduais/distritais/municipais (ICMS ou ISS, por exemplo), se a atividade abusiva for cometida por *autoridade federal*, a competência será da *Justiça Federal* (art. 109, VIII, da CF).

Outro detalhe fundamental se vincula ao *local*, pois não adotará a regra de domicílio do autor, mas sim aquele do evento *ilegal* ou *abusivo*. Como exemplo, empresa sediada em São Paulo que teve suas mercadorias indevidamente retidas no Estado da Bahia. O endereçamento desse *mandado de segurança* será realizado a respectiva comarca do Estado da Bahia.

O mandado de segurança é ação de rito especial que não pode ser impetrado no juizado especial federal, por vedação expressa da Lei n. 10.259/2001, sendo processado e julgado sempre na justiça comum

No endereçamento da peça processual, podemos adotar os seguintes *modelos*:

- **Justiça Federal:**

AO JUÍZO FEDERAL DA... VARA FEDERAL DA SEÇÃO JUDICIÁRIA DE...

- **Justiça Comum:**

AO JUÍZO DE DIREITO DA... VARA... (CÍVEL/FAZENDA PÚBLICA/ÚNICA) DA COMARCA DE...

Por fim, vejamos os casos de foro especial de competência para julgamento nos moldes constitucionais:

- **Competência do STF (art. 102, I, da CF):** Presidente da República, das Mesas da Câmara dos Deputados e do Senado Federal, do Tribunal de Contas da União, do Procurador-Geral da República e do próprio Supremo Tribunal Federal.
- **Competência do STJ (art. 105, I, da CF):** Ministro de Estado, dos Comandantes da Marinha, do Exército e da Aeronáutica ou do próprio Tribunal.

- **Competência dos TRFs (art. 108, I, da CF):** contra ato do próprio Tribunal ou de juiz federal.
- **Competência dos juízes federais (art. 109, VIII, da CF):** contra ato de autoridade federal, excetuados os casos de competência dos tribunais regionais federais.

5.2.6. Partes no mandado de segurança

No estudo dessa espécie processual, encontraremos pluralidades de partes integrantes, cada qual com requisitos e participações próprias.

Objetivando maior esclarecimento, vamos partir para análise individual delas:

- **Legitimidade ativa (*impetrante*)**

  Nas linhas iniciais deste capítulo, já abordamos a *legitimidade ativa* para impetração do *mandado de segurança*. Denominando-o como *impetrante,* sua identificação dependerá da espécie utilizada, se *individual ou coletivo.*

  No *mandado de segurança individual,* encontraremos o *titular do direito líquido e certo violado* figurando como legitimado a defesa de seus interesses.

  Entretanto, expressamente o art. 3º da Lei n. 12.016/2009 determina legitimidade ativa a *terceiro* que tenha direito líquido e certo decorrente da relação jurídica de outrem, quando o seu titular não apresentar essa defesa no prazo de 30 dias da notificação judicial. Ocorrendo tal situação, esse sujeito passa a ter legitimidade para impetração do *mandado de segurança de terceiro* em favor do direito originário.

  Na prática tributária, essa previsão pode ser utilizada para sanar eventuais celeumas que envolvam as relações de substituição (*tributos indiretos*), quando o contribuinte (*substituído*) e o responsável (*substituto*) passam a deter legitimidade para impetração.

  Ainda sobre o tema legitimidade ativa, não podemos esquecer a *legitimidade extraordinária do mandado de segurança coletivo.* Além da previsão constitucional (art. 5º, LXX, da CF), o art. 21 da Lei do Mandado de Segurança reforça o poder de impetração ao partido político com representação no Congresso Nacional, organização sindical e entidade de classe ou associação legalmente constituída e em funcionamento há, pelo menos, um ano.

- **Legitimidade passiva (*impetrado*)**

  A referência aqui desenvolvida atrela-se à identificação do agente praticante do ato ilegal ou abusivo. A denominada "autoridade coatora", que será chamada a prestar *informações* (art. 7º, I, da Lei n. 12.016/2009).

Para efeitos de mandado de segurança, autoridade coatora é a autoridade pública (titular do poder decisório) ou agente delegado sujeito ao dever jurídico de responder pelo ato coator, na medida em que ordena ou omite a prática do ato impugnado, ainda que não disponha de atribuição para desconstituir a ilegalidade ou abuso de poder.

Acerca disso, a grande dificuldade que se apresenta na vida prática e nas questões de prova é quanto à *identificação da autoridade coatora.* Tal apontamento deve atentar para as competências administrativas dos agentes para ordenar, realizar e também desfazer atos que sejam ilegais ou abusivos.

Para os casos de ilegalidades perpetradas no âmbito de processo administrativo (*vício formal*), a autoridade a ser indicada é o *julgador monocrático* ou, em situações de julgamento colegiado, o *presidente do tribunal.*

No tocante ao mérito da cobrança tributária (*vício material*), o mandado de segurança deve se dirigir à autoridade que tenha o poder de rever o ato. Assim, na esfera federal, teremos duas autoridades coatoras:

a) Tributo aduaneiro: Inspetor Chefe da Aduana ou Chefe da Inspetoria Aduaneira;

b) Tributo não aduaneiro: Delegado da Receita Federal do Brasil.

Com relação aos tributos estaduais ou municipais, caso não haja indicação pelo enunciado da questão, deverá ser indicado como "Chefe de Arrecadação" do respectivo tributo.

Em atos administrativos complexos, que envolvem homologação ou chancela como atividade final, a autoridade a ser indicada como coatora é exatamente aquela que pratica o último ato do procedimento.

Já nas situações de atos praticados mediante ordem de um agente público a outro, *ambas as autoridades* podem ser consideradas coatoras e, dessa forma, incluídas na intimação para prestar informações (art. 6º, § 3º, da Lei n. 12.016/2009).

Ressalte-se, ainda, que haverá equiparação às autoridades administrativas dos representantes ou órgãos de partidos políticos e os administradores de entidades autárquicas, bem como os dirigentes de pessoas jurídicas ou as pessoas naturais no exercício de atribuições do Poder Público, somente no que disser respeito a essas atribuições (art. 1º, § 1º, da Lei n. 12.016/2009).

Nas provas outrora aplicadas, tem sido comum que a banca indique o cargo da autoridade coatora e a sua respectiva denominação no enunciado da peça prático-profissional, o que deve ser seguido à risca pelo candidato.

Não sendo indicado expressamente, aconselhamos a utilização do seguinte padrão:

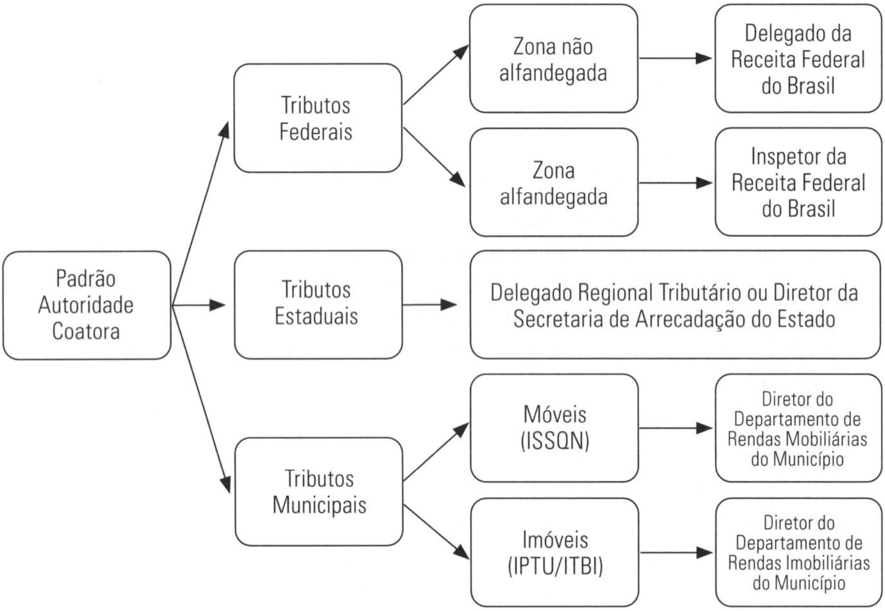

- **Órgão de representação judicial**

  Nos moldes estampados no art. 7º, II, da Lei n. 12.016/2009, também figurará no polo passivo dessa ação mandamental a respectiva *pessoa jurídica* que estiver vinculado à *autoridade coatora*, por meio de seu órgão de representação judicial.

  Estamos diante do *corpo jurídico* daquele ente político interessado, atuando em complemento da autoridade coatora na defesa dos interesses do *fisco*. Geralmente quem exerce essas funções são as *Procuradorias* (*federal, estaduais ou municipais*).

- **Ministério Público**

  Considerando a existência de atividade ilegal ou abusiva praticada por *agente público*, fundamental a participação do *Ministério Público* como fiscal da lei *(custos legis)*.

  O art. 12 da Lei n. 12.016/2009 determina que o magistrado ouvirá em improrrogáveis dez dias a opinião do *membro do parquet*. Ainda que fundamental sua participação, a ausência de parecer não impede o prosseguimento da ação para julgamento.

5.2.7. Concessão de liminar

Quando estudamos as ordinárias ações declaratórias e anulatórias, percebemos a necessidade quanto ao requerimento de suspensão da exigibilidade do crédito tributário. O objetivo dessa suspensão seria obstar a cobrança ou penhora de valores até o final julgamento daquelas ações.

Entre as modalidades exploradas, identificamos as *tutelas provisórias* instituídas no Código de Processo Civil, subdividindo-as em *urgência e evidência*.

Nesse momento, tratando-se de mandado de segurança, encontraremos semelhante requerimento intitulando-o como "liminar".

Mesmo compreendendo que esse *remédio constitucional* reger-se-á pelo especial *rito sumaríssimo* (inexistindo fase de instrução probatória), ainda assim em casos pontuais será necessário provimento liminar para evitar o perecimento do direito e garantir o resultado útil no final da demanda.

Assim, a própria lei reguladora do mandado de segurança explanou a existência dessa liminar ao conceder ao magistrado o poder de *determinar a suspensão do ato que deu motivo ao pedido, quando houver fundamento relevante e puder resultar a ineficácia da medida, caso seja finalmente deferida* (art. 7º, III, da Lei n. 12.016/2009).

Aplicando esse preceito legal, a doutrina aponta o preenchimento de dois requisitos para concessão da *liminar*, quais sejam:

a) **fumaça do bom direito (*fumus boni iuris*):** relaciona-se com a demonstração, pelo impetrante, de que detém o melhor direito/fundamento jurídico (ex.: impetrante demonstra ser entidade beneficiária de imunidade);

b) **perigo da demora (*periculum in mora*):** comprovação ao magistrado de que a demora na prestação jurisdicional poderá acarretar a ineficácia da medida final (ex.: demonstrar que a continuidade da cobrança acarretará prejuízos sobre patrimônio destinado aos fins religiosos).

Importante ressaltar que, mesmo quando preenchidos os requisitos elencados, o magistrado poderá exigir do impetrante a prestação de *caução, fiança ou depósito*, com o objetivo de assegurar o ressarcimento à pessoa jurídica. Trata-se de *garantia* quanto à possibilidade de reversão da medida liminar no momento da final sentença.

Na seara tributária, encontraremos a aplicação da *medida liminar* não apenas com o objetivo de ver suspensa a exigibilidade do crédito tributário. Em algumas situações, a utilização dessa medida se atrela a atos abusivos consequentes do crédito tributário, e não a ele próprio.

Estamos diante dos típicos casos de *sanções administrativas ou políticas* que, uma vez tomadas por agentes públicos, poderá ocasionar embaraços na atividade particular do contribuinte.

Como exemplo de *sanção administrativa*, podemos citar o indevido indeferimento de requerimento administrativo para expedição de certidões (negativa ou positiva com efeito de negativa) ocasionando prejuízos ao participante de processo licitatório público (art. 29, III, da Lei n. 8.666/93). Assim, estaria legitimado a impetrar mandado de segurança requerendo liminar para expedição da respectiva certidão.

Como *sanções políticas*, podemos mencionar exigências coercitivas ilegais ao pagamento de tributos, por meio da apreensão de mercadorias ou lacração de estabelecimentos.

Nesse sentido, importantes súmulas:

> ***Súmula 70 do STF.*** *É inadmissível a interdição de estabelecimento como meio coercitivo para cobrança de tributo.*
>
> ***Súmula 323 do STF.*** *É inadmissível a apreensão de mercadorias como meio coercitivo para pagamento de tributos.*
>
> ***Súmula 547 do STF.*** *Não é lícito à autoridade proibir que o contribuinte em débito adquira estampilhas, despache mercadorias nas alfândegas e exerça suas atividades profissionais.*

Nesses casos, pelo ato abusivo perpetrado pela administração, caberá impetração desse remédio constitucional com pedido de liminar para desinterdição de estabelecimento e/ou liberação de mercadorias aprendidas.

Atualmente, o mandado tem sido largamente utilizado para afastar a hipótese em que o ente público impede o contribuinte de emitir notas fiscais em razão da existência de créditos tributários em aberto. Trata-se de sanção política, ato abusivo da administração pública, que caracteriza meio indireto de cobrança, sendo plenamente cabível o mandado de segurança.

Apesar de ampla e comum utilização das liminares no mandado de segurança, a Lei n. 12.016/2009 determinava, em sua redação original, uma série de restrições no art. 7º, § 2º. Entre essas vedações, para a matéria tributária, aplicaremos a proibição de liminares para *entrega de mercadorias e bens provenientes do exterior, bem como a compensação tributária.*

- **Liberação de mercadorias provenientes do exterior**

  A apreensão de mercadorias como forma coercitiva ao pagamento de tributos seria sanção de cunho político que poderia ensejar a impetração do mandado de segurança, inclusive com pedido liminar.

  No entanto, tratando-se de mercadorias oriundas do exterior, a legislação de regência não permitia a concessão de liminares.

  Em sentido oposto à proibição legal e aplicando a lógica processual, defendíamos, nas edições anteriores da presente obra, que também caberia liminar para liberação de mercadorias ou bens oriundos do exterior, considerando a inafastabilidade do judiciário e a vedação à aplicação de sanções políticas.

  Nesse sentido, o STF declarou a inconstitucionalidade do referido § 2º do art. 7º da Lei n. 12.016/2009, no julgamento da ADI 4.296, pendente de publicação quando do fechamento desta edição.

  Dessa forma, resta plenamente cabível a liminar em mandado de segurança para liberação de mercadoria importada do exterior, consolidando o posicionamento favorável ao contribuinte.

- **Compensação**

  A compensação tributária se caracteriza como modalidade de extinção dos créditos tributários, mediante o encontro de contas entre sujeito passivo e a Fazenda Pública (arts. 156, II, e 170 do CTN).

  Em situações pontuais, o Fisco indevidamente nega a realização da compensação sob fundamentos ilegais ou abusivos, surgindo a possibilidade de impetração do mandado de segurança para declaração do direito de compensar.

  Aliás, esse entendimento foi externado pelo Superior Tribunal de Justiça na Súmula 213, designando: "O mandado de segurança constitui ação adequada para a declaração do direito à compensação tributária".

  Todavia, o procedimento de apuração de créditos (dilação probatória) e o da compensação propriamente dita são feitos em âmbito administrativo, não podendo a via do mandado de segurança, ou mesmo a judicial, ser legitimada para convalidar compensações já realizadas por iniciativa do contribuinte[5].

  A vedação legal não estaria em utilizar o remédio constitucional, e sim a *liminar*. A preocupação externada pelo legislador se amolda com a possibilidade de conflitos entre a prévia compensação (com a liminar) e a posterior cassação dela (no momento da sentença final).

  Assim, créditos ainda discutidos judicialmente apenas poderão ser compensados com o final trânsito em julgado da respectiva ação.

  Nesse mesmo sentido:

  > Art. 170-A do CTN. É vedada a compensação mediante o aproveitamento de tributo, objeto de contestação judicial pelo sujeito passivo, antes do trânsito em julgado da respectiva decisão judicial.
  >
  > ***Súmula 212 do STJ.*** *A compensação de créditos tributários não pode ser deferida em ação cautelar ou por medida liminar cautelar ou antecipatória. (cancelada)*

Com o julgamento da ADI 4.296, em que o STF declarou inconstitucional o § 2º do art. 7º da lei em comento, muitos defenderam a possibilidade de concessão de liminar para compensação. No entanto, uma vez que a compensação somente é cabível após o trânsito em julgado, e por tratar-se de uma regra de direito material, não há qualquer cabimento a aplicação da liminar. Dessa forma, mesmo com a declaração da inconstitucionalidade do dispositivo, deverá ser mantida a vedação à liminar para que se efetive a compensação, em razão da vedação prevista no CTN.

---

5 Súmula 460 do STJ: "É incabível o mandado de segurança para convalidar a compensação tributária realizada pelo contribuinte".

Frise-se que a Súmula 212 foi cancelada pelo STJ em razão do efeito vinculante produzido pelo julgamento da ADI 4.296. Entretanto, resta ainda como limitação à concessão de liminar para compensação o art. 170-A do CTN.

Por fim, o indeferimento da medida liminar requerida consiste em mera decisão interlocutória, combatida por meio do recurso de agravo de *instrumento* (§ 1º do art. 7º da Lei n. 12.016/2009).

5.2.8. Vedação à condenação em honorários sucumbenciais

Entre as especificidades próprias do mandado de segurança, destaca-se a ausência de condenação em honorários advocatícios estampada no art. 25 da Lei n. 12.016/2009.

A intenção do legislador seria conceder *menor onerosidade* ao manejo desse importante instrumento processual em defesa de direitos contra ilegalidades ou abuso de poder.

Nesse sentido:

> ***Súmula 512 do STF.*** *Não cabe condenação em honorários de advogado na ação de mandado de segurança.*
>
> ***Súmula 105 do STJ.*** *Na ação de mandado de segurança não se admite condenação em honorários advocatícios.*

A proibição quanto à condenação em honorários advocatícios não impedirá o requerimento de ressarcimento das custas processuais despendidas para impetração do remédio constitucional.

Um critério para identificação do mandado de segurança como peça cabível no exame de ordem é a indicação do enunciado em que o contribuinte não quer correr o risco de ser condenado nos honorários sucumbenciais. A única peça cabível será o mandado de segurança, caso esse quesito seja determinante no enunciado.

5.3. Como identificar a peça no exame: a diferenciação para as ações ordinárias

Após todo o estudo do mandado de segurança, percebemos que seu cabimento ocorrerá nas mesmas hipóteses elencadas para as ordinárias ações declaratórias e anulatórias, valendo-se das espécies *preventivas ou repressivas.*

Diante desses fatos, em casos específicos, poderá o examinando utilizar ambas as peças como forma de atingir o objetivo esperado pelo espelho de prova. Inclusive, a própria banca já adotou em anteriores exames essa dupla possibilidade (IV e IX Exames).

Entretanto, a banca poderá elencar indícios para utilização apenas desse remédio constitucional. Entre os elementos apresentados, encontraremos:

- **Sanções administrativas:** nulidades em obtenção de benefícios, certidões de regularidade, processo administrativo tributário, aproveitamento de compensações, entre outros.

- **Sanções políticas:** apreensão de mercadorias, fechamento de empresa por falta de pagamento de tributo, óbice na impressão de bloco de notas fiscais para empresa inadimplente etc. É necessário atentar que o lançamento fiscal não possui autoexecutoriedade, de maneira que tal ato deve funcionar apenas como mera cobrança de valores, restando ao Poder Judiciário a competência para, no processo de execução fiscal, efetivar medidas coercitivas para obtenção do valor do tributo cobrado. As sanções políticas são formas de afronta ao princípio do devido processo.
- **A adoção de medida mais célere:** tratando-se de procedimento sumaríssimo em que inexiste fase de instrução probatória, é evidente que seu trâmite será mais rápido.
- **Utilização de ação menos onerosa:** considerando a ausência de condenação em honorários, tem-se como ação menos onerosa.
- **Tempestividade:** quando ainda não transcorrido o prazo decadencial de 120 dias (mandado de segurança repressivo).

Assim, na prova, podemos encontrar como bons exemplos as seguintes orações:

- *Considerando a situação econômica do contribuinte, apresente medida judicial menos onerosa [...]*
- *Pretende ingressar judicialmente, desde que sem risco de suportar os custos de honorários advocatícios na eventualidade de insucesso na demanda [...]*
- *Necessita da expedição de certidão de regularidade fiscal para participação em licitação [...]*
- *Sabendo que o estabelecimento foi interditado [...]*
- *Considerando a apreensão de suas mercadorias [...]*
- *Adote a medida mais célere na defesa de seus interesses, diante da desnecessidade quanto à produção de novas provas [...]*

5.4. Modelo estruturado

AO JUÍZO FEDERAL DA... VARA FEDERAL DA SEÇÃO JUDICIÁRIA DE...

OU

AO JUÍZO DE DIREITO DA... VARA... (CÍVEL/FAZENDA PÚBLICA/ÚNICA) DA COMARCA DE...

(Espaço de três a quatro linhas)

Nome, nacionalidade, estado civil, profissão, portador do RG n. ..., inscrito no CPF sob o n. ..., residente e domiciliado..., com endereço eletrônico..., por meio de seu Advogado abaixo assinado, procuração anexa, com endereço profissional para receber todas as informações processuais..., integrante do escritório..., inscrito no CNPJ sob o n. ..., na forma do art. 103 do

CPC, vem, respeitosamente, perante Vossa Excelência, com fundamento no art. 5º, LXIX, da Constituição Federal, art. 319 do CPC, art. 151, IV, do CTN, bem como o art. 1º e seguintes da Lei n. 12.016/2009, impetrar

MANDADO DE SEGURANÇA COM PEDIDO DE LIMINAR

contra ato coator do Ilustríssimo Senhor Delegado da Receita Federal do Brasil (ou Delegado Regional Tributário, Diretor da Secretaria de Arrecadação do Estado ou Diretor do Departamento de Rendas Mobiliárias do Município), integrante da pessoa jurídica (União, Estados, Distrito Federal ou Municípios), inscrita no CNPJ sob o n. ..., com endereço..., endereço eletrônico..., na pessoa do seu representante legal, pelos fatos e fundamentos a seguir expostos:

I – Dos Fatos

Narração semelhante ao próprio quesito proposto, apenas atentando para não repetição de alguns pontos desnecessários como os nomes das Partes (evitar repetição de expressões).

II – Do Cabimento

O mandado de segurança é remédio constitucional que tutela o direito líquido e certo não amparado por "habeas corpus" ou "habeas data", conforme previsto no art. 5º, LXIX, da CRFB e na Lei n. 12.016/2009. No caso em tela, estamos diante de um direito líquido e certo, cuja prova está pré-constituída, não havendo necessidade de dilação probatória.

III – Da Tempestividade

Argumentar que ainda não houve esvaziamento do prazo decadencial de 120 dias contados da ciência do ato, conforme o art. 23 da Lei n. 12.016/2009.

Ressaltar que, nos casos de impetração preventiva, a ameaça se renova constantemente, não existindo decurso de prazo.

IV – Do Direito

Nessa oportunidade, o examinando deverá expor todos os fundamentos jurídicos na defesa do autor contra o ato ilegal ou abusivo.

Realize a subsunção de normas jurídicas ao caso concreto, amoldando-as naquilo que o quesito determinou. Realize a subdivisão em tópicos, pois facilita a leitura do avaliador.

Ex.: IV.I – Do ato coator / IV.II – Da atividade ilegal / IV.III – Da liberação de mercadorias.

V – Da Liminar sem Exigência de Caução, Fiança ou Depósito

Requerer a concessão de liminar pelo preenchimento dos requisitos da "fumaça do bom direito" ("fumus boni iuris") e o "perigo da demora" ("periculum in mora"), sem necessidade de prévia garantia. Aplicar e mencionar o disposto no art. 7º, inciso III, da Lei n. 12.016/2009.

VI – Dos Pedidos

Diante do exposto, requer:

a) que seja concedida a liminar, nos termos já estabelecidos, para fins de... (suspender a exigibilidade do crédito tributário, expedir certidão positiva com efeitos de negativa, libração de mercadorias etc.), conforme estabelece o art. 7º, III, da Lei n. 12.016/2009;

b) que seja dispensada a realização de audiência de conciliação ou mediação, nos termos do art. 319, VII, do CPC OU impossibilidade de realização da audiência, pois se trata de um direito indisponível que não admite autocomposição, aplicando-se o art. 334, § 4º, II, do CPC;

c) a notificação da autoridade coatora para prestar informações, no prazo estabelecido no art. 7º, I, da Lei n. 12.016/2009;

d) a intimação do órgão de representação judicial da pessoa jurídica interessada, nos termos do art. 7º, II, Lei n. 12.016/2009;

e) a manifestação do Ministério Público na forma preconizada no art. 12 da Lei n. 12.016/2009;

f) a concessão da segurança ao final, em caráter definitivo, confirmando a liminar ora deferida, para fins de...;

g) a condenação da parte ré nas custas processuais na forma do art. 25 da Lei n. 12.016/2009, Súmulas 105 do STJ e 512 do STF.

Dá-se à causa o valor de R$... (numeral e valor por extenso), na forma do art. 291 do CPC.

Nesses termos, pede deferimento.

Local..., Data...

Advogado... OAB.../n. ...

5.5. Gabaritando o Exame

(XIX Exame Unificado OAB – FGV) Zeta é uma sociedade empresária cujo objeto social é a compra, venda e montagem de peças metálicas utilizadas em estruturas de shows e demais eventos.

Para o regular exercício de sua atividade, usualmente necessita transferir tais bens entre seus estabelecimentos, localizados entre diferentes municípios do Estado de São Paulo.

Apesar de nessas operações não haver transferência da propriedade dos bens, mas apenas seu deslocamento físico entre diferentes filiais de Zeta, o fisco do Estado de São Paulo entende que há incidência de Imposto sobre Circulação de Mercadorias e Prestação de Serviços – ICMS nesse remanejamento.

Diante da falta de recolhimento do imposto, o fisco já reteve por mais de uma vez, por seus Auditores Fiscais, algumas mercadorias que estavam sendo deslocadas entre as filiais, buscando, assim, forçar o pagamento do imposto pela sociedade empresária.

Considere que, entre a primeira retenção e a sua constituição como advogado, passaram-se menos de dois meses. Considere, ainda, que todas as provas necessárias já estão disponíveis e que o efetivo pagamento do tributo, ou o depósito integral deste, obstaria a continuidade das operações da empresa que, ademais, não quer se expor ao risco de eventual condenação em honorários, no caso de insucesso na medida judicial a ser proposta.

Com receio de sofrer outras cobranças do ICMS e novas retenções, e também pretendendo a rápida liberação das mercadorias já apreendidas, uma vez que elas são essenciais para a continuidade de suas atividades, a sociedade empresária Zeta o procura para, na qualidade de advogado, elaborar a petição cabível, ciente de que, entre a retenção e a constituição do advogado, há período inferior a 120 (cento e vinte) dias, e que, para a demonstração dos fatos, há a necessidade, apenas, de prova documental que lhe foi entregue.

GABARITO:

AO JUÍZO DE DIREITO DA... VARA DE FAZENDA PÚBLICA DA COMARCA DE.../ESTADO DE SÃO PAULO

(Pular de três a quatro linhas)

Zeta, pessoa jurídica de direito privado, inscrita no CNPJ sob o n. ..., Inscrição Estadual n. ..., com sede domiciliada..., com endereço eletrônico..., por meio de seu Advogado abaixo assinado, procuração anexa, com endereço profissional para receber todas as informações processuais..., integrante do escritório..., inscrito no CNPJ sob o n. ..., na forma do art. 103 do CPC, vem, respeitosamente, perante Vossa Excelência, com fundamento no art. 5º, LXIX, da Constituição Federal, no art. 319 do CPC, no art. 151, IV, do CTN, bem como no art. 1º e seguintes da Lei n. 12.016/2009, impetrar

MANDADO DE SEGURANÇA COM PEDIDO DE LIMINAR

contra o ato coator do Ilustríssimo Senhor Auditor Fiscal, vinculado a pessoa jurídica do Estado de São Paulo, inscrito no CNPJ sob o n. ..., com endereço ..., e endereço eletrônico ..., na pessoa do seu representante legal, pelos fatos e fundamentos a seguir expostos:

I – Dos Fatos

A Pessoa Jurídica Zeta atua no ramo de montagens de estruturas para shows e demais eventos, realizando a compra, venda e montagem de peças metálicas que compõem essas estruturas.

Ocorre que, na práxis de sua atividade empresarial, Zeta necessita transferir tais bens entre seus estabelecimentos, localizados entre diferentes municípios do Estado de São Paulo.

E embora não haja incidência do ICMS no caso em apreço, o Auditor Fiscal do Estado de São Paulo reteve, por mais de uma vez, algumas mercadorias que estavam sendo deslocadas entre as filiais, buscando, assim, forçar o pagamento do imposto pela sociedade empresária.

Portanto, diante de tal situação, não restou outra saída ao contribuinte senão impetrar o referido Remédio Constitucional para afastar a cobrança indevida do imposto, bem como liberar as mercadorias apreendidas.

II – Do Cabimento

O mandado de segurança é remédio constitucional que tutela o direito líquido e certo não amparado por "habeas corpus" ou "habeas data", conforme previsto no art. 5º, LXIX, da CRFB e na Lei n. 12.016/2009. No caso em tela, estamos diante de um direito líquido e certo, cuja prova está pré-constituída, não havendo necessidade de dilação probatória.

III – Da Tempestividade

O presente "writ" resta tempestivo uma vez que entre a retenção indevida (ato coator) e a constituição do Advogado não transcorreram os 120 dias de prazo decadencial concedidos pelo art. 23 da Lei n. 12.016/2009.

IV – Do Direito

IV.I – Da violação ao teor da Súmula 166 do STJ

O ICMS é um imposto de competência dos Estados e do Distrito Federal de acordo com a previsão do art. 155, II, da Constituição Federal. Esse imposto tem seus aspectos gerais regulamentados pela Lei Complementar n. 87/96, a qual, em seu art. 2º, elenca as hipóteses nas quais ocorrerá a incidência do referido imposto.

Dentre as hipóteses previstas, tanto no art. 155, inciso II, da CF/88 quanto no art. 2º da LC n. 87/96, não há previsão de ser fato gerador do ICMS as transferências de mercadorias entre estabelecimentos de mesma titularidade.

Esse entendimento inclusive já foi consolidado pelo Superior Tribunal de Justiça na Súmula 166, a qual tem a seguinte redação: "Não constitui fato gerador do ICMS o simples deslocamento de mercadoria de um para outro estabelecimento do mesmo contribuinte".

Portanto, no caso em apreço, não há incidência do ICMS por se tratar de mero deslocamento de mercadoria entre filiais do contribuinte sem que haja a efetiva modificação da propriedade.

IV.II – Da Violação ao teor da Súmula 323 do STF

A Carta Magna consagrou no seleto rol dos Direitos e Garantias Fundamentais, o Princípio do Devido Processo Legal, mais especificamente no art. 5º, LIV, determinando que ninguém será privado da liberdade ou de seus bens sem o devido processo legal. Essa previsão encontra-se em plena sintonia com o art. 170 também da Lei maior, o qual elenca os Princípios Gerais da Atividade Econômica.

Dessa forma, resta claro que embora seja legítima a necessidade do fisco de exigir o pagamento do tributo, este não poderá em hipótese alguma agir de forma desarrazoada, confiscando o patrimônio do contribuinte para forçá-lo ao pagamento, como o fez manifestamente de forma equivocada o Auditor Fiscal do Estado de São Paulo.

Esse entendimento inclusive já fora consolidado no Supremo Tribunal Federal, o qual editou a Súmula 323, consolidando o seguinte entendimento: "Não é possível apreender mercadorias para forçar o contribuinte a pagar o tributo".

V – Da Liminar sem Exigência de Caução, Fiança ou Depósito

Conforme prescreve a novel Lei do Mandado de Segurança (Lei n. 12.016/2009) em seu art. 7º, III, "in verbis":

> Art. 7º Ao despachar a inicial, o juiz ordenará: [...]
> III – que se suspenda o ato que deu motivo ao pedido, quando houver fundamento relevante e do ato impugnado puder resultar a ineficácia da medida, caso seja finalmente deferida, sendo facultado exigir do impetrante caução, fiança ou depósito, com o objetivo de assegurar o ressarcimento à pessoa jurídica.

Para a concessão da medida liminar em sede de mandado de segurança, faz-se necessário o preenchimento de dois importantes requisitos: "fumus boni iuri" ("fumaça do bom direito") e "periculum in mora" ("perigo da demora").

Considerando todos os argumentos já expendidos anteriormente, é fácil perceber que ambos os requisitos já se encontram presentes.

Com efeito, ao analisar o preceito acima, à luz dos motivos já esposados, percebe-se, claramente, que a não concessão da referida liminar implicará prejuízo inestimável ao impetrante.

VI – Dos Pedidos

Diante do exposto, requer:

a) que seja concedida a liminar, nos termos já estabelecidos, para que o Fisco do Estado de São Paulo restitua as mercadorias já apreendidas, cesse a exigência do ICMS no caso e se abstenha de voltar a reter mercadorias para forçar o pagamento do imposto, nos termos elencados no art. 7º, III, da Lei n. 12.016/2009;

b) que seja dispensada a realização de audiência de conciliação ou mediação, uma vez que se trata de um direito indisponível, que não admite autocomposição, aplicando-se o art. 334, § 4º, II, do CPC;

c) a notificação do Auditor Fiscal do Estado de São Paulo para prestar informações, nos termos do art. 7º, I, da Lei n. 12.016/2009;

d) a intimação do órgão de representação judicial do Estado de São Paulo, nos termos do art. 7º, II, da Lei n. 12.016/2009;

e) a manifestação do Ministério Público, segundo previsão estampada no art. 12 da Lei n. 12.016/2009;

f) a concessão da segurança ao final, em caráter definitivo, confirmando a liminar ora requerida, para fins de reconhecer direito líquido e certo do impetrante, com a confirmação da liminar, com a consequente liberação definitiva das mercadorias, declaração de que não há incidência de ICMS no caso e ordem de abstenção de novas reten ções e cobranças futuras;

g) a condenação do Estado de São Paulo nas custas processuais, na forma do art. 25 da Lei n. 12.016/2009, Súmulas 105 do STJ e 512 do STF.

Dá-se à causa o valor de R$... (numeral e por extenso), na forma do art. 291 do CPC.

Nesses termos, pede deferimento.

Local..., Data...

Advogado... OAB.../n. ...

5.6. Enunciados de peças profissionais

(IV Exame Unificado OAB – FGV) Equipamentos (partes e peças) que estavam sendo transportados para a empresa Micro Informática Ltda. e que seriam utilizados em sua produção foram apreendidos, sob a alegação da Secretaria de Arrecadação Estadual de que a nota fiscal que os acompanhava não registrava uma diferença de alíquota devida ao Fisco e não teria havido, portanto, o recolhimento do imposto.

Na ocasião, houve o auto de infração e foi realizado o respectivo lançamento. A empresa, que tem uma encomenda para entregar, procura você, na condição de advogado, para a defesa de seus interesses.

Na qualidade de advogado da empresa Micro Informática, apresente a peça processual cabível para a defesa dos interesses da empresa, empregando todos os argumentos e fundamentos jurídicos cabíveis. (Valor: 5,0)

GABARITO: O enunciado dessa questão exigia a impetração do mandado de segurança, nos termos da Lei n. 12.016/2009.

Entretanto, no espelho divulgado pela banca também foi aceita a apresentação de ação anulatória de débito fiscal com pedido de antecipação de tutela (atualmente *tutelas provisórias*), com fundamento no art. 38 da Lei n. 6.830/80 (Lei de Execuções Fiscais - LEF).

No mérito da ação, fundamentar pela indevida retenção de mercadorias após lavratura do auto de infração (Súmulas 70, 323 e 547 do STF).

Mesmo que a mercadoria estivesse desacompanhada por nota fiscal, não seria possível apreendê-la. A postura adotada pelo fisco é ilegal e abusiva, ofendendo o princípio da livre iniciativa e o direito de propriedade (arts. 5º, XXII, e 170 da CF).

É defeso à Administração impedir ou cercear a atividade profissional do contribuinte, para compeli-lo ao pagamento de débito, uma vez que tal procedimento redundaria no bloqueio de atividades lícitas, mercê de representar hipótese de autotutela, medida excepcional ante o monopólio da jurisdição nas mãos do Estado-Juiz.

(VII Exame Unificado OAB – FGV) A Administração Fazendária de determinado Estado, por entender que a Empresa Brasileira de Correios e Telégrafos - ECT enquadra-se como contribuinte do IPVA incidente sobre os novos veículos de sua frota, adquiridos e emplacados em seu território, efetuou lançamento tributário direto relativo ao respectivo imposto de sua competência.

Todavia, a aludida empresa, que se encontra no prazo regular para pagamento do IPVA, não quitou o imposto por discordar de sua cobrança, entendendo não ser seu contribuinte, ante a relevância dos serviços de natureza postal para a população.

Sabendo-se que a referida Empresa pretende viabilizar demanda judicial para a defesa dos seus interesses, uma vez que não houve oferecimento de defesa administrativa em tempo hábil, bem como, contados da data da notificação do lançamento tributário até o presente momento consumaram-se 90 (noventa) dias, nessa situação hipotética, redija, na qualidade de advogado contratado pela ECT, a petição pertinente que traga o rito mais célere, com base no direito material e processual tributário, ciente da desnecessidade de outras provas, que não sejam documentais. (Valor: 5,00)

GABARITO: Diante dos elementos apresentados, a peça processual eleita foi o mandado de segurança com pedido liminar, nos termos da Lei n. 12.016/2009.

A liminar pleiteada objetiva a suspensão da exigibilidade do crédito tributário até final julgamento da demanda (art. 7º, III, da Lei n. 12.016/2009 e art. 151, IV, do CTN).

O mérito da ação se desenvolve no benefício da imunidade tributária recíproca, estampada no art. 150, VI, *a*, e § 2º, do mesmo dispositivo da Constituição Federal.

Apesar de empresa pública, o Supremo Tribunal Federal concedeu a extensão da imunidade sob fundamento de que a Empresa de Correios e Telégrafos - ECT estaria realizando verdadeiro serviço público postal (art. 21, X, da CF), de natureza obrigatória e exclusiva do Estado.

Nesse cenário, o STF afasta a aplicação dos arts. 150, § 3º, e 173, § 2º, da CF (RE 407.099/RS), existindo julgados específicos para afastamento do IPVA sobre veículos das empresas públicas prestadoras de serviço público (ACO 765/RJ, *Informativo* STF n. 546).

(IX Exame Unificado OAB – FGV) Uma instituição de ensino superior, sem fins lucrativos, explora, em terreno de sua propriedade, serviço de estacionamento para veículos, cuja renda é revertida integralmente para manter suas finalidades essenciais.

Ocorre que tal instituição foi autuada pela Fiscalização Municipal, sob o fundamento de ausência de recolhimento do Imposto sobre Serviços de Qualquer Natureza - ISSQN relativo aos exercícios fiscais de 2008, 2009, 2010 e 2011, visto que a atividade econômica, serviços de estacionamento, consta da lista de serviços anexa à lei municipal tributária aplicável à espécie.

A referida instituição pretende viabilizar demanda judicial para a defesa dos seus interesses, uma vez que não houve oferecimento de defesa administrativa em tempo hábil, bem como, contados da data do recebimento do auto de infração pelo Administrador responsável pela instituição até o presente momento, tem-se o total de 100 (cem) dias.

Nesta situação hipotética, considerando que tudo está comprovado documentalmente e que o pagamento do tributo inviabilizaria os investimentos necessários para manter e ampliar os serviços educacionais que a instituição presta, apresente a fórmula jurídica processual mais rápida e eficaz para solucionar a situação descrita, esgotando os fundamentos de direito processual e material, ciente de que, entre a data da autuação e a sua constituição como patrono da referida instituição, transcorreram menos de dois dias. (Valor: 5,0)

GABARITO: A banca aceitou como caimento a Ação Anulatória (art. 38, LEF) ou a utilização do mandado de segurança com pedido liminar, nos termos da Lei n. 12.016/2009. O objetivo da medida liminar seria a obtenção da suspensão da exigibilidade do crédito tributário (art. 7º, III, da Lei n. 12.016/2009 e art. 151, IV, do CTN).

No mérito da ação, fundamentar no benefício da imunidade tributária concedido às instituições de assistência social sem finalidade lucrativa, localizado no art. 150, VI, c, e § 4º do mesmo artigo da Constituição Federal.

Ademais, a Súmula 724, editada pelo STF (*atualmente elevada à Súmula Vinculante 52*), já pacificou entendimento no sentido de que desde que a receita auferida por tais entidades se destine às suas finalidades essenciais, não haverá incidência de impostos, incluindo-se neste caso o ISS.

(XI Exame Unificado OAB – FGV) O estabelecimento da sociedade WYZ Ltda., cujo objeto é a venda de gêneros alimentícios, foi interditado pela autoridade fazendária municipal, Coordenador Municipal de Tributação, com fundamento na Lei Municipal - que por sua vez prevê a interdição por falta de pagamento de taxa de inspeção sanitária já devidamente constituída pelo lançamento.

Diante disso, o administrador da sociedade procura um advogado, imediatamente após o ato de interdição, munido dos documentos necessários para a comprovação do seu direito, solicitando a reversão do ato de interdição do seu estabelecimento o mais breve possível, pois a continuidade de seu negócio está comprometida.

Pede o administrador, ainda, que seu advogado ajuíze medida judicial que, na hipótese de eventual insucesso, não acarrete o risco de condenação da sociedade WYZ Ltda. em verba honorária em favor da parte contrária.

Na qualidade de advogado da sociedade WYZ Ltda., redija a petição inicial mais adequada à necessidade do seu cliente, com o objetivo de reverter judicialmente o ato administrativo de interdição do estabelecimento, ciente de que a prova necessária é puramente documental.

A peça deve abranger todos os fundamentos de Direito que possam ser utilizados para dar respaldo à pretensão. A simples menção ou transcrição do dispositivo legal não pontua. (Valor: 5,0)

GABARITO: Considerando a sanção administrativa imposta com a interdição do estabelecimento, necessária a impetração de mandado de segurança com pedido liminar, nos termos da Lei n. 12.016/2009. A liminar seria utilizada como mecanismo de suspender a interdição imposta, ante o risco à continuidade do negócio.

No item do direito utilizado, a argumentação estaria vinculada à impossibilidade de interdição do estabelecimento como meio coercitivo de cobrança de tributo, o que inclusive é objeto da Súmula 70 do STF.

A atitude desenvolvida pelo município violaria o princípio da razoabilidade e do devido processo legal.

Interditar o estabelecimento seria irrazoável e desproporcional, violando o direito constitucional de exercício da atividade econômica.

Já a afronta ao devido processo legal corresponderia à criação de indevida autotutela do Poder Público, valendo-se de mecanismo indireto e coercitivo para se realizar o pagamento do tributo sem processo judicial de execução fiscal.

(XIV Exame Unificado OAB – FGV) Em março de 2014, o Estado A instituiu, por meio de decreto, taxa de serviço de segurança devida pelas pessoas jurídicas com sede naquele Estado, com base de cálculo correspondente a 3% (três por cento) do seu faturamento líquido mensal.

A taxa, devida trimestralmente por seus sujeitos passivos, foi criada com o objetivo de remunerar o serviço de segurança pública prestado na região.

A taxa passou a ser exigível a partir da data da publicação do decreto que a instituiu.

Dez dias após a publicação do decreto (antes, portanto, da data de recolhimento da taxa), a pessoa jurídica PJ Ltda. decide impugnar o novo tributo, desde que sem o risco de suportar os custos de honorários advocatícios na eventualidade de insucesso na demanda, tendo em vista que pretende participar de processo licitatório em data próxima, para o qual é indispensável a apresentação de certidão de regularidade fiscal, a qual será obstada caso a pessoa jurídica deixe de pagar o tributo sem o amparo de uma medida judicial.

Considerando a situação econômica do contribuinte, elabore a medida judicial adequada para a impugnação do novo tributo e a garantia da certidão de regularidade fiscal necessária à sua participação na licitação, considerando a desnecessidade de dilação probatória e indicando todos os fundamentos jurídicos aplicáveis ao caso. (Valor: 5,0)

GABARITO: A peça apropriada é o Mandado de Segurança, uma vez que se trata de direito líquido e certo e a medida não comporta condenação em honorários advocatícios (Súmula 512 do STF, Súmula 105, do STJ, e art. 25 da Lei n. 12.016/2009).

Deve ser apresentado pedido de liminar para assegurar que o novo tributo não poderá impedir o impetrante de obter a certidão de regularidade fiscal da pessoa jurídica. Para tanto devem ser demonstradas a presença dos requisitos essenciais à liminar, quais sejam o *fumus boni iuris* (plausibilidade do direito alegado) e o *periculum in mora* (risco na demora da prestação jurisdicional, em decorrência da proximidade da licitação).

Quanto ao mérito, deve ser alegada a inconstitucionalidade da taxa em razão da violação do princípio da legalidade (art. 150, I, da Constituição) e ao princípio da anterioridade (tanto a anterioridade do exercício financeiro quanto a anterioridade nonagesimal - Art. 150, III, *b* e *c*, da CF).

Também deve ser apontada a inconstitucionalidade do fato gerador da taxa não corresponder a serviço público específico e divisível, uma vez que o serviço de segurança pública possui caráter geral e indivisível (art. 145, II, da Constituição).

Vale destacar, ainda, que a taxa é um tributo contraprestacional/vinculado e a base de cálculo instituída pelo decreto não reflete o custo despendido pelo Estado para a prestação da atividade.

(XXIX Exame Unificado OAB – FGV) Em virtude da grave crise financeira que se abateu sobre o Estado Beta, a Assembleia Legislativa estadual buscou novas formas de arrecadação tributária, como medida de incremento das receitas públicas.

Assim, o Legislativo estadual aprovou a Lei ordinária estadual n. 12.345/2018, que foi sancionada pelo Governador do Estado e publicada em 20 de dezembro de 2018. A referida lei, em seu art. 1º, previa, como contribuintes de ICMS, as empresas de transporte urbano coletivo de passageiros, em razão da prestação de serviços de transporte intramunicipal.

Em seu art. 2º, determinava a cobrança do tributo a partir do primeiro dia do exercício financeiro seguinte à sua publicação. As empresas de transporte urbano coletivo de passageiros que atuam no Estado Beta, irresignadas com a nova cobrança tributária, que entendem contrária ao ordenamento jurídico, buscaram o escritório regional (localizado na capital do Estado Beta) da Associação Nacional de Empresas de Transportes Urbanos (ANETU), legalmente constituída e em funcionamento desde 2010, à qual estão filiadas.

As empresas noticiaram à ANETU que não estão apurando e recolhendo o ICMS instituído pela Lei estadual n. 12.345/2018 e que não pretendem fazê-lo. Noticiaram, ainda, que possuem justo receio da iminente prática de atos de cobrança desse imposto pelo Delegado da Receita do Estado Beta, autoridade competente para tanto, e da consequente impossibilidade de obtenção de certidão de regularidade fiscal, razões pelas quais desejam a defesa dos direitos da categoria, com efeitos imediatos, para que não sejam obrigadas a recolher qualquer valor a título da referida exação, desde a vigência e eficácia prevista no art. 2º da lei estadual em questão.

Como advogado(a) constituído(a) pela ANETU - considerando que não se deseja correr o risco de eventual condenação em honorários de sucumbência, bem como ser desnecessária qualquer dilação probatória -, elabore a medida judicial cabível para atender aos interesses dos seus associados, ciente da pertinência às finalidades estatutárias e da inexistência de autorização especial para a atuação da Associação nessa demanda. (Valor: 5,0)

GABARITO: A medida cabível é a petição inicial de mandado de segurança coletivo preventivo, com pedido liminar. Como estamos perante direitos coletivos dos associados, é cabível a impetração do mandado de segurança coletivo, nos termos do art. 21, parágrafo único, da Lei n. 12.016/2009, sendo certo que há prova pré-constituída, consistente na lei publicada no *Diário Oficial* estadual.

A petição deve ser endereçada ao Juízo Cível ou da Fazenda Pública da Comarca da Capital do Estado Beta, já que os dados constantes do enunciado não permitem identificar a nomenclatura usada pela organização judiciária local. Deve-se indicar, na qualificação das partes, a Associação Nacional de Empresas de Transportes Urbanos (ANETU) como impetrante e, como autoridade coatora, o Delegado da Receita do Estado Beta.

Deve-se, ainda, indicar o Estado Beta como pessoa jurídica interessada, nos termos do art. 7º, inciso II, da Lei n. 12.016/2009.

A legitimidade ativa da ANETU decorre do fato de ser uma entidade associativa legalmente constituída e em funcionamento há mais de um ano, estando em defesa de direitos líquidos e certos de parte dos associados, nos termos do art. 21 da Lei n. 12.016/2009 OU do art. 5º, inciso LXX, alínea *b*, da CRFB/88.

A legitimidade passiva do Delegado da Receita do Estado Beta decorre do fato de que, como dito no enunciado, trata-se da autoridade competente para prática de atos de cobrança do imposto, atos que estão na iminência de ocorrer e que violam direito líquido e certo dos associados, daí a incidência do art. 5º, inciso LXIX, da CRFB/88 e do art. 1º da Lei n. 12.016/2009.

O examinando deve informar e demonstrar, justificadamente, os seguintes fundamentos de mérito: 1) identificar que a lei estadual atacada padece de vício formal, uma vez que a Constituição, de acordo com o art. 146, inciso III, alínea *a*, e o art. 155, § 2º, inciso XII, alínea *a*, ambos da CRFB/88, exige que os fatos geradores e os contribuintes do ICMS estejam definidos em lei complementar (de caráter nacional), de modo que não poderia uma lei ordinária estadual inovar neste particular; 2) identificar a flagrante violação das hipóteses de incidência (fatos geradores) expressamente previstos na Constituição para o ICMS, conforme art. 155, inciso II, da CRFB/88, pois esta norma constitucional somente prevê a incidência de ICMS sobre prestações de serviços de transporte interestadual e intermunicipal, sendo o transporte intramunicipal hipótese de incidência do ISS, imposto municipal, previsto no art. 156, inciso III, da CRFB/88, uma vez que se trata de serviço de qualquer natureza não contido no art. 155, inciso II, da CRFB/88; 3) identificar a violação do princípio da anterioridade tributária nonagesimal (art. 150, inciso III, alínea c, da CRFB/88), pois a lei pretendeu produzir efeitos de cobrança do tributo antes de decorridos 90 dias de sua publicação.

O examinando deve sustentar a imediata suspensão da possibilidade de cobrança da referida exação, uma vez que está presente a verossimilhança das alegações (inconstitucionalidades flagrantes) e há risco na demora, pois o tributo será cobrado antes mesmo de decorridos 90 dias da publicação da lei instituidora, além de impedir a obtenção de certidão de regularidade fiscal pelas empresas associadas à ANETU.

A peça deve conter os pedidos de: 1) "oitiva ou audiência" do representante judicial do Estado Beta, a se pronunciar no prazo de 72 horas, de acordo com o art. 22, § 2º, da Lei n. 12.016/2009; 2) concessão da medida liminar, para que a autoridade coatora se abstenha de realizar a cobrança do referido imposto, até decisão final; 3) concessão da ordem ao final, para que, em definitivo, a autoridade coatora se abstenha de cobrar o referido imposto dos associados da impetrante.

O examinando ainda deve atribuir valor à causa e obedecer às normas de fechamento da peça, qualificando-se como advogado.

6. DEFESAS NA EXECUÇÃO

6.1. A ação de execução fiscal

O procedimento legal para a cobrança da dívida ativa dos entes federados segue rito que se vincula aos estritos comandos do devido processo estipulado em nosso ordenamento. Na fase inicial, a relação obrigacional busca extinguir-se mediante cobrança no âmbito administrativo por meio do *lançamento tributário ou auto de infração,* que se efetua sem a necessidade de decisão constitutiva do Poder Judiciário.

No entanto, para o caso de o fisco não conseguir a obtenção do numerário pretendido na atividade administrativa, é possível o uso de *ação judicial de Execução Fiscal* objetivando a solvibilidade do crédito.

Com efeito, depois de frustrada a cobrança administrativa desse crédito público, o débito constituído, vencido e exigível, deve ser informado ao órgão competente para formalizá-lo como *dívida ativa* e promove-lhe à execução judicial.

A apuração e a inscrição da dívida ativa dos entes políticos (Municípios, Estados, Distrito Federal e União) geralmente serão realizadas por suas respectivas procuradorias. Esta inscrição origina a Certidão de Dívida Ativa (CDA) que, na lei processualista, tem status de título executivo extrajudicial (art. 784, IX, do CPC), gozando da presunção de certeza e liquidez (art. 204 do CTN) e consiste no controle da legalidade do crédito tributário que será objeto da respectiva ação judicial (art. 2º, § 3º, da Lei n. 6.830/80).

No caso dos tributos federais, compete à Fazenda Nacional inscrever em dívida ativa o crédito tributário, na forma do art. 2º, § 3º, da Lei n. 6.830/80.

Munida da *CDA,* a Fazenda Pública interessada, atentando para o prazo prescricional (art. 174 do CTN), tem a possibilidade de ingressar com a *ação judicial de execução fiscal.* Essa ação reger-se-á pela específica *Lei de Execuções Fiscais – LEF* (Lei n. 6.830/80), sem prejuízo da subsidiária aplicação da genérica lei processualista[1].

A Lei de Execuções Fiscais se presta à cobrança da dívida ativa da União, dos Estados, do Distrito Federal e dos Municípios, e é importante destacar que ela se

---

1 *Vide* art. 1º da Lei n. 6.830/80.

presta à cobrança de dívida ativa de natureza tributária ou não tributária. Assim, a Lei de Execuções Fiscais orientará a cobrança de tributos, como impostos, taxas, contribuições, mas também será o rito processual para satisfação do crédito referente às multas, por exemplo, que não tem natureza jurídica tributária.

Ademais, essa mesma lei também determina os elementos básicos do documento de inscrição em dívida ativa, repetindo a presunção de certeza e liquidez, bem como a necessidade quanto ao preenchimento de requisitos mínimos dessa *CDA* (arts. 2º, § 5º, e 3º da LEF). A inscrição em dívida ativa representa o momento em que a Fazenda exercerá o controle da legalidade do crédito tributário.

Superados os procedimentos internos, as procuradorias ingressarão com a ação executiva, indicando na petição inicial desta ação o juízo competente, o polo passivo e os valores, tomando a própria *CDA* como fundamento (arts. 4º, 5º e 6º da LEF).

São requisitos da Certidão de Dívida Ativa o nome do devedor, dos corresponsáveis, o domicílio ou residência de um e de outros, o valor originário da dívida, juros de mora e demais encargos, o termo inicial, a origem, natureza e fundamento legal ou contratual da dívida, data e número da inscrição, no Registro de Dívida Ativa e o número do processo administrativo ou do auto de infração.

Caso esteja ausente qualquer dos requisitos do termo de inscrição em dívida ativa, a CDA será nula, mas poderá ser emendada ou substituída até a decisão de primeira instância, conforme previsto no art. 2º, § 8º, da Lei de Execuções Fiscais.

Assim, será cabível a substituição da CDA até que seja proferida a sentença, com o objetivo de que sejam corrigidos vícios formais e materiais, sendo vedada a modificação do sujeito passivo da execução, a teor da Súmula 392 do Superior Tribunal de Justiça.

Importante destacar que a competência para processar e julgar a execução fiscal da Dívida Ativa da Fazenda Pública exclui a de qualquer outro Juízo, inclusive o da falência, sendo certo que o poder público não tem interesse de agir em promover a falência de uma empresa. Com isso, o único meio judicial para satisfação do crédito será a propositura de execução fiscal.

Os requisitos da petição inicial de execução fiscal são previstos no art. 6º da Lei n. 6.830/80, quais sejam, o Juiz a quem é dirigida; o pedido; e o requerimento para a citação. Em verdade, mais importante que os requisitos formais da inicial em si é a certidão de dívida ativa, que poderá constituir um único documento. Como se não bastasse, além de produzir a principal prova que irá instruir a execução fiscal, que é a CDA, a produção de provas pela Fazenda independe de requerimento.

Aferidos e constatados os requisitos exigidos para o processamento da ação, o juiz do feito a despachará, determinando a citação do executado e dando-lhe prazo de cinco dias para *pagar a dívida* ou para *garantir o juízo* (arts. 7º, 8º e 9º da LEF). Permanecendo inerte ao comando judicial, será realizada *penhora de bens* do devedor executado (arts. 10 e 11 da LEF).

Conforme previsto no art. 9º da Lei de Execuções Fiscais, a garantia deverá ser integral, abrangendo o valor da dívida, juros e multa de mora e encargos indicados na Certidão de Dívida Ativa.

Assim, para garantir a execução, o devedor poderá oferecer o depósito em dinheiro, fiança bancária ou seguro garantia ou nomear bens à penhora.

Considerando todos esses iniciais elementos apresentados, observamos que o real escopo do processo de execução fiscal não seria a busca pela verdade material, em que o juízo atribuiria razão a uma das partes. A verdadeira intenção dessa ação seria a *satisfação* forçada do direito daquele ente credor.

Assim, a garantia deverá ser efetiva, sob pena de ser imprestável, como é o caso, por exemplo, de fiança bancária com prazo determinado. Uma vez que o processo judicial poderá durar longos anos, a fiança com prazo determinado não se presta a garantir a execução fiscal, tendo em vista a imprevisibilidade do prazo processual.

Mesmo a garantia deverá seguir a ordem do art. 11 da LEF, que rege a cobrança da dívida ativa, ora em análise. Percebe-se da sua leitura que o objetivo é a garantia com bens de maior liquidez para o exequente. Assim, a ordem de garantia por meio da penhora será a seguinte: I – dinheiro; II – título da dívida pública, bem como título de crédito, que tenham cotação em bolsa; III – pedras e metais preciosos; IV – imóveis; V – navios e aeronaves; VI – veículos; VII – móveis ou semoventes; e VIII – direitos e ações. Frise-se que a Fazenda Pública não poderá ser obrigada a aceitar bens oferecidos fora da ordem legal.

Outrossim, conforme determinação do art. 15 da LEF, em qualquer fase do processo será deferida pelo Juiz ao executado a substituição da penhora por depósito em dinheiro, fiança bancária ou seguro garantia e à Fazenda Pública a substituição dos bens penhorados por outros, independentemente da ordem enumerada no art. 11 supracitado.

Essas amarras jurídicas estariam sendo opostas ao fisco em cumprimento ao basilar princípio constitucional do *devido processo legal* determinando que "ninguém será privado da liberdade ou de seus bens sem o devido processo legal" (art. 5º, LIV, da CF).

Ao longo desta obra já verificamos que essa atividade interna administrativa tomada pelas *Fazendas Públicas* nem sempre estariam fundamentadas em preceitos legais ou constitucionais e, exatamente por tais motivos, nada impede o questionamento no processo de execução. Tanto por ser apenas relativas as presunções de certeza e liquidez da CDA – e não absoluta, bem como por ainda caberem ações ou incidentes processuais aptos a discutirem os mais diversos aspectos e fundamentos que cercam essa ação de execução fiscal.

Considerando a precisão desta obra, passemos ao estudo das principais modalidades de defesas: *os embargos à execução* e *a exceção de pré-executividade*[2].

---

2 Conforme estudamos, excepcionalmente caberia também o manejo de *ação anulatória* após ingresso da execução fiscal.

6.2. Embargos à execução fiscal

6.2.1. Considerações iniciais: conceito e cabimento

A principal modalidade de defesa da ação executiva é a oposição dos *embargos do executado*, que também encontra disciplina na *Lei de Execuções Fiscais – LEF* e visa pleitear a invalidade, total ou parcial, do título executivo representado pela *certidão de dívida ativa (CDA)*, promovendo-lhe à extinção da execução fiscal.

Mesmo que primordialmente objetive a extinção da execução, nada impede a utilização desses embargos apenas com o objetivo de afastar os efeitos da cobrança quanto à pessoa do embargante. Como exemplo, podemos suscitar a alegação de ilegitimidade passiva do sócio (embargante) por dívidas da pessoa jurídica (executada).

A ação de embargos tem natureza autônoma, apesar de ser distribuída por dependência e processada em apenso à ação de execução fiscal (art. 16 da Lei n. 6.830/80 e art. 914, § 1º, do CPC), já que objetiva garantia de defesa ao executado durante o tramite da ação executiva. Assim, a ação de embargos à execução é uma ação constitutiva negativa, ou seja, tem a mesma natureza da ação anulatória.

Sua classificação como principal modalidade de defesa opera-se pela expressa previsão contida na *Lei de Execuções Fiscais* quanto à ampla produção probatória (art. 16, § 2º, da Lei n. 6.830/80), garantindo-se ao contribuinte-executado o direito de alegar todas as matérias úteis ao seu pleito, requerer provas de todos os tipos e rol de testemunhas. Importante frisar que não cabe, em sede se embargos à execução, reconvenção ou compensação.

Em regra, não cabe a oposição de embargos sem que ocorra a garantia do juízo, na forma do art. 16, § 1º, da Lei n. 6.830/80.

Entretanto, o Superior Tribunal de Justiça, no recente julgamento do RESP 1.487.772/SE, firmou posicionamento no sentido de que nas hipóteses em que o executado seja hipossuficiente é possível o manejo dos embargos à execução fiscal ainda que não esteja garantido o juízo, prestigiando o exercício do contraditório, ampla defesa e inafastabilidade do Poder Judiciário.

Para a corte, ao afastar o cabimento dos embargos sem a realização de garantia, a lei de execuções fiscais estaria privilegiando os ricos em detrimento dos pobres que não poderiam se defender da incursão estatal. No exame de ordem, aconselhamos atenção ao enunciado

Aplicando subsidiariamente os dispositivos afetos ao *Código de Processo Civil* (Lei n. 13.105/2015), passemos às principais características dessa corriqueira espécie processual.

6.2.2. Características

6.2.2.1. Rito e fundamentação processual

Semelhantemente aos procedimentos ordinários aplicados nas ações declaratórias e anulatórias, os embargos à execução utilizam a mesma sistemática genérica aplicável às petições iniciais. Desse modo, conterá: endereçamento, qualificação completa das partes, fatos, fundamentos jurídicos, pedidos e fechamento (art. 16 da LEF e art. 319 do CPC).

Os fundamentos legais dessa espécie processual encontram-se na *Lei de Execuções Fiscais,* ao determinar:

> Art. 16. O executado oferecerá embargos, no prazo de 30 dias, contados:
>
> I – do depósito;
>
> II – da juntada da prova da fiança bancária ou do seguro garantia;
>
> III – da intimação da penhora.
>
> § 1º Não são admissíveis embargos do executado antes de garantida a execução.
>
> § 2º No prazo dos embargos, o executado deverá alegar toda matéria útil à defesa, requerer provas e juntar aos autos os documentos e rol de testemunhas, até três, ou, a critério do juiz, até o dobro desse limite.
>
> § 3º Não será admitida reconvenção, nem compensação, e as exceções, salvo as de suspeição, incompetência e impedimentos, serão arguidas como matéria preliminar e serão processadas e julgadas com os embargos.

Além do específico dispositivo estampado na *Lei de Execuções Fiscais,* também utilizaremos como fundamentação da peça os preceitos genéricos da lei processualista cível, invocando os arts. 914 e seguintes do Código de Processo Civil.

6.2.2.2. Momento, garantia do juízo, tempestividade e efeitos

O momento para oposição dos *embargos* dependerá da existência de efetiva *execução fiscal* anteriormente ajuizada. Contudo, essa não será a única nuance para escolha dessa defesa judicial. Expliquemos.

No mencionado art. 16 da *Lei de Execuções Fiscais,* podemos notar a existência de outros dois importantes elementos para utilização dessa peça, quais sejam: *garantia* e *tempestividade.*

A *garantia* significa a concessão, espontaneamente ou não, de bens ou valores equivalentes ao montante exequendo. Em outras palavras, a colocação à disposição de riquezas nos mesmos valores que estariam sendo demandados na execução.

Conforme disciplinamento legal (art. 16, § 1º, da LEF), não serão admitidos embargos à execução fiscal antes de garantida a execução.

Essa *garantia do juízo* poderá ser prestada *voluntariamente* (depósito em dinheiro, fiança bancária, seguro garantia ou nomeação de bens – art. 9º da LEF) ou efetivada por meio de *penhora de bens* (dinheiro, títulos da dívida pública, pedras e metais preciosos, imóveis, navios, aeronaves, veículos, móveis, semoventes, direitos e ações – art. 11 da LEF).

Nos embargos do devedor do processo civil não existe exigência dessa garantia do juízo (art. 914 do CPC). Entretanto, tal exigência continua sendo feita para os embargos à execução fiscal em atenção ao princípio da especialidade na aplicação da Lei de Execuções Fiscais (REsp 1.272.827/PE).

A segunda especificidade seria a *tempestividade*, uma vez que o manejo dessa peça processual deverá ser efetuado no prazo de 30 dias contados a partir da *formalização da garantia*, esta, a qualquer tempo e independentemente de ter sido por iniciativa da executada ou por pedido da exequente[3].

Ademais, dado que a Lei de Execuções Fiscais não prevê a forma como os prazos por ela estipulados transcorrerão (definindo apenas a quantidade de dias para cada manifestação ou ato), aplicar-se-á aqui a inovação processualista para contagem em dias úteis (art. 212 do CPC).

Sendo a opção do exame pela utilização dos embargos à execução fiscal, a prova expressamente informará a existência da garantia do juízo e tempestividade para o executado procurar advogado no prazo de 30 dias, demonstrando os requisitos da Lei de Execuções Fiscais.

Externando a ampla produção probatória mencionada, todo o conteúdo da matéria de defesa à execução fiscal a ser atacada deve constar na peça inicial de embargos, juntamente com o requerimento de provas a serem produzidas e com a indicação do rol de testemunhas, até três, ou, a critério do juiz, até o dobro desse limite (art. 16, § 2º, da LEF).

Quanto aos efeitos da sentença dos embargos, se procedente ao contribuinte-embargante e salvo exceções legais, ensejará a remessa necessária para reexame em sede de tribunal (duplo grau de jurisdição), nos moldes do art. 496, II, do Código de Processo Civil.

No entanto, sendo julgados improcedentes os embargos, caberão *embargos infringentes de alçada* ou *embargos de declaração* (art. 34 da LEF) ou *recurso de apelação* (art. 1.009 do CPC), dependendo do montante exequendo[4].

Quanto aos limites da decisão proferida, assim como já se ressaltou quando do estudo da ação anulatória, não há que se falar em "correção" de lançamento, pois o juiz não tem competência para praticar novo lançamento ou revisar aquele sobre o qual recai a ação.

Não pode a sentença de embargos que julga como improcedente o lançamento fiscal, ainda que parcialmente, determinar o prosseguimento da execução fiscal pelo saldo. Afinal, o crédito tributário decorre da obrigação tributária, mas com esta não se confunde. A nulidade do crédito gera a perda da liquidez e da certeza do título executivo, impossibilitando o prosseguimento da execução fiscal, mas não compromete o direito de o fisco efetuar novo lançamento.

---

3 Atente-se para a não aplicação do prazo de 15 dias da lei processual civil (art. 915 do CPC).

4 Até 50 Obrigações Reajustáveis do Tesouro Nacional – ORTN, caberão embargos infringentes de alçada. Acima desse montante, apelação.

6.2.2.3. Juízo competente e endereçamento

Em razão da íntima correlação entre os processos da execução fiscal e dos embargos do executado, o juízo competente para julgar esta ação é o mesmo daquela.

Assim, a natural tendência será de que o enunciado da questão traga expressamente em qual juízo estará sendo processada a execução fiscal para distribuição por dependência (art. 914, § 1º, do CPC).

Entretanto, inexistindo expressa designação quanto ao juízo executivo, indicamos a utilização dos seguintes modelos padrões:

- **Tributos federais:**

AO JUÍZO FEDERAL DA... VARA FEDERAL DA SEÇÃO JUDICIÁRIA DE...

- **Tributos estaduais (DF) e municipais[5]:**

AO JUÍZO DE DIREITO DA... VARA... (EXECUÇÕES FISCAIS/FAZENDA PÚBLICA/CÍVEL/ÚNICA) DA COMARCA DE...

6.2.2.4. Matérias vedadas nos embargos à execução

Nos termos da Lei de Execuções Fiscais, não serão admitidas reconvenção nem compensação e as exceções – salvo as de suspeição, incompetência e impedimentos – serão arguidas como matéria preliminar, processadas e julgadas com os embargos (art. 16, § 3º, da Lei n. 6.830/80).

Quanto à reconvenção, tal vedação é acertada, pois os embargos não funcionam como uma resposta da execução, mas como uma ação autônoma, logo não podendo servir como contra-ataque. Importante frisar que a apresentação de reconvenção somente será cabível em conjunto com a contestação, de modo que não cabe em sede de execução fiscal.

No tocante à compensação, a vedação nos parece absurda, em vista de que o ordenamento jurídico não deveria amparar a postergação de uma dívida do ente político reconhecidamente devedor, exigindo do contribuinte que tenha um dispêndio com o pagamento do valor do débito executado, mesmo que havendo um crédito em ser favor que poderia ser compensado.

Tal vedação faz também com que se eleve o custo da administração judiciária, a qual lidará com dois processos distintos para alinhar a relação fisco-contribuinte, quando tal situação poderia ser abreviada por uma simples compensação, obviamente, que se enquadrasse nos requisitos da lei do ente político exequente e fosse reconhecida em via administrativa ou judicial.

Todavia, o art. 74 da Lei n. 9.430/96, em seu § 3º, III, veda a compensação de débitos relativos a tributos e contribuições administrados pela Secretaria da Receita Federal que já tenham sido encaminhados à Procuradoria-Geral da Fazenda Nacional para inscrição em Dívida Ativa da União.

---

5 Ressalte-se novamente que a identificação da vara responsável pelo endereçamento dependerá do respectivo "Código de Organização Judicial" – COJ adotado por cada Estado de Federação. Aqui, utilizaremos o padrão geral.

6.2.2.5. Atribuição de efeito suspensivo

Durante significativo período houve discussão quanto aos requisitos necessários à atribuição de efeitos suspensivos aos embargos à execução fiscal. A maioria da doutrina processualista inclinava-se para automática suspensão quando opostos embargos tempestivamente, considerando a garantia requerida.

Com efeito, considerando que os interesses do fisco já estariam protegidos em decorrência da garantia prestada (assemelhando-se ao depósito suspensivo do art. 151, II, do CTN), as disposições da especial *Lei de Execuções Fiscais* demonstram a concessão automática desse efeito suspensivo[6].

Entretanto, aplicando raciocínio diferente, o Superior Tribunal de Justiça determinou que essa atribuição suspensiva aos embargos fiscais não será automática, dependendo do preenchimento dos demais requisitos da lei processual civil (REsp 1.272.827/PE).

Desse modo, não bastará ao embargante demonstrar a existência de garantia do juízo, mas também comprovar os requisitos das *tutelas provisórias* já estudadas nas ações declaratórias e anulatórias (art. 919, § 1º, do CPC).

> *Aconselhamos ao examinando a abertura de tópico específico na peça processual de 2ª fase, requerendo a atribuição do efeito suspensivo na execução fiscal. Para tanto, fundamente nos artigos da LEF e CPC demonstrando a existência da garantia do juízo, bem como a probabilidade do direito invocado e o dano ou risco ao resultado útil do processo.*

Importante frisar que não se trata de pedido de tutela. Estamos diante de um pedido de atribuição de efeito suspensivo, com fundamento nos requisitos para a concessão da tutela. Dessa forma, caso o examinando faça o requerimento da tutela antecipada, estará incorrendo em erro.

Ainda neste capítulo estruturaremos modelo dos embargos com pedido concessivo de efeito suspensivo.

6.2.2.6. Impugnação aos embargos

Nos termos do art. 17 da *Lei de Execuções Fiscais*: "recebidos os embargos, o Juiz mandará intimar a Fazenda, para impugná-los no prazo de 30 dias [...]".

Em linhas gerais, a *impugnação aos embargos* funciona tal qual uma peça de *contestação*, devendo o ente político embargado tratar de toda a matéria de defesa nesta oportunidade, sob pena de preclusão da defesa.

Quanto ao prazo de 30 dias, vê-se como determinação específica para a Fazenda Pública, não se aplicando, nesse caso, a regra em dobro (art. 183, § 2º, do CPC).

---

6 Nesse sentido, *vide* arts. 18, 24, I, e 32, § 2º, da Lei n. 6.830/80.

6.2.3. Como identificar a peça no exame

Aplicando os elementos já abordados neste capítulo, fácil concluirmos que a exigência dos embargos à execução fiscal exigirá uma série de elementos indicativos no enunciado da peça, tais como: existência de execução fiscal, garantia do juízo, tempestividade, dentre outros.

Como bons exemplos, citamos:

- *Considerando a existência de execução fiscal proposta [...]*
- *Fulano de tal teve seus bens penhorados a menos de dez dias [...]*
- *Sabendo que houve realização da garantia do juízo e que ainda não se transcorreram 30 dias [...]*
- *Apresente a principal espécie de defesa judicial após ao ingresso de execução fiscal, sabendo que seu cliente tem condições econômicas de depositar valores [...] e procura seu escritório no prazo de 30 dias [...]*

6.2.4. Modelo estruturado

AO JUÍZO FEDERAL DA... VARA FEDERAL DA SEÇÃO JUDICIÁRIA DE...

ou

AO JUÍZO DE DIREITO DA... VARA... (EXECUÇÕES FISCAIS/FAZENDA PÚBLICA/CÍVEL/ÚNICA) DA COMARCA DE...

(Pular de três a quatro linhas)

Distribuição por dependência à execução fiscal n. ...

Nome da Empresa, pessoa jurídica de direito privado, inscrita no CNPJ sob o n. ..., com sede domiciliada..., com endereço eletrônico..., por meio de seu Advogado abaixo assinado, procuração anexa, com endereço profissional para receber todas as informações processuais..., integrante do escritório..., inscrito no CNPJ sob o n. ..., na forma do art. 103 do CPC, vem, respeitosamente, perante Vossa Excelência, com fundamento nos arts. 319, 914 e seguintes do CPC, bem como o art. 16, I, II ou III, da Lei n. 6.830/80, opor

EMBARGOS À EXECUÇÃO FISCAL

em face da (União, Estados, DF e Municípios), pessoa jurídica de direito público interno, inscrita no CNPJ sob o n. ..., com endereço ..., e endereço eletrônico ..., na pessoa do seu representante legal, pelos fatos e fundamentos a seguir expostos:

I – Dos Fatos

Narração semelhante ao próprio quesito proposto, apenas atentando para não repetir alguns pontos desnecessários, como os nomes das Partes (evitar repetição de expressões).

II – Do Cabimento

A ação de embargos à execução é cabível para defesa do sujeito passivo do crédito tributário em sede de execução fiscal, na forma do art. 16 da Lei n. 6.830/80. Ademais, tal peça processual é cabível após a garantia do juízo.

III – Da Garantia e da Tempestividade

Nessa oportunidade, deve fundamentar o cabimento dos embargos à execução fiscal com base no art. 16 e § 1º da Lei de Execuções Fiscais. Demonstrar que houve efetiva garantia do juízo (voluntária ou penhora), bem como o respeito ao prazo de 30 dias, contados na forma do art. 16, I, II ou III da Lei n. 6.830/80.

IV – Do Direito

Nessa oportunidade, o examinando deverá expor todos os fundamentos jurídicos na defesa do embargante/executado contra a execução fiscal apresentada pelo embargado/exequente. Realize a subsunção de normas jurídicas ao caso concreto, amoldando-as naquilo que o quesito determinou. Realize a subdivisão em tópicos, pois facilita a leitura do avaliador.

Ex.: IV.I – Da não incidência tributária / IV.II – A exclusão do crédito tributário / IV.II – Da isenção onerosa.

V – Concessão do Efeito Suspensivo

Requerer a atribuição de efeitos suspensivos aos embargos à execução, suspendendo a exigibilidade do crédito tributário discutido até a final sentença. Para tanto, mais uma vez ressaltar a existência de garantia do juízo (art. 16, § 1º, da LEF) e preenchimento dos requisitos da tutela provisória (art. 919, § 1º, do CPC e art. 294 do CPC).

Fumaça do bom direito – abordar o "fumus boni iuris" no caso concreto.

Perigo da demora – abordar o "periculum in mora" do caso concreto.

VI – Dos Pedidos

Diante do exposto, requer:

a) a concessão de efeito suspensivo a respectiva execução fiscal até a final decisão nos presentes embargos, em virtude da garantia prestada e do preenchimento dos requisitos elencados no art. 919, § 1º, do CPC;
b) que seja dispensada a realização de audiência de conciliação ou mediação, nos termos do art. 319, VII, do CPC OU impossibilidade de realização da audiência, pois se trata de um direito indisponível que não admite autocomposição, aplicando-se o art. 334, § 4º, II, do CPC;
c) a intimação do embargado, por meio de seu representante legal, para, querendo, responder aos termos desses embargos no prazo de 30 dias, conforme o art. 17 da Lei n. 6.830/80;
d) o julgamento procedente dos presentes embargos, extinguindo a execução fiscal n. ..., anulando-se a CDA que lhe embasa, em virtude de... (breve resumo da tese jurídica);

e) no caso de procedência, autorização para levantamento da garantia prestada ao juízo (ou levantamento da penhora/depósito efetuado ou desentranhamento da carta de fiança ou seguro garantia);

f) a condenação do embargado nas custas e honorários advocatícios, segundo o art. 85, § 3º, do CPC.

Por fim, pretende o embargante realizar todos os meios de provas em direito admitidas, em especial as provas documentais, nos moldes dos arts. 319, VI, e 369 do CPC e art. 16, § 2º, da LEF.

Dá-se à causa o valor de R$... (valor em numeral e por extenso), na forma do art. 291 do CPC.

Nesses termos, pede deferimento.

Local..., Data...

Advogado... OAB.../n. ...

6.2.5. Gabaritando o Exame

(XXVII Exame Unificado OAB – FGV) O Estado X, por ter sofrido perdas de arrecadação com a alteração promovida pela Emenda Constitucional n. 87/2015, no art. 155, § 2º, inciso VII, da CRFB/88, instituiu, por lei ordinária, "taxa de vendas interestaduais" com incidência sobre operações de venda destinadas a outros Estados.

A taxa tem, como base de cálculo, o preço de venda das mercadorias destinadas a outros Estados e, como contribuintes, os comerciantes que realizam essas vendas, aos quais incumbe o recolhimento do tributo no momento da saída das mercadorias de seu estabelecimento.

Por reputar inconstitucional a referida taxa, a sociedade empresária XYZ deixou de efetuar seu recolhimento, vindo a sofrer autuação pelo fisco estadual.

Não tendo a sociedade empresária XYZ logrado êxito no processo administrativo, o débito foi inscrito em dívida ativa e a execução fiscal foi distribuída à 4ª Vara de Fazenda Pública do Estado X. Devidamente citada e após nomeação de bens pela executada, formalizou-se a penhora em valor suficiente à garantia da execução.

Após 10 dias da intimação da penhora, a sociedade empresária XYZ procura você para, na qualidade de advogado(a), promover sua defesa na referida execução fiscal e obstar a indevida excussão dos bens penhorados.

Na qualidade de advogado(a) da sociedade empresária XYZ, redija a medida judicial mais adequada à necessidade da sua cliente, com o objetivo de afastar a cobrança indevida.

GABARITO:

AO JUÍZO DE DIREITO DA 4ª VARA DE FAZENDA PÚBLICA DO ESTADO X

(Pular de três a quatro linhas)

Distribuição por dependência à Execução Fiscal n. ...

Empresa XYZ, pessoa jurídica de direito privado, inscrita no CNPJ sob o n. ..., com sede domiciliada ..., com endereço eletrônico ..., por meio de seu Advogado abaixo assinado, procuração anexa, com endereço profissional para receber todas as informações processuais ..., integrante do escritório ..., inscrito no CNPJ sob o n. ..., na forma do art. 103 do CPC, vem, respeitosamente, perante Vossa Excelência, com fundamento nos arts. 319, 914 e seguintes do Código de Processo Civil, bem como no art. 16 da Lei n. 6.830/80, opor

EMBARGOS À EXECUÇÃO FISCAL

em face da Execução Fiscal proposta pelo Estado X, pessoa jurídica de direito público interno, inscrito no CNPJ sob o n. ..., com endereço ..., e endereço eletrônico ..., na pessoa do seu representente legal, pelos fatos e fundamentos a seguir expostos:

I – Dos Fatos

O Estado X, após sofrer perdas de arrecadação com a Emenda Constitucional n.º 87/2015, instituiu "taxas de vendas interestaduais", com incidência sobre operações de vendas destinadas a outros Estados.

A embargante deixou de efetuar o pagamento da referida taxa, por reputar inconstitucional.

Não logrando êxito no processo administrativo, a sociedade empresária XYZ foi executada, tendo seu débito inscrito em dívida ativa e bens levados à penhora garantindo o valor suficiente da execução.

Através de seu advogado, abaixo assinado, passados 10 (dez) dias da intimação da penhora, a autora utiliza-se do presente Embargos à Execução Fiscal com o objetivo de afastar a cobrança indevida e obstar a excussão dos bens penhorados.

II – Do Cabimento

A ação de embargos à execução é cabível para defesa do sujeito passivo do crédito tributário em sede de execução fiscal, na forma do art. 16 da Lei n. 6.830/80. Ademais, tal peça processual é cabível após a garantia do juízo.

II – Da Garantia e da Tempestividade

Conforme documentação anexada aos autos, observa-se a existência de bens penhorados, garantindo a execução nos moldes do art. 9º, III, da Lei de Execuções Fiscais (LEF).

Diante do prazo estabelecido no art. 16, III, da LEF, os presentes embargos encontram-se tempestivos, pois ainda não decorreram todos os 30 dias previstos nessa Lei, observando-se o momento da penhora e sua intimação já explanada.

Assim, estão presentes os dois importantes e específicos requisitos desse instrumento processual.

IV – Do Direito

IV.I – Da Espécie Tributária: Taxa

As taxas são espécies tributárias previstas no art. 145, inciso II, da Constituição Federal e art. 77 e seguintes do Código Tributário Nacional.

A competência tributária para instituir e cobrar as taxas é da União, Estados, Distrito Federal e Municípios.

A definição do fato gerador da referida espécie tributária é o exercício regular do poder de polícia ou a utilização, efetiva ou potencial, de serviço público específico e divisível, prestado ao contribuinte ou posto à sua disposição.

A taxa do poder de polícia é devida quando há atividade da administração pública, que limita ou disciplina direito, em favor da coletividade, conforme define o art. 78 do CTN.

Quanto às taxas de serviço público, sendo postos à disposição do contribuinte, utilizados de forma efetiva ou potencial e, ainda, quando são específicos e divisíveis, esta taxa deve ser devidamente instituída e cobrada, nos termos do art. 79 do CTN.

Portanto, há duas modalidades de taxas: do poder de polícia e de serviço público, e a taxa instituída por o Estado X não se encaixa em nenhuma das modalidades previstas para essa espécie tributária.

IV.II – Da Identidade da Base de Cálculo e do Fato Gerador

A taxa instituída pelo Estado X não se encaixa em nenhuma das modalidades previstas para essa espécie tributária.

Acontece que, após ter sofrido perdas de arrecadação com a alteração promovida pela EC n. 87/2015 no art. 155, parágrafo 2º, inciso VII, da CF/88, o Estado X instituiu a "taxa de vendas interestaduais" com base de cálculo e fato gerador próprios do Imposto sobre operações relativas à circulação de mercadorias e sobre prestações de serviços de transporte interestadual e intermunicipal e de comunicação, o ICMS, previsto no art. 155, II, da CF/88, exatamente o mesmo imposto que depois da EC n. 87/2015 sofreu restrições de recolhimentos.

A base de cálculo, os contribuintes e o fato gerador do ICMS estão, respectivamente, nos termos dos arts. 8º, 4º e 12, inciso I, da Lei Complementar n. 87/96. Portanto: a adoção da base ser o preço de venda das mercadorias destinadas a outros Estados, os contribuintes serem os comerciantes que realizam as vendas e o fato gerador, a saída das mercadorias de seu estabelecimento não pode ser adotada para a instituição da taxa em análise, haja vista que já são próprios do ICMS.

A CF/88 no art. 145, § 2º, é clara ao determinar que as taxas não poderão ter base de cálculo própria de impostos. O CTN, no art. 77, parágrafo único, determina que as taxas não podem ter base de cálculo ou fato gerador idênticos aos que correspondam a um imposto.

O tema foi sumulado e consolidado, através da Súmula Vinculante 29, determinando que é constitucional a adoção, no cálculo do valor da taxa, de um ou mais elementos da base de cálculo própria de imposto, desde que não haja uma identidade integral entre uma base e outra. Portanto, a "taxa de vendas interestaduais" é inconstitucional, por possuir base de cálculo, fato gerador e até contribuintes idênticos aos do ICMS.

IV.III – Da Violação ao Princípio da Liberdade de Tráfego

A liberdade de locomoção é uma garantia individual fundada no art. 5º, inciso XV, da CF/88.

No Direito Tributário essa garantia repercute no art. 150, inciso V, e art. 152 da CF/88 ao determinar a proibição aos entes federativos em limitar o tráfego de pessoas ou bens, através de tributos interestaduais ou intermunicipais, excetuando a cobrança de pedágio pela utilização de vias mantidas pelo Poder Público.

Ademais, a "taxa de vendas interestaduais" compromete a livre circulação de mercadorias ao exigir pagamento das operações de venda interestadual e estabelecer tratamento diverso em virtude da destinação do bem.

V – Da Concessão do Efeito Suspensivo

Em face de já se encontrar garantida a execução, não trazendo mais quaisquer eventuais riscos ao Fisco Estadual, requer que seja atribuído efeito suspensivo a respectiva execução fiscal, nos termos do art. 151 do CTN, evitando-se desnecessárias constrições de bens.

Ressalta-se que também se encontram preenchidos os requisitos relacionados à tutela provisória concessiva de suspensão a execução (art. 919, § 1º, do CPC).

Segundo mencionado ao longo desta peça, existe probabilidade ao direito suscitado pela embargante na inconstitucionalidade da referida taxa, bem como ofensa ao princípio constitucional da liberdade de tráfego.

Ademais, existe também risco ao resultado útil desse processo se houver continuidade do executivo fiscal, já que, como foi dito, a Embargante ofereceu bens à penhora que podem sofrer constrição.

VI – Dos Pedidos

a) A concessão do efeito suspensivo e a respectiva execução fiscal até a final decisão nos presentes embargos, em virtude da garantia prestada e dos elementos já expostos, conforme o art. 151 do CTN e o art. 919, § 1º, do CPC, dando recebimento aos mesmos.
b) Que seja dispensada a realização de audiência de conciliação ou mediação, nos termos do art. 319, VII, do CPC OU impossibilidade de realização da audiência, pois se trata de um direito indisponível que não admite autocomposição, aplicando-se o art. 334, § 4º, II, do CPC.
c) A citação/intimação do Estado X, por meio de seu representante legal, para, querendo, responder nos termos desses embargos no prazo de 30 dias, conforme o art. 17 da Lei n. 6.830/80.
d) O julgamento procedente dos presentes embargos, extinguindo a execução fiscal n. ..., anulando-se a CDA que lhe embasa, em virtude da ilegalidade da cobrança da taxa e da ofensa ao princípio da liberdade de tráfego.
e) No caso de procedência, autorização para levantamento dos bens levados a penhora.
f) A condenação da parte ré nas custas e honorários advocatícios, segundo o art. 85, § 3º, do CPC.

Por fim, pretende o Autor realizar todos os meios de provas em direito admitidas, em especial as documentais, nos moldes do art. 319, VI, do CPC.

Dá-se à causa o valor de R$... (valor em numeral e por extenso), na forma do art. 291 do CPC.

Nesses termos, pede deferimento.

Local..., Data...

Advogado... OAB.../n. ...

6.2.6. Enunciados de peças profissionais

(II Exame Unificado OAB – FGV) Em 10/05/2005 LIVINA MARIA ANDRADE arrematou judicialmente um imóvel por R$ 350.000,00 localizado no Município de Rancho Queimado. Recolheu o ITBI, com base no valor arrematado em juízo.

A Sra. LIVINA MARIA ANDRADE é agricultora e utiliza o imóvel para a produção agrícola e pecuária. O imóvel está dentro da zona urbana definida por lei pelo Município, já que a rua onde se encontra o imóvel é asfaltada e o Município fornece água e sistema de esgoto sanitário. Em 10/05/2008 recebeu notificação fiscal exigindo diferenças no valor do ITBI pago por ocasião da aquisição judicial do imóvel.

O Fisco Municipal entendeu que o tributo deveria ser calculado com base no valor da avaliação judicial realizada no processo de execução no qual ocorreu a arrematação (R$ 380.000,00).

A Sra. LIVINA permaneceu inerte e é inscrita em dívida ativa em 10/8/2008. Em 10/06/2010 foi citada em execução fiscal proposta pelo Município de Rancho Queimado para a cobrança do ITBI e do IPTU dos anos de 2007, 2008 e 2009, os quais nunca foram pagos.

A Sra. LIVINA tem bens penhorados em 10/07/2010 e lhe procura, em 20/07/2010, para a defesa de seus direitos. Na qualidade de advogado da Sra. LIVINA, elabore a peça processual que melhor atenda o seu direito, especificando seus fundamentos.

GABARITO: PEÇA PROCESSUAL: EMBARGOS À EXECUÇÃO FISCAL

a) ESTRUTURA INICIAL DA PEÇA: a.1) Endereçamento: juiz de direito de vara da Justiça do Estado; a.2) Qualificação do autor com base no art. 282 do CPC (nome, prenome, estado civil, profissão e endereço); a.3) Qualificação do réu com base no art. 282 do CPC: Município de Rancho Queimado, pessoa jurídica de direito público interno e endereço; a.4) Exposição dos fatos;

b) FUNDAMENTAÇÃO: b.1) Não incidência do IPTU, por se tratar de imóvel destinado a atividade agrícola e pecuária. Art. 15 do DL n. 57/66; b.2) ilegalidade da exigência do ITBI sobre o valor avaliado judicialmente, conforme art. 38 do CTN. O imposto deve ser calculado sobre o valor do bem transmitido. Obtém a mesma pontuação se o candidato defender que o ITBI sequer é devido, pois a arrematação judicial constitui forma de aquisição originária da propriedade;

c) PEDIDO E VALOR DA CAUSA: c.1) intimação ou citação da ré para oferecer impugnação; c.2) procedência do pedido para cancelar a dívida ativa e extinguir a execução fiscal; c.3) produção de provas; c.4) condenação no ônus da sucumbência; c.5) atribuição do valor da causa.

(III Exame Unificado OAB – FGV) A empresa Mercantil Ltda. possui como atividade a incorporação e loteamento de empreendimentos imobiliários na cidade do Rio de Janeiro. Em março de 2001, José dos Santos, após exercer a gerência da empresa Mercantil Ltda. por mais de cinco anos, decide se retirar da sociedade em decorrência de divergências com os planos de expansão da Mercantil Ltda., desejada pelos demais sócios quotistas.

José dos Santos aliena as suas quotas para os demais sócios quotistas, os quais assumem a gerência da sociedade e prosseguem nas atividades comerciais da empresa. A Mercantil Ltda., após dois anos de aquisição de novos terrenos, alcança a terceira posição no ranking das maiores empresas imobiliárias na cidade do Rio de Janeiro, cujo critério é o faturamento advindo de lançamentos imobiliários em cada ano.

Em julho de 2003, contudo, a Secretaria da Receita Federal, em fiscalização realizada na empresa, acaba por realizar uma autuação sobre a Mercantil Ltda. objetivando a cobrança de IRPJ/CSLL devidos e não pagos, referentes aos períodos de apuração de janeiro de 1999 a dezembro de 2000, sob a alegação de que determinadas despesas não poderiam ter sido excluídas da base de cálculo dos referidos tributos por não serem despesas diretamente necessárias às atividades da Mercantil Ltda., entre as quais, as despesas de corretagem incorridas na aquisição dos terrenos.

Ao término do processo administrativo, a autuação é mantida, e o crédito tributário exigido é posteriormente inscrito em dívida ativa. É ajuizada, em decorrência, execução fiscal, distribuída para o Juízo da 2ª Vara de Execuções Fiscais da Seção Judiciária da Justiça Federal do Rio de Janeiro, com base em Certidão de Dívida Ativa expedida em face de Mercantil Ltda. e de José dos Santos, este na qualidade de corresponsável.

Ambos são citados e ofereceram, há dez dias, bens à penhora. Na qualidade de advogado de José dos Santos, elabore a medida judicial competente para a defesa dos interesses de José dos Santos.

GABARITO: Considerando a existência de execução fiscal em que houve citação do Sr. José dos Santos, aliada à existência de oferecimento de bens à penhora, a peça processual adequada seriam os Embargos à Execução Fiscal (art. 16 da Lei n. 6.830/80 - Lei de Execuções Fiscais).

Os Embargos serão distribuídos por dependência à Execução Fiscal já tramitando no Juízo da 2ª Vara de Execuções Fiscais da Seção Judiciária da Justiça Federal do Rio de Janeiro, requerendo a suspensão da exigibilidade do crédito nos moldes do art. 919, § 1º, do CPC.

Nos fundamentos jurídicos, a defesa do Sr. José dos Santos estaria na sua ilegitimidade para figurar no polo passivo da execução, aplicando a previsão estampada no art. 135, III, do CTN.

No caso narrado não houve, por parte do ex-sócio, atuação excessiva ou infracional, bem como fraude ou má-fé. Inclusive, após sua saída houve até aumento do faturamento da empresa. Esse entendimento, aliás, encontra-se consolidado no âmbito dos tribunais superiores (Súmulas 430 e 435 do STJ).

Ademais, as despesas necessárias à atividade são dedutíveis para fins de apuração da determinação do lucro tributável, base de cálculo do IRPJ e CSLL (art. 47 da Lei n. 4.506/64).

(XX Exame Unificado OAB – FGV) Em 1º de janeiro de 2014, a União publicou lei ordinária instituindo Contribuição de Intervenção do Domínio Econômico (CIDE) incidente sobre as receitas decorrentes de exportações de café.

As alíquotas da CIDE em questão são diferenciadas conforme o Estado em que o contribuinte for domiciliado. De acordo com a lei, a nova contribuição servirá como instrumento de atuação na área da educação, sendo os recursos arrecadados destinados à manutenção e desenvolvimento do ensino fundamental.

A pessoa jurídica ABC, exportadora de café, inconformada com a nova cobrança, não realiza o pagamento do tributo. Por tal razão, em 2015, a União ajuizou execução fiscal para a cobrança do valor inadimplido, atualmente em trâmite na 1ª Vara Federal de Execução Fiscal da Seção Judiciária do Estado "X".

Diante destes fatos, apresente a medida judicial adequada para impugnação da cobrança da nova contribuição, expondo, justificadamente, todos os argumentos aplicáveis.

Para a escolha da medida judicial adequada, considere que esta não poderá ser admitida antes de garantida a execução e que o executado foi intimado de penhora realizada há 15 dias.

GABARITO: Diante das informações finais apresentadas no enunciado, exigindo a garantia do juízo demonstrado a intimação de penhora há apenas 15 dias, a peça a ser elaborada seriam os Embargos à Execução, que consubstanciam defesa a ser apresentada em face de execução fiscal, prevista no art. 16 da Lei n. 6.830/80 (LEF).

No mérito, o examinando deveria fundamentar que a cobrança é inconstitucional, uma vez que as contribuições de intervenção no domínio econômico não incidirão sobre as receitas decorrentes de exportação, na forma do art. 149, § 2º, I, da CF/88.

Também seria necessário argumentar que o novo tributo viola a Constituição da República ao não observar a proibição contida em seu art. 151, I, que veda à União instituir tributo que não seja uniforme em todo o território nacional ou que implique distinção ou preferência em relação a Estado, ao Distrito Federal ou a Município, em detrimento de outro.

Como último fundamento, o examinando deve alegar que a cobrança é inconstitucional porque, de acordo com o art. 149 da CF/88, compete exclusivamente à União instituir contribuições sociais, de intervenção no domínio econômico e de interesse das categorias profissionais ou econômicas, como instrumento e sua atuação nas respectivas áreas, o que não se verifica no presente caso.

A destinação dos recursos arrecadados com a contribuição para a área de educação não atende à referibilidade inerente às contribuições de intervenção no domínio econômico, pois a atividade a ser custeada, qual seja o desenvolvimento do ensino fundamental, não guarda referência com a exportação do café.

(XXII Exame Unificado OAB – FGV) Caio era empregado da pessoa jurídica X há mais de 10 anos. No entanto, seu chefe o demitiu de forma vexatória, diante de outros empregados, sem o devido pagamento das verbas trabalhistas. Inconformado, Caio ajuizou medida judicial visando à cobrança de verbas trabalhistas e, ainda, danos morais.

A decisão transitada em julgado deu provimento aos pedidos de Caio, condenando a pessoa jurídica X ao pagamento de valores a título de (i) férias proporcionais não gozadas e respectivo terço constitucional e, ainda, (ii) danos morais.

Os valores foram efetivamente pagos a Caio em 2015. Em junho de 2016, a Fazenda Nacional ajuizou execução fiscal visando à cobrança de Imposto sobre a Renda da Pessoa Física - IRPF incidente sobre as férias proporcionais não gozadas, o respectivo terço constitucional e os danos morais. No entanto, a Certidão de Dívida Ativa que ampara a execução fiscal deixou de indicar a quantia a ser executada.

A ação executiva foi distribuída à 3ª Vara de Execuções Fiscais da Seção Judiciária de M, do Estado E. Caio foi citado na execução e há 10 (dez) dias foi intimado da penhora de seu único imóvel, local onde reside com sua família.

Diante do exposto, redija, como advogado(a) de Caio, a peça prático-profissional pertinente para a defesa dos interesses de seu cliente, indicando o prazo, seus requisitos e os seus fundamentos, nos termos da legislação vigente.

Considere que a peça processual a ser elaborada tem a garantia do juízo como requisito indispensável para sua admissibilidade.

GABARITO: Considerando a existência de execução fiscal, aliada à informação final quanto à necessidade de garantia do juízo, o examinando deverá opor embargos à execução, prevista no art. 16, § 1º, da Lei n. 6.830/80 (LEF).

A peça deve ser endereçada ao Juízo da causa (3ª Vara de Execuções Fiscais da Seção Judiciária de M, do Estado E), tendo como embargante Caio e embargada a Fazenda Nacional/União.

Como matéria de defesa, o examinando deverá demonstrar que não incide imposto sobre a renda sobre os valores recebidos a título de férias proporcionais não gozadas e respectivo terço constitucional, diante do caráter indenizatório, conforme a Súmula 386 do Superior Tribunal de Justiça.

Também deverá argumentar a não incidência do IRPF sobre as indenizações por danos morais, pois objetiva reparar a vítima do sofrimento causado pela lesão, conforme a Súmula 498 do STJ.

O examinando deve também indicar que há nulidade de inscrição do crédito tributário, conforme o art. 203 do CTN, uma vez que na certidão de dívida ativa não consta a quantia devida, na forma do art. 202, II, do CTN, e/ou art. 2º, § 5º, II, da Lei n. 6.830/80.

Por fim, deve o examinando indicar que o único imóvel de Caio, utilizado para a sua residência e de sua família, é impenhorável, nos termos do art. 1º da Lei n. 8.009/90.

6.3. Exceção de pré-executividade

6.3.1. Considerações iniciais: conceito e cabimento

Além de embargos à execução fiscal, o executado também poderá utilizar-se do meio de defesa denominado de *exceção de pré-executividade,* alegando matérias com a finalidade de demonstrar que a execução não preenche todos os requisitos legais (art. 783 do CPC).

Tal instituto processual já está presente no ordenamento pátrio há décadas, originando-se de criação doutrinária e respaldada pela jurisprudência majoritária como uma garantia ao executado para impugnação de determinadas matérias, independentemente de garantia do juízo.

Isso porque, conforme estudado no tópico anterior, a oposição dos *embargos à execução fiscal* ainda requer a existência da *garantia do Juízo,* externado como forte impedimento de acesso ao judiciário daqueles que não conseguem cumprir essa exigência.

No entanto, ainda que se entenda que o hipossuficiente poderá embargar a execução sem efetuar a garantia do juízo, a utilização da exceção de pré-executividade gera resultados mais céleres, ao passo que é uma petição protocolada nos autos da execução fiscal, que não precisa de custas e nem de rito específico para sua apreciação.

Desse modo, respeitando ditames constitucionais do contraditório, ampla defesa, inafastabilidade jurisdicional e o direito de petição (art. 5º, XXXV, LIV e LV, da CF), os tribunais nacionais passaram a acatar esse importante incidente processual de exceção, garantindo a defesa daqueles que não possuem patrimônio para garantia do juízo ou penhora.

No atual modelo processual tributário, esse incidente passa a ser adotado como mecanismo de defesa de baixo custo e simplicidade procedimental, uma vez que será suscitado dentro da própria execução fiscal.

No entanto, a utilização secundária dessa defesa na execução tem um motivo: o campo de matérias por ela suscitadas.

Com efeito, a luz da consolidada jurisprudência do *Superior Tribunal de Justiça*, o cabimento dessa exceção deve ser visto como excepcional defesa em hipóteses de flagrante nulidade do título executivo, questões de ordem pública, pressupostos processuais e as condições da ação, desde que desnecessária a dilação probatória.

Nesse sentido, sumulado seu cabimento:

> ***Súmula 393 do STJ.*** *A exceção de pré-executividade é admissível na execução fiscal relativamente às matérias conhecíveis de ofício que não demandem dilação probatória.*

Assim, o executado poderá apresentar exceção de pré-executividade nos autos da execução para alegar, por exemplo, prescrição, decadência, pagamento ou até mesmo ausência de responsabilidade tributária, quando comprovada de forma documental.

Frisamos que, uma vez garantido o juízo, no prazo de trinta dias para oposição de embargos não será cabível a exceção de pré-executividade.

6.3.2. Características

6.3.2.1. Rito e fundamentação processual

Inicialmente, precisamos compreender que a exceção de pré-executividade não será enquadrada como *ação judicial*, mas, sim, como mero incidente processual apresentado dentro da própria execução e objetivando sua nulidade.

Apesar de sua ampla e consagrada aceitação no ordenamento jurídico brasileiro, ainda não existe específica codificação legal do instituto, carecendo de maiores formalidades.

Em verdade, o Código de Processo Civil (Lei n. 13.105/2015) trouxe dispositivos que consagram o direito de defesa ao executado nas fases de cumprimento de sentença e de execução, relacionadas à validade ou nulidade do procedimento executivo (arts. 518; 525, § 11; e 803, parágrafo único, do CPC), contudo sem expressamente referenciá-las com o nome de exceção de pré-executividade.

Mantendo os padrões já adotados em peças anteriores, utilizaremos os requisitos da petição inicial e realizaremos: endereçamento, qualificação completa das partes, fatos, fundamentos jurídicos, pedidos e fechamento (art. 319 do CPC).

Quanto aos fundamentos legais, utilizaremos os preceitos de garantias constitucionais (art. 5º, XXXV, LIV e LV, da CF), bem como a previsão sumulada (Súmula 393 do STJ).

6.3.2.2. Momento, desnecessidade de garantia do juízo e efeitos

Na esfera tributária, a utilização da exceção de pré-executividade comporta diversas matérias que não necessitam de dilação probatória. Dentre algumas situações comuns, podemos destacar:

- ausência das condições da ação ou inexistência de pressupostos de constituição e desenvolvimento válido do processo executivo;
- alegação de pagamento integral do débito em execução (art. 156, I, do CTN);
- ilegitimidade passiva do executado, em face da ausência da condição de contribuinte ou responsável tributário;
- ilegitimidade do título executivo por vícios da CDA;
- prescrição ou decadência do crédito executado (art. 156, V, do CTN);
- não configuração da situação que o exequente alega ter dado origem ao fato gerador (não incidência "pura", imunidade ou isenção).

Em todos esses casos narrados, assim como em outras situações, a questão jurídica não necessita de comprovação com novas provas, bastando aquelas documentalmente apresentadas já na petição do incidente processual.

Conforme estudado nas linhas iniciais deste tópico, não será requisito, também, a prestação de garantia do juízo para sua utilização. Com efeito, tratando-se de matérias de ordem pública e nulidades absolutas, o próprio magistrado poderia perceber o vício e, de ofício, extinguir a execução.

Considerando que não há prazo legal fixado, recomenda-se que seja protocolada logo após a citação da execução fiscal, ou seja, no mesmo prazo que o devedor possui para pagar ou nomear bens à penhora.

Entretanto, sua suscitação terá como limite a extinção do próprio processo de execução fiscal, uma vez que matérias processuais de ordem pública podem ser interpostas a qualquer tempo (art. 485, § 3º, do CPC). Importante frisar que a Exceção de pré-executividade não será cabível, para efeitos do exame de ordem, no prazo para oposição de embargos à execução fiscal.

A identificação dessa peça processual no exame será feita pelo conjunto de elementos e não apenas por um deles. Desse modo, encontraremos matérias de ofício, desnecessidade de dilação probatória, ausência de garantia do juízo ou tempestividade para embargos.

Frise-se que um dos principais critérios adotados pela banca do exame de ordem é a petição cabível para defesa do executado "nos autos da execução fiscal". Caso o enunciado indique a necessidade de recurso ou ação judicial, fica afastado o cabimento da EPE.

Quanto aos efeitos, o incidente poderá apresentar resultado prático diverso a depender do posicionamento adotado pelo juiz da causa.

Em caso de negação total ou parcial do pleito, o incidente criado é afastado sem afetar o curso da execução fiscal, tendo essa decisão efeito meramente interlocutório. O recurso cabível para enfrentá-la em grau superior seria o de *agravo de instrumento.*

Contudo, na hipótese de julgamento procedente da exceção de pré-executividade, colocando fim à ação de execução fiscal, a decisão teria efeito terminativo e o recurso cabível seria o de *apelação.*

6.3.2.3. Juízo competente e endereçamento

A exceção de pré-executividade é uma *medida incidental* e não uma ação autônoma, como já dito. Assim, a petição será juntada aos próprios autos do processo de execução e apreciada pelo mesmo julgador do feito executivo.

O endereçamento, portanto, será apresentado pelo enunciado da questão. Em caso de omissão, aconselhamos a utilização do seguinte padrão:

- Tributos Federais:

AO JUÍZO FEDERAL DA... VARA FEDERAL DA SEÇÃO JUDICIÁRIA DE...

- Tributos Estaduais (DF) e Municipais:

AO JUÍZO DE DIREITO DA... VARA... (EXECUÇÕES FISCAIS/FAZENDA PÚBLICA/CÍVEL/ÚNICA) DA COMARCA DE...

6.3.2.4. Condenação em honorários

Tratando-se de petição protocolada nos próprios autos da execução fiscal, não existem custas judiciais a serem recolhidas previamente e requeridas do sucumbente.

Entretanto, nada impede a condenação da respectiva Fazenda Pública em honorários advocatícios. Para o manejo dessa peça processual, será necessária a devida habilitação profissional, sendo justo o pagamento pelo seu labor.

Esse entendimento, inclusive, já se encontra pacificado no âmbito dos tribunais superiores (REsp 999.417/SP, AgRg no REsp 1.085.980/SC, ARE 791.680/BA).

6.3.3. Como identificar a peça no exame

Aplicando os elementos já abordados nesse título, a identificação da *EPE* no Exame de Ordem será encarada como peça subsidiária ao cabimento dos *embargos da execução fiscal*. Assim, diversos elementos aparecerão para sua utilização. Entre eles, destacamos os seguintes:

- *Considerando a existência de execução fiscal proposta [...]*
- *Fulano de tal acaba de ser citado e ainda não pretende ofertar bens em garantia [...]*
- *Sabendo não que existe garantia do juízo e tratando-se de matéria conhecível de ofício pelo Magistrado [...]*
- *Percebendo que já houve decurso de prazo superior à 30 dias da penhora realizada [...]*
- *Apresente defesa sem existência de garantia ou penhora de bens, sabendo que todas as provas já estariam pré-constituídas, sendo desnecessária a produção de outras [...]*
- *Apresente a defesa nos autos da execução fiscal.*

6.3.4. Modelo estruturado

AO JUÍZO FEDERAL DA... VARA FEDERAL DA SEÇÃO JUDICIÁRIA DE...

ou

AO JUÍZO DE DIREITO DA... VARA... (EXECUÇÕES FISCAIS/FAZENDA PÚBLICA/CÍVEL/ÚNICA) DA COMARCA DE...

(Espaço de três a quatro linhas)

Processo n. ...

Nome, nacionalidade, estado civil, profissão, portador do RG n. ..., inscrito no CPF sob o n. ..., residente e domiciliado..., com endereço eletrônico..., por meio de seu Advogado abaixo assinado, procuração anexa, com endereço profissional para receber todas as informações processuais..., integrante do escritório..., inscrito no CNPJ sob o n. ..., na forma do art. 103 do CPC, vem, respeitosamente, perante Vossa Excelência, com fundamento no art. 5º, incisos XXXV e LV, da Constituição Federal e em conformidade com a Súmula 393 do Superior Tribunal de Justiça, apresentar

EXCEÇÃO DE PRÉ-EXECUTIVIDADE

nos autos da Execução Fiscal proposta pela (União, Estados, DF e Municípios), pessoa jurídica de direito público interno, inscrita no CNPJ sob o n. ..., com endereço ..., e endereço eletrônico ..., na pessoa do seu representante legal, pelos fatos e fundamentos a seguir expostos:

I – Dos Fatos

Narração semelhante ao próprio quesito proposto, apenas atentando para não repetição de alguns pontos desnecessários como os nomes das Partes (evitar repetição de expressões).

II – Do Cabimento da Exceção de Pré-Executividade

Fundamentar o cabimento desse incidente processual, baseando-se na possibilidade de defesa sem garantia do juízo em matérias de ordem pública que não demandem dilação probatória, nos moldes da Súmula 393 do STJ.

III – Do Direito

Nessa oportunidade, o examinando deverá expor todos os fundamentos jurídicos na defesa do excipiente/executado contra a execução fiscal apresentada pelo excepto/exequente.

Realize a subsunção de normas jurídicas ao caso concreto, amoldando-as naquilo que o quesito determinou. Realize a subdivisão em tópicos, pois facilita a leitura do avaliador.

Ex.: III.I – Da imunidade tributária / III.II – Da ilegitimidade do sócio / III.III – Dos requisitos da petição inicial.

IV – Do Cabimento de Honorários Advocatícios

Fundamentar sinteticamente o cabimento dos honorários advocatícios, tomado como base o trabalho desenvolvido pelo profissional e a aceitação jurisprudencial.

V – Dos Pedidos

Ante o exposto, requer:

a) a intimação do... (União, Estado, DF e Município), por meio de seu representante legal, para, querendo, responder aos termos da exceção;
b) o acolhimento da exceção arguida, em face da documentação acostada, reconhecendo indevida a execução e nula a CDA, nos termos do art. 803, I, do CPC e Súmula 393 do STJ;
c) a condenação da excepta ao pagamento das verbas relativas aos honorários advocatícios, nos moldes do art. 85, § 3º, do CPC.

Nesses termos, pede deferimento.

Local..., Data...

Advogado... OAB.../n. ...

6.3.5. Gabaritando o Exame

(XV Exame Unificado OAB – FGV) Em 2003, João ingressou como sócio da sociedade D Ltda. Como já trabalhava em outro local, João preferiu não participar da administração da sociedade.

Em janeiro de 2012, o Município X, ao verificar que a D Ltda. deixou de pagar o IPTU lançado no ano de 2004, referente ao imóvel próprio em que tem sede, inscreveu a sociedade em dívida ativa e ajuizou execução fiscal em face desta, visando à cobrança do IPTU e dos acréscimos legais cabíveis.

Após a citação da pessoa jurídica, que não apresentou defesa e não garantiu a execução, a Fazenda Municipal solicitou a inclusão de João no polo passivo da execução fiscal, em razão de sua participação societária na executada, o que foi deferido pelo Juiz.

João, citado em fevereiro de 2012, procura um advogado e explica que passa por grave situação financeira e que não poderá garantir a execução, além de não possuir qualquer bem passível de penhora. Ao analisar a documentação trazida por João, o advogado verifica que há prova documental inequívoca de seu direito.

Assim, como advogado de João, elabore a peça adequada à defesa de seu cliente nos próprios autos da execução fiscal.

GABARITO:

AO JUÍZO DE DIREITO DA... VARA... (EXECUÇÕES FISCAIS/FAZENDA PÚBLICA/CÍVEL/ÚNICA) DA COMARCA DO MUNICÍPIO X

(Pular de três a quatro linhas)

Referente à Execução Fiscal n. ...

João, nacionalidade, estado civil, profissão, portador do RG n. ..., inscrito no CPF sob o n. ..., residente e domiciliado..., com endereço eletrônico..., por meio de seu Advogado abaixo assinado, procuração anexa, com endereço profissional para receber todas as informações processuais..., integrante do escritório..., inscrito no CNPJ sob o n. ..., na forma do art. 103 do CPC, vem, respeitosamente, perante Vossa Excelência, com fundamento no art. 5º, XXXV e LV, da Constituição Federal e em conformidade com a Súmula 393 do Superior Tribunal de Justiça, apresentar

EXCEÇÃO DE PRÉ-EXECUTIVIDADE

contra Execução Fiscal proposta pelo Município X, pessoa jurídica de direito público interno, inscrita no CNPJ sob o n. ..., com endereço ..., e endereço eletrônico ..., na pessoa do seu representante legal, pelos fatos e fundamentos a seguir expostos:

I – Dos Fatos

O excipiente apresenta sua irresignação em decorrência da indevida inclusão no polo passivo da Execução Fiscal n. ..., em face do não recolhimento do Imposto sobre a Propriedade Territorial Urbana (IPTU) por parte da sociedade D Ltda., da qual é sócio sem poderes de administração.

O manejo da execução fiscal em 2012 teve como fato gerador os valores do IPTU do exercício de 2004 que não foram pagos pela pessoa jurídica.

Considerando a nulidade do título extrajudicial que embasa a execução em face da ilegitimidade do excipiente, aliada à impossibilidade financeira em efetivar garantia do juízo, utiliza-se desse importante meio de defesa em execução.

II – Do Cabimento da Exceção de Pré-Executividade

A exceção de pré-executividade é incidente processual criado pela doutrina processualista como forma de conceder defesa em sede de execução sem necessidade quanto à existência de garantia do juízo.

Seriam situações em que, de ofício, a execução seria extinta pelo magistrado, caso obtivesse informações sobre nulidades absolutas e sem necessidade de dilação probatória.

A aceitação na jurisprudência nacional ganhou maior relevância com a edição da Súmula 393 do Superior Tribunal de Justiça, ao determinar que "A exceção de pré-executividade é admissível na execução fiscal relativamente às matérias conhecíveis de ofício que não demandem dilação probatória".

No caso em comento, resta cabível o manejo desse incidente com base nas flagrantes ilegalidades no ato de cobrança do executivo fiscal, relacionadas com a ilegitimidade passiva do excipiente, bem como a existência de prescrição que fulmina a validade do título.

III – Do Direito

III.I – Da ilegitimidade passiva

Em direito tributário, a obrigação principal surge com a ocorrência do fato gerador. Este, por sua vez, é a situação definida em lei como necessária e suficiente à sua ocorrência.

O surgimento dessa relação obrigacional pressupõe a formação de um liame entre dois polos. O sujeito ativo, que, no caso, é a pessoa jurídica de direito público, titular da competência para exigir o seu cumprimento. E o sujeito passivo, que é a pessoa obrigada ao pagamento do tributo ou da penalidade pecuniária.

Nesta senda, o sujeito passivo da obrigação tributária pode ser o contribuinte, quando tenha relação pessoal e direta com a situação que constitua o respectivo fato gerador, ou o responsável, quando, sem revestir a condição de contribuinte, sua obrigação decorra de disposição expressa de lei.

No tocante à responsabilidade dos sócios/gerentes/diretores, segundo disposição do art. 135, III, do CTN, somente poderá haver responsabilidade pessoal destes pelas dívidas tributárias das pessoas jurídicas às quais estão vinculadas quando tais indivíduos estejam na direção ou gerência destas e praticarem atos comprovadamente com excesso de poderes ou infração de lei, contrato social ou estatutos.

Logo, tendo em vista que, no caso dos autos, não houve qualquer comprovação de ato que justifique tal responsabilização, não pode haver o direcionamento da execução fiscal para a pessoa do diretor, ora Excipiente.

Ademais, a mera dívida fiscal da pessoa jurídica não pode ser de responsabilidade dos seus sócios, conforme esposado na Súmula 430 do Superior Tribunal de Justiça, a qual aduz "in verbis": "O inadimplemento da obrigação tributária pela sociedade não gera, por si só, a responsabilidade solidária do sócio-gerente".

Portanto, fica evidente que a exigência em questão à pessoa do Excipiente é totalmente indevida, não se podendo aferir e impor tal responsabilidade pelo crédito tributário sem que se proceda à devida comprovação dos atos por este praticado.

III.II – Da prescrição

Após as argumentações supracitadas, verifica-se que não merece prosperar a inclusão do sócio excipiente nos autos de tal execução.

No entanto, ainda que considerado parte legítima na execução, o que se admitiria por extrema cautela, existe ilegalidade suficiente para ensejar a extinção da presente execução.

Com efeito, prezando pela estabilização das relações jurídico-tributárias, o ordenamento consagra prazo contra o poder público para constituição e exigência dos créditos tributários.

A decadência se enquadra como forma de extinção do crédito tributário, conceituando-se como prazo para a Fazenda Pública constituir seu direito (arts. 156, V, e 173 do CTN). Já a prescrição estaria relacionada com o prazo concedido ao fisco para efetivar o exercício desse direito por meio do manejo de ação executiva de cobrança (arts. 156, V, e 174 do CTN).

Pois bem, o prazo de prescrição foi enquadrado pelo CTN também como forma de extinção do crédito tributário, devendo o fisco realizar sua cobrança no prazo de cinco anos contados da constituição definitiva do crédito tributário.

No caso em tela, verifica-se que o lançamento do IPTU ocorreu em 2004, tendo ocorrido o ajuizamento da execução apenas em 2012, ou seja, oito anos após sua constituição.

Dessa forma, com base no art. 174 do CTN, o crédito em questão está extinto em face da sua prescrição.

IV – Do Cabimento de Honorários Advocatícios

O entendimento pacificado no âmbito dos tribunais superiores é a possibilidade de condenação em honorários advocatícios nesse incidente processual, vez que aduzido por profissional habilitado e com zelo em sua atividade.

V – Dos Pedidos

Diante do exposto, requer:

a) a intimação do Município X, por meio de seu representante legal, para, querendo, responder aos termos da exceção;
b) o acolhimento da exceção arguida, em face da documentação acostada, reconhecendo o excipiente como parte ilegítima, e determinando sua exclusão do polo passivo da presente execução;
c) o acolhimento da exceção arguida para extinção do crédito tributário em função da prescrição, conforme o art. 174 do CTN;
d) a condenação da excepta ao pagamento das verbas relativas aos honorários advocatícios, nos moldes do art. 85, § 3º, do CPC.

Nesses termos, pede deferimento.

Local..., Data...

Advogado... OAB.../n. ...

6.3.6. Enunciados de peças profissionais

(XIII Exame Unificado OAB – FGV) Determinada pessoa jurídica declarou, em formulário próprio estadual, débito de ICMS. Apesar de ter apresentado a declaração, não efetuou o recolhimento do crédito tributário correspondente, o que motivou sua inscrição em dívida ativa.

Em execução fiscal promovida pelo Estado da Federação na 9ª Vara de Fazenda da Comarca da Capital, o sócio administrador, Fulano de Tal, foi indicado como fiel depositário de um veículo da pessoa jurídica executada, que foi penhorado. A pessoa jurídica ofereceu embargos à execução, ao final julgados improcedentes.

A Fazenda do Estado requer, então, a reavaliação do veículo para futuro leilão, sendo certificado pelo Oficial de Justiça que o veículo não mais está na posse do sócio e não é mais encontrado.

A Fazenda do Estado requer e é deferida a inclusão de Fulano de Tal no polo passivo, em razão do inadimplemento do tributo e ainda com base em lei do Estado que assim dispõe:

Artigo X. São responsáveis, de forma solidária, com base no artigo 124, do CTN, pelo pagamento do imposto: [...]

X – o sócio administrador de empresa que descumpriu seus deveres legais de fiel depositário em processo de execução fiscal; [...]

O Sr. Fulano de Tal foi citado e intimado a respeito de sua inclusão no polo passivo da execução fiscal, tendo transcorrido 6 (seis) meses desta sua citação/intimação. Nas tentativas de penhora, não foram encontrados bens.

Na qualidade de advogado de Fulano de Tal, redija a peça processual adequada para a defesa nos próprios autos da execução fiscal, considerando que seu cliente não dispõe de nenhum bem para ofertar ao juízo.

A peça deve abranger todos os fundamentos de direito que possam ser utilizados para dar respaldo à pretensão do cliente. (Valor: 5,0)

GABARITO: A peça apropriada é uma exceção de pré-executividade, pelo fato de a questão demandar que a defesa seja feita nos próprios autos da execução bem como por não depender de garantia do juízo (Súmula 393 do STJ).

Quanto ao mérito, a tese exigida foi a ilegitimidade passiva do sócio por não poder ser responsabilizado pelo tributo, uma vez que o mero não recolhimento não enseja, por si só, sua responsabilidade (Súmula 430 do STJ).

Outro ponto que merece destaque seria inconstitucionalidade da lei estadual ao determinar nova modalidade de responsabilidade solidária. Os aspectos gerais sobre o crédito tributário necessitam de Lei Complementar Federal (art. 146, III, da CF).

Ademais, o descumprimento do encargo legal de depositário tem como única consequência a entrega do bem no estado em que foi recebido ou seu equivalente em dinheiro.

7. AÇÃO DE REPETIÇÃO DO INDÉBITO TRIBUTÁRIO

7.1. Considerações iniciais: conceito e cabimento

Em homenagem ao primado jurídico que veda o enriquecimento ilícito, a esfera tributária consagra o direito ao ressarcimento em casos de indevido pagamento de exações. À semelhança das relações entre particulares, o poder público também não poderá enriquecer às custas do pagamento de tributos inconstitucionais, ilegais ou mesmo excessivos.

Fortalece esse raciocínio a observação de que a relação de cobrança do crédito tributário tem todos os seus contornos obrigacionais restritos à estrita legalidade.

Diante desse cenário, a devolução desses valores indevidos poderá ocorrer mediante duas modalidades: a compensação ou o pedido de repetição do indébito.

A compensação tributária reger-se-á, principalmente, mediante procedimentos administrativos internos tomados pelas fazendas públicas interessadas (municipais, estaduais, distritais e federal), mediante o encontro de contas entre contribuinte e fisco (art. 170 do CTN). Atualmente se admite, inclusive, a compensação *ex officio* por parte dessas administrações públicas fiscais (REsp 1.213.082/PR e REsp 1.265.308/SC). Importante frisar que a compensação somente será cabível entre tributos administrados pelo mesmo ente federado e após o trânsito em julgado da sentença.

Quanto ao pleito de restituição do indébito tributário, encontraremos a possibilidade de o interessado requerer a devolução de valores na esfera administrativa ou judicial.

Independentemente da modalidade eleita, o art. 165 do Código Tributário Nacional determinou os casos em que o sujeito passivo poderá requerer, a saber:

a) cobrança ou pagamento espontâneo de tributo indevido ou maior que o devido em face da legislação tributária aplicável, ou da natureza ou circunstâncias materiais do fato gerador efetivamente ocorrido;

b) erro na edificação do sujeito passivo, na determinação da alíquota aplicável, no cálculo do montante do débito ou na elaboração ou conferência de qualquer documento relativo ao pagamento; ou

c) reforma, anulação, revogação ou rescisão de decisão condenatória.

Perceba que, em todos os casos aqui mencionados, extrairemos a síntese sobre o *pagamento indevido de tributos.*

A regra de legitimidade ativa para o pleito da restituição indica que apenas o *sujeito passivo* do tributo poderá fazê-lo. Naturalmente, não apenas o contribuinte se insere nessa possibilidade, mas também o substituído (art. 10 da LC n. 87/96), em caso de substituição tributária para frente, quando não ocorre o fato gerador presumido ou ocorre a menor, como será abordado a seguir.

Como se pode ver, todo pagamento indevido gera o direito à restituição, inclusive o pagamento de dívida que tenha sido extinta pela decadência ou mesmo pela prescrição, na forma da jurisprudência pacífica no Superior Tribunal de Justiça. Isso ocorre porque o pagamento se deu por um crédito inexistente. Importante destacar que a prescrição tributária vicia o crédito e não somente a pretensão, motivo pelo qual é cabível a repetição de indébito em matéria tributária e não é cabível em matéria cível, pois naquele ramo do direito, a prescrição extingue a pretensão, permanecendo o crédito devido.

O posicionamento não deve ser diferente quando se tratar de pagamento de tributo que seja objeto de isenção ou mesmo imunidade, pois o pagamento é indevido cabendo a restituição.

Como se não bastasse, é cabível a restituição em caso de pagamento a ente federado errado, que não seja legítimo para o recebimento do tributo. Costuma ocorrer quando o contribuinte tem dúvidas acerca da incidência tributária, como no caso de ISSQN ou ICMS.

Ademais, caso haja decisão que reconheça que o tributo não fora devido ao tempo do pagamento, também gera direito à restituição.

O único pressuposto para a repetição do indébito é o pagamento indevido de tributo.

Desse modo, a utilização da *ação judicial de repetição do indébito tributário* é prática comum da advocacia dessa seara e surgirá em decorrência da existência desses indevidos valores pagos, aliados aos empecilhos administrativos encontrados para devolução voluntária.

7.2. Características

7.2.1. Rito e fundamentação processual

Trata-se de ação regida pelo rito ordinário, aplicando-se os mesmos elementos estudados nas anteriores ações iniciais. Desse modo, mais uma vez utilizaremos os requisitos básicos da petição inicial: endereçamento, qualificação completa das partes, fatos, fundamentos jurídicos, pedidos e fechamento (art. 319 do CPC).

No que concerne ao fundamento processual, utilizaremos o já mencionado art. 165 do Código Tributário Nacional, e seu respectivo inciso, especificando em qual modalidade o enunciado da questão se amolda. Existindo também pedido alternativo de compensação, aconselhamos o acréscimo do art. 170 do mesmo diploma tributário.

Ademais, abordaremos a possibilidade de cumulação de peças ordinárias com a ação repetitória, acrescentando seus específicos dispositivos.

Por último, mas não menos importante, devemos esclarecer que a repetição do indébito não admite a concessão de antecipação dos efeitos da tutela, ao passo que os pagamentos efetuados pelo Estado se dão por meio de precatórios e a tutela antecipada para restituição fere essa determinação constitucional, além de ser um provimento irreversível.

7.2.2. Momento, prazo e efeitos

Conforme estudado nas linhas iniciais deste capítulo, a utilização dessa espécie processual dependerá da existência de *pagamento indevido* e o requerimento de sua devolução.

Ressalte-se que o direito à devolução *independe de prévio protesto* do sujeito passivo quanto ao pagamento desses valores, bastando demonstrar o interesse processual na demanda. Expliquemos melhor.

No momento anterior de pagamento do tributo, pouco importa se o sujeito passivo tinha exata noção quanto ao caráter indevido da exação. Ainda que acreditasse ter efetuado recolhimento correto, terá direito à devolução.

A exigência em certames, entre eles o Exame de Ordem, dependerá desse conjunto de informações, bem como a existência do prazo para requerimento desse ressarcimento.

Com efeito, qualquer que seja o motivo do pagamento indevido, sempre haverá o direito à restituição do indébito a ser perseguido no *prazo decadencial de cinco anos a partir do pagamento errôneo* (art. 168 do CTN e art. 3º da LC n. 118/2005)[1].

Como conclusão lógica, o interessado poderá pleitear a recuperação de valores indevidamente pagos apenas do quinquênio passado.

O prazo aqui mencionado não se confunde com aquele prescricional de dois anos para ingresso de ação anulatória contra denegação administrativa do direito de restituição (art. 169 do CTN).

Ressalte-se que o Superior Tribunal de Justiça editou recente sumula afirmando que esse período administrativo não interrompe o prazo prescricional para ingresso da ação de repetição.

> ***Súmula 625, STJ.*** *O pedido administrativo de compensação ou de restituição não interrompe o prazo prescricional para a ação de repetição de indébito tributário de*

[1] Com o advento da Lei Complementar n. 118/2005, não mais será aplicada a "teoria dos 5 + 5" nos casos de lançamento por homologação que garantiam quase dez anos à devolução dos valores indevidamente recolhidos. Nesses casos, o prazo para restituição já será iniciado desde o momento do pagamento antecipado e não com a homologação do fisco.

que trata o art. 168 do CTN nem o da execução de título judicial contra a Fazenda Pública.

Quanto aos *efeitos da sentença*, a partir do trânsito em julgado da decisão para restituição, tem-se na sentença um título executivo judicial a ser executado em face da Fazenda Pública.

7.2.3. Juízo competente e endereçamento

Considerando sua natureza de ação ordinária, à semelhança das ações declaratória e anulatória, seu endereçamento dependerá *do tributo e das partes envolvidas.*

Tratando-se de tributos federais ou lide que contenha a União, entidade autárquica ou empresa pública federal, o julgamento será exercido pela *Justiça Federal* (art. 109, I, da CF).

Importante destacar que em causas de competência da Justiça Federal com valor inferior a 60 salários mínimos, cujas partes sejam pessoa física ou jurídica, caracterizada como microempresa ou empresa de pequeno porte, será aplicada a Lei n. 10.259/2001 e será competente o Juizado Especial Federal.

Contudo, não se aplica o microcosmo do juizado nas ações de rito especial, como o mandado de segurança, por exemplo, aplicando-se no caso de repetição do indébito. Frise-se que, se o enunciado não informar o valor da causa, aplica-se a Justiça Federal Comum.

Nas demais situações que envolvam tributos *estaduais e municipais*, a apreciação será da *Justiça Comum*. Atenção ao fato em que o sujeito ativo ou passivo esteja na condição enquadrada no art. 109, I, da Constituição Federal.

O foro competente continua sendo aquele de domicílio do autor (arts. 51 e 52 do CPC).

No endereçamento da peça processual, adotaremos os seguintes *modelos*:

- Justiça Federal:

AO JUÍZO FEDERAL DA... VARA FEDERAL DA SEÇÃO JUDICIÁRIA DE...

- Justiça Comum:

AO JUÍZO DE DIREITO DA... VARA... (CÍVEL/FAZENDA PÚBLICA/ÚNICA) DA COMARCA DE...

- Juizado Especial Federal:

AO JUÍZO DO ... JUIZADO ESPECIAL FEDERAL DA SEÇÃO JUDICIÁRIA ...

Tratando-se de ação de repetição sobre valores de Imposto de Renda de servidor público estadual, distrital ou municipal, a competência não será da justiça federal e sim da justiça comum (RE 698.908/PE e REsp 1.480.438/SP). Nesse sentido, aduz a Súmula 447 do STJ: "Os Estados e o Distrito Federal são partes legítimas na ação de restituição de imposto de renda retido na fonte proposta por seus servidores".

7.2.4. Encargos na repetição

Tratando-se de devolução de valores indevidos, a Fazenda Pública demandada arcará também com os encargos financeiros referentes à atualização monetária, juros e eventuais penalidades (art. 167, parágrafo único do CTN).

Assim, caso o indevido crédito tributário tenha sido acompanhado do pagamento igualmente errôneo de juros e multa, estes também devem ser restituídos em valores devidamente atualizados.

A compreensão dessas modalidades de ressarcimento dependerá da esfera tributante.

Diante de *tributos municipais ou estaduais,* a atualização monetária incidirá desde o momento do pagamento indevido, objetivando recompor o poder aquisitivo da época. Os juros, por sua vez, incidirão a partir do trânsito em julgado da sentença judicial condenatória, pois apenas nesse momento tem-se a certeza jurídica de que aqueles valores não pertencem ao poder público.

Nesse sentido, posiciona-se o Superior Tribunal de Justiça:

> ***Súmula 162.*** *Na repetição de indébito tributário, a correção monetária incide a partir do pagamento indevido.*
>
> ***Súmula 188.*** *Os juros moratórios, na repetição do indébito tributário, são devidos a partir do trânsito em julgado da sentença.*

No entanto, na restituição de valores indevidos pagos a título de *tributo federal,* a atualização do montante se aplica com base na taxa *Selic,* a qual já engloba juros e correção monetária. Seu disciplinamento pode ser encontrado no art. 39, § 4º, da Lei n. 9.250/95, adotada na jurisprudência do próprio Superior Tribunal de Justiça (REsp 826.617/PR).

Por fim, o Superior Tribunal de Justiça firmou posicionamento no sentido da possibilidade de os Estados adotarem a taxa Selic como critério para correção dos valores a serem restituídos. Tal posicionamento está cristalino no teor da Súmula 523 do Superior Tribunal de Justiça, que determina que "A taxa de juros de mora incidente na repetição de indébito de tributos estaduais deve corresponder à utilizada para cobrança do tributo pago em atraso, sendo legítima a incidência da taxa Selic, em ambas as hipóteses, quando prevista na legislação local, vedada sua cumulação com quaisquer outros índices".

7.2.5. A repetição nos tributos indiretos

Ao longo deste capítulo, fundamentamos o direito à repetição do indébito daquele que realizou o pagamento indevido de tributos, gozando da legitimidade processual para o pleito.

Entretanto, essa lógica será relativizada nos casos afetos aos *tributos indiretos.* Nessas espécies tributárias, encontraremos a denominada *repercussão econômica,* separando as figuras do *contribuinte de direito* e do *contribuinte de fato.*

Com efeito, o contribuinte que recolhe o tributo (*contribuinte de direito*) "repassará" para terceiro (*contribuinte de fato*) os encargos financeiros advindos da relação. Como exemplos, citamos aqueles que se vinculam a operações comerciais, e que tenham por referência de base tributante o preço da transação e o faturamento obtido: IPI, PIS, Cofins, IOF, ICMS e o ISS[2].

Diante desse cenário, o art. 166 do Código Tributário Nacional determina que a restituição dos valores indevidamente recolhidos dependerá da autorização do contribuinte de fato, ou mesmo a comprovação quanto à ausência dessa repercussão econômica (o próprio contribuinte de direito assume o encargo sem repassar ao terceiro).

Nesse mesmo sentido, posiciona-se o Supremo Tribunal Federal:

> ***Súmula 546.*** *Cabe a restituição do tributo pago indevidamente, quando reconhecido por decisão, que o contribuinte "de jure" não recuperou do contribuinte de facto o "quantum" respectivo*[3].

Assim, é cabível a repetição do indébito do tributo indireto respeitadas as condições supra, não se aplicando a antiga Súmula 71 do STF pela perda da sua eficácia.

Tomando como base jurisprudência firmada do Superior Tribunal de Justiça, existe exceção que autoriza o partilhamento da legitimidade ativa dessa demanda entre os contribuintes "de direito" e "de fato" relacionada à contratação de potencial de energia elétrica não consumida (REsp 1.299.303/SC). Assim, apesar do previsto no art. 166 do Código Tributário Nacional, o contribuinte de fato estaria legitimado para propositura da ação de forma extraordinária no tocante aos serviços públicos concedidos.

Tratando-se de tributo indireto, aconselhamos a abertura de tópico específico demonstrando o preenchimento dos requisitos do art. 166 do Código Tributário Nacional. Deixe claro se houve autorização ou ausência de repasse econômico.

7.2.6. A repetição de indébito em caso de substituição tributária

O art. 150, § 7º, da Constituição Federal trata da substituição tributária progressiva, que ocorre quando o primeiro elo da cadeia produtiva recolhe o tributo pelo de venda ao consumidor final. Em outras palavras, o imposto é recolhido com base no fato gerador presumido, sob a presunção de que a venda ocorrerá.

---

2 Ressalte-se que o ISS-Fixo previsto no art. 9º, § 1º, do DL n. 406/68 será considerado *imposto direto* (REsp 1.121.634/PR).

3 Superando a antiga Súmula 71 do STF que designa "Embora pago indevidamente, não cabe restituição de tributo indireto".

Assim, é aplicada ao valor da venda a Margem de Valor Agregado – MVA, que é um cálculo realizado pelo Estado que determinado o quanto o produto irá se valorizar na cadeia produtiva.

Dessa forma, o primeiro contribuinte a circular a mercadoria deverá recolher o tributo como se estivesse vendendo ao consumidor final, substituindo os demais contribuintes da cadeia produtiva.

O citado art. 150, § 7º, garante que, em caso de inocorrência do fato gerador presumido, haverá o direito à preferencial restituição. Com o julgamento do RE 593.849/MG, o Supremo Tribunal Federal firmou posicionamento no sentido de que, se não ocorrer o fato gerador presumido ou se ele ocorrer a menor do que o montante recolhido, caberá a preferencial restituição.

Nesse caso, o direito é garantido ao contribuinte substituído, conforme determinação do art. 10 da Lei Complementar n. 87/96. A justificativa é simples, pois, apesar de o primeiro elo da cadeia produtiva ter recolhido o imposto, o ônus foi repassado para substituído, que é contribuinte de direito também. Daí se origina sua legitimidade para ajuizamento da ação de repetição do indébito.

Em outras palavras, caso não ocorra a operação tributável presumida, assegura-se a restituição da quantia paga. O fundamento da restituição é que todo pagamento deve ser devolvido, sob pena de enriquecimento sem causa da Fazenda se não houvesse tal devolução. O meio processual hábil é a ação de repetição de indébito, prevista no art. 165 do Código Tributário Nacional, observando a regra contida no art. 166 do Código Tributário Nacional c/c Súmula 546 do Supremo Tribunal Federal. Cumpre ressaltar que o Supremo Tribunal Federal alterou o entendimento no sentido de que não existe possibilidade de restituição parcial do tributo pago indevidamente, por não haver essa previsão em lei, e passou a entender pelo cabimento da restituição caso o fato gerador presumido ocorra a menor.

O ICMS é um imposto plurifásico, ou seja, incide em todas as fases da operação. Significa que, a cada circulação de mercadoria, haverá o fato gerador do ICMS. Nesse sentido, quando a refinaria vende combustível para os distribuidores, incide ICMS; quando os mesmos distribuidores repassam o combustível para os postos, incide novamente ICMS; e quando os postos vendem esse combustível para os consumidores, incide o ICMS.

Todavia, é mais fácil a Fazenda Pública fiscalizar o recolhimento do ICMS de apenas um contribuinte do que de vários. Trata-se de muitos distribuidores e de milhares de postos de gasolina, o que inviabiliza uma eficiente fiscalização por parte da Fazenda Pública. Nesse sentido, a responsabilidade tributária pelo ICMS de toda a cadeia é entregue à refinaria que recolherá o ICMS na condição de contribuinte (na operação em que repassa o combustível para os distribuidores) e de responsável tributário (na operação em que os distribuidores repassam o combustível para os postos e estes para os consumidores).

Saliente-se que, na hipótese de restituição, o art. 10 da LC n. 87/96 entrega a legitimidade nas mãos do substituído, e não nas do substituto (aquele que arcou com o ônus financeiro ao recolher todo o tributo).

De outro giro, há também a substituição regressiva. Nessa modalidade de substituição, todos os elos anteriores da cadeia produtiva são substituídos, ou seja, o último contribuinte de direito da cadeia é que ficará responsável por todos os fatos geradores que ocorreram nas operações anteriores.

Aqui, não existe fato gerador presumido, uma vez que todas as operações já ocorreram e se sabe exatamente o *quantum* devido. É por isso que dizem que, na substituição regressiva, o pagamento do tributo é diferido, uma vez que o fato gerador que ocorre hoje somente será pago pelo último contribuinte, revestido de responsável tributário.

7.2.7. Legitimidade passiva

No tocante à legitimação passiva para figurar como réu na Ação de Repetição de Indébito, é, via de regra, do sujeito ativo do crédito tributário, ou seja, aquele que recebeu o tributo.

No entanto, o Superior Tribunal de Justiça, ao editar a Súmula 447, entendeu que, no caso do IR retido na fonte, pelo Estado, de servidor público estadual, é o Estado o titular da receita, e não a União, apesar da sua competência para instituir o IR.

Nesse caso, a ação deve ser movida em face do Estado, que recebe de fato o montante financeiro, cabendo a ação de repetição de indébito contra ele.

Outro caso excepcional está previsto no art. 16 do Decreto n. 6.433/2008, que regulamenta a transferência da capacidade tributária e da titularidade da receita entre União e Município, no tocante ao ITR.

Na hipótese em comento, apesar de o ITR ser arrecadado pelo município, que receberá a integralidade do imposto, a União deverá figurar no polo passivo da ação de repetição de indébito e qualquer outra ação, na forma o art. 16 do Decreto n. 6.433/2008.

Assim, via de regra, irá figurar no polo passivo da ação de repetição de indébito o sujeito ativo da relação jurídica tributária, ressalvadas as exceções já abordadas.

7.2.8. Cumulação de ações ordinárias com a repetição do indébito

Nos estudos iniciais das ações ordinárias declaratórias e anulatórias, havíamos mencionado a possibilidade de cumulação delas com o pleito repetitório, desde que o enunciado do Exame deixasse evidências quanto a essa utilização.

Para facilitar tal identificação, adotamos uma técnica que observa o tipo de problema que o enunciado propõe em seu posicionamento temporal. Em casos em que o problema do cliente está posicionado apenas no passado, ou seja, referente a um pagamento indevido realizado, mas que este *não é oriundo de uma relação tributária continuada* ou mesmo que não haja nova cobrança de mesma natureza, a ação repetitória não exige cumulação de pedidos.

No entanto, se o pagamento indevido é referente a um *tributo de exigência continuada*, é necessária a cumulação com um pedido declaratório acerca dos contornos da relação jurídico-tributária para ajustá-la, ou para julgar pela sua inexistência e impossibilidade de gerar imposições sobre o autor, evitando novas cobranças no futuro, cabendo inclusive a aplicação da tutela de urgência ou de evidência.

A necessidade de cumulação também ocorre quando o cliente tem *lançado contra si nova cobrança* sobre mesmos fatos geradores indevidamente pagos. Nesses casos, revela-se não apenas a intenção de restituição de valores já pagos, mas também a de anulação da nova cobrança vigente no presente.

Sintetizando, podemos dividir o momento e a aplicação cumulada nas seguintes hipóteses:

Passado	Presente	Futuro
Ação de repetição de indébito.	Ação de repetição cumulada com anulatória de débito fiscal.	Ação de repetição cumulada com declaratória.

7.3. Como identificar a peça no exame

A facilidade quanto à identificação dessa ação no Exame de Ordem se dá em decorrência dos indícios de pagamento indevido e da intenção do autor em reavê-los. Desse modo, encontraremos:

- *Considerando a existência de pagamento indevido [...]*
- *Fulano de tal resolve lhe contratar para propor medida judicial na busca pela devolução dos valores indevidamente recolhidos [...]*
- *Sabendo da proibição de enriquecimento sem causa por parte do poder público, redija a peça processual na defesa dos interesses do autor [...]*
- *Tendo em vista a existência de recolhimento a maior dos últimos cinco anos, proponha a medida judicial adequada para devolução do montante excedente [...]*

7.4. Modelo estruturado

AO JUÍZO FEDERAL DA... VARA FEDERAL DA SEÇÃO JUDICIÁRIA DE...

OU

AO JUÍZO DE DIREITO DA... VARA... (CÍVEL/FAZENDA PÚBLICA/ÚNICA) DA COMARCA DE...

(Espaço de três a quatro linhas)

Nome, nacionalidade, estado civil, profissão, portador do RG n. ..., inscrito no CPF sob o n. ..., residente e domiciliado..., com endereço eletrônico..., por meio de seu Advogado abaixo assinado, procuração anexa, com endereço profissional para receber todas as informações processuais..., integrante do escritório..., inscrito no CNPJ sob o n. ..., na forma do art. 103 do CPC, vem, respeitosamente, perante Vossa Excelência, com fundamento no art. 319 do Código de Processo Civil e no art. 165 (I, II ou III) do Código Tributário Nacional, propor

AÇÃO DE REPETIÇÃO DO INDÉBITO TRIBUTÁRIO

em face da (União, Estados, DF e Municípios), pessoa jurídica de direito público interno, inscrita no CNPJ sob o n. ..., com endereço ..., e endereço eletrônico ..., na pessoa do seu representante legal, pelos fatos e fundamentos a seguir expostos:

I – Dos Fatos

Narração semelhante ao próprio quesito proposto, apenas atentando para não repetição de alguns pontos desnecessários como os nomes das Partes (evitar repetição de expressões).

II – Do Cabimento

Na forma do art. 165, I (I, II ou III) do CTN o pagamento indevido resguarda ao contribuinte o direito de restituição integral em matéria tributária. No caso em tela, o direito à restituição é latente, de modo que cabível a presente demanda.

III – Da Tempestividade

Fundamentar o pedido de restituição dos últimos cinco anos de pagamento indevido, baseando-se na previsão contida no art. 168, I, II ou III, do CTN.

IV – Legitimidade Ativa

Abordar a legitimidade para propositura da ação. No caso de tributo direto, afirmar que o Autor fora aquele que realizou o pagamento indevido. No caso de tributo indireto, fundamentar a legitimidade do contribuinte de direito (art. 166 do CTN e Súmula 546 do STF e inaplicabilidade da Súmula 71 do STF) ou, em caso extraordinário, a legitimidade ativa do contribuinte de fato.

V – Legitimidade Passiva

Abordar a legitimidade de o sujeito ativo do crédito tributário figurar no polo passivo da demanda. Assim, aquele que recebeu o pagamento indevido deverá figurar no polo, com exceção do imposto de renda retido na fonte do servidor estadual, onde se aplica a Súmula 447 do STJ e ITR cedido ao Município, conforme Decreto n. 6.433/2008.

VI – Do Direito

Momento em que o examinando deverá fundamentar os itens necessários ao deferimento do pleito. Aconselhamos subdividir em tópicos e separar um deles apenas para fundamentar o direito de devolução. Sendo caso de compensação tributária, também indicamos a explanação.

Ex.: VI.I – Cabimento / VI.II – Da imunidade tributária / VI.III – Do direito à restituição do indébito tributário / VI.IV – Da compensação tributária.

VII – Dos Pedidos

Ante o exposto, requer:

a) a citação do réu na pessoa de representante para responder aos termos da presente ação;

b) que seja dispensada a realização de audiência de conciliação ou mediação, nos termos do art. 319, VII, do CPC OU impossibilidade de realização da audiência, pois se trata de um direito indisponível que não admite autocomposição, aplicando-se o art. 334, § 4º, II, do CPC;

c) seja julgada procedente a presente ação, reconhecendo como indevido o pagamento realizado, uma vez que... (tese jurídica);

d) condenando a ré na restituição do valor pleiteado corrigido e atualizado nos termos do art. 167, parágrafo único, do CTN, bem como das Súmulas 162 e 188 do STJ (para tributos federais, requerer nos moldes do art. 39, § 4º, da Lei n. 9.250/95) OU que seja convertida a restituição do montante pleiteado em compensação, nos termos indicados no art. 170 do CTN;

e) a condenação da parte ré nas custas e honorários advocatícios, segundo o art. 85, § 3º, do CPC.

Por fim, pretende o Autor realizar todos os meios de provas em direito admitidas, em especial as provas documentais, nos moldes dos arts. 319, VI, e 369 do CPC.

Dá-se à causa o valor de R$... (valor a ser restituído em numeral e por extenso), na forma do art. 291 do CPC.

Nesses termos, pede deferimento.

Local..., Data...

Advogado... OAB.../n. ...

7.5. Gabaritando o Exame

(XXIV Exame Unificado OAB – FGV) A indústria Alfa vende bebidas para o supermercado Beta, que, por sua vez, revende-as a consumidores finais, sendo certo que todas as operações ocorrem dentro dos limites do estado ABC, em cuja capital estão domiciliadas as duas sociedades empresárias. No estado ABC tem vigência a Lei Ordinária n. 123, que prevê a indústria como substituta tributária do ICMS incidente nas operações subsequentes.

Em abril de 2017, o estado ABC exigiu de Alfa todo o tributo incidente sobre a cadeia produtiva descrita. Assim, Alfa pagou o ICMS incidente na operação própria (a venda que fez ao supermercado Beta) e também na operação subsequente – isto é, o ICMS que incidiria na operação entre o supermercado Beta e os consumidores finais.

Dessa forma, para a verificação do valor a ser pago, o ICMS foi calculado sobre o valor presumido de venda da mercadoria ao consumidor final. Ocorre que, para surpresa da indústria Alfa, o supermercado Beta, que sempre vendeu as bebidas produzidas por Alfa pelo valor de R$ 16,00 (dezesseis reais), resolveu, diante da crise econômica, comercializar as bebidas por R$ 14,00 (catorze reais).

Com isso, a indústria Alfa entendeu que a base de cálculo do imposto foi inferior àquela que havia sido presumida, razão pela qual, na prática, pagou, como contribuinte substituto, um valor de ICMS maior do que aquele que seria realmente devido.

Diante disso, e em razão de a indústria Alfa e o supermercado Beta serem clientes do mesmo escritório X, as duas sociedades empresárias lhe expuseram os fatos narrados acima.

Na qualidade de advogado(a) do escritório X, redija a medida judicial adequada para condenar o Estado ABC a restituir, em espécie, o valor do tributo pago a mais.

GABARITO:

AO JUÍZO DE DIREITO DA ... VARA (CÍVEL/ FAZENDA PÚBLICA/ ÚNICA) DA COMARCA DA CAPITAL DO ESTADO ABC.

(Pular de três a quatro linhas)

Supermercado Beta, pessoa jurídica de direito privado, inscrito no CNPJ sob o n. ..., com sede domiciliada ..., com endereço eletrônico ..., por meio de seu Advogado abaixo assinado, procuração anexa, com endereço profissional para receber todas as informações processuais ..., integrante do escritório ..., inscrito no CNPJ sob o n. ..., na forma dos art. 103 do CPC, vem, respeitosamente, perante Vossa Excelência, com fundamento no art. 319 do CPC e no art. 165, I, do CTN, propor

AÇÃO DE REPETIÇÃO DO INDÉBITO TRIBUTÁRIO

em face do Estado ABC, pessoa jurídica de direito público interno, inscrita no CNPJ sob o n. ..., com endereço ..., e endereço eletrônico ..., na pessoa do seu represente legal, pelos fatos e fundamentos a seguir expostos:

I – Dos Fatos

O supermercado Beta compra bebidas da indústria Alfa, revendendo para vários consumidores. Ambas as empresas estão situadas na capital do Estado ABC, que possui como ordenamento vigente a Lei Ordinária n. 123, que prevê a indústria como substituta tributária do ICMS incidente nas operações subsequentes.

Ocorre que, em abril de 2017, o estado ABC exigiu de Alfa todo o tributo incidente sobre a cadeia produtiva descrita. Assim, Alfa pagou o ICMS incidente na operação própria (a venda que fez ao supermercado Beta) e também na operação subsequente – isto é, o ICMS que incidiria na operação entre o supermercado Beta e os consumidores finais.

Diante disso, a indústria Alfa, percebeu que a base de cálculo do imposto foi menor que aquela que tinha sido presumida, razão pela qual, pagou como contribuinte substituto, um valor a maior de ICMS do que realmente deveria.

Por serem clientes do mesmo escritório (Alfa e Beta), essa Autora vem pleitear os valores pagos a maior nessa operação.

II – Do Cabimento

Na forma do art. 165, I, do CTN o pagamento indevido resguarda ao contribuinte o direito de restituição integral em matéria tributária. No caso em tela, o direito à restituição é latente, de modo que cabível a presente demanda.

III – Da Tempestividade

Considerando que o recolhimento indevido da tributação ocorreu no ano de 2017 e fora questionado no mesmo ano, ainda não houve decurso dos cinco anos estabelecidos no art. 168, I, do CTN.

IV – Legitimidade Ativa

No caso em concreto, a parte Autora suportou o ônus financeiro do Impostos Sobre a Circulação de Mercadorias e Serviços (ICMS), sem repassar ao consumidor final. Com isso, aplica-se ao caso concreto o art. 10 da Lei Complementar n. 87/96.

V – Legitimidade Passiva

O ICMS é um imposto de competência estadual, previsto no art. 155, II, da CFRB e regulamentado pela LC n. 87/96. No caso em tela, o estado, no exercício da competência, exigiu o tributo indevidamente, cabendo, então, o direito à restituição do pagamento indevido.

VI – Do Direito

VI.I – Do fato gerador presumido

Diante do caso em tela, Alfa foi o responsável pelo recolhimento antecipado de toda a relação jurídica contra o estado ABC, pagando presumidamente o ICMS de toda a cadeia comercial. Porém, repassando-o ao próximo da cadeia, ou seja, o supermercado Beta.

É de suma importância frisar que a base de cálculo do ICMS é o valor estimado de comercialização da mercadoria ao consumidor final, conforme critérios definidos pelo art. 8º da Lei Complementar n. 87/96.

Além disso, o contribuinte terá direito à restituição do valor já pago caso o fato gerador presumido não se concretize conforme previsão contida no art. 150, § 7º, parte final, da carta magna brasileira.

VI.II – Do pagamento indevido e sua restituição

Após toda a análise em que se demonstra a ilegalidade da cobrança, cabe agora exteriorizar as fundamentações referentes ao direito a essa restituição.

Conforme estabelece o art. 165, I, do CTN, o sujeito passivo tem direito, impendentemente de prévio protesto, à restituição do tributo pago indevidamente.

Note que não será necessário o prévio protesto para legitimação do seu direito à restituição, bastando o preenchimento dos essenciais requisitos.

A máxima que envolve esse instrumento processual será, portanto, a vedação ao enriquecimento do poder público sem justa causa, sendo obrigada a devolução de quaisquer quantias indevidas.

VI.III – Da Legitimidade ativa no tributo indireto

Apesar de o requerimento atrelar-se à devolução do ICMS, imposto tipicamente indireto, o autor comprova ter legitimidade para o pleito.

Isso pelo motivo de que, em determinadas situações, poderá o contribuinte de direito ser o real legitimado à repetição dos valores indevidos, quando demonstrar que efetivamente foi ele que sofrera com a exação errônea ou mesmo quando estiver por aquele autorizado.

Aliás, esse entendimento é empossado no art. 166 do CTN e adotado pelo Supremo Tribunal Federal por meio da Súmula 546.

VII – Dos Pedidos

Diante do exposto, requer:

a) a citação do Estado ABC, na pessoa de seu representante, para, querendo, contestar os termos dessa ação;
b) que seja dispensada a realização de audiência de conciliação ou mediação, nos termos do art. 319, VII, do CPC OU impossibilidade de realização da audiência, pois se trata de um direito indisponível que não admite autocomposição, aplicando-se o art. 334, § 4º, II, do CPC;
c) seja julgada procedente a presente ação, reconhecendo como indevido o pagamento realizado, uma vez que o fato gerador presumido não se concretizou, tendo assim o autor direito a restituição do valor pago a maior, conforme o art. 150, § 7º, da CRFB/88 e art. 10 da LC n. 87/96;
d) que o valor restituído seja corrigido e atualizado nos termos do art. 167 do CTN e nos termos das Súmulas 162 e 188 do STJ;
e) a condenação da parte ré nas custas e honorários advocatícios, segundo o art. 85, § 3º, do CPC.

Por fim, pretende o Autor realizar todos os meios de provas em direito admitidas, em especial as documentais, nos moldes do art. 319, VI, do CPC.

Dá-se à causa o valor de R$... (valor em numeral e por extenso), na forma do art. 291 do CPC.

Nesses termos, pede deferimento.

Local..., Data...

Advogado... OAB.../n. ...

7.6. Enunciados de peças profissionais

(VI Exame Unificado OAB – FGV) Lei Municipal, publicada em 1º/6/2010, estabeleceu, entre outras providências relacionadas ao Imposto sobre Serviços de Qualquer Natureza (ISS), a majoração da alíquota para os serviços de hospedagem, turismo, viagens e congêneres de 3% para 5%, com vigência a partir de 1º/7/2010.

À vista disso, o Hotel Boa Hospedagem Ltda., que, em junho de 2010, recolhia, a título de ISS, o valor de R$ 30.000,00, com base na contratação dos seus serviços por empresas locais para hospedagem de funcionários, com a majoração da alíquota acima mencionada, incidente sobre a sua atividade econômica, passou a recolher, mensalmente, o valor de R$ 50.000,00.

Todavia, as referidas empresas-cliente exigiram - e obtiveram - desconto do valor do aumento do tributo, alegando que seria indevido. Assim sendo, o contribuinte do ISS se submeteu ao aumento desse imposto durante o período relativo aos meses de agosto a dezembro/2010.

Ocorre que, em janeiro de 2011, mediante notícia publicada em jornal de grande circulação, o representante legal dessa empresa teve conhecimento da propositura de ações deflagradas por empresas hoteleiras e de turismo questionando a legalidade do aludido aumento do ISS.

Dessa forma, na qualidade de advogado(a) do Hotel Boa Hospedagem Ltda., formule a peça adequada para a defesa dos seus interesses, de forma completa e fundamentada, com base no direito material e processual tributário. (Valor: 5,0)

GABARITO: O Imposto sobre Serviços de Qualquer Natureza (ISS) é imposto de competência municipal, cabendo à lei complementar estabelecer as alíquotas máximas e mínimas para fins de incidência.

Nessa linha, a Lei Complementar n. 116/2003 somente disciplinou, em seu art. 8º., a alíquota máxima de 5% para o ISS, estando a alíquota mínima de 2% prevista no art. 88, inciso I, do ADCT. Houve obediência pela Lei Municipal, ora analisada, quanto aos limites mínimos e máximos da alíquota do imposto.

Todavia, restou violado o princípio da anterioridade previsto no art. 150, III, letras *b* e *c*, da CFRB/88, o qual determina a vedação quanto à cobrança de tributos no mesmo exercício financeiro em que haja sido publicada a lei que os instituiu ou aumentou, bem como deverá ser observado o prazo da noventena, o qual proíbe a cobrança de tributos, antes de decorridos noventa dias da data em que haja sido publicada a lei que os instituiu ou aumentou.

Desse modo, tendo sido a lei publicada em 01/06/2010 e vigorado em 01/07/2010, é flagrante a violação ao princípio da anterioridade tributária, o que resulta na possibilidade de o contribuinte requerer a repetição dos valores recolhidos a maior pelo contribuinte decorrente do aumento indevido de tal cobrança.

Estrutura da Peça: Fato - Lei Municipal, publicada em 01/06/2010, ao estabelecer a majoração da alíquota para os serviços de hospedagem, turismo, viagens e congêneres de 3% para 5%, para vigorar a partir de 01/07/2010 alcançou a atividade econômica do Hotel Boa Hospedagem Ltda. que se submeteu ao aumento deste imposto durante o período relativo aos meses de agosto a dezembro/2010, passando a recolher indevidamente por mês o valor a maior de R$ 20.000,00.

Direito - Aplica-se o art. 165 do CTN. O Fisco, apesar de estar em conformidade com a legislação tributária ao fixar a alíquota mínima e máxima para os serviços de vigilância e segurança, violou o princípio da anterioridade tributária, previsto no art. 150, III, letras b e c, da CFRB/88, vez que não poderia aumentar no mesmo exercício financeiro a alíquota do ISS. Desfecho- O contribuinte poderá ingressar com pedido de repetição do indébito tributário, com base na cobrança indevida acima apontada.

Pedido - a) citação do réu para, querendo, contestar a demanda, no prazo legal sob pena de revelia; b) seja o réu condenado a restituir o valor a maior de ISS no total de R$ 100.000,00, pago pelo contribuinte, com juros e correção monetária na forma do art. 167 do CTN; c) seja o réu condenado em custas e honorários advocatícios (art. 20 do CPC); d) Protesta pela produção de todas as provas em direito admitidas. Valor da Causa - R$ 100.000,00.

(X Exame Unificado OAB – FGV) Em ação de indenização, em que determinada empresa fora condenada a pagar danos materiais e morais a Tício Romano, o Juiz, na fase de cumprimento de sentença, autorizou a liberação parcial do pagamento efetuado pelo executado e determinou a dedução do percentual de 27,5% a título de imposto de renda sobre os valores depositados. Determinou ainda a expedição do mandado de pagamento relativo ao depósito da condenação e abaixa e arquivamento dos autos.

Na qualidade de advogado de Tício, redija a peça processual adequada que deve ser proposta em oposição a tal retenção, já superada qualquer dúvida sobre o teor da decisão. A peça deve abranger todos os fundamentos de direito que possam ser utilizados para dar respaldo à pretensão do cliente, sendo certo que a publicação da decisão mencionada se deu na data de hoje (dia da realização desta prova).

GABARITO: Em complexo exame aplicado, a ausência de informações ocasionou a ampla aceitação de sete peças pela banca. Foram aceitos como peças processuais os recursos de apelação, agravo de instrumento e o inominado (Lei n. 9.099/95), bem como as iniciais de ação declaratória, anulatória, repetitória e o mandado de segurança.

No mérito da ação, a fundamentação exigida estaria na não incidência do Imposto sobre a renda e proventos de qualquer natureza - IR. Indenizações não correspondem a acréscimo patrimonial e sim a mera recomposição, afastando-se da previsão estampada no art. 43 do CTN e art. 153, III, da CF.

Ademais, por meio da Súmula 498 do STJ já existe entendimento pacífico quanto à não incidência do IR sobre indenizações por danos morais.

(XXI Exame Unificado OAB – FGV) A União, por não ter recursos suficientes para cobrir despesas referentes a investimento público urgente e de relevante interesse nacional, instituiu, por meio da Lei Ordinária n. 1.234, publicada em 01 de janeiro de 2014, empréstimo compulsório.

O fato gerador do citado empréstimo compulsório é a propriedade de imóveis rurais e o tributo somente será devido de maio a dezembro de 2014.

Caio, proprietário de imóvel rural situado no Estado X, após receber a notificação do lançamento do crédito tributário referente ao empréstimo compulsório dos meses de maio a dezembro de 2014, realiza o pagamento do tributo cobrado.

Posteriormente, tendo em vista notícias veiculadas a respeito da possibilidade desse pagamento ter sido indevido, Caio decide procurá-lo(a) com o objetivo de obter a restituição dos valores pagos indevidamente.

Na qualidade de advogado(a) de Caio, redija a medida judicial adequada para reaver em pecúnia (e não por meio de compensação) os pagamentos efetuados.

GABARITO: Considerando o cenário de pagamento indevidamente realizado e a informação quanto à intenção do cliente em reaver os valores, o examinando deveria elaborar a petição inicial de uma Ação de Repetição de Indébito.

Ressalte-se que a ação declaratória isoladamente não contemplaria o interesse do cliente, visto que o objetivo não é evitar o lançamento do crédito tributário, mas sim reavê-lo.

Na hipótese, não há mais lançamento a ser realizado, visto que o tributo só seria devido pelo período de maio a dezembro de 2014.

A ação de repetição de indébito deveria ser endereçada à Vara Federal da Seção Judiciária do Estado X, tendo como autor da ação Caio e ré a União.

No mérito, o examinando deverá demonstrar que o empréstimo compulsório é inconstitucional, uma vez que este tributo deve ser instituído por lei complementar, conforme o art. 148, *caput*, da CF/88, e não por lei ordinária como na hipótese do enunciado.

Ademais, o examinando deverá indicar a violação ao princípio da anterioridade, uma vez que o empréstimo compulsório referente a investimento público de caráter urgente e de relevante interesse nacional somente pode ser cobrado no exercício financeiro seguinte ao da publicação da lei, no caso somente em 2015, conforme o art. 148, II c/c o art. 150, III, *b*, ambos da CF/88.

Por fim, deve o examinando requerer a procedência do pedido para que os valores pagos indevidamente lhe sejam restituídos.

(XXIII Exame Unificado OAB – FGV) O partido político XYZ, cuja sede está no Município Alfa (capital do Estado "X"), tem quatro imóveis localizados no mesmo município, dos quais um é utilizado para sua sede, um é utilizado para abrigar uma de suas fundações e os outros dois são alugados a particulares, sendo certo que o valor obtido com os aluguéis é revertido para as atividades do próprio partido político XYZ.

O administrador de XYZ, por precaução e temendo incorrer em uma infração fiscal, pagou o Imposto sobre a Propriedade Predial e Territorial Urbana (IPTU) atinente aos quatro imóveis. Poucos dias depois, descobriu que havia cometido um grande equívoco e procurou um escritório de advocacia.

Nesse contexto, considerando que o administrador contratou você, como advogado(a), para patrocinar a causa do partido político XYZ, redija a medida judicial adequada para reaver em pecúnia (e não por meio de compensação) os pagamentos efetuados indevidamente.

GABARITO: Diante da existência de indevido pagamento, o examinando deveria utilizar a Ação de Repetição do Indébito, também denominada de ação de restituição, a ser endereçada ao Juízo da Vara de Fazenda Pública da Comarca da Capital do Estado "X".

A parte autora será o partido político XYZ e a parte ré, o Município Alfa.

No mérito, a fundamentação seria na imunidade, abarcando todos os imóveis pertencentes ao partido XYZ. Como fundamentos, o examinando deveria indicar que, de acordo com o art. 150, VI, c e § 4º, da CF/88, o partido XYZ é instituição imune, tendo pago indevidamente o IPTU referente à sua sede, à sua fundação e também aos dois imóveis cuja receita do aluguel é revertida para as atividades do partido, fazendo jus à restituição dos valores pagos indevidamente (art. 165 do CTN).

Além disso, deveria apontar que se trata de entendimento consolidado pelo Supremo Tribunal Federal na Súmula 724, que passou a ter efeito vinculante aos órgãos do Judiciário e da Administração Pública direta e indireta nas esferas federal, estadual e municipal por meio da publicação da Súmula Vinculante 52 ("Ainda quando alugado a terceiros, permanece imune ao IPTU o imóvel pertencente a qualquer das entidades referidas pelo art. 150, inciso VI, alínea c, da CRFB/88, desde que o valor dos aluguéis seja aplicado nas atividades para as quais tais entidades foram constituídas").

Por fim, o examinando deverá formular pedido de acordo com as peculiaridades típicas da ação de repetição de indébito, respeitando as normas de fechamento de peças.

8. AÇÃO DE CONSIGNAÇÃO EM PAGAMENTO

8.1. Considerações iniciais: conceito e cabimento

A *ação de consignação em pagamento*, simplesmente denominada de consignatória, tem utilidade pontual para dirimir celeumas inerentes à proteção do direito de pagamento do seu autor em diversas searas jurídicas.

Se comparada às espécies anteriores estudadas, a utilidade dessa ação no cenário tributário não é práxis comum da advocacia, exatamente por não ter o escopo de discussão da relação jurídica como um todo, mas sim de efetuar o pagamento do tributo em discussão.

Contudo, seu disciplinamento foi estabelecido no art. 164 do Código Tributário Nacional, fundamentando-a em ilegalidades no formato da cobrança ou na imposição de condições para que o pagamento seja efetuado. Exemplificativamente, o Código Tributário determina o manejo dessa ação nos seguintes casos:

a) de recusa de recebimento, ou subordinação deste ao pagamento de outro tributo ou de penalidade, ou ao cumprimento de obrigação acessória;

b) de subordinação do recebimento ao cumprimento de exigências administrativas sem fundamento legal;

c) de exigência, por mais de uma pessoa jurídica de direito público, de tributo idêntico sobre um mesmo fato gerador.

Observe que, em todos os casos acima elencados, o sujeito passivo pretende realizar o pagamento de valores, encontrando *resistência infundada* ou *dúvida sobre qual fisco seria o real credor.*

Assim, de maneira semelhante à ocorrência no direito civil, a ação consignatória tributária somente deve versar sobre o crédito que o consignante se propõe pagar (art. 164, § 1º, do CTN e art. 539, § 1º, do CPC).

Nos dias atuais, as situações de *bitributação* (art. 164, III, do CTN) são aquelas em que mais se tem percebido a proposição de ações dessa natureza. A título exemplificativo, podemos mencionar os casos de *bitributação* praticada por estados-membros distintos no tocante ao IPVA de um mesmo veículo, mesmo quando dois municípios exigem ISSQN sobre um mesmo serviço prestado.

Em todo o caso, o que se ressalta na percepção da possibilidade de cabimento dessa ação é que, a despeito das irregularidades na cobrança ou das condições para recebimento, o contribuinte tem interesse em efetivar o pagamento dos tributos envolvidos.

Outrossim, não há previsão de cabimento da ação consignatória para compelir o fisco a conceder prazo de parcelamento diverso do previsto em lei. O depósito realizado na consignatória é modo de extinção da obrigação, com força de pagamento, e a correspondente ação tem por objetivo ver atendido o direito do devedor de liberar-se da obrigação e de obter quitação. Com isso, não cabe a consignação para que o contribuinte seja incluído em parcelamento, pois este é causa de suspensão da exigibilidade do crédito e aquele, causa de extinção, ou seja, o parcelamento e a consignatória possuem objetivos e finalidades distintos, conforme previsto no próprio código, nos arts. 151, VI, e 156, VIII, respectivamente.

8.2. **Características**

8.2.1. Rito e fundamentação processual

Na ação de *consignação em pagamento*, utilizaremos os preceitos estampados na lei processualista, regendo-se pelo rito especial previsto nos arts. 539 a 549 do Código de Processo Civil.

A fundamentação legal utilizada englobará os dispositivos mencionados, conjuntamente com o art. 164 (I, II ou III) do Código Tributário Nacional, aplicando-se, ainda, os requisitos estruturais da petição inicial: endereçamento, qualificação completa das partes, fatos, fundamentos jurídicos, pedidos e fechamento (art. 319 do CPC).

Considerando o caráter público e vinculante da cobrança dos tributos, entendemos pela não aplicação da modalidade extrajudicial de consignação (art. 539, parágrafos, do CPC). Adotamos apenas a tradicional resolução pela via judicial. Além disso, no Exame de Ordem somente poderá ser exigida peça privativa de advogado, não abrangendo requerimentos administrativos.

8.2.2. Momento, depósito e efeitos

O correto momento para utilização dessa espécie processual atrela-se ao interesse do autor em realizar o pagamento de valores, ainda que não integrais, existindo atividade indevida na arrecadação e cobrança, ou mesmo dúvida sobre quem seria o sujeito ativo da exação.

Tratando-se de 2ª fase do Exame de Ordem, o enunciado da questão profissional, sem dúvida, demonstrará tais informações para a propositura desta ação.

Portanto, nessa demanda estaria consagrado o *direito de pagamento.*

Considerando a necessidade de obtenção da suspensão da exigibilidade dos créditos tributários, o consignante deverá proceder ao *depósito do montante integral*, nos moldes do art. 151, II, do Código Tributário Nacional.

Nos casos relacionados à consignatória por bitributação, aconselhamos o depósito correspondente ao maior valor demandado por um dos entes tributantes. Essa medida visa garantir a suspensão da exigibilidade do crédito, bem como obsta a fluência dos encargos moratórios se o valor devido for o maior. Ex.: bitributação entre dois municípios limítrofes exigindo IPTUs sobre mesmo imóvel, um no valor de R$ 500,00 e outro R$ 800,00. Efetue o depósito do maior montante, já que poderá levantar a diferença depositada se o correto for aquele menor valor.

Como já dito, quanto aos *efeitos da sentença*, se julgado procedente, a quantia consignada será convertida em renda para pessoa jurídica interessada. No entanto, na improcedência da ação, o crédito será cobrado com o acréscimo dos juros de mora e eventuais penalidades (art. 164, § 2º, do CTN).

Repita-se que caso o contribuinte não tenha disponibilidade financeira para realizar o depósito do montante integral do crédito tributário, poderá depositar somente o montante que entende devido, conforme teor do art. 164, § 1º, do Código Tributário Nacional. Todavia, apesar de o Fisco permanecer impedido de promover a execução fiscal, não estará suspensa a exigibilidade do crédito tributário, aplicando-se a literalidade da interpretação do art. 151 do Código Tributário Nacional.

8.2.3. Juízo competente e endereçamento

Em regra, a consignação deve ser endereçada ao local de pagamento da respectiva obrigação (art. 540 do CPC). Entretanto, nada impede o processamento no juízo do domicílio do autor (arts. 127 e 159 do CTN).

Independentemente do local, a espécie tributária consignada definirá qual justiça será a competente.

Tratando-se de tributos federais, o julgamento será exercido pela *justiça federal.* Nas demais situações que envolvam tributos *estaduais e municipais,* a apreciação será da *justiça comum.* No entanto, o Candidato deve estar atento às partes postulantes e à aplicação do art. 109, I, da Constituição Federal.

Importante destacar que, em causas de competência da Justiça Federal com valor inferior a 60 salários mínimos, cujas partes sejam pessoa física ou jurídica, caracterizada como microempresa ou empresa de pequeno porte, será aplicada a Lei n. 10.259/2001 e será competente o Juizado Especial Federal.

Contudo, não se aplica o microcosmo do Juizado nas ações de rito especial, como o mandado de segurança, por exemplo, mas caso o valor da causa seja inferior a 60 salários mínimos e o autor for pessoa física, microempresa ou empresa de pequeno porte, a ação de consignação em pagamento deverá ser processada e julgada no juizado especial federal. Frise-se que, se o enunciado não informar o valor da causa, aplica-se a Justiça Federal Comum.

No endereçamento da peça processual, adotaremos os seguintes *modelos*:

- Justiça Federal:

AO JUÍZO FEDERAL DA... VARA FEDERAL DA SEÇÃO JUDICIÁRIA DE...

- Justiça Comum:

AO JUÍZO DE DIREITO DA... VARA... (CÍVEL/FAZENDA PÚBLICA/ÚNICA) DA COMARCA DE...

- Juizado Especial Federal:

AO JUÍZO DO ... JUIZADO ESPECIAL FEDERAL DA SEÇÃO JUDICIÁRIA...

Nos casos de bitributação (art. 164, III, do CTN), o examinando deverá ficar atento ao endereçamento. Figurando a União no polo passivo da demanda como litisconsorte passivo necessário (art. 114 do CPC), a competência será deslocada para a Justiça Federal (art. 109, I, da CF).

8.3. Como identificar a peça no exame

A identificação dessa espécie processual no Exame dependerá das nuances que demonstrem a intenção de exercer o *direito de pagamento.*

Assim, encontraremos:

- *Considerando a intenção de proceder ao pagamento apenas daquilo que considera devido [...]*
- *Fulano de tal resolve lhe contratar para propor medida judicial na defesa do seu direito de pagamento [...]*
- *Ocorrendo exigência administrativa sem fundamento legal, pretende efetuar o pagamento do tributo correto [...]*
- *Considerando a cobrança efetuada por mais de uma Fazenda Pública e existindo real dúvida sobre quem seria o credor, proponha medida judicial adequada ao deslinde da causa [...]*

8.4. Modelo estruturado

AO JUÍZO FEDERAL DA... VARA FEDERAL DA SEÇÃO JUDICIÁRIA DE...

ou

AO JUÍZO DE DIREITO DA... VARA... (CÍVEL/FAZENDA PÚBLICA/ÚNICA) DA COMARCA DE...

(Espaço de três a quatro linhas)

Nome da Empresa, pessoa jurídica de direito privado, inscrita no CNPJ sob o n. ..., com sede domiciliada..., com endereço eletrônico..., por meio de seu Advogado abaixo assinado, procuração anexa, com endereço profissional para receber todas as informações processuais..., integrante do escritório..., inscrito no CNPJ sob o n. ..., na forma do art. 103 do CPC, vem, respeitosamente, perante Vossa Excelência, com fundamento nos arts. 114, 319, 539 e seguintes do Código de Processo Civil e no art. 164, I, II ou III, do Código Tributário Nacional, propor

AÇÃO DE CONSIGNAÇÃO EM PAGAMENTO

em face de (União, Estados, DF ou Municípios) e (União, Estados, DF ou Municípios), como litisconsortes passivos necessários, inscrita no CNPJ sob o n. ..., com endereço ..., e endereço eletrônico ..., na pessoa do seu representante legal, pelos fatos e fundamentos a seguir expostos:

I – Dos Fatos

Narração semelhante ao próprio quesito proposto, apenas atentando para a não repetição de alguns pontos desnecessários, como os nomes das Partes (evitar repetição de expressões).

II – Do Cabimento

Na forma do art. 164, (I, II ou III) do CTN é cabível a ação de consignação em pagamento quando houver recusa de recebimento, ou subordinação deste ao pagamento de outro tributo ou de penalidade, ou ao cumprimento de obrigação acessória; subordinação do recebimento ao cumprimento de exigências administrativas sem fundamento legal; ou de exigência, por mais de uma pessoa jurídica de direito público, de tributo idêntico sobre um mesmo fato gerador, que é exatamente o que ocorre no caso concreto (especificar). Portanto, resta cabível a presente ação judicial.

III – Do Depósito e da Concessão do Efeito Suspensivo

Nessa oportunidade, o examinando deverá explanar a existência do depósito de valores para pugnar a suspensão da exigibilidade do crédito tributário, nos moldes do art. 151, II, do CTN. Ressalte-se que, nos casos de bitributação, o maior valor deverá ser depositado com a finalidade de suspender a exigibilidade do crédito tributário.

IV – Do Direito

Momento em que o examinando deverá fundamentar os itens necessários ao deferimento do pleito. Aconselhamos subdividir em tópicos e separar um deles apenas para fundamentar o direito de pagamento por meio da consignatória.

Ex.: IV.I – Do direito à consignação / IV.II – Dúvida quanto ao credor tributário / IV.III – Da inconstitucionalidade da taxa.

V – Dos Pedidos

Diante do exposto, requer:

a) que seja autorizado o depósito do valor indicado, nos termos do art. 542, I, do CPC, bem como a atribuição de efeito suspensivo nos termos do art. 151, II, do CTN;

b) que seja dispensada a realização de audiência de conciliação ou mediação, nos termos do art. 319, VII, do CPC OU impossibilidade de realização da audiência, pois se trata de um direito indisponível que não admite autocomposição, aplicando-se o art. 334, § 4º, II, do CPC;

c.1) seja citado o réu, por meio de seu representante, para responder a ação, conforme o art. 547 do CPC;

c.2) sejam citados os réus, por meio de seus representantes, para responderem a ação em litisconsórcio passivo necessário, conforme os arts. 114 e 547 do CPC – Casos de bitributação;

d) que seja homologada a consignação e declaradas extintas ambas as obrigações, uma vez que... (síntese da tese jurídica) nos termos do art. 156, VIII e X, do CTN;

e) a restituição do valor excedente depositado, corrigido e atualizado, caso decidido que o tributo devido seja o de menor valor;

f) a condenação da parte sucumbente nas custas e honorários advocatícios, segundo o art. 85, § 3º, do CPC.

Por fim, pretende o Autor realizar todos os meios de provas em direito admitidas, em especial as provas documentais, nos moldes dos arts. 319, VI, e 369 do CPC.

Dá-se à causa o valor de R$... (valor depositado em numeral e por extenso), na forma do art. 291 do CPC.

Nesses termos, pede deferimento.

Local..., Data...

Advogado... OAB.../n. ...

8.5. Gabaritando o Exame

(V Exame Unificado OAB – FGV) Xisto da Silva, brasileiro, administrador, solteiro, portador da carteira de identidade n. xxxx e CPF n. xxx, residente e domiciliado na Rua X, n. xxx, bairro Z, Município Y, Estado F, recebeu cobrança simultânea, por meio de uma mesma guia de documento fiscal, de dois tributos: IPTU e Taxa de Conservação das Vias e Logradouros Públicos (TCVLP).

No caso da referida taxa, certo é que o contribuinte não concorda com sua cobrança, o que o levou, por meio de seu advogado, a ajuizar ação judicial a fim de declarar sua inconstitucionalidade, havendo pedido liminar, ainda não apreciado, para afastar a obrigatoriedade do recolhimento da referida exação fiscal.

No entanto, em relação à cobrança do IPTU, pretende o contribuinte efetuar o seu pagamento. No entanto, a guia de pagamento é única e contém o valor global dos referidos tributos, tendo o banco rejeitado o pagamento parcial relativo somente ao IPTU.

Nesse caso, considerando que o IPTU ainda não está vencido, bem como o contribuinte não obteve êxito para solucionar seu problema na esfera administrativa, elabore a peça adequada para efetuar o pagamento do imposto municipal, com base no direito material e processual pertinente.

Utilize todos os argumentos e fundamentos pertinentes à melhor resposta.

GABARITO:

AO JUÍZO DE DIREITO DA... VARA... (CÍVEL/FAZENDA PÚBLICA/ÚNICA) DA COMARCA DO MUNICÍPIO...

(Pular de três a quatro linhas)

Xisto da Silva, brasileiro, solteiro, Administrador, portador do RG n. xxxx, inscrito no CPF sob o n. xxx, residente e domiciliado na Rua X, n. xxx, bairro Z, Município Y, Estado F, com endereço eletrônico..., por meio de seu Advogado abaixo assinado, procuração anexa, com endereço profissional para receber todas as informações processuais..., integrante do escritório..., inscrito no CNPJ sob o n. ..., na forma do art. 103 do CPC, vem, respeitosamente, perante Vossa Excelência, com fundamento nos arts. 319, 539 e seguintes do Código de Processo Civil e no art. 164, I, do Código Tributário Nacional, propor

AÇÃO DE CONSIGNAÇÃO EM PAGAMENTO

em face do Município Y, pessoa jurídica de direito público interno, inscrita no CNPJ sob o n. ..., com endereço ..., e endereço eletrônico ..., na pessoa do seu representante legal, pelos fatos e fundamentos a seguir expostos:

I – Dos Fatos

O Autor recebeu cobrança simultânea do Imposto sobre a Propriedade Predial e Territorial Urbana (IPTU) e também de Taxa de Conservação das Vias e Logradouros Públicos (TCVLP), através de uma mesma guia de documento fiscal.

Por não entender ser devida a referida Taxa, já existe ação judicial específica visando sua declaração de inconstitucionalidade, a qual resta pendente de análise quanto a pedido liminar.

Ocorre que, ao tentar pagar a exação considerada devida, ou seja, o IPTU, recebeu a recusa da instituição financeira em lhe receber separado da taxa, uma vez que ambas, conforme dito, vieram em um mesmo documento de arrecadação fiscal.

Em decorrência dessa recusa, procurou a administração tributária municipal, relatando o ocorrido, que também lhe negou tal separação. Diante desses fatos, como o IPTU ainda não se encontra vencido, o Autor teve de valer-se desse importante instrumento processual como forma de exteriorizar seu desejo de cumprir com as suas obrigações legais.

II – Do Cabimento

Na forma do art. 164, I, do CTN é cabível a ação de consignação em pagamento quando houver a subordinação do pagamento de um tributo ao pagamento de outro, que é exatamente o que ocorre no caso concreto. Portanto, resta cabível a presente ação judicial.

III – Do Depósito e da Concessão do Efeito Suspensivo

O autor pretende ver satisfeita a cobrança que reputa devida, ou seja, o IPTU e, para tanto, já vem perante esse Juízo informar que o depósito realizado perfaz um montante de R$..., correspondente a essa exação.

Em decorrência desse depósito, pleiteia que seja também concedido efeito suspensivo à exigibilidade do tributo, durante o transcurso dessa ação, nos termos previstos no art. 151, II, do Código Tributário Nacional.

IV – Do Direito

IV.I – Da consignação em pagamento

Conforme elencado, o autor utiliza-se da presente ação de consignação em pagamento em decorrência da realização conjunta da cobrança de duas exações tributárias diferentes: o IPTU e a TCVLP.

Ocorre que, conforme será mais bem explanado adiante, o contribuinte considera indevida a cobrança relativa à taxa, pretendendo pagar apenas o respectivo imposto, recebendo a recusa por parte da administração fiscal municipal.

Não seria correta a atitude da atividade tributária municipal condicionar o recebimento de diferentes tributações através de uma única guia, amoldando-se na previsão contida no art. 164, I, do CTN.

O autor que sempre honrou com todas as suas obrigações legais deseja realizar o seu direito de pagamento apenas daquilo que considera correto.

IV.II – Da inconstitucionalidade da Taxa de Conservação das Vias e Logradouros Públicos (TCVLP)

Apesar de não ser o objeto dessa ação, diante da existência de demanda própria, cabe-nos, ao menos, explanar a inconstitucionalidade da referida Taxa de Conservação das Vias e Logradouros Públicos (TCVLP).

Entre as modalidades de taxas, para o caso narrado, destaca-se a taxa de serviços públicos, exigidos quando o poder público os realiza de maneira específica e divisível (art. 77 do CTN e art. 145, II, da CF).

A ação própria que visa à decretação de sua inconstitucionalidade visa justamente à determinação da ausência desses dois requisitos, uma vez que a conservação de vias e logradouros públicos não goza dessa especificidade e divisibilidade.

Esse entendimento, aliás, já se encontra consolidado no âmbito dos tribunais superiores, destacando-se nas Súmulas Vinculantes 19 e 41, argumentando quanto à constitucionalidade apenas da taxa de coleta domiciliar de lixo e a inconstitucional taxa de iluminação pública, respectivamente.

Por tudo isso, fica fácil perceber por quais motivos o contribuinte autor dessa ação pretende pagar apenas a tributação que considera devida, não devendo ser compelido a pagar outra apenas pelo fato de ambas terem sido erroneamente consubstanciadas em um mesmo documento de arrecadação.

V – Dos Pedidos

Ante o exposto, requer:

a) que seja autorizado o depósito do valor indicado, nos termos do art. 542, I, do CPC, bem como a atribuição de efeito suspensivo nos termos do art. 151, II, do CTN;

b) que seja dispensada a realização de audiência de conciliação ou mediação, pois não há que se falar na realização de tal audiência no caso concreto, pois se trata de um direito indisponível, que não admite autocomposição, aplicando-se o art. 334, § 4º, II, do CPC;

c) seja citado o Município Y, na pessoa de seu representante, para levantar o depósito ou, querendo, responder aos termos dessa ação, nos termos do art. 542, II, do CPC;

d) que seja homologada a consignação e declarada extinta a obrigação, tendo em vista a inconstitucionalidade da TCVLP e dever de recolhimento apenas do IPTU, nos termos do art. 156, VI e VIII, do CTN;

e) a condenação da parte ré nas custas e honorários advocatícios, segundo o art. 85, § 3º, do CPC.

Por fim, pretende o Autor realizar todos os meios de provas em direito admitidas, em especial as provas documentais, nos moldes dos arts. 319, VI, e 369 do CPC.

Dá-se à causa o valor de R$... (valor em numeral e por extenso), na forma do art. 291 do CPC.

Nesses termos, pede deferimento.

Local..., Data...

Advogado... OAB.../n. ...

9. RECURSOS

9.1. Aspectos gerais

Fundamentados nas garantias constitucionais do contraditório, ampla defesa e *duplo grau de jurisdição*, os *recursos* aparecem como corriqueiro mecanismo para impugnação de decisões judiciais. Tecnicamente, poderíamos sintetizar a utilização desses instrumentos processuais para reforma, invalidação, esclarecimento ou integração de julgados.

Na esfera tributária, nada obsta a utilização dos recursos cíveis ou constitucionais, uma vez que na pluralidade de ações já estudadas poderão ensejar insatisfação das partes envolvidas.

Com efeito, abordamos que no trâmite de uma ação ordinária (*declaratória ou anulatória*) requereríamos a concessão de *tutelas provisórias* analisadas por meio de *decisões judiciais interlocutórias*. Já os autônomos *embargos à execução* serão apreciados mediante *sentença judicial*. Em ambas as espécies de julgados, encontraremos insatisfeito o contribuinte ou o fisco.

Enfim, a prática tributária também requer do examinando o domínio sobre esse tema. Tratando-se do Exame de 2ª fase tributário, a atual banca FGV exigiu isoladamente três diferentes espécies de recursos cíveis.

Longe de exaurirmos o tema dentro desse manual de *prática tributária*, abordaremos uma visão estruturada das espécies recursais passíveis de exigência no Exame.

Para tanto, utilizaremos a nova sistemática recursal adotada a partir do art. 994 do CPC, analisando:

- Apelação (arts. 1.009 a 1.014 do CPC);
- Agravo de instrumento (arts. 1.015 a 1.020 do CPC);
- Agravo interno (art. 1.021 do CPC);
- Embargos de declaração (arts. 1.022 a 1.026 do CPC);
- Recurso ordinário (arts. 1.027 e 1.028 do CPC);
- Recurso especial (arts. 1.029 a 1.041 do CPC);
- Recurso extraordinário (arts. 1.029 a 1.041 do CPC);
- Agravo em recurso especial ou extraordinário (art. 1.042 do CPC);
- Embargos de divergência (arts. 1043 e 1.044 do CPC).

Aconselhamos aos examinandos a leitura "das disposições gerais" elencadas entre os arts. 994 a 1.008 do Código de Processo Civil.

9.2. Apelação

9.2.1. Considerações iniciais: conceito e cabimento

O recurso de *apelação* será utilizado para impugnação da *sentença,* considerada o ato do juiz que põe fim ao procedimento de primeira instância, com ou sem julgamento do mérito (arts. 203, § 1º, e 1.009 do CPC). Em outras palavras, a sentença é a decisão de exaurimento da jurisdição na primeira instância.

Importante lembrar que em eventuais questões resolvidas na fase de conhecimento, em que não caiba agravo de instrumento, não ocorrerá a preclusão, devendo ser suscitadas em preliminar de apelação, eventualmente interposta contra a decisão final, ou nas contrarrazões.

Objetivando um estudo direcionado, passemos à análise das *principais características* desse importante recurso.

9.2.2. Características

9.2.2.1. Prazo e formalidade

O prazo para apresentação desse recurso será de 15 dias úteis, contados da intimação da decisão interlocutória (art. 1.003, § 5º, do CPC). Se a legislação local exigir, o recorrente também deverá comprovar o recolhimento do *preparo,* inclusive porte de remessa e retorno, sob pena de deserção (art. 1.007 do CPC)[1]. Tal exigência já foi apresentada pelo Exame de Ordem.

Quanto às formalidades, as exigências serão semelhantes àquelas já listadas nas ações iniciais, determinando: nomes e qualificações das partes, exposição do fato e do direito, razões do pedido de reforma ou de decretação de nulidade e o pedido de nova decisão (art. 1.010 do CPC).

Sua apresentação será realizada ao mesmo juízo prolator da sentença, porém esse não mais fará sua admissibilidade e sim o tribunal. Desse modo, após apresentação das contrarrazões, os autos serão remetidos automaticamente para o segundo grau (art. 1.010, § 3º, do CPC)[2].

---

1 Ministério Público, União, Estados, Distrito Federal e Municípios terão prazo em dobro e dispensa de preparo (arts. 180, 183 e 1.007, § 1º, do CPC).

2 Em caso de inadmissão do recurso pelo magistrado de piso, caberá reclamação (art. 988, I, do CPC + Enunciado 207 do FPPC).

Tratando-se de 2ª fase da OAB, aconselhamos a interposição em peças separadas: *folha de rosto* e *razões recursais.*

A primeira parte desse recurso será denominada de *folha de rosto* exatamente por reunir elementos de mera apresentação, com endereçamento e indicação dos artigos legais que fundamentam a peça. Caso a prova não esclareça o juízo prolator da sentença, utilize os modelos já aplicados nas peças processuais anteriores.

Na segunda parte dessa peça, o examinando estruturará as *razões recursais* constando as formalidades da tempestividade, elementos jurídicos e o pedido de reforma.

9.2.2.2. Efeitos

Em regra, esse recurso será recebido no *duplo efeito*: devolutivo e suspensivo (arts. 1.012 e 1.013 do CPC).

Todas as espécies recursais comportam o *efeito devolutivo* na medida em que *devolvem* ao tribunal a análise das matérias abordadas pelo Juiz de piso (art. 1.013 do CPC).

Quanto ao *efeito suspensivo,* encontramos a impossibilidade de execução da sentença enquanto não julgado o recurso. Todavia, em casos pontuais, o recurso não terá esse efeito, destacando-se os casos afetos aos embargos do executado e concessão de tutela provisória (art. 1.012, § 1º, III, V, do CPC).

9.2.3. Como identificar a peça no exame

A exigência dessa espécie recursal no Exame de Ordem dependerá da expressa designação de sentença. Assim, podemos localizar:

- *Após regular trâmite processual, o juiz sentenciou às fls. [...]*
- *Não concordando com a sentença exarada pelo Magistrado de piso, lhe contrata para apresentar peça processual específica para impugnação [...]*
- *Considerando que na sentença não existe qualquer omissão, contradição ou obscuridade, apresente defesa processual nessa fase [...]*
- *Tendo em vista o decurso de apenas dez dias, apresente recurso contra a sentença proferida [...]*

Todas essas especificidades estudadas para o recurso de apelação também poderão ser aplicadas aos embargos infringentes de alçada previstos no art. 34 da Lei de Execuções Fiscais – LEF (Lei n. 6.830/80). Ressalte-se que sua exigência no Exame de Ordem dependerá da existência de sentenças proferidas em execuções de valor igual ou inferior a 50 obrigações reajustáveis do tesouro nacional – ORTN.

9.2.4. Modelo estruturado

AO JUÍZO FEDERAL DA... VARA FEDERAL DA SEÇÃO JUDICIÁRIA DE...

(Espaço de três a quatro linhas)

Processo n. ...

Nome da Empresa, pessoa jurídica de direito privado, inscrita no CNPJ sob o n. ..., com sede domiciliada..., por meio de seu Advogado abaixo assinado, procuração anexa, com endereço profissional para receber todas as informações processuais..., nos autos em epígrafe, que promove em face da União, Fazenda Pública Nacional, vem, respeitosamente, perante Vossa Excelência, inconformado com a respeitável sentença de folhas..., apresentar

RECURSO DE APELAÇÃO,

com fundamento no art. 1.009 e seguintes do Código de Processo Civil, para ser encaminhado ao Egrégio Tribunal Regional Federal da ... Região, segundo razões inclusas:

Conforme demonstra documentação anexa, restam devidamente recolhidas as custas referentes ao preparo recursal, nos termos do art. 1.007 do CPC.

Assim, requer a intimação do recorrido para, querendo, apresentar resposta e consequente encaminhamento ao juízo "ad quem".

Requer, ainda, a retração desse MM. Juízo em razão dos fundamentos trazidos no bojo do presente recurso.

Nesses termos, pede deferimento.

Local... Data...

Advogado... OAB.../n. ...

(Pular para próxima página ou Espaço de uma linha)

Razões da Apelação
Apelante: Nome...
Apelado: ..., Fazenda Pública...
Referente: Processo n. ... (nome da ação e comarca)
Egrégio Tribunal Regional Federal da ... Região
Colenda Turma...
Ínclitos Julgadores

I – Dos Fatos

Narração semelhante ao próprio quesito proposto, apenas atentando para não repetição de alguns pontos desnecessários como os nomes das Partes (evitar repetição de expressões).

II – Do Cabimento

Contra sentença que cabe apelação, incluindo-se aquelas que indeferem a petição inicial, nos termos do art. 331 do CPC, art. 485, § 7º, do CPC e art. 1.009 do CPC.

III – Da Tempestividade

O examinando deverá explanar que ainda não houve decurso dos 15 dias úteis, contados da intimação, para utilização dessa espécie recursal, citando os arts. 1.003, § 5º, e 212 do CPC.

IV – Preparo

As custas para recurso foram devidamente recolhidas, devendo o presente ser processado e julgado de forma regular.

V – Efeitos

O Candidato deverá requerer a concessão do efeito suspensivo, além do efeito devolutivo ao recurso, na forma dos arts. 1012 e 1013 do CPC.

VI – Preliminarmente: Análise das Decisões Interlocutórias

Apenas será utilizado quando a questão expressamente demonstrar que houve Decisão Interlocutória que não poderia ser combatida por meio de agravo de instrumento, uma vez que não existe preclusão dessa matéria (art. 1.009, § 1º, do CPC).

VII – Do Direito

Nessa oportunidade, o examinando deverá expor todos os fundamentos jurídicos na defesa do recorrente contra a sentença proferida. Indicar o "error in judicando" ou o "error in procedendo".

Realize a subsunção de normas jurídicas ao caso concreto, amoldando-as naquilo que o quesito determinou. Também nos recursos aconselhamos a subdivisão em tópicos, pois facilita ao avaliador a leitura do item. Ex.: V.I – Da ausência de responsabilidade de terceiro / V.II – Inocorrência de sucessão empresarial.

VIII – Do Pedido

Ante o exposto, requer:

a) que o Desembargador Relator dê provimento monocraticamente ao recurso, uma vez que a decisão recorrida viola súmula do STF e/ou STJ;

b) caso assim não entenda, pugna ao colegiado desse Egrégio Tribunal... o provimento do presente recurso de apelação para que a respeitável sentença de folhas... seja reformada, uma vez ... (mencionar resumidamente a tese), por ser medida de inteira justiça;

c) seja o recorrido condenado em custas processuais e honorários de sucumbência, conforme o art. 85, §§ 1º e 3º, do CPC.

Local... Data...

Advogado... OAB.../n. ...

9.2.5. Gabaritando o Exame

(XXV Exame Unificado OAB – FGV) José da Silva, servidor público da Administração Direta do Estado X, teve sua licença-prêmio convertida em pecúnia, uma vez que não foi possível gozá-la, por necessidade do serviço. Ao receber tal valor em seu contracheque, verificou que havia sido descontado na fonte o Imposto sobre a Renda de Pessoa Física (IRPF).

Inconformado, o servidor propôs ação contra o Estado X perante a 3ª Vara de Fazenda Pública da Capital, juntando todos os documentos comprobatórios do desconto efetuado, a fim de obter a restituição do valor descontado.

O magistrado estadual indeferiu de plano a petição inicial, extinguindo a demanda sem resolução do mérito, por afirmar que o Estado X era parte ilegítima para figurar no polo passivo de processo envolvendo Imposto sobre a Renda, tributo de competência da União.

Como advogado(a) do servidor, redija a peça prático-profissional adequada para tutelar o seu interesse no bojo deste mesmo processo, ciente de que decorreram apenas 10 dias desde a publicação da sentença.

GABARITO:

EXCELENTÍSSIMO SENHOR DOUTOR JUIZ DE DIREITO DA 3ª VARA DA FAZENDA PÚBLICA DA CAPITAL DO ESTADO X

Referente à ação n. ...

José da Silva, nacionalidade, estado civil, servidor público, portador do RG n. ..., inscrito no CPF sob o n. ..., residente e domiciliado ..., com endereço eletrônico..., por meio de seu Advogado abaixo assinado, procuração anexa, com endereço profissional para receber todas as informações processuais ..., nos autos em epígrafe, que promove em face do Estado X, vem, respeitosamente, perante Vossa Excelência, inconformado com a respeitável sentença de folhas ..., apresentar

RECURSO DE APELAÇÃO

com fundamento no art. 1009 e seguintes do Código de Processo Civil, para ser encaminhado ao Egrégio Tribunal de Justiça do Estado X, segundo razões inclusas:

Conforme demonstra documentação anexa, restam devidamente recolhidas as custas referentes ao preparo recursal, nos termos do art. 1007 do CPC.

Assim, requer a intimação do recorrido para, querendo, apresentar resposta e consequente encaminhamento ao juízo "ad quem", Tribunal de Justiça do Estado X.

Requer, ainda, a retratação desse MM. Juízo em razão dos fundamentos trazidos no bojo do presente recurso.

Nesses termos, pede deferimento.

Local... Data...

Advogado... OAB.../ n....

(pular para próxima página ou espaço de uma linha)

Razões de Apelação
Apelante: José da Silva
Apelado: Estado X
Referente: Processo n. ... (Ação de Repetição do Indébito Tributário)
Egrégio Tribunal de Justiça do Estado X
Colenda Turma ...
Ínclitos Julgadores

I. Dos Fatos

O autor, ora apelante, servidor público estadual, apresentou ação de repetição do indébito objetivando a devolução de valores relativos ao IRPF retido na fonte pelo Estado X, que incidiu sobre a sua licença prêmio convertida em pecúnia não tendo gozado desta por necessidade do serviço.

Ocorre, entretanto, que o magistrado indeferiu de plano a petição inicial, extinguindo a demanda sem resolução de mérito, entendendo que o Estado X é parte ilegítima para figurar no polo passivo do processo, já que o Imposto de Renda é tributo de competência da União.

II. Do Cabimento

O recorrente, irresignado com a decisão, interpõe recurso de apelação uma vez que nos termos do art. 331, do art. 485, § 7º, e do art. 1.009, todos do CPC, cabe apelação contra sentença que indefere petição inicial.

III. Da Tempestividade

Considerando que a intimação sobre a referida sentença se deu pela publicação realizada há 10 (dez) dias, tem-se como tempestiva a interposição do recurso de apelação nesse momento, uma vez que ainda não decorreram 15 dias, conforme arts. 1.003, § 5º, e 212 do CPC.

IV. Efeitos

Com o objetivo de manter a máxima efetividade o recorrente vem requerer a concessão do efeito suspensivo, além do efeito devolutivo ao presente recurso, conforme arts. 1012 e 1013 do CPC.

V. Do Direito

V. I. Legitimidade Passiva do Estado X

O Douto Magistrado indeferiu de plano a petição inicial, extinguindo a demanda sem resolução de mérito, por entender que o Estado X não é parte legítima para figurar no polo passivo, restituindo os valores relativos ao imposto de renda que é tributo de competência da União.

Com máximo respeito, é de se argumentar que a respeitável sentença encontra-se equivocada, isso porque o Estado X é legitimado a figurar no polo passivo da demanda. Em que pese o imposto sobre a renda seja tributo de competência da União, nos moldes do art. 153, III, da CF, o ente federado que se beneficiou com o recolhimento do imposto, retendo-o na fonte, deve figurar no polo passivo da demanda de repetição do indébito tributário uma vez que tais valores pertencem ao estado e não à União, em conformidade com o art. 157, I, da CRFB.

Não fossem suficientes os argumentos até agora esposados, é de se ressaltar que o Superior Tribunal de Justiça já assentou o entendimento por meio da Súmula 447, segundo a qual "Os Estados e o Distrito Federal são partes legítimas na ação de restituição de imposto de renda retido na fonte proposta por seus servidores".

V. II. Da não ocorrência do Fato Gerador do Imposto de Renda

Para configurar a ocorrência do fato gerador do imposto de renda é necessário que o contribuinte adquira disponibilidade econômica ou jurídica de renda ou proventos de qualquer natureza, caracterizando acréscimo patrimonial, conforme indica o art. 43 do Código Tributário Nacional.

No caso em tela, entretanto, não houve acréscimo patrimonial a ensejar a incidência do Imposto de Renda, uma vez que o pagamento em pecúnia de licença prêmio que não foi gozada por necessidade do serviço tem caráter indenizatório já que visa compensar o gravame ao direito adquirido.

Não ocorrendo o fato gerador do imposto de renda não há que se falar da incidência do tributo. Nesse sentido está a previsão da Súmula 136 do STJ que prevê expressamente a não incidência do IR sobre pagamento de licença prêmio não gozada por necessidade do serviço. Ademais, também apontam nessa direção as Súmulas 125 e 498 do STJ. Sendo assim, incorreto o desconto efetivado na fonte pelo Estado X.

V.III. Do Direito à Restituição do Indébito Tributário

Após todo o exposto, não restam dúvidas quanto a não incidência do imposto de renda no caso, bem como da legitimidade passiva do recorrido para restituir os valores pagos indevidamente.

Com efeito, o art. 165, I, do CTN estabelece que o sujeito passivo da relação tributária tem direito à restituição do tributo pago indevidamente independentemente de prévio protesto sempre que ocorra pagamento indevido ou a maior.

Nesse sentido, sendo indevido o pagamento realizado pelo autor, ora recorrente, o valor relativo ao Imposto de Renda deve ser restituído corrigido e atualizado pelo Estado X, nos termos do art. 167, parágrafo único, do CTN.

VI. Dos pedidos

Diante do exposto requer:

a) seja dado provimento à apelação monocraticamente pelo Relator, uma vez que a decisão recorrida é contrária a Súmula do STJ, nos termos do art. 932, V, alínea "a", do CPC;
b) caso assim não entenda, pugna ao Colegiado que reconheça a legitimidade passiva do Estado X para figurar na ação de repetição do indébito e, estando o processo em condições de julgamento, decida desde logo o mérito, nos termos do art. 1.013, § 3º, I, do CPC;
c) no mérito, seja dado provimento ao recurso para reconhecer a não incidência do Imposto de Renda sobre o pagamento de licença-prêmio não gozada por necessidade do serviço, conforme Súmula 136 do STJ, condenando o Estado X a restituir o valor relativo ao tributo cobrado indevidamente, nos termos do art. 165, I, do CTN;
d) seja condenado o Estado X a restituir o valor pleiteado corrigido e atualizado nos termos do art. 167, parágrafo único, do CTN, bem como das Súmulas 162 e 188 do STJ;
e) seja o recorrido condenado ao ressarcimento das custas processuais e ao pagamento dos honorários de sucumbência, conforme art. 85, §§ 1º e 3º, do CPC.

Nesses termos, pede deferimento.

Local... Data...

Advogado... OAB.../ n....

9.2.6. Enunciados de peças profissionais

(XXXV Exame Unificado OAB – FGV) Marta, residente e domiciliada no Município X, Estado Y, apresentou dentro do prazo adequado sua Declaração de Ajuste Anual de Imposto de Renda de Pessoa Física (IRPF) do ano de 2021, referente ao ano-base de 2020, declarando devidamente, entre outros acréscimos patrimoniais, os seguintes: i) doação em dinheiro no valor de R$ 20.000,00 (vinte mil reais) a ela feita por seu pai; ii) quantia de R$ 150.000,00 (cento e cinquenta mil reais) que recebeu, por rateio do patrimônio decorrente de liquidação de entidade de previdência privada, correspondente apenas ao valor de suas respectivas contribuições devidamente atualizadas e corrigidas; iii) valor de R$ 25.000,00 (vinte e cinco mil reais) referente a ação transitada em julgado em que houve condenação de certa empresa a pagar a Marta danos morais decorrentes de ilícito causado em relação de consumo. Os três valores anteriormente mencionados foram inseridos na Declaração em espaços dedicados a rendimentos não tributáveis pelo IRPF, não tendo sido considerados na base de cálculo do imposto do ano-base de 2020. Diante disso, Marta, em fevereiro de 2022, recebeu notificação da Secretaria da Receita Federal do Brasil (SRFB) para comparecer a uma unidade de atendimento da SRFB a fim de prestar esclarecimentos pela ausência de recolhimento de IRPF sobre os três valores acima presentes em sua Declaração de 2021. Marta prestou esclarecimentos de que, quanto ao valor de R$ 20.000,00 (vinte mil reais), em razão de ser doação em dinheiro de pai para filha de valor não muito alto, não foi celebrado contrato escrito de doação. Contudo, houve transferência bancária entre contas, em que consta no Extrato Bancário o registro feito por seu pai à época: "DOAÇÃO". Afirmou, também, que ambos declararam devidamente a doação em suas Declarações de Ajuste Anual de IRPF do ano de 2021, bem como a doação foi devidamente declarada e pago o respectivo imposto ao Fisco Estadual. Quanto aos dois outros valores (quantia de R$ 150.000,00 e quantia de R$ 25.000,00), asseverou que, segundo a jurisprudência consolidada dos tribunais superiores, se tratavam de hipóteses em que não haveria incidência de IRPF. Os esclarecimentos, contudo, não foram acolhidos pelo Fisco federal, que lavrou auto de infração contra ela, contendo lançamento suplementar de ofício cobrando o IRPF quanto aos valores acima apresentados, com a devida atualização monetária, juros de mora e multa tributária. Irresignada com a cobrança, Marta lhe procurou como advogado(a) para propor medida judicial visando a anular tal auto de infração, tendo você optado por uma ação anulatória de lançamento tributário, uma vez que teria de ser ouvido como testemunha o pai de Marta, o qual doara dinheiro a ela, mas sem contrato escrito. A ação foi distribuída para a 1ª Vara Federal do Município X. Na sentença, o juiz de 1º grau, embora tenha reconhecido a suficiência da instrução probatória, julgou improcedentes os pedidos de Marta e condenou-a nos ônus de sucumbência. Diante deste cenário, como advogado(a) de Marta, ciente de que se passaram 10 dias úteis da intimação da sentença, redija a peça adequada para, no bojo deste mesmo processo, tutelar o interesse de sua cliente, atacando a sentença prolatada (não sendo necessário apresentar relatório dos fatos).

GABARITO: O examinando deverá elaborar a peça de apelação, com o objetivo de ver reformada a sentença que manteve o auto de infração. Não caberiam embargos de declaração, uma vez que já se passaram 10 dias úteis da intimação da sentença. O recurso deve ser interposto perante o juízo de 1º grau (1ª Vara Federal do Município X), mas as razões recursais devem ser endereçadas ao Desembargador Relator da Apelação no Tribunal Regional Federal da ..... Região. É apelante Marta e, apelada, a União/Fazenda Nacional. Quanto ao cabimento, deve-se indicar que, contra esta sentença, cabe apelação, nos termos do art. 1.009, e 1.013, § 5º, ambos do CPC, sendo o prazo de apelação de 15 dias úteis, nos termos do art. 1.003, § 5º, do CPC. Também se deve indicar o recolhimento do preparo recursal. Os fatos não precisam ser descritos, para evitar a perda de tempo pelo examinando com mera cópia de vários dados já presentes no enunciado. Nas razões recursais, o examinando deve indicar: 1) A doação constitui hipótese de incidência do Imposto sobre a Transmissão Causa Mortis e Doações (ITCMD), e não de IRPF, cf. art. 155, inciso I, da CRFB/88. Ou trata-se de hipótese de isenção do imposto sobre a renda, conforme previsão do art. 6º, inciso XVI, da Lei n. 7713/88 ou art. 35, inciso VII, alínea c, do Regulamento do Imposto sobre a Renda. 2) Não constitui acréscimo patrimonial a atrair a incidência do IR quantia recebida por rateio do patrimônio decorrente de liquidação de entidade de previdência privada que não supere o valor das contribuições dos participantes devidamente atualizadas e corrigidas, cf. Súmula 590 do STJ. 3) Dada a natureza indenizatória da verba decorrente de dano moral causado à parte (mera recomposição ou ressarcimento do patrimônio e não acréscimo patrimonial), não incide imposto de renda sobre a indenização por danos morais, cf. Súmula 498 do STJ. Nos pedidos, deve o examinando requerer que seja dado provimento ao recurso para anular o auto de infração. Deve-se requerer, também, a inversão dos ônus de sucumbência. Por fim, o examinando deve respeitar as normas de fechamento da peça.

(XXX Exame Unificado OAB – FGV) A Receita Federal do Brasil lavrou auto de infração por mero inadimplemento de tributos federais contra a sociedade empresária Alimentos do Brasil Ltda., que foi notificada para pagar o débito ou impugnar o lançamento, mas se quedou inerte dentro do prazo indicado na notificação.

A Fazenda Nacional averiguou, contudo, que a referida sociedade empresária possuía débitos inscritos em dívida ativa que, somados, ultrapassavam trinta por cento do seu patrimônio conhecido. Por isso, decidiu promover uma medida cautelar fiscal contra a empresa, de forma a garantir a efetividade de futura execução fiscal a ser ajuizada. A medida, em autos eletrônicos, foi distribuída para a 1ª Vara Federal da Seção Judiciária do Estado X.

No processo cautelar, as diligências para tentar indisponibilizar bens da sociedade empresária, suficientes ao adimplemento da dívida, restaram infrutíferas. Diante da insuficiência dos bens encontrados, a Fazenda Nacional requereu a extensão da indisponibilidade também aos bens pessoais do sócio administrador, Sr. João dos Santos, que ostentava essa condição desde a constituição da sociedade empresária.

O juiz competente, por sentença, decretou a indisponibilidade dos bens da sociedade empresária, mas também decidiu estender a indisponibilidade aos bens do sócio administrador, conforme art. 4º, § 1º, da Lei n. 8.397/92, concedendo efeitos imediatos (tutela provisória de urgência) à decisão de extensão. A decretação de indisponibilidade acabou bloqueando, por meio do sistema BacenJud, os valores presentes em conta bancária do Sr. João dos Santos, inclusive o valor depositado que correspondia à sua aposentadoria pelo INSS. Por fim, condenou a sociedade empresária e o sócio administrador nas verbas de sucumbência.

No sexto dia útil após a intimação da sentença, o Sr. João dos Santos procura você, como advogado(a), para que atue exclusivamente em favor dele (e não da sociedade empresária), trazendo contracheque da aposentadoria e extrato bancário constando o bloqueio. Pretende que, por meio de uma mesma peça processual, seja reformada a sentença na parte que o afetou diretamente como pessoa física e seja cessada imediatamente a indisponibilidade de seus bens pessoais.

Redija a peça processual adequada - capaz de levar o tema ao segundo grau de jurisdição - para atender ao interesse de seu cliente. (Valor: 5,0)

Obs.: a peça deve abranger todos os fundamentos de Direito que possam ser utilizados para dar respaldo à pretensão. A simples menção ou transcrição do dispositivo legal não confere pontuação.

GABARITO: O examinado deverá elaborar a peça de apelação, com o objetivo de reformar o capítulo da sentença que determinou a indisponibilidade de bens do sócio administrador em razão de mero inadimplemento de tributo, pois está atuando exclusivamente como advogado apenas da pessoa física João dos Santos (sócio administrador), e não da pessoa jurídica Alimentos do Brasil Ltda.

O recurso deve ser interposto perante o juízo de 1º grau (1ª Vara Federal da Seção Judiciária do Estado X), sendo os autos remetidos ao tribunal pelo juiz, independentemente de juízo de admissibilidade, cf. art. 1.010 do CPC, mas as razões recursais devem ser endereçadas ao Tribunal Regional Federal da ... Região.

É apelante João dos Santos e apelada a União/Fazenda Nacional. Quanto ao cabimento, deve-se indicar que contra esta sentença cabe apelação, nos termos do art. 1.009 e do art. 1.013, § 5º, ambos do CPC, sendo o prazo de apelação de 15 dias úteis, nos termos do art. 1.003, § 5º, do CPC (sendo os autos eletrônicos, como dito no enunciado, não se pode pensar em prazo em dobro, ainda que o advogado da pessoa jurídica seja outro). Também se deve indicar o recolhimento do preparo recursal.

Os fatos devem ser descritos nos termos colocados pelo enunciado. Nas razões recursais, o examinado deve ser capaz de indicar que o mero inadimplemento de tributo não é reputado como ato praticado com excesso de poderes ou infração de lei, contrato social ou estatutos, não permitindo a invocação do art. 135, inciso III, do CTN, para responsabilizar pessoalmente o sócio administrador, nos termos da Súmula 430 do STJ: o inadimplemento da obrigação tributária pela sociedade não gera, por si só, a responsabilidade solidária do sócio-gerente.

Este entendimento é também aplicável à indisponibilização dos bens pessoais do sócio administrador em medida cautelar fiscal. Além disso, dada a natureza absolutamente impenhorável e alimentar dos proventos de aposentadoria, a indisponibilidade jamais poderia recair sobre este valor depositado em conta bancária, nos termos do art. 833, inciso IV, do CPC.

Como houve concessão imediata de efeitos ao capítulo da sentença que estendeu a indisponibilidade aos bens pessoais do sócio administrador, a apelação não terá, em regra, efeito suspensivo (concessão da tutela provisória de urgência no bojo da própria sentença), nos termos do art. 1.012, § 1º, inciso V, do CPC. Portanto, será necessário requerer na Apelação (mesma petição recursal, como exigia o enunciado) a concessão da tutela provisória recursal (efeito suspensivo) diretamente ao Desembargador Relator da apelação, comprovando os requisitos de probabilidade de provimento do recurso (*fumus boni iuris*) OU a relevância da fundamentação e o risco de dano grave ou de difícil reparação (*periculum in mora*), nos termos do art. 1.012, § 4º, do CPC OU indicar o oferecimento de garantia, nos termos do art. 17 da Lei n. 8.397/92.

Nos pedidos, deve o examinado requerer a concessão imediata do efeito suspensivo à apelação e, ao final, seja dado provimento ao recurso pelo próprio Relator (monocraticamente), uma vez que a decisão recorrida é contrária à Súmula do STJ, nos termos do art. 932, V, *a* OU art. 1.011, I, do CPC OU seja dado provimento ao recurso de apelação pelo órgão colegiado, nos termos do art. 1.011, II, do CPC, para reformar a parte da sentença que afeta o sócio administrador, negando-se a possibilidade de extensão da indisponibilidade a seus bens pessoais, bem como a inversão dos ônus de sucumbência. Por fim, o examinado deve respeitar as normas de fechamento da peça.

(XX Exame Unificado OAB – FGV – Replicação Porto Velho/RO) Em janeiro de 2007, a Fazenda Nacional lavrou auto de infração em face da pessoa jurídica ABC, visando à cobrança de contribuições previdenciárias dos anos de 2005 e 2006. Não houve impugnação administrativa por parte do contribuinte.

Em janeiro de 2014, a Fazenda Nacional ajuizou execução fiscal em face da pessoa jurídica ABC visando à cobrança do referido tributo. Antes mesmo da citação da contribuinte, a Fazenda Nacional requereu a inclusão, no polo passivo da execução fiscal, de Carlos, gerente da pessoa jurídica ABC, por entender que o não recolhimento da contribuição é motivo para o redirecionamento da execução, o que foi acolhido pelo Juízo da 2ª Vara de Execuções Fiscais da Seção Judiciária do Estado X.

Após garantia do Juízo, Carlos opôs embargos de execução alegando a prescrição do crédito tributário, a ausência de responsabilidade tributária e, por fim, a nulidade da certidão de dívida ativa, uma vez que não constava na Certidão de Dívida Ativa (CDA) o número do auto de infração que originou o crédito tributário.

No entanto, ao proferir a sentença nos embargos à execução, o juiz julgou improcedente o pedido, determinando o prosseguimento da execução fiscal, por entender que: (i) inexiste prescrição dos créditos tributários, uma vez que às contribuições previdenciárias se aplicam os arts. 45 e 46 da Lei n. 8.212/91; (ii) o mero inadimplemento gera responsabilidade tributária; e (iii) a inexistência do número do auto de infração na CDA não gera a referida nulidade.

Diante do exposto, elabore, como advogado(a) de Carlos, a medida judicial cabível contra a decisão publicada na quarte feira, dia 21-9-2016, dia útil, para a defesa dos interesses de seu cliente, abordando as teses, o prazo recursal, todos os fundamentos legais que poderiam ser usados em favor do autor, ciente de que inexiste qualquer omissão, contradição e/ou obscuridade na decisão.

GABARITO: Considerando a prolação de sentença julgando improcedente os pedidos realizados nos embargos à execução, o examinando deveria elaborar recurso de apelação, endereçado ao Juízo da causa (2ª Vara de Execuções Fiscais da Seção Judiciária do Estado X) e com as razões recursais dirigidas ao Tribunal Regional Federal, que as apreciará. O apelante é Carlos que restou sucumbente e a apelada, a União ou a Fazenda Nacional.

No mérito recursal, o examinando deveria demonstrar que o crédito tributário foi alcançado pela prescrição, uma vez que a matéria (prescrição) é reservada à lei complementar, conforme o art. 146, III, *b*, da CF/88, sendo a Lei n. 8.212/91 inconstitucional. Na hipótese, se aplica o art. 174 do CTN, norma que foi recepcionada como lei complementar pela CF/88. No mesmo sentido, é a Súmula Vinculante 8 e a decisão do Supremo Tribunal Federal no RE 559.943, no qual foi reconhecida a repercussão geral.

O examinando deverá apontar que, ao contrário do decidido pelo Juízo a quo, o mero inadimplemento da obrigação tributária não gera responsabilidade tributária pessoal de terceiros, nos termos do art. 135 do Código Tributário Nacional. Tal responsabilidade só surge com o inadimplemento resultante de atos praticados com excesso de poder ou infração de lei, contrato social ou estatutos, conforme teor da Súmula 430 do Superior Tribunal de Justiça.

Por fim, seria necessário demonstrar que a CDA é nula, uma vez que o art. 2º, § 5º, VI, da Lei n. 6.830/80 e o art. 202, V, do CTN, determinam que a CDA indique o número do auto de infração ou processo administrativo no qual foi originado o débito. Tal dispositivo assegura ao devedor e/ou responsável tributário o devido processo legal.

(XXXII Exame Unificado OAB – FGV) Segurança 100 Corretora de Seguros Ltda., sediada na capital do Estado Alfa e devidamente autorizada a funcionar pela Superintendência de Seguros Privados (SUSEP), recolheu aos cofres federais, no período compreendido entre 1º-1-2014 e 31-12-2014, Cofins por ela devida, aplicando a alíquota de 3% para incidência cumulativa (sociedade empresária que apura o Imposto sobre a Renda da Pessoa Jurídica com base no Lucro Presumido).

Em 15-10-2020, foi autuada pela Secretaria da Receita Federal do Brasil, pois, no entendimento desta, a empresa não teria recolhido a Cofins do ano de 2014 com a alíquota majorada (4%)

prevista no art. 18 da Lei n. 10.684/03: "Fica elevada para quatro por cento a alíquota da Contribuição para o Financiamento da Seguridade Social - Cofins devida pelas pessoas jurídicas referidas no art. 3º, §§ 6º e 8º, da Lei n. 9.718, de 27 de novembro de 1998".

Por sua vez, o art. 3º, § 6º, da Lei n. 9.718/98, indica que tais pessoas jurídicas que devem recolher a Cofins com alíquota majorada são aquelas previstas no art. 22, § 1º, da Lei n. 8.212/91, a saber: "bancos comerciais, bancos de investimentos, bancos de desenvolvimento, caixas econômicas, sociedades de crédito, financiamento e investimento, sociedades de crédito imobiliário, sociedades corretoras, distribuidoras de títulos e valores mobiliários, empresas de arrendamento mercantil, cooperativas de crédito, empresas de seguros privados e de capitalização, agentes autônomos de seguros privados e de crédito e entidades de previdência privada abertas e fechadas".

À vista do rol legal acima indicado, a Secretaria da Receita Federal do Brasil entendeu ser exigível a alíquota majorada de tal empresa, pois seria qualificada como "sociedades corretoras" ou ainda como "agentes autônomos de seguros privados e de crédito". No auto de infração, além do lançamento de ofício suplementar, foi aplicada multa tributária à sociedade. A referida sociedade empresária entende que a alíquota de Cofins a ser-lhe aplicada é de 3%, e não aquela majorada para 4%, exatamente como fizera nos recolhimentos originais, pois não estaria inserida em nenhuma das qualificações feitas pela Secretaria da Receita Federal do Brasil. Ademais, entende a empresa que, passados tantos anos, a Receita Federal já não poderia autuá-la. Além disso, a autuação está dificultando sua atuação profissional, pois necessita obter com urgência Certidões de Regularidade Fiscal por exigência do órgão regulador a que está submetida.

Em razão disso, por seu advogado, ingressou com ação anulatória, com pedido de antecipação de tutela, objetivando a anulação do auto de infração, apresentando todos os documentos pertinentes, tais como comprovante de pagamento da Cofins e documentos que comprovam sua atividade e natureza de empresa corretora de seguros, bem como indicando a existência dos REsp 1.400.287 e REsp 1.391.092 (recursos repetitivos) sobre o tema, os quais tiveram sua *ratio decidendi* consagrada na Súmula 584 do STJ. Inicialmente, o juízo, ao qual coube a distribuição da ação (4ª Vara Federal da Capital da Seção Judiciária do Estado Alfa), concedeu a antecipação de tutela requerida. Contudo, a sentença revogou a tutela antecipada e o pedido foi julgado improcedente pelo mesmo fundamento da autuação, também reconhecendo-a realizada dentro do prazo legal.

Ao fim, a corretora de seguros foi condenada em custas e honorários de sucumbência. Como advogado da sociedade empresária, redija o recurso cabível para tutelar o seu interesse no bojo deste mesmo processo e atacar a sentença prolatada, ciente de que decorreram apenas 10 dias úteis desde a publicação da sentença e de que a empresa continua necessitando emitir Certidões de Regularidade Fiscal.

GABARITO: O examinando deverá elaborar a peça de apelação, com o objetivo de ver reformada a sentença que manteve o auto de infração, bem como para ver reconhecida a decadência para o Fisco federal de constituir o crédito tributário. O recurso deve ser interposto perante o juízo de 1º grau (4ª Vara Federal da Capital da Seção Judiciária do Estado Alfa), mas as razões recursais devem ser endereçadas ao Tribunal Regional Federal da ... Região.

É apelante a Segurança 100 Corretora de Seguros Ltda. e apelada a União/Fazenda Nacional. Quanto ao cabimento, deve-se indicar que contra esta sentença cabe apelação, na forma do art. 1.009 e do art. 1.013, § 5º, ambos do CPC, sendo o prazo de apelação de 15 dias úteis, como dispõe o art. 1.003, § 5º, do CPC. Também se deve indicar o recolhimento do preparo recursal. Os fatos devem ser descritos nos termos colocados pelo enunciado.

Nas razões recursais, o examinando deve indicar a ocorrência do fenômeno da decadência tributária, uma vez que o prazo para o Fisco realizar o lançamento suplementar era de 5 anos. A decadência ocorreu, seja na forma do art. 150, § 4º, do CTN, seja na forma do art. 173, I, do CTN ou, ainda, conforme Súmula 555 do STJ. Também deve o examinando indicar que as corretoras de seguro não estão previstas no art. 22, § 1º, da Lei n. 8.212/91, pois não são consideradas sociedades corretoras de valores mobiliários, nem agentes autônomos de seguros privados e de crédito. Assim, a majoração da alíquota da Cofins prevista no art. 18 da Lei n. 10.684/2003 não se aplica às corretoras de seguro, como firmado pelo STJ no julgamento do REsp 1.400.287 (recurso repetitivo) e REsp 1.391.092 (recurso repetitivo) e consagrado na Súmula 584 do STJ: "As sociedades corretoras de seguros, que não se confundem com as sociedades de valores mobiliários ou com os agentes autônomos de seguro privado, estão fora do rol de entidades constantes do art. 22, § 1º, da Lei n. 8.212/1991, não se sujeitando à majoração da alíquota da Cofins prevista no art. 18 da Lei n. 10.684/2003".

Por fim, como estão presentes tanto o *fumus boni iuris* (violação de Súmula do STJ e de tese de recursos repetitivos) como o *periculum in mora* (necessidade urgente de obter Certidão de Regularidade Fiscal), é cabível pedir o efeito suspensivo (antecipação de tutela recursal) na apelação, uma vez que a antecipação de tutela original concedida pelo juiz de 1º grau foi revogada por ocasião da sentença. Também se admite que, em vez de antecipação de tutela recursal, o examinando requeira tutela de evidência, pois todas as alegações podem ser comprovadas apenas documentalmente e há tese firmada em recursos repetitivos já indicados no enunciado (art. 311, II, do CPC). Nos pedidos, deve o examinando requerer que se conceda a tutela de urgência (ou tutela de evidência) requerida e que seja dado provimento ao recurso, para reconhecer a decadência tributária, bem como para anular o auto de infração. Pode-se requerer o julgamento de mérito por decisão monocrática do Relator (em razão de afronta pela sentença a enunciados de Súmula do STJ e a recursos repetitivos, nos termos do art. 932, V, *a* e *b*, c/c o art. 1.011, I, do CPC). Deve-se requerer também a inversão do ônus de sucumbência. Por fim, o examinando deve respeitar as normas de fechamento da peça.

9.3. **Agravo de instrumento**

9.3.1. Considerações iniciais: conceito e cabimento

O *agravo de instrumento* será o recurso utilizado para impugnação de *decisões interlocutórias* tomadas pelo Magistrado ao longo do processo, decidindo situações incidentalmente, mas sem colocar fim ao procedimento (arts. 203, § 2º, e 1.015 do CPC).

Aplicando o disciplinamento do Código de Processo Civil, encontraremos rol *taxativo*[3] de cabimento dessa espécie recursal, nos seguintes casos:

---

3 Apesar de as hipóteses de cabimento estarem elencadas *taxativamente* no art. 1.015 do CPC, parcela da doutrina processualista defende possibilidade de interpretação horizontal para aplicação análoga em casos semelhantes não contemplados.

- tutelas provisórias (*urgência ou evidência*);
- mérito do processo (*aplicável em casos de julgamento antecipado parcial – art. 356, § 5º, do CPC*);
- rejeição da alegação de convenção de arbitragem;
- incidente de desconsideração da personalidade jurídica;
- rejeição do pedido de gratuidade da justiça ou acolhimento do pedido de sua revogação;
- exibição ou posse de documento ou coisa;
- exclusão de litisconsorte ou rejeição do pedido de limitação do litisconsórcio;
- admissão ou inadmissão de intervenção de terceiros;
- concessão, modificação ou revogação do efeito suspensivo aos embargos à execução;
- redistribuição do ônus da prova nos termos do art. 373, § 1º, do Código de Processo Civil.

Além desses casos elencados expressamente, a lei poderá contemplar outras situações. Ressalte-se, ainda, que essa espécie recursal caberá também contra decisões interlocutórias proferidas na fase de liquidação e cumprimento de sentença, bem como nos processos de execução e inventário (art. 1.015, XIII e parágrafo único, do CPC) e, como se não bastasse, o STJ entendeu que o rol de cabimento do recurso de agravo de instrumento é de taxatividade mitigada, sendo cabível em outras hipóteses além daquelas já previstas no Código.

Com o advento da Lei n. 13.105/2015 (Código de Processo Civil), fora abolida a espécie recursal denominada de agravo retido. As decisões interlocutórias que não estiverem elencadas no rol abordado, serão recorridas mediante preliminar no recurso de apelação/contrarrazões (art. 1.009, § 1º, do CPC).

9.3.2. Características

9.3.2.1. Prazo e formalidades

O prazo para apresentação desse recurso será de 15 dias úteis, contados da intimação da sentença (art. 1.003, § 5º, do CPC). Se a legislação local exigir, o recorrente também deverá comprovar o recolhimento das *custas* e porte de remessa e de retorno (art. 1.017, § 1º, do CPC)[4].

Quanto às formalidades, as exigências serão semelhantes àquelas já listadas nas ações iniciais, determinando: nomes das partes, exposição do fato e do direi-

[4] Ministério Público, União, Estados, Distrito Federal e Municípios terão prazo em dobro e dispensa de preparo (arts. 180, 183 e 1.007, § 1º, do CPC).

to, razões do pedido de reforma ou de invalidação da decisão e o próprio pedido, acrescentando *o nome e o endereço completo dos advogados constantes do processo* (art. 1.016 do CPC).

A apresentação desse recurso será realizada *diretamente ao tribunal (juízo ad quem)*, sendo facultada sua interposição por *protocolo* (no próprio tribunal ou comarca, seção ou subseção judiciárias), postagem (sob registro, com aviso de recebimento), transmissão de dados (tipo fac-símile) ou em forma prevista em lei (art. 1.017, § 2º, do CPC).

Tratando-se de processo em meio físico (não eletrônico), também será necessário preenchimento de outras formalidades, uma vez que será dirigido a julgador diferente (o respectivo desembargador relator não teve contato prévio com a ação).

Desse modo, o agravo conterá, obrigatoriamente, cópias da petição inicial, da contestação, da petição que ensejou a decisão agravada, da própria decisão agravada, da certidão da respectiva intimação ou outro documento oficial que comprove a tempestividade e das procurações outorgadas aos advogados do agravante e do agravado (art. 1.017, I, do CPC). Facultativamente outras peças podem também serem apresentadas, ou declaradas como inexistentes pelo advogado (art. 1.017, II e III, do CPC)[5].

Ademais, o recorrente deve realizar a comunicação da interposição do recurso ao juízo *a quo* (prolator da decisão), sob pena inadmissibilidade recursal (art. 1.018, § 3º, do CPC).

Tratando-se de 2ª fase da OAB, a interposição do agravo de instrumento poderá ser feita em peça única (nos mesmos moldes já abordados nas ações iniciais) ou utilização em separado (*folha de rosto e razões recursais*).

9.3.2.2. Efeitos

Em regra, o efeito será meramente *devolutivo* concedendo ao tribunal a reapreciação da matéria decida.

No entanto, o desembargador relator poderá atribuir efeito *suspensivo* ou conceder tutela antecipada recursal ao agravo (arts. 932, II, 995, parágrafo único, e 1.019, I, do CPC), caso entenda que a parte sofre riscos de prejuízos.

9.3.3. Como identificar a peça no exame

A identificação desse recurso no Exame de Ordem dependerá da existência de decisão combatida. Assim, podemos localizar:

---

5 Na falta de algum documento ou existência de vício comprometedor da admissibilidade desse agravo, o desembargador relator deverá intimar o recorrente para sanar o ocorrido no prazo de cinco dias (arts. 932, parágrafo único, e 1.017, § 3º, do CPC).

- *Durante o trâmite processual, o juiz prolatou decisão interlocutória de fls. ... [...]*
- *Não concordando com a decisão exarada pelo Magistrado de piso, lhe contrata para apresentar peça processual específica para impugnação [...]*
- *Considerando que na decisão não existe qualquer omissão, contradição ou obscuridade, apresente defesa processual nessa fase [...]*
- *Mesmo tendo requerido e comprovando, o juízo de primeiro grau indeferiu a tutela provisória/liminar requerida [...]*
- *Tendo em vista o decurso de apenas dez dias, apresente recurso contra a decisão proferida [...]*

Todas essas especificidades estudadas para o recurso de agravo de instrumento também poderão ser aplicadas ao agravo interno (art. 1.021 do CPC) e ao agravo em recurso especial e extraordinário (art. 1.042 do CPC). Apenas atente-se para a modificação do endereçamento ao relator (art. 1.021, § 2º, do CPC) e presidente ou vice-presidente do tribunal de origem (art. 1.042, § 2º, do CPC), respectivamente.

9.3.4. Modelo estruturado

EXCELENTÍSSIMO SENHOR DOUTOR DESEMBARGADOR FEDERAL PRESIDENTE DO EGRÉGIO TRIBUNAL REGIONAL FEDERAL DA ... REGIÃO

(Espaço de três a quatro linhas)

Nome da Parte, pessoa jurídica de direito privado, inscrita no CNPJ sob o n. ..., com endereço na..., inscrita no CNPJ/MF sob o n. ..., vem, por seu advogado, nos autos da Ação... em trâmite na..., processo n. ... que move em face da... pessoa jurídica de direito público, inscrita na CNPJ/MF sob o n. ..., com endereço..., vem respeitosamente perante Vossa Excelência, não se conformando com a r. decisão de fls. e com fundamento nos arts. 1.015 e seguintes do Código de Processo Civil de 2015, interpor o presente

AGRAVO DE INSTRUMENTO

com pedido de tutela recursal, pelas razões de fato e de direito a seguir expostas.

I – Do Cabimento

Cabe agravo de instrumento contra a decisão interlocutória que versa sobre tutela provisória OU contra decisão interlocutória proferida no processo de execução, nos termos do art. 1.015, I, do CPC, ou art. 1.015, parágrafo único, do CPC.

II – Da Tempestividade

O recurso deve ser considerado como tempestivo, na forma dos arts. 231, VII, c/c 1.003, § 2º, do CPC. Igualmente, o prazo do recurso em espécie é quinzenal (CPC, art. 1.003, § 5º) e, por isso, o prazo processual fora devidamente obedecido.

III – Do Preparo

A Agravante informa que o preparo do recurso está anexado à presente, atendido o art. 1.007, "caput", c/c art. 1.017, § 1º, do CPC.

IV – Do Nome e Endereço Completo do Advogado

O advogado que funciona no processo é apenas o advogado da Agravante, já que o Agravado não possui advogados constituídos nos autos até o presente momento.
Advogado do Agravante: Nome, inscrito na OAB/... sob o n. ..., com escritório profissional estabelecido no endereço...

V – Da Juntada das Peças Obrigatórias e Facultativas

A agravante junta ao recurso as peças obrigatórias e facultativas na forma do art. 1.017, I e III, do CPC, quais sejam:

- procurações outorgadas aos advogados das partes (CPC, art. 1.017, I);
- petição exordial (CPC, art. 1.017, I);
- decisão interlocutória recorrida (CPC, art. 1.017, I);
- certidão de intimação do patrono do Recorrente (CPC, art. 1.017, I).

Nesses termos, pede deferimento.

Local..., Data...

Advogado... OAB.../n. ...

(Pular para próxima página ou Espaço de uma linha)
Razões do Agravo...
Agravante: Nome...
Agravado: ...
Referente: Processo n. ... (nome da ação e comarca)
Egrégio Tribunal...
Colenda Turma...
Ínclitos Julgadores

I – Dos Fatos

Narração semelhante ao próprio quesito proposto, apenas atentando para a não repetição de alguns pontos desnecessários, como os nomes das Partes (evitar repetição de expressões).

II – Do Direito

Nessa oportunidade, o examinando deverá expor todos os fundamentos jurídicos na defesa do recorrente contra a decisão interlocutória.

Realize a subsunção de normas jurídicas ao caso concreto, amoldando-as naquilo que o quesito determinou. Realize a subdivisão em tópicos para facilitar a leitura do item.

Ex.: II.I – Da proibição de interdição de estabelecimento / II.II – Do direito à emissão de certidão.

III – Da Antecipação da Tutela Recursal (ou Concessão de Efeito Suspensivo)

Argumentar utilizando-se dos arts. 932, II, 995, parágrafo único, e 1.019, I, do CPC, determinando como presentes os requisitos da lesão e necessidade de reparação.

IV – Dos Pedidos

Diante do exposto, requer:

a) o deferimento da antecipação da tutela recursal, com base no art. 1.019, I, do CPC, para que... (expedir certidão, liberar estabelecimento, suspender a exigibilidade do crédito tributário etc.);
b) pleiteia, igualmente, a intimação da Agravada, por seu patrono regularmente constituído nos autos, para, querendo, responder em 15 (quinze) dias (CPC, art. 1.019, inc. II);
c) o provimento do presente agravo..., para que a respeitável decisão recorrida seja totalmente reformada, uma vez que...

Nesses termos, pede deferimento.

Local..., Data...

Advogado... OAB.../n. ...

9.3.5. Gabaritando o Exame

(XXVI Exame Unificado OAB – FGV) Em execução fiscal ajuizada em 2017, em curso perante a 1ª Vara Federal de Execução Fiscal da Seção Judiciária do Estado X, o contribuinte José da Silva foi citado para pagar o débito tributário de R$ 100.000,00 (cem mil reais) ou apresentar bens à penhora no prazo legal.

Transcorrido o prazo, o executado permaneceu inerte. Diante disso, o procurador da Fazenda Nacional requereu a constrição de ativos financeiros do executado e, caso nada fosse encontrado, a decretação da indisponibilidade dos bens e direitos do executado, nos termos do art. 185-A do CTN.

O juiz, então, valeu-se do sistema eletrônico de bloqueio de ativos financeiros (BacenJud), mas não encontrou valores vinculados ao CPF do contribuinte executado. Imediatamente após a tentativa frustrada de bloqueio de ativos financeiros pelo BacenJud, mas sem o exaurimento das diligências na busca de bens penhoráveis, como expedição de ofícios dos registros públicos do domicílio do devedor, o juiz determinou, em caráter de tutela provisória cautelar, a indisponibilidade dos bens e direitos do executado (art. 185-A do CTN), como requerido pela exequente, no valor de até três vezes o montante da dívida, como forma de garantir a efetividade final da execução.

O executado, ciente desta decisão, que se encontrava lançada nos autos, mas ainda não publicada, e diante da iminente constrição patrimonial que viria a sofrer, procura você como advogado para que proponha imediatamente a medida adequada para tutela dos seus interesses, mencionando que essa medida não fosse direcionada ao próprio juiz, pois tem notícias de que o mesmo nunca reconsiderou uma decisão.

Assim, redija a peça recursal adequada para buscar a reforma, com urgência, da decisão de indisponibilidade dos bens e direitos do executado.

GABARITO:

EXCELENTÍSSIMO SENHOR DOUTOR DESEMBARGADOR PRESIDENTE DO TRIBUNAL REGIONAL FEDERAL DA ... REGIÃO

(Pular de três a quatro linhas)

José da Silva, nacionalidade, estado civil, portador do Registro Geral n. ..., inscrito no Cadastro de Pessoas Físicas sob o n. ..., residente e domiciliado..., por meio de seu Advogado abaixo assinado..., procuração anexa, com endereço profissional para receber todas as informações processuais..., vem, respeitosamente, perante Vossa Excelência, com fundamento no art. 1.015 e seguintes do Código de Processo Civil, interpor

AGRAVO DE INSTRUMENTO

contra decisão interlocutória prolatada pelo juízo "a quo" nos autos da Execução Fiscal que tramita perante a 1ª Vara Federal de Execução Fiscal da Seção Judiciária do Estado X, segundo razões inclusas.

I – Do Cabimento

Cabe agravo de instrumento contra a decisão interlocutória que versa sobre tutela provisória OU contra decisão interlocutória proferida no processo de execução, nos termos do art. 1.015, inciso I, do CPC, OU art. 1.015, parágrafo único, do CPC.

II – Da Tempestividade

O Agravante já está ciente da decisão lançada nos autos, ainda que não tenha sido publicada. Portanto, se o art. 1.003, § 5º, do CPC prevê o prazo de 15 dias para interposição do agravo, e a decisão sequer foi publicada, é inequívoca a tempestividade, de acordo com o art. 218, § 4º, do CPC ("§ 4º Será considerado tempestivo o ato praticado antes do termo inicial do prazo.")

III – Do Nome e Endereço Completo do Advogado

O advogado que funciona no processo é apenas o advogado da Agravante, já que o Agravado não possui advogados constituídos nos autos até o presente momento.

Advogado do Agravante: Nome, inscrito na OAB/... sob o n. ..., com escritório profissional estabelecido no endereço...

IV – Da Juntada das Peças Obrigatórias e Facultativas

A agravante junta ao recurso as peças obrigatórias e facultativas na forma do art. 1.017, I e III, do CPC, quais sejam:

- procurações outorgadas aos advogados das partes (CPC, art. 1.017, I);
- petição exordial (CPC, art. 1.017, I);
- decisão interlocutória recorrida (CPC, art. 1.017, I);
- certidão de intimação do patrono do Recorrente (CPC, art. 1.017, I).

Nesses termos, pede deferimento.

Local... Data...

Advogado... OAB.../n. ...

(Pular para a próxima página ou Espaço de uma linha)

Razões do Agravo de Instrumento
Agravante: José da Silva
Agravado: União Federa/Fazenda Nacional
Referente: Processo n. ... (Execução Fiscal)
Egrégio Tribunal Regional Federal...
Colenda Turma...
Ínclitos Julgadores

I – Da Tempestividade

Considerando que sequer houve a efetivação da intimação da decisão agravada, bem como o prazo de 15 dias estabelecido nos arts. 1.003, § 5º, e 212 do CPC, tem-se como tempestivo o agravo protocolado na presente data. Frise-se que será considerado tempestivo o ato praticado antes do termo inicial do prazo, na forma do art. 218, § 4º, do CPC.

II – Dos Fatos

Em execução fiscal ajuizada em 2017, em curso perante a 1ª Vara Federal de Execução Fiscal da Seção Judiciária do Estado X, o Agravante foi citado para pagar o débito tributário de R$ 100.000,00 (cem mil reais) ou apresentar bens à penhora no prazo legal.

Por motivos diversos, o Agravante não garantiu o juízo, tendo sido deferida pelo juízo "a quo", a constrição de ativos financeiros do executado e, caso nada fosse encontrado, a decretação da indisponibilidade dos bens e direitos do executado, nos termos do art. 185-A do CTN.

Após o BacenJud infrutífero, mas sem o exaurimento das diligências na busca de bens penhoráveis, como expedição de ofícios dos registros públicos do domicílio do devedor, o juiz "a quo" determinou, em caráter de tutela provisória cautelar, a indisponibilidade dos bens e direitos do executado (art. 185-A do CTN), como requerido pela exequente, no valor de até três vezes o montante da dívida, como forma de garantir a efetividade final da execução.

Não restou outra alternativa do agravante senão o presente recurso para ter a satisfação de seu direito.

III – Da Necessidade de Exaurimento das Diligências

Embora não tenham sido encontrados ativos financeiros, segundo a Súmula 560, STJ, para que o juiz possa se valer da medida prevista no art. 185-A do CTN, é necessário o exaurimento das diligências na busca por bens penhoráveis, o qual fica caracterizado quando infrutíferos o pedido de constrição sobre ativos financeiros e a expedição de ofícios aos registros públicos do domicílio do executado, ao Denatran ou Detran.

No caso, houve apenas a tentativa infrutífera de constrição sobre ativos financeiros. Não houve expedição de ofícios aos registros públicos devidos, de modo que ainda não se podia lançar mão da indisponibilidade de bens e direitos do art. 185-A do CTN.

Ademais, o art. 185-A, § 1º, do CTN determina que tal indisponibilidade limitar-se-á ao valor total exigível, devendo o juiz determinar o imediato levantamento da indisponibilidade dos bens ou valores que excederem esse limite. Portanto, não poderia o juiz determinar a indisponibilidade dos bens e direitos do executado, no valor de até três vezes o montante da dívida.

IV – Da Necessidade de Concessão de Efeito Suspensivo

Diante dos elementos apresentados no tópico do direito, percebe-se que os requisitos necessários à concessão de efeito suspensivo ao recurso estão devidamente preenchidos, segundo determinam os arts. 932, II, 995, parágrafo único, e 1.019, I, do CPC.

Considerando que o direito lhe assiste (fumaça do bom direito), ao passo que a constrição patrimonial poderá causar ao Agravante dano grave ou de difícil reparação, pois se trata de decisão judicial equivocada, contrária ao enunciado de Súmula do STJ e ao texto expresso do art. 185-A, § 1º, do CTN aliado à necessidade eminente (perigo da demora), a não concessão do efeito suspensivo no presente recurso ocasiona uma série de embaraços ao recorrente.

De fato, a não concessão do efeito suspensivo poderá causar dano irreparável ou de difícil reparação, uma vez que viola o ordenamento jurídico.

V – Dos Pedidos

Diante do exposto, requer a concessão de efeito suspensivo, na forma do art. 1.019, I, do CPC, para fins de suspender a decisão do juízo de 1º grau.

Pleiteia, igualmente, a intimação da Agravada, por seu patrono regularmente constituído nos autos, para, querendo, responder em 15 (quinze) dias (CPC, art. 1.019, II).

Requer o conhecimento e o consequente provimento do presente recurso para reformar a decisão atacada e determinar o afastamento da indisponibilidade de bens.

Nesses termos, pede deferimento.

Local..., Data...

Advogado... OAB.../n. ...

9.3.6. Enunciados de peças profissionais

(VIII Exame Unificado OAB – FGV) A Construtora Segura Ltda. está sendo executada pela Fazenda Pública Municipal. Entretanto, a empresa havia proposto uma ação de consignação em pagamento, com relação ao mesmo débito apontado na CDA que dá fundamento à execução fiscal, tendo obtido ganho de causa, sendo certo que a sentença transitou em julgado.

Ocorre que a Fazenda Municipal, ao invés de levantar os valores consignados, permitindo a baixa do feito, propôs a execução, mesmo já tendo ocorrido a baixa da inscrição do débito na Dívida Ativa Municipal, determinada pela sentença na consignatória, que deu por cumprida a obrigação fiscal da empresa.

A Construtora Segura Ltda., expert na matéria, ingressou com exceção de pré-executividade, que foi liminarmente rejeitada, entendendo o Juiz que o tema deveria ser tratado em sede de embargos, após a segurança do Juízo. Prepare o recurso cabível da decisão que rejeitou a exceção de pré-executividade, fundamentando-o de forma completa, registrando toda a matéria de direito processual e material pertinente.

GABARITO: A peça exigida no exame foi um recurso de agravo de instrumento com pedido de antecipação de tutela recursal, nos moldes do art. 1.015 do CPC.

Considerando que a exceção de pré-executividade foi rejeitada liminarmente, a ação de execução fiscal continuou. Se houve continuidade do feito não seria cabível o recurso de apelação e sim agravo.

Na narrativa do enunciado da questão, a exceção de pré-executividade fora corretamente proposta, eis que houve o pagamento por consignação, reconhecido por sentença, transitada em julgado, desnecessária a dilação probatória, conforme referido na Súmula 393 do STJ. Tendo havido o pagamento, a execução fiscal não poderia prosseguir, devendo ser extinta.

(XII Exame Unificado OAB – FGV) Felipe das Neves, 20 anos, portador de grave deficiência mental, vem procurá-lo, juntamente com seu pai e responsável, eis que pretendeu adquirir um carro, para ser dirigido por terceiro, a fim de facilitar sua locomoção, inclusive para tratamentos a que se submete semanalmente.

Entretanto, o Delegado da Delegacia Regional Tributária negou-lhe o benefício que buscava usufruir, para não pagar ICMS e IPVA. Este benefício está previsto na Lei WWW/00, a qual dispõe: "os portadores de deficiência poderão adquirir veículo automotivo com isenção integral de ICMS e IPVA, sendo os carros de produção nacional, com adaptação e características especiais indispensáveis ao uso exclusivo do adquirente portador de paraplegia, impossibilitado de usar os modelos comuns".

Foi impetrado Mandado de Segurança, com pedido de liminar, para que Felipe obtivesse o benefício pretendido. Entretanto, o Juízo negou a liminar, referindo que não se vislumbra a presença de fumaça do bom direito em que se arrime o pleito liminar referido pelo Impetrante.

O fundamento foi o de que a norma isentiva tem caráter excepcional e se aplica apenas aos portadores de deficiência física e não aos portadores de deficiência mental. Além disso, segundo a decisão, a norma pressupõe que o beneficiário da isenção esteja apto a dirigir, tanto que é concedido para contrabalançar as despesas na adaptação do carro.

Trata-se, primeiramente, de opção legislativa que não cabe ao intérprete superar. Igualmente, não demonstrado qualquer perigo na demora da solução do caso, afirmou a decisão.

Na qualidade de advogado de Felipe, e ciente de que já vencido o prazo para a interposição de eventuais Embargos de Declaração, mas não superado 10 (dez) dias da data da publicação da decisão, elabore o recurso cabível da decisão que negou a liminar, apresentando todos os fundamentos necessários à melhor defesa do interesse de Felipe, tanto no que pertine ao direito a ser aplicado, quanto à sua interpretação. (Valor: 5,0)

GABARITO: 1) O recurso adequado é o agravo de instrumento, haja vista se estar diante de decisão interlocutória. Para se evitar dúvidas o enunciado mostra que não há mais prazo para embargos de declaração, e evidencia que ainda resta prazo para o recurso próprio mencionado;

2) Direcionamento ao Tribunal de Justiça;

3) Qualificar Agravante: Felipe das Neves, portador de grave deficiência mental, representado por...; Agravado: ente público a cujos quadros pertença a Autoridade coatora; a autoridade impetrada no MS; Juízo da Vara Cível ou Vara de Fazenda Pública;

4) Fatos: solicitação do benefício e recusa do Delegado da Delegacia Regional Tributária. Indeferimento da Medida Liminar no Mandado de Segurança;

5) A antecipação dos efeitos da tutela recursal: o cabimento da antecipação dos efeitos da tutela recursal, que teria por efeito prático o deferimento da liminar pleiteada no Mandado de Segurança, e que foi indeferida pela decisão agravada, tem amparo no art. 527, inciso III, do CPC;

6) O fundamento jurídico deve ser o de que o veículo a ser adquirido por deficiente mental, ainda que seja para ser dirigido por terceiro, porque a sua deficiência o impede de dirigir, deve receber a benesse pretendida, qual seja, a de isenção do tributo estadual, sob pena de se dar tratamento manifestamente desigual a tais deficientes. A negativa de tal benefício e a aplicação da regra da forma sustentada pela Fazenda implica tratamento diferenciado (mais gravoso) a pessoa que apresenta deficiência incapacitante análoga à física. A isenção deve ser interpretada de acordo com o que preceitua o art. 111, II, do CTN, desde que tal interpretação não afronte o princípio da isonomia. O candidato deverá defender a prática da interpretação sistemática e teleológica da norma isentiva, de modo a conciliar a legislação tributária com o texto constitucional, que propugna a integração social do deficiente e a eliminação de todas as formas de discriminação (art. 227, § 1º, II, CR/88), bem como a eliminação de tratamento desigual entre contribuintes que se encontrem em situação equivalente (art. 150, II, CR/88);

7) Pedido de conhecimento e provimento do recurso para ser deferida a pretensão liminar constante no mandado de segurança;

8) Deve ainda o recurso fazer menção ao fato de que estão sendo anexadas as peças obrigatórias para a instrução do Agravo de Instrumento (ou, alternativamente, a cópia integral dos autos judiciais a partir dos quais foi formado o instrumento).

(XVII Exame Unificado OAB – FGV) A sociedade empresária XYZ Ltda., citada em execução fiscal promovida pelo município para a cobrança de crédito tributário de ISSQN, realizou depósito integral e opôs embargos à execução.

Após a instrução probatória, sobreveio sentença de improcedência dos embargos, contra a qual foi interposto recurso de apelação recebido em seu regular efeito devolutivo (art. 520, V, do CPC).

A Fazenda Municipal, após contrarrazoar o recurso, requer o desapensamento dos autos dos embargos. O Juízo determina o desapensamento e remete os autos dos embargos para o Tribunal.

Um mês após, é aberta vista na execução fiscal à Fazenda Municipal, que requer a conversão em renda do depósito judicial, nos termos do art. 156, VI, do CTN, alegando que a execução fiscal é definitiva e não provisória (art. 587 do CPC e Súmula 317 do STJ).

O Juízo defere o pedido da Fazenda proferindo decisão interlocutória na qual determina a conversão em renda do depósito e determina a intimação das partes para requererem o que entenderem de direito.

Não há, na decisão proferida, qualquer omissão, obscuridade ou contradição. Na qualidade de advogado(a) de XYZ Ltda., redija a peça recursal adequada a evitar que haja a imediata conversão do depósito em renda.

Obs.: a peça deve abranger todos os fundamentos de Direito que possam ser utilizados para dar respaldo à pretensão do cliente, sendo certo que a publicação da decisão mencionada se deu nove dias atrás.

GABARITO: Tratando-se de decisão interlocutória proferida pelo juízo e que enseja prejuízo ao recorrente, a peça processual adequada seria o recurso do agravo de instrumento, nos moldes do art. 1.015 do CPC.

Faz-se necessária a concessão de antecipação de tutela recursal para obstar o levantamento dos valores pela Fazenda.

No mérito da ação, o fundamento estaria no art. 32, § 2º, da Lei n. 6.830/80 (Lei de Execuções Fiscais), ao condicionar o levantamento do depósito judicial ao trânsito em julgado da decisão.

(XVIII Exame Unificado OAB – FGV) O Município Beta instituiu por meio de lei complementar, publicada em 28 de dezembro de 2012, Taxa de Iluminação Pública (TIP). A lei complementar previa que os proprietários de imóveis em áreas do Município Beta, que contassem com iluminação pública, seriam os contribuintes do tributo.

O novo tributo incidiria uma única vez ao ano, em janeiro, à alíquota de 0,5%, e a base de cálculo seria o valor venal do imóvel, utilizado para o cálculo do Imposto sobre a Propriedade Predial e Territorial Urbana (IPTU) lançado no exercício anterior.

Fulano de Tal, proprietário de imóvel servido por iluminação pública no Município Beta, recebeu em sua residência, no início de janeiro de 2013, o boleto de cobrança da TIP relativo àquele exercício (2013), no valor de 0,5% do valor venal do imóvel, utilizado como base de cálculo do IPTU lançado no exercício de 2012 – tudo em conformidade com o previsto na lei complementar municipal instituidora da TIP.

O tributo não foi recolhido e Fulano de Tal contratou advogado para ajuizar ação anulatória do débito fiscal. A despeito dos bons fundamentos em favor de Fulano de Tal, sua ação anulatória foi julgada improcedente. A apelação interposta foi admitida na primeira instância e regularmente processada, sendo os autos encaminhados ao Tribunal de Justiça após a apresentação da resposta ao apelo por parte da Procuradoria Municipal.

No Tribunal, os autos foram distribuídos ao Desembargador Relator, que negou seguimento à apelação sob o equivocado fundamento de que o recurso era manifestamente improcedente. Não há, na decisão monocrática do Desembargador Relator, qualquer obscuridade, contradição ou omissão que justifique a interposição de Embargos de Declaração.

Elabore a peça processual adequada ao reexame da matéria no âmbito do próprio Tribunal de Justiça, indicando o prazo legal para a interposição do recurso e os fundamentos que revelam a(s) inconstitucionalidade(s) da TIP.

GABARITO: O examinando deverá elaborar o Agravo a que se refere o art. 557, § 1º, do Código de Processo Civil (CPC/73). Na atual sistemática processual, essa peça processual passou a ser denominada expressamente de *Agravo Interno* com previsão do art. 1.021 do CPC.

No mérito da questão, a fundamentação seria quanto à inconstitucionalidade da taxa, em razão da ausência de especificidade e divisibilidade (art. 145, II, da CF). Nos serviços de iluminação pública, não existe atendimento aos requisitos necessários para instituição de taxas, já estando pacificada sua inconstitucionalidade pelo STF (Súmula 670 e/ou Súmula Vinculante 41).

Outro aspecto indevido seria a utilização da base de cálculo de impostos na taxa em questão, ferindo a previsão contida no art. 145, § 2º, da CF.

Ademais, a exigência em janeiro de 2013 também acaba ferindo o princípio da anterioridade nonagesimal (também chamada de anterioridade mitigada ou noventena), prevista no art. 150, III, c, da CF.

(XXXIII Exame Unificado OAB – FGV) A sociedade empresária Bebidas 1.000 Ltda., sediada no Município Alfa, Capital do Estado Beta, ingressou com mandado de segurança preventivo (em autos eletrônicos) contra ato do Delegado da Receita Federal do Município Alfa para impedir a iminente cobrança de IPI sobre operações que entendia estarem isentas. Prestadas as informações pela autoridade coatora, e após ouvidas a União e o Ministério Público Federal, foi deferida liminar em mandado de segurança para que o Fisco federal se abstivesse de qualquer cobrança até a sentença.

Contudo, à medida que o tempo foi passando e ainda se encontrava em vigor a liminar, o Fisco federal, para prevenir a decadência do direito de constituir os créditos tributários discutidos, realizou seu lançamento, juntamente com cobrança de multa de ofício e multa de mora. Em razão deste lançamento, a empresa, ao buscar na Internet a expedição de uma certidão de quitação de débitos tributários federais, verificou que a certidão gerada era uma Certidão Positiva, o que impediria sua participação em processo licitatório, a ocorrer dentro de 15 dias, conforme edital convocatório em sua área de atuação. Inconformada com tal ato do Fisco, a empresa apresenta nos próprios autos do mandado de segurança pedido para determinar que o Fisco se abstenha de violar a liminar anteriormente concedida, uma vez que: 1º) o Fisco fizera lançamento com cobrança de multa de ofício e multa de mora, em contrariedade ao art. 63 da Lei n. 9.430/96; 2º) o Fisco estava emitindo Certidão Positiva de um débito cuja exigibilidade estava suspensa por liminar em mandado de segurança.

Todavia, tal pedido é indeferido pelo juízo *a quo*. Como advogado(a) da sociedade empresária, sabendo que se passaram apenas 7 dias úteis da intimação da decisão de indeferimento, redija o recurso adequado para impugnar este indeferimento pelo juízo *a quo*.

GABARITO: O examinando deverá redigir a peça recursal de agravo de instrumento, cabível contra decisão interlocutória de juiz de primeiro grau que negou a concessão de tutela provisória em mandado de segurança, cf. art. 7º, § 1º, da Lei n. 12.016/2009 ou o art. 1.015, I, do CPC. O recurso deve ser interposto diretamente perante o Tribunal Regional Federal da .... Região, endereçado ao Exmo. Sr. Juiz (também se admite o título de "Desembargador") Presidente do Tribunal (ou Vice-Presidente), que irá distribuir o recurso a uma das Turmas do Tribunal, a quem as razões recursais se destinam.

O agravante é a sociedade empresária Bebidas 1.000 Ltda. e a agravada é a União (por ato do Delegado da Receita Federal do Município Alfa, que também pode ser nomeado como agravado junto com a União). Quanto ao cabimento, deve-se indicar que cabe agravo de instrumento contra decisões interlocutórias que versarem sobre tutelas provisórias em mandado de segurança, cf. art. 7º, § 1º, da Lei n. 12.016/2009 ou o art. 1.015, I, do CPC. Deve-se também indicar a tempestividade do agravo de instrumento, cf. art. 1.003, § 5º, do CPC (prazo de 15 dias). Na Justiça Federal, em regra, o recolhimento do preparo recursal (cf. art. 1.007, *caput*, do CPC) é dispensado no agravo de instrumento, razão pela qual não precisa ser mencionado. Por se tratar de processo eletrônico, não é necessária a juntada dos documentos obrigatórios previstos no art. 1.017 do CPC. Deve-se indicar uma breve descrição dos fatos.

No mérito do agravo, o examinando deverá alegar que: 1) ainda que o Fisco possa lançar créditos tributários apenas para prevenir a decadência, estando a exigibilidade de tais créditos suspensa por liminar em mandado de segurança (art. 151, IV, do CTN), não é possível que o lançamento seja acompanhado de multa de ofício ou de multa moratória, cf. o art. 63 da Lei n. 9.430/96: "Art. 63. Na constituição de crédito tributário destinada a prevenir a decadência, relativo a tributo de competência da União, cuja exigibilidade houver sido suspensa na forma dos incisos IV e V do art. 151 da Lei n. 5.172, de 25 de outubro de 1966, não caberá lançamento de multa de ofício. § 2º A interposição da ação judicial favorecida com a medida liminar interrompe a incidência da multa de mora, desde a concessão da medida judicial, até 30 dias após a data da publicação da decisão judicial que considerar devido o tributo ou contribuição"; 2) cf. o art. 206 do CTN, a Certidão a ser emitida, quando há débitos tributários com a exigibilidade suspensa, é a positiva com efeitos de negativa, e não a certidão positiva. No que se refere ao pedido de tutela provisória de urgência, o examinando precisará alegar: i) a presença do *fumus boni iuris* (plausibilidade do direito alegado pela parte) em razão das ilegalidades flagrantes apresentadas nos fundamentos de mérito; ii) a presença do *periculum in mora* (risco de demora na concessão do provimento jurisdicional pleiteado), pois a empresa está sendo prejudicada com a expedição de Certidão Positiva de débitos, o que impedirá sua participação em processo licitatório, a ocorrer dentro de 15 dias, conforme edital convocatório em sua área de atuação, fato este comprovável de plano.

Ao final, na enumeração dos pedidos, deve o examinando requerer: 1) a concessão de tutela provisória (efeito suspensivo ativo) para anulação da multa de ofício e de multa moratória quanto a débitos tributários com exigibilidade suspensa; 2) a concessão de tutela provisória (efeito suspensivo ativo) para que o Fisco emita certidões positivas com efeitos de negativa quanto a tais débitos tributários com exigibilidade suspensa; 3) seja dado provimento ao recurso, para reformar a decisão denegatória do juízo *a quo*, confirmando as tutelas provisórias requeridas; 4) intimação da Agravada para, querendo, apresentar contrarrazões; 5) intimação do Ministério Público Federal, para, querendo, opinar. Por fim, deve-se realizar o fechamento da peça, com a indicação do local, data, nome e inscrição da OAB.

9.4. Embargos de declaração

9.4.1. Considerações iniciais: conceito e cabimento

Os *embargos de declaração* se caracterizam como espécie recursal apta para esclarecer *obscuridade,* eliminar *contradição,* suprir *omissão* ou corrigir *erro material* existente em qualquer espécie de *decisão* (art. 1.022 do CPC).

Em outras palavras, existindo algum desses vícios na atividade jurisdicional com conteúdo decisório (*decisão interlocutória, sentença ou acórdão*), poderá o interessado requerer a integração desse julgado para saná-lo[6].

A utilização dessa espécie recursal, portanto, tem fundamento na falibilidade humana, reconhecendo a possibilidade de todos os operadores do direito, entre eles os julgadores, cometerem falhas. Oportunizar a correção de seus atos, de ofício ou a requerimento, mostra-se como medida coerente para validade da atividade jurisdicional.

Os casos de *obscuridade e contradição* estariam atrelados à interpretação realizada daquele comado decisório. Na primeira situação, não se consegue extrair aquilo que o julgador pretendia externar; ao passo em que na segunda, seus fundamentos contradizem a conclusão.

Ocorrerá *omissão* quando o juiz não se pronunciar sobre ponto ou questão requerido pelo interessado, bem como nos casos em que deveria atuar de ofício. Também se considerará *omissão* a ausência de manifestação sobre tese firmada em julgamento de casos repetitivos, incidentes de assunção de competência ou falta de fundamentação nas suas decisões (art. 1.022, parágrafo único, do CPC).

No que concerne à correção de *erros materiais,* esses embargos estariam sendo utilizados apenas para sanar vícios afetos às formalidades da decisão, tais como: erros de grafia, nome, valor, dentre outros[7].

Note que em todos esses casos narrados existe justo fundamento para utilização dessa espécie recursal.

Os embargos de declaração não servirão como substitutivo de outras espécies recursais, nem mesmo poderá ser utilizado com fins procrastinatórios. A apresentação desse recurso com fins meramente protelatórios ensejará aplicação de multa ao recorrente, bem como inadmissibilidade na reiteração (art. 1.026, §§ 2º, 3º e 4º, do CPC).

---

[6] Parcela da doutrina processualista também defende o cabimento desse recurso aos despachos que detenham conteúdo decisório, contrariando a previsão estampada no art. 1.001 do CPC.

[7] Aliás, nesses erros materiais, o próprio julgador poderia proceder com a correção de ofício (art. 494, I, do CPC).

No entanto, aplicando-se os princípios processuais da economia, celeridade e *fungibilidade recursal*, se o órgão julgador entender que não seria caso de embargos de declaração e sim de *agravo interno*, deverá conhecê-lo e determinar a intimação do recorrente para, no prazo de cinco dias, complementar as razões recursais (art. 1.024, § 3º, do CPC).

9.4.2. Características

9.4.2.1. Prazo e formalidades

Diferentemente dos demais recursos elencados na norma processualista, o prazo para apresentação dos *embargos de declaração* será de apenas cinco dias úteis, não estando sujeitos ao recolhimento de preparo (art. 1.023 do CPC)[8].

No que concerne às formalidades, a petição será dirigida ao juiz com indicação do *erro, obscuridade, contradição ou omissão*. Quanto à estrutura física da petição, o Código não estabeleceu expressamente os requisitos necessários, razão pela qual utilizaremos as mesmas já abordadas nas espécies anteriores.

Existindo efeitos infringentes nos embargos (quando seu acolhimento implicar a modificação da decisão embargada), o julgador deverá intimar o embargado para, querendo, apresentar manifestação no prazo de cinco dias, possibilitando o exercício do contraditório (art. 1.023, § 2º, do CPC).

Também no prazo de cinco dias, o magistrado julgará o recurso ou, tratando-se de tribunal, o desembargador relator apresentará voto e submissão ao julgamento em sessão (art. 1.024, § 1º, do CPC).

Se qualquer das partes já tiver apresentado outro recurso contra mesma decisão (agravo de instrumento, apelação, recurso ordinário etc.), ocorrendo modificação dela pelos embargos de declaração, será reaberto prazo de 15 dias para complementação ou alteração (art. 1.024, §§ 4º e 5º, do CPC).

Realize a interposição em peça única (nos mesmos moldes já abordados nas ações iniciais) se diante de juízo singular; e em separado (folha de rosto e razões recursais) quando utilizado nos órgãos coletivos.

9.4.2.2. Efeitos

Os *embargos de declaração* terão efeito meramente *interruptivo* de prazo para apresentação de recursos.

---

[8] Litisconsortes com diferentes procuradores (escritórios de advocacia distintos), Ministério Público, União, Estados, Distrito Federal e Municípios terão prazo em dobro para recorrer (arts. 229 e 1.007, § 1º, do CPC).

Entretanto, o juiz ou relator poderá também atribuir efeito suspensivo se demonstrada a probabilidade de provimento do recurso ou, sendo relevante a fundamentação, houver risco de dano grave ou de difícil reparação (art. 1.026, § 1º, do CPC).

9.4.3. Como identificar a peça no exame

Aplicando essa espécie recursal no Exame de Ordem, o enunciado deve ser claro ao designar a existência do erro material, omissão, contradição ou obscuridade. Como exemplos:

- *Considerando a existência de contradição entre os fundamentos levantados e a sentença exarada pelo juízo, requer a adoção de medida processual... [...]*
- *Apesar de requerido, o magistrado não apreciou os requerimentos relacionados [...]*
- *Observando a existência de erro material relacionado ao nome das partes envolvidas, utilize medida processual específica apenas para sanar tal vício [...]*

Essas especificidades estudadas para o recurso de embargos de declaração também poderão ser aplicadas aos embargos de divergência (arts. 1.043 e 1.044 do CPC), apenas ressaltando que sua aplicação dependerá do regimento dos tribunais superiores (dificultando sua exigência no Exame de Ordem).

9.4.4. Modelo estruturado

AO JUÍZO DE DIREITO DA... VARA... (CÍVEL/FAZENDA PÚBLICA/ÚNICA) DA COMARCA DE...

(Espaço de três a quatro linhas)

Nome, nacionalidade, estado civil, profissão, portador do RG n. ..., inscrito no CPF sob o n. ..., residente e domiciliado..., por meio de seu Advogado abaixo assinado, procuração anexa, com endereço profissional para receber todas as informações processuais..., nos autos em epígrafe, que promove em face do Município..., e sua respectiva Fazenda Pública, vem, respeitosamente, perante Vossa Excelência, considerando a omissão da decisão/sentença/acórdão de folhas..., apresentar recurso de

EMBARGOS DE DECLARAÇÃO,

com fundamento no art. 1.022 e seguintes do Código de Processo Civil, segundo razões abaixo aduzidas.

I – Da Tempestividade

O examinando deverá explanar que ainda não houve decurso dos cinco dias úteis, contados da intimação, para utilização dessa espécie recursal, citando a previsão contida no art. 1.023 do CPC.

II – Dos Fatos

Narração semelhante ao próprio quesito proposto, apenas atentando para a não repetição de alguns pontos desnecessários, como os nomes das Partes (evitar repetição de expressões).

III – Dos Fundamentos de Direito

Argumentar o equívoco com a sentença/decisão interlocutória/acórdão exarados.

Narração dos fatos aplicando as Teses Jurídicas, realização da subsunção da Norma ao Caso Concreto alegando a existência de "omissão, contradição, obscuridade ou erro material".

IV – Dos Pedidos

Ante o exposto, requer o provimento do presente recurso para sanar... (omissão, contradição ou obscuridade) da... (decisão interlocutória, sentença ou acórdão).

Nesses termos, pede deferimento.

Local... Data...

Advogado... OAB... /n. ...

9.4.5. Embargos de Alçada

9.4.5.1. Considerações iniciais: conceito e cabimento

Os embargos infringentes de alçada foram criados no Código de Processo Civil de 1939 com o objetivo de simplificar o sistema recursal e reduzir a quantidade de apelações que eram interpostas no tribunal. Com o Código de 1973, o recurso em tela foi abolido do sistema constitucional brasileiro, sendo mantido especificamente na Lei n. 6.830/80 – Lei de Execuções Fiscais.

Conforme a lei que regulamenta o sistema de cobrança da dívida ativa tributária ou não tributária dos entes federados, em seu art. 34, "Das sentenças de primeira instância proferidas em execuções de valor igual ou inferior a 50 (cinquenta) Obrigações Reajustáveis do Tesouro Nacional — ORTN, só se admitirão embargos infringentes e de declaração".

Não se trata de um recurso usual na prática forense, sobretudo pelo valor que representa, ao passo que 50 OTNs é um valor muito baixo, lembrando que a Fazenda Nacional, por exemplo, é dispensada de promover a execução fiscal de dívidas de pequeno valor.

O Superior Tribunal de Justiça, no julgamento do REsp 607.930/DF, de relatoria da Ministra Eliana Calmon, firmou o posicionamento no sentido de que, "com a extinção da ORTN, o valor de alçada deve ser encontrado a partir da interpretação da norma que extinguiu um índice e o substituiu por outro, mantendo-se a paridade das unidades de referência, sem efetuar a conversão para moeda corrente, para evitar a perda do valor aquisitivo", de sorte que "50 ORTN = 50 OTN = 308,50 BTN = 308,50 UFIR = R$ 328,27 (trezentos e vinte e oito reais e vinte e sete centavos) a partir de janeiro/2001, quando foi extinta a UFIR e desindexada a economia".

Assim, cabem embargos infringentes de alçada contra sentença proferida em ação de execução fiscal, embargos à execução ou mesmo embargos de terceiro, caso o valor executado seja inferior a 50 OTNs. Assim, não será cabível apelação.

Por fim, mas não menos importante, destacamos que não há qualquer relação dos embargos infringentes de alçada ora tratados com os vetustos embargos infringentes previstos no Código de Processo Civil de 1973 e extintos pelo Código de Processo Civil de 2015. A única semelhança é o nome utilizado.

9.4.5.2. Características: prazo e formalidades

Conforme previsto no art. 34, § 2º, da Lei n. 6.830/80, o prazo para interposição do recurso é de dez dias, perante o mesmo juízo que proferiu a sentença, em decisão fundamentada.

A petição poderá ser instruída com documentos novos ou não e deverá conter o pedido recursal.

Deverá, então, o embargado ser ouvido no prazo de dez dias e, após, o juiz em vinte dias rejeitará os embargos ou reformará a sentença.

Com relação ao preparo, a Lei de Execuções Fiscais não faz qualquer referência à sua exigência, não sendo, portanto, cabível. Assim, não haverá deserção do recurso caso não sejam recolhidas as custas.

Realize a interposição em peça única (nos mesmos moldes já abordados nas ações iniciais) perante o juízo que proferiu a sentença, não cabendo duas peças recursais como na apelação.

9.4.5.3. Efeitos

Os embargos de alçada têm como objetivo devolver ao juízo que sentenciou a possibilidade de revisão da decisão judicial proferida. Conforme previsto expressamente no art. 34 e seus parágrafos, não há a transferência da possibilidade de revisão para o tribunal, o que descaracteriza o efeito devolutivo.

Em razão do exposto, o que se provoca com a interposição dos embargos de alçada é o juízo de retratação para que seja alterada a decisão ora proferida.

No entanto, apesar de a Lei de Execuções Fiscais não tratar do assunto, o efeito suspensivo também é sua característica, tendo em vista que os prazos para processamento e julgamento são bastante exíguos.

9.4.5.4. Como identificar a peça no exame

Aplicando essa espécie recursal no Exame de Ordem, o enunciado deve ser claro ao designar a existência de sentença em execução fiscal de valor inferior a 50 OTNs. Tomemos como exemplos:

- *Considerando a sentença proferida em sede de execução fiscal, elabore o recurso respectivo, ciente de que a publicação ocorreu há 5 dias e o valor da causa é de R$ 100,00.*
- *Após a sentença julgando procedente a execução fiscal para condenar a parte executada a pagar R$ 84,00, apresente o recurso cabível, no prazo de 10 dias.*

9.4.5.5. Modelo estruturado

AO JUÍZO DE DIREITO DA... VARA... (CÍVEL/FAZENDA PÚBLICA/ÚNICA) DA COMARCA DE...

Processo n. ...

(Espaço de três a quatro linhas)

Nome, já devidamente qualificado nos autos do processo de execução fiscal em epígrafe..., vem, respeitosamente, perante Vossa Excelência, inconformado com a sentença proferida na presente execução fiscal, apresentar recurso de

EMBARGOS INFRINGENTES DE ALÇADA,

com fundamento no art. 34 e parágrafos da Lei n. 6.830/80, segundo razões abaixo aduzidas.

I – Da Tempestividade

O examinando deverá explanar que ainda não houve decurso dos dez dias úteis, contados da intimação, para utilização dessa espécie recursal, citando a previsão contida no art. 34, § 2º, da Lei n. 6.830/80.

II – Dos Fatos

Narração semelhante ao próprio quesito proposto, apenas atentando para a não repetição de alguns pontos desnecessários, como os nomes das Partes (evitar repetição de expressões).

III – Desnecessidade do Preparo

Esclarecer que não há previsão de preparo na Lei de Execuções Fiscais, sendo, portanto, incabível sua exigência.

IV – Dos Fundamentos de Direito

Argumentar o equívoco com a sentença/decisão interlocutória/acórdão exarados.

Narração dos fatos aplicando as Teses Jurídicas, realização da subsunção da Norma ao Caso Concreto.

V – Dos Pedidos

Ante o exposto, requer o provimento do presente recurso para ...

Nesses termos, pede deferimento.

Local... Data...

Advogado... OAB.../n. ...

9.5. Recurso ordinário

9.5.1. Considerações iniciais: conceito e cabimento

O *recurso ordinário* funciona como espécie de apelação ao segundo grau, nos casos em que a competência originária é dos tribunais. Sua natureza é constitucional, com disciplinamento também processual (arts. 102, II, e 105, II, da CF e art. 1.027 do CPC).

Objetiva, portanto, a reapreciação de decisões quando o interessado não concordar com a posição adotada pelo órgão julgado.

A competência para apreciação será concedida ao *Supremo Tribunal Federal* ou *Superior Tribunal de Justiça*, dependendo da matéria suscitada ou instância originalmente julgadora.

Simplificadamente, teremos seu processamento:

- **STF:** mandados de segurança, os *habeas data* e os mandados de injunção decididos em única instância pelos tribunais superiores, quando denegatória a decisão.

- **STJ:** mandados de segurança decididos em única instância pelos tribunais regionais federais ou pelos tribunais de justiça dos Estados e do Distrito Federal e Territórios, quando denegatória a decisão; bem como os processos em que forem partes, de um lado, Estado estrangeiro ou organismo internacional e, de outro, Município ou pessoa residente ou domiciliada no País.

Tratando-se de preparação para 2ª fase da OAB, acreditamos no cabimento dessa espécie recursal em casos afetos à denegação do mandado de segurança, quando a competência originária for do Tribunal, na forma do art. 18 da Lei n. 12.016/2009.

9.5.2. Características

9.5.2.1. Prazo e formalidades

O prazo para apresentação desse recurso será de 15 dias úteis, contados da intimação da decisão (art. 1.003, § 5º, do CPC). Se a legislação exigir, o recorrente também deverá comprovar o recolhimento do *preparo*, inclusive porte de remessa e retorno, sob pena de deserção (art. 1.007 do CPC).

Quanto às formalidades, serão aplicadas as mesmas estudadas no recurso de apelação, contendo nomes e a qualificação das partes, exposição do fato e do direito, razões do pedido de reforma ou de decretação de nulidade e o pedido de nova decisão (arts. 1.010 e 1.028 do CPC).

Sua apresentação será realizada perante o tribunal de origem, cabendo ao seu presidente ou vice-presidente determinar a intimação do recorrido para, em 15 dias, apresentar as contrarrazões e, transcorrido o prazo remeter ao respectivo tribunal superior, independentemente de juízo de admissibilidade (art. 1.028, §§ 2º e 3º, do CPC).

Nos mesmos moldes da apelação, aconselhamos a interposição em peças separadas: *folha de rosto e razões recursais.*

9.5.2.2. Efeitos

Em regra, esse recurso será recebido apenas no *efeito devolutivo* (art. 995 do CPC).

Entretanto, aplicando-se dispositivos afetos ao *recurso especial e extraordinário* (art. 1.029, § 5º, do CPC), também poderá ser requerida a atribuição de *efeito suspensivo* ao recurso ordinário (art. 1.027, § 2º).

9.5.3. Como identificar a peça no exame

Após tudo que foi abordado, identificaremos essa espécie recursal quando o exame demonstrar o julgamento dessas específicas matérias em tribunais (estaduais, federais ou superiores). Ressaltamos, mais uma vez, a existência de probabilidade real quanto ao mandado de segurança tributário. Abaixo alguns exemplos:

- *Considerando a denegatória do mandado de segurança por parte do TRF da... Região (ou Tribunal de Justiça) em única instância [...]*
- *Apresente o recurso cabível negativa do mandado de segurança pelos Ministros do Superior Tribunal de Justiça [...]*

9.5.4. Modelo estruturado

EXCELENTÍSSIMO SENHOR DOUTOR DESEMBARGADOR PRESIDENTE DO TRIBUNAL DE JUSTIÇA DO ESTADO

(Espaço de três a quatro linhas)

Processo n. ...

Nome, nacionalidade, estado civil, profissão, portador do RG n. ..., inscrito no CPF sob o n. ..., residente e domiciliado..., por meio de seu Advogado abaixo assinado, procuração anexa, com endereço profissional para receber todas as informações processuais..., nos autos em epígrafe, que promove em face do ato praticado pelo..., vinculado..., vem, respeitosamente, perante Vossa Excelência, inconformado com o respeitável acórdão de folhas..., apresentar

RECURSO ORDINÁRIO,

com fundamento no art. 102, II (ou art. 105, II) da Constituição Federal, bem como art. 1.027 e seguintes do Código de Processo Civil, para ser encaminhado ao Egrégio..., segundo razões inclusas.

Conforme demonstra documentação anexa, restam devidamente recolhidas as custas referentes ao preparo recursal, nos termos do art. 1.027 do CPC.

Assim, requer a intimação do recorrido para, querendo, apresentar resposta; recebimento do recurso em ambos os efeitos e consequente encaminhamento ao juízo "ad quem".

Nesses termos, pede deferimento.

Local... Data...

Advogado... OAB.../n. ...

(Pular para próxima página ou Espaço de uma linha)

Razões do Recurso Ordinário
Recorrente: ...
Recorrido: ...
Referente: Processo n. ...

Colendo...

Ínclitos Ministros

I – Da Tempestividade

O examinando deverá explanar que ainda não houve decurso dos 15 dias úteis, contados da intimação, para utilização dessa espécie recursal, citando os arts. 1.003, § 5º, e 212 do CPC.

II – Dos Fatos e Cabimento

Narração semelhante ao próprio quesito proposto, apenas atentando para a não repetição de alguns pontos desnecessários como os nomes das Partes (evitar repetição de expressões). Explanar, resumidamente, a utilização dessa peça, ou seja, seu cabimento.

III – Do Direito

Nessa oportunidade, o examinando deverá expor todos os fundamentos jurídicos na defesa do recorrente contra o acórdão proferido.

Realize a subsunção de normas jurídicas ao caso concreto, amoldando-as naquilo que o quesito determinou. Realize a separação em tópicos.

IV – Dos Pedidos

Ante o exposto, requer a esse Colendo Tribunal o provimento do presente recurso ordinário para que o venerando acórdão de folhas... seja reformado, uma vez...

Local... Data...

Advogado... OAB... /n. ...

9.5.5. Gabaritando o Exame

(XXVIII Exame Unificado OAB – FGV) A sociedade empresária Sigma S/A, concessionária de serviço público de telefonia, foi autuada pelo Fisco do Estado X, em 31-7-2017, por não recolher ICMS sobre operações de habilitação de telefone celular ocorridas de janeiro a junho de 2010, sendo-lhe dado prazo de trinta dias para pagamento do débito tributário.

Inconformada com a exigência, a sociedade resolve primeiro tentar desconstituir tal autuação na via administrativa, recorrendo ao Conselho de Contribuintes do Estado X. Nesse órgão colegiado administrativo, o recurso da sociedade tem seu provimento negado. Irresignada, a sociedade empresária interpõe recurso hierárquico ao Secretário Estadual de Fazenda, conforme permitia a legislação do Estado X. O Secretário de Fazenda nega provimento ao recurso, mantendo a exigência de cobrança do tributo.

Esgotada a via administrativa, a empresa imediatamente ingressa em juízo com mandado de segurança de competência originária do Tribunal de Justiça local contra o ato do Secretário Estadual, nos termos do estabelecido pela Constituição do Estado X.

Julgado o *mandamus* pelo Tribunal de Justiça local, a ordem é denegada e a empresa é condenada em honorários sucumbenciais em favor da Fazenda Pública estadual.

Diante desse cenário, sete dias úteis após a intimação dessa decisão, como advogado(a) da sociedade empresária Sigma S/A, redija a medida judicial adequada para tutela dos interesses do contribuinte no bojo desse mesmo processo.

GABARITO:

EXCELENTÍSSIMO SENHOR DOUTOR DESEMBARGADOR PRESIDENTE DO EGRÉGIO TRIBUNAL DE JUSTIÇA DO ESTADO X

(Pular de três a quatro linhas)

Processo n. ...

Sociedade Sigma, pessoa jurídica de direito privado, inscrita no CNPJ sob o n. ..., com endereço na..., vem, por seu advogado, nos autos do Mandado de Segurança... em trâmite na..., processo n. ... impetrado em face do ato do ilustríssimo Secretário Estadual do Estado X... integrante do estado X, pessoa jurídica de direito público, inscrita no CNPJ sob o n. ..., com endereço..., vem respeitosamente perante Vossa Excelência, não se conformando com o r. acórdão de fls... e com fundamento no art. 105, inciso II, alínea "b", da CRFB, art. 18 da Lei n. 12.016/2009 e do art. 1.027, inciso II, alínea "a", do CPC, interpor o presente

RECURSO ORDINÁRIO EM MANDADO DE SEGURANÇA,

para ser encaminhado ao Superior Tribunal de Justiça, segundo razões inclusas:

Conforme demonstra documentação anexa, restam devidamente recolhidas as custas referentes ao preparo recursal, nos termos do art. 1.007, "caput", do CPC.

Assim, requer a intimação do recorrido para, querendo, apresentar resposta e consequente encaminhamento ao juízo "ad quem" independentemente de juízo de admissibilidade

Requer, ainda, a retratação desse MM. Juízo, em razão dos fundamentos trazidos no bojo do presente recurso.

Nesses termos, pede deferimento.

Local...Data...

Advogado... OAB.../n. ...

(Pular para próxima página ou Espaço de uma linha)

Razões do Recurso Ordinário
Recorrente: ...
Recorrido: ...
Referente: Processo n. ...

Colendo...
Ínclitos Ministros

I. Da Tempestividade

Considerando que a intimação sobre a r. decisão ocorreu a prazo inferior que 15 dias, tem-se como tempestiva a interposição do recurso ordinário, uma vez que respeitado o prazo estabelecido no art. 1003, § 5º, e 212 do CPC/15.

II. Dos fatos e cabimento

O recorrente impetrou, perante o Tribunal de Justiça do Estado X, Mandado de Segurança contra ato do ilustríssimo Secretário Estadual, uma vez que foi autuada pelo Fisco por não recolher ICMS sobre operações de telefonia celular ocorridas de janeiro a junho de 2010. Entretanto, julgado o "mandamus", a ordem foi denegada e a empresa condenada ao pagamento de honorários em favor da Fazenda Pública Estadual.

Irresignada com tal situação consagrada na r. decisão, saída não resta ao recorrente a não ser utilizar do presente recurso com o fito de reformar a decisão exarada por ser da mais inteira justiça.

É de se frisar, ainda, que cabe ao Superior Tribunal de Justiça julgar, em recurso ordinário, os mandados de segurança decididos em única instância pelos tribunais dos estados, quando denegatória a decisão, nos termos do art. 105, inciso II, alínea "b", da CRFB/88, do art. 18 da Lei n. 12.016/2009 ou do art. 1027, inciso II, alínea "a", do CPC/15.

III. Do Direito

III.I. Do Fato Gerador do Imposto sobre Circulação de Mercadorias e Serviços

O Imposto sobre Circulação de Mercadorias e Serviços, previsto no art. 155, II, da CRFB/88 e na LC n. 87/96, de competência estadual, tem como fato gerador a prestação de serviços de comunicação onerosa e transporte interestadual e intermunicipal, bem como a circulação de mercadorias.

Para configurar o serviço de comunicação tributável por meio do imposto é essencial que exista contato efetivo entre emissor e receptor, mediante prestação onerosa, estando imunes todos os serviços de comunicação gratuitos.

No caso em tela, o Fisco estadual efetuou a cobrança do ICMS sobre operação de habilitação de telefone celular, o que se configura meramente como serviço preparatório que não tem o condão de atrair a incidência do tributo, uma vez que não há efetiva comunicação. Com efeito, restou assentado pelo STJ na Súmula 350 que o ICMS não incide sobre os serviços de habilitação de telefones celulares.

Evidencia-se, portanto, que a cobrança do imposto está equivocada e padece de ilegalidade e inconstitucionalidade, pelo que deve ser declarada indevida e, assim, reformada a respeitável decisão ora recorrida.

III.II. Da decadência do Crédito Tributário

Faz-se importante destacar que, ainda que fosse devido o ICMS na operação de habilitação de telefone celular, o que se considera apenas para argumentar, não poderia o fisco realizar o lançamento de tais créditos uma vez que alcançados pela decadência.

Ocorre que, na conformidade do art. 173, I, do Código Tributário Nacional, a decadência é modalidade de extinção do crédito tributário que se configura com o passar do prazo de 5 anos a contar do primeiro dia do exercício financeiro seguinte àquele em que poderia ter sido realizado o lançamento do tributo. Ressalte-se que, por se tratar o ICMS de tributo lançado por homologação, ainda que se entendesse pela aplicação do art. 150 § 4º, do CTN (decadência nos tributos por homologação) o crédito ainda assim estaria decaído, uma vez que o prazo quinquenal começa a correr a partir da data do fato gerador.

Com efeito, o lançamento do ICMS pelo Estado X ocorreu em 31/07/2017, entretanto, o fato gerador de tal tributo ocorreu entre janeiro a junho de 2010. Desse modo, inconteste o fato de que decorridos mais de 5 anos, seja entre o fato gerador e a data de lançamento ou o primeiro dia do exercício financeiro seguinte ao qual o tributo poderia ser lançado e a data do efetivo lançamento.

III.III. Do não cabimento de honorários em Mandado de Segurança

O Mandado de Segurança, "writ of mandamus", segue rito especial que tramita em caráter mais célere e menos oneroso que as demais ações judiciais. A medida está prevista especificamente na Lei n. 12.016/2009 e obedece apenas subsidiariamente às disposições do Código de Processo Civil.

Em razão das especificidades próprias do mandado de segurança, o legislador previu expressamente o não cabimento da condenação em honorários de sucumbência nesta espécie processual. Nesse sentido estabelece o art. 25 da Lei n. 12.016/2009 que "não cabem, no processo de mandado de segurança, a interposição de embargos infringentes e a condenação ao pagamento de honorários advocatícios, sem prejuízo da aplicação de sanções no caso de litigância de má-fé".

Ademais, no mesmo sentido os tribunais superiores já analisaram a questão e firma-ram entendimento no sentido do não cabimento dos honorários advocatícios, assim restaram consagradas as Súmulas 512 do STF e 105 do STJ. Desse modo, deve ser reformada a r. decisão que condenou a recorrente no pagamento dos honorários vez que incabíveis em sede de mandado de segurança.

IV. Dos Pedidos

Ante o exposto, requer o recorrente:

a) que o próprio relator no STJ, monocraticamente, dê provimento ao recurso, reformando a decisão para declarar a não incidência do ICMS no caso e não cabimento de condenação em honorários advocatícios, pois a decisão recorrida é contrária a Súmulas do STJ, conforme art. 932, inciso V, alínea "a", do CPC;
b) reforma da decisão OU provimento ao recurso para conceder a ordem, de modo a não se exigir da recorrente o referido débito de ICMS sobre a habilitação de telefones celula-

res, uma vez que a exigência viola a Súmula 350 do STJ e em razão do pretenso crédito estar decaído, bem como declarar o não cabimento de honorários advocatícios em sede de mandado de segurança;

c) condenação do recorrido, Estado X, ao ressarcimento das custas processuais.

Nesses termos, pede deferimento.

Local... Data...

Advogado... OAB.../n. ...

9.6. Recursos especial e extraordinário

9.6.1. Considerações iniciais: conceito e cabimento

De natureza constitucional, a utilização dos recursos *especiais e extraordinários* objetiva padronizar as interpretações de normas nacionais, tipicamente constitucionais e/ou federais.

A competência para julgamento do *Recurso Especial (REsp)* foi concedida ao *Superior Tribunal de Justiça*, ao passo em que o *Recurso Extraordinário (RE)* será processado e julgado perante o *Supremo Tribunal Federal.*

Suas hipóteses de cabimento estão estampadas no texto constitucional, determinando:

- **REsp ao STJ:** causas decididas, em única ou última instância, pelos Tribunais Regionais Federais ou pelos tribunais dos Estados, do Distrito Federal e Territórios, *quando a decisão recorrida contrariar tratado ou lei federal, ou negar-lhes vigência; julgar válido ato de governo local contestado em face de lei federal, bem como der a lei federal interpretação divergente da que lhe haja atribuído outro tribunal* (art. 105, III, da CF);
- **RE ao STF:** as causas decididas em única ou última instância, quando *a decisão recorrida contrariar dispositivo desta Constituição; declarar a inconstitucionalidade de tratado ou lei federal; julgar válida lei ou ato de governo local contestado em face desta Constituição, bem como julgar válida lei local contestada em face de lei federal* (art. 102, III, da CF).

Considerando que parcela do estudo tributário tem respaldo constitucional (*do sistema tributário nacional*), aliada à existência de importantes leis federais sobre o tema (CTN, LEF, CPC, entre outras), é plenamente possível o manejo dessas espécies recursais.

Longe de exaurirmos o assunto em obra que objetiva prática tributária, passemos às principais características dessas espécies recursais.

9.6.2. Características

9.6.2.1. Prazo e formalidades

O prazo para apresentação desses recursos será de 15 dias úteis, contados da intimação da sentença (art. 1.003, § 5º, do CPC). Se a legislação exigir, o recorrente também deverá comprovar o recolhimento do *preparo*, inclusive porte de remessa e retorno, sob pena de deserção (art. 1.007 do CPC).

Quanto às formalidades, ambos os recursos serão interpostos perante o presidente ou o vice-presidente do tribunal recorrido, em petições distintas que conterão: exposição do fato e do direito, a demonstração do cabimento do recurso interposto e as razões do pedido de reforma ou de invalidação da decisão recorrida. Utilizando-os com base em dissídio jurisprudencial, o recorrente deverá comprová-lo (art. 1.029 do CPC).

Após intimação e *apresentação de contrarrazões pelo recorrido no prazo de 15 dias*, o presidente ou vice-presidente realizará o juízo de admissibilidade recursal, podendo: negar seguimento, encaminhar ao órgão julgador para exercício do juízo de retratação, sobrestar o recurso em controvérsia de caráter repetitivo ainda não decidida ou remeter os autos ao STF/STJ (art. 1.030 do CPC).

Ressalte-se que, em casos pontuais e desde que preenchidos os requisitos, a parte interessada poderá apresentar os dois recursos ao mesmo tempo. Nesses casos, como regra, primeiramente será analisado o *REsp* pelo STJ e, caso não esteja prejudicado pelo julgamento especial, após seguirá ao STF para análise do *RE* (art. 1.031 do CPC).

9.6.2.2. Prequestionamento e a repercussão geral

Além dos genéricos requisitos recursais, a interposição desses recursos também requererá do recorrente a comprovação do *prequestionamento* quanto às matérias suscitadas.

Em outros termos, o interessado deve demonstrar que já houve debate sobre o tema recorrido na instância inferior, subsistindo sua irresignação sobre aquela decisão. Obsta, com isso, a supressão de instâncias no julgamento da lide[9].

> *Inexistindo expressa manifestação da instância inferior sobre o tema suscitado, o recorrente deverá, antes de apresentar os recursos extraordinário e/ou especial, opor embargos de declaração com efeito prequestionador. No entanto, a atual sistemática processualista determina que, apresentado os embargos de declaração, mesmo inadmitidos ou rejeitados, a matéria estará prequestionada (art. 1.025 do CPC).*

Ademais, outra especificidade será necessária na apresentação do *recurso extraordinário*: a demonstração da *repercussão geral*.

---

[9] Nesse sentido, *vide* Súmulas 98 e 211 do STJ e Súmulas 282 e 356 do STF.

Considerando recurso de amplitude nacional, para ter seus argumentos apreciados pela Corte Suprema de nosso País, o recorrente deverá comprovar a existência de *questões relevantes* sobre o ponto de vista *econômico, político, social ou jurídico* que ultrapassem os interesses subjetivos do processo (art. 1.035 do CPC)[10].

Tratando-se de recurso extraordinário, realize tópico específico denominando-o de "da repercussão geral", demonstrando a existência desses elementos.

9.6.2.3. Efeitos

Em regra, esses recursos serão recebidos apenas no *efeito devolutivo*, permitindo a execução provisória do julgado (art. 995 do CPC).

Contudo, existindo fundamento, nada obsta o requerimento e concessão também de *efeito suspensivo* (art. 1.029, § 5º, do CPC).

9.6.3. Identificação

A identificação desses recursos dependerá necessariamente da violação de normas constitucionais ou federais. A título exemplificativo, encontraremos:

- *Considerando a decisão do Tribunal de Justiça do Estado de... julgou válida a atitude tomada pelo governo local, contrariando a legislação federal de regência [...]*
- *Tendo em vista a divergência de interpretações tomadas pelos TRFs das... Regiões, você foi contratado para apresentar recurso constitucional específico para a situação descrita [...]*
- *Existindo latente contrariedade ao texto constitucional, redija o recurso cabível contra a decisão [...]*

9.6.4. Modelo estruturado de REsp

EXCELENTÍSSIMO SENHOR DOUTOR DESEMBARGADOR PRESIDENTE DO EGRÉGIO TRIBUNAL REGIONAL FEDERAL DA...

ou

EXCELENTÍSSIMO SENHOR DOUTOR DESEMBARGADOR PRESIDENTE DO EGRÉGIO TRIBUNAL DE JUSTIÇA DO ESTADO...

(Espaço de três a quatro linhas)

Processo n. ...

[10] Verifique outros casos de repercussão geral elencados no art. 1.035, § 3º, do CPC.

Nome, nacionalidade, estado civil, profissão, portador do RG n. ..., inscrito no CPF sob o n. ..., residente e domiciliado..., por meio de seu Advogado abaixo assinado, procuração anexa, com endereço profissional para receber todas as informações processuais..., nos autos em epígrafe, que promove em face..., vem, respeitosamente, perante Vossa Excelência, inconformado com o respeitável acórdão de folhas..., apresentar

RECURSO ESPECIAL,

com fundamento no art. 105, III, da Constituição Federal, bem como o art. 1.029 e seguintes do Código de Processo Civil, para ser encaminhado ao Colendo Superior Tribunal de Justiça, segundo razões inclusas.

Conforme demonstra documentação anexa, restam devidamente recolhidas as custas referentes ao preparo recursal, nos termos do art. 1.007 do CPC.

Assim, requer a intimação do recorrido para, querendo, apresentar resposta; recebimento do recurso em ambos os efeitos e consequente encaminhamento ao juízo "ad quem".

Nesses termos, pede deferimento.

Local... Data...

Advogado... OAB.../n. ...

(Pular para próxima página ou Espaço de uma linha)

Razões do Recurso Especial
Recorrente: ...
Recorrido: ...
Referente: Processo n. ...
Colendo Superior Tribunal de Justiça
Ínclitos Ministros

I – Da Tempestividade

O examinando deverá explanar que ainda não houve decurso dos 15 dias úteis, contados da intimação, para utilização dessa espécie recursal, citando os arts. 1.003, § 5º, e 212 do CPC.

II – Dos Fatos e Cabimento

Narração semelhante ao próprio quesito proposto, apenas atentando para a não repetição de alguns pontos desnecessários como os nomes das Partes (evitar repetição de expressões). Explanar, resumidamente, a utilização dessa peça, ou seja, seu cabimento.

III – Do Direito

Nessa oportunidade, o examinando deverá expor todos os fundamentos jurídicos na defesa do recorrente contra o acórdão proferido.

Realize a subsunção de normas jurídicas ao caso concreto, amoldando-as naquilo que o quesito determinou. Realize a separação em tópicos.

IV – Dos Pedidos

Ante o exposto, requer a esse Colendo Tribunal:

a) o provimento do presente recurso especial para que o venerando acórdão de folhas... seja reformado, uma vez...;

b) a condenação do recorrido ao ônus da sucumbência.

Local... Data...

Advogado... OAB... /n. ...

9.6.5. Modelo estruturado de RE

EXCELENTÍSSIMO SENHOR DOUTOR DESEMBARGADOR PRESIDENTE DO EGRÉGIO TRIBUNAL REGIONAL FEDERAL DA...

ou

EXCELENTÍSSIMO SENHOR DOUTOR DESEMBARGADOR PRESIDENTE DO EGRÉGIO TRIBUNAL DE JUSTIÇA DO ESTADO...

(Espaço de três a quatro linhas)

Processo n. ...

Nome, nacionalidade, estado civil, profissão, portador do RG n. ..., inscrito no CPF sob o n. ..., residente e domiciliado..., por meio de seu Advogado abaixo assinado, procuração anexa, com endereço profissional para receber todas as informações processuais..., nos autos em epígrafe, que promove em face..., vem, respeitosamente, perante Vossa Excelência, inconformado com o respeitável acórdão de folhas..., apresentar

RECURSO EXTRAORDINÁRIO,

com fundamento no art. 102, III, da Constituição Federal, bem como no art. 1.029 e seguintes do Código de Processo Civil, para ser encaminhado ao Colendo Supremo Tribunal Federal, segundo razões inclusas.

Conforme demonstra documentação anexa, restam devidamente recolhidas as custas referentes ao preparo recursal, nos termos do art. 1.007 do CPC.

Assim, requer a intimação do recorrido para, querendo, apresentar resposta; recebimento do recurso em ambos os efeitos e consequente encaminhamento ao juízo "ad quem".

Nesses termos, pede deferimento.

Local... Data...

Advogado... OAB.../n. ...

(Pular para próxima página ou Espaço de uma linha)

Razões do Recurso Extraordinário
Recorrente: ...
Recorrido: ...
Referente: Processo n. ...
Colendo Supremo Tribunal Federal
Ínclitos Ministros

I – Da Tempestividade

O examinando deverá explanar que ainda não houve decurso dos 15 dias úteis, contados da intimação, para utilização dessa espécie recursal, citando os arts. 1.003, § 5º, e 212 do CPC.

II – Dos Fatos e Cabimento

Narração semelhante ao próprio quesito proposto, apenas atentando para a não repetição de alguns pontos desnecessários como os nomes das Partes (evitar repetição de expressões). Explanar, resumidamente, a utilização dessa peça, ou seja, seu cabimento.

III – Do Direito

Nessa oportunidade, o examinando deverá expor todos os fundamentos jurídicos na defesa do recorrente contra o acórdão proferido.

Realize a subsunção de normas jurídicas ao caso concreto, amoldando-as naquilo que o quesito determinou. Realize a separação em tópicos.

IV – Da Repercussão Geral (art. 1.035 do CPC)

V – Dos Pedidos

Ante o exposto, requer a esse Colendo Tribunal:

a) o provimento do presente recurso extraordinário para que o venerando acórdão de folhas... seja reformado, uma vez...;

b) a condenação do recorrido ao ônus da sucumbência.

Local... Data...

Advogado... OAB... /n. ...

10. AÇÕES DE CONTROLE CONSTITUCIONAL CONCENTRADO

10.1. Aspectos gerais

A lei constitucional possui mecanismos judiciais para o exercício concentrado do controle de constitucionalidade sobre os atos normativos do legislador pátrio, tendo conferido ao Supremo Tribunal Federal o papel crucial de atuar como guardião da harmonia e da preservação da Constituição Republicana.

Em direito tributário, a importância deste controle se dá em razão de que a raiz deste ramo público ocorre no texto constitucional, se desenvolvendo a partir dele e gerando grande repercussão. Matérias como as espécies tributárias (impostos, taxas, contribuições de melhoria, empréstimos compulsórios e as contribuições especiais), as limitações ao poder de tributar (princípios e imunidades tributárias), as repartições de receitas tributárias, entre outras, têm nascedouro legal na Carta Magna de 1988.

Pois bem. Diante do cenário apresentado, em recentes exames de 2ª fase OAB tributário, a banca FGV passou a exigir de forma expressa no edital a análise do controle concentrado, notadamente em relação às seguintes ações:

- ação direta de inconstitucionalidade (ADI);
- ação declaratória de constitucionalidade (ADC);
- ação direta de inconstitucionalidade por omissão (ADO); e
- arguição de descumprimento de preceito fundamental (ADPF).

Ainda que tais ações se amoldem com maior probabilidade na 2ª fase de direito constitucional[1], não poderíamos deixar de, ao menos, explanar seus aspectos gerais.

10.2. Ação direta de inconstitucionalidade (ADI)

10.2.1. Conceito, cabimento e características gerais

A ADI objetiva, como o próprio nome aduz, a declaração de inconstitucionalidade de normas federais, estaduais ou distritais (esta, enquanto no exercício de sua competência estadual), vigentes e publicadas após o advento da Carta Magna de 1988.

---

1 Até o fechamento desta obra, a FGV não aplicou tais ações na 2ª fase de Direito Tributário.

Trata-se de verdadeiro controle de constitucionalidade de competência originária exercida pelo Supremo Tribunal Federal (art. 102, I, *a*, da CF/88) de forma ampla, impessoal, genérica e de efeitos *erga omnes*.

No âmbito estadual, a competência originária para julgamento de ação de inconstitucionalidade é do Tribunal de Justiça respectivo, na forma do art. 125, § 2º, da Constituição Federal.

Sua regulamentação encontra-se na Lei n. 9.868/99, que estabelece o rol dos legitimados para propositura (art. 2º), requisitos da petição (art. 3º), requisitos de admissibilidade (art. 4º) e procedimentos (arts. 6º, 7º, 8º e 9º).

O examinando também deverá atentar para o requerimento de medida cautelar, convencendo a maioria absoluta dos Ministros da Corte Suprema quanto à necessidade de suspensão de todos os processos que abordem a aplicação do ato normativo impugnado, até o final do julgamento da ADI (art. 10 da Lei n. 9.868/99).

Por fim, ressalte-se que a exigência no Exame de Ordem dependerá exatamente da conjunção desses requisitos, em especial o desejo do controle concentrado para declaração de inconstitucionalidade da norma.

Importante frisar que não é qualquer pessoa que poderá ingressar com uma ação direta de inconstitucionalidade, cabendo a aplicação do rol de legitimados previsto no art. 103 da Constituição. Com isso, teremos mais um elemento para identificação da peça processual.

10.2.2. Modelo estruturado

EXCELENTÍSSIMO SENHOR DOUTOR MINISTRO PRESIDENTE DO SUPREMO TRIBUNAL FEDERAL

(Espaço de três a quatro linhas)

Nome do Legitimado, pessoa jurídica de direito privado, inscrito no CNPJ sob o n. ..., com sede domiciliada..., conforme o art. 103, inciso..., da CF/88 e o art. 2º da Lei n. 9.868/99, por seu advogado regularmente inscrito na OAB/..., integrante do escritório... inscrito no CNPJ sob o n. ... situado na ..., vem, respeitosamente, à presença de Vossa Excelência, com fundamento no art. 102, I, "a" e "p", da CF/88, no art. 10 da Lei n. 9.868/99 e nos arts. 103 e 319 do CPC, propor

AÇÃO DIRETA DE INCONSTITUCIONALIDADE

com pedido cautelar, em face de (Legitimado passivo – órgão ou autoridade responsável pela edição da lei/ato normativo federal ou estadual), pelos fatos e fundamentos jurídicos que passa a expor:

I – Legitimidade/Pertinência Temática

O examinando deverá demonstrar a existência de legitimidade do autor para apresentação da presente ação, utilizando-se do art. 103 da CF e do art. 2º da Lei n. 9.868/99.

Ressalte-se que a doutrina e a jurisprudência apontam para a necessidade de demonstração, por parte de alguns legitimados, da denominada pertinência temática, assim entendida como o convencimento de que a decisão final lhe seria aplicável.

Governador de Estado ou Distrito Federal, Mesas das Assembleias Legislativas, confederações sindicais ou entidade de âmbito nacional necessitam de tal comprovação.

II – Dos Fatos

Narração semelhante ao próprio quesito proposto, apenas atentando para a não repetição de alguns pontos desnecessários (evitar repetição de expressões).

III – Do Direito: a Inconstitucionalidade

Nessa oportunidade, o examinando deverá expor todos os fundamentos jurídicos na defesa da declaração de inconstitucionalidade da norma.

Realize a subsunção de normas jurídicas e constitucionais ao caso concreto, amoldando-a naquilo que o quesito determinou. Caso possível, realize a subdivisão em tópicos, facilitando a leitura por parte do avaliador.

IV – Da Medida Cautelar

Aqui será necessário requerer a suspensão da eficácia do dispositivo questionado e, consequentemente, das ações que se submetam a tais normas, aplicando-se os requisitos elencados no art. 10 da Lei n. 9.868/99.

Válida a explanação do risco/perigo na demora ("periculum in mora") e da probabilidade do direito/fumaça do bom direito ("fumus boni iuris").

V – Dos Pedidos

Ante o exposto, requer:

a) a concessão de medida cautelar para fins de suspender a eficácia do dispositivo questionado de forma "erga omnes", nos termos do art. 10 da Lei n. 9.868/99;
b) a intimação/notificação do ente ou autoridade responsável pela elaboração da norma para, querendo, apresentar resposta no prazo legal;
c) a intimação/notificação do Advogado-Geral da União para, no prazo legal, apresentar manifestação sobre o mérito da ação, conforme art. 10, § 1º, da Lei n. 9.868/99;
d) a intimação/notificação do Procurador-Geral da União para, no prazo legal, apresentar manifestação sobre o mérito da ação, conforme arts. 8º e 10, § 1º, da Lei n. 9.868/99;
e) a procedência da demanda para que seja declarada a inconstitucionalidade da lei...;
f) a juntada das inclusas cópias em duas vias, da inicial, procuração, lei/ato normativo e documentos que comprovem a impugnação da norma inconstitucional, em cumprimento do art. 3º da Lei n. 9.868/99.

Dá-se à causa o valor de R$... (numeral e por extenso).

Nesses termos, pede deferimento.

Local..., Data...

Advogado... OAB.../n. ...

10.3. Ação declaratória de constitucionalidade (ADC)

10.3.1. Conceito, cabimento e características gerais

A ADC tem por finalidade a confirmação da constitucionalidade de norma federal editada após a promulgação da Carta Republicana de 1988 e que esteja sendo questionada em reiteradas decisões judiciais.

Atente-se para a peculiar distinção em relação à ADI, pois na ADC apenas se questiona a constitucionalidade de ato normativo federal, não sendo aplicável para leis estaduais ou distritais; mantendo-se em comum a impossibilidade para as normas municipais.

O Supremo Tribunal Federal exercerá o papel de declarar a existência de constitucionalidade na norma (art. 102, I, *a*, da CF/88) de forma ampla, impessoal, genérica e com efeitos *erga omnes*.

Novamente será utilizada a Lei federal n. 9.868/99 para disciplinar sua aplicação, apresentando o rol de legitimados para propositura (art. 13[2]), requisitos da petição e indicação da controvérsia jurídica relevante (art. 14), requisitos de admissibilidade (art. 15) e procedimentos (arts. 16, 18, 19 e 20).

O examinando também deverá atentar para o requerimento de medida cautelar, convencendo a maioria absoluta dos Ministros da Corte Suprema quanto à necessidade de suspensão de todos os processos que abordem a aplicação do ato normativo em análise, até o final do julgamento da ADC (art. 21 da Lei n. 9.868/99).

Ressalte-se, ainda, a desnecessidade de participação do Advogado-Geral da União nesta ação, uma vez que o legitimado tem como objetivo a declaração de constitucionalidade da norma. Inexistindo requerimento de inconstitucionalidade, inexiste necessidade de defesa pelo mencionado advogado público.

10.3.2. Modelo estruturado

EXCELENTÍSSIMO SENHOR DOUTOR MINISTRO PRESIDENTE DO SUPREMO TRIBUNAL FEDERAL

(Espaço de três a quatro linhas)

2 Atente-se para o rol ampliativo previsto no art. 103 da Constituição Federal.

Nome do Legitimado, pessoa jurídica de direito privado, inscrito no Cadastro Nacional de Pessoas Jurídicas sob n. ..., com sede domiciliada... conforme o art. 103, inciso..., da CF/88 e o art. 13 da Lei n. 9.868/99, por advogado regularmente inscrito na OAB/..., integrante do escritório... inscrito no CNPJ sob o n. ... situado na ..., vem respeitosamente à presença de Vossa Excelência, com fundamento no art. 102, I, "a", da CF/88, nos arts. 13 a 21 da Lei n. 9.868/99 e nos arts. 103 e 319 do CPC, propor

AÇÃO DECLARATÓRIA DE CONSTITUCIONALIDADE
COM PEDIDO CAUTELAR,

uma vez que a norma federal objeto da ação é constitucional e vem sendo causa de controvérsia judicial, conforme se comprovará, pelos fatos e fundamentos jurídicos a seguir aduzidos:

I – Legitimidade/Pertinência Temática

O examinando deverá demonstrar a existência de legitimidade do autor para apresentação da presente ação, utilizando-se do art. 103 da CF e do art. 13 da Lei n. 9.868/99.

Ressalte-se que a doutrina e a jurisprudência apontam para a necessidade de demonstração, por parte de alguns legitimados, da denominada pertinência temática, assim entendida como o convencimento de que a decisão final lhe seria aplicável.

Governador de Estado ou Distrito Federal, Mesas das Assembleias Legislativas, confederações sindicais ou entidade de âmbito nacional necessitam de tal comprovação.

II – Dos Fatos: a Controvérsia Judicial Relevante

Nesse momento, serão necessárias a explanação dos fatos e a demonstração da controvérsia judicial relevante para a propositura da ação, pois não será cabível a propositura de ADC em matérias pacíficas.

Aconselhamos abordar a existência de decisões conflitantes em tribunais e juízos inferiores (caso o enunciado demonstre), bem como a menção ao dispositivo do art. 14, III, da Lei n. 9.868/99.

III – Do Direito: Constitucionalidade

Nessa oportunidade, o examinando deverá expor todos os fundamentos jurídicos na defesa da declaração de constitucionalidade da norma.

Realize a subsunção de normas jurídicas e constitucionais ao caso concreto, amoldando-a naquilo que o quesito determinou. Caso possível, realize a subdivisão em tópicos, facilitando a leitura por parte do avaliador.

IV – Da Medida Cautelar

Aqui será necessário requerer a suspensão das ações judiciais que se submetam às normas federais em análise, aplicando-se os requisitos elencados no art. 21 da Lei n. 9.868/99.

Válida a explanação do risco/perigo na demora ("periculum in mora") e da probabilidade do direito/fumaça do bom direito ("fumus boni iuris").

V – Dos Pedidos

Ante o exposto, requer:

a) a concessão de medida cautelar para fins de sobrestar os julgamentos das ações judiciais que envolvam a aplicação do dispositivo federal objeto da ação, nos termos do art. 21 da Lei n. 9.868/99;

b) a intimação/notificação do Procurador-Geral da União para, querendo, apresentar manifestação sobre o mérito da ação, com fulcro no art. 19 da Lei n. 9.868/99;

c) a procedência da demanda para que seja declarada a constitucionalidade da lei federal... de forma "erga omnes", efeito vinculante e "ex tunc".

Dá-se à causa o valor de R$... (numeral e por extenso).

Nesses termos, pede deferimento.

Local..., Data...

Advogado... OAB.../n. ...

10.4. Ação direta de inconstitucionalidade por omissão (ADO)

10.4.1. Conceito, cabimento e características gerais

A ADO figura como importante instrumento processual para consagração de direitos ainda não regulamentados.

Diante da existência de normas constitucionais de eficácia limitada, faz-se necessária a complementação legislativa (normas infraconstitucionais) para o pleno exercício dos direitos nela garantidos.

Pois bem. Ocorrendo ausência de normatizações pelos poderes executivos ou legislativos federais, estaduais ou distritais (esta, enquanto no exercício de sua competência estadual), caberá a propositura da ADO.

Caberá ao Supremo Tribunal Federal o papel de cientificar o poder competente (executivo ou legislativo) para a adoção das providências necessárias e, em se tratando de órgão administrativo, para fazê-lo em 30 dias (art. 103, § 2º, da CF/88).

A regulamentação desta ação também será realizada pela Lei federal n. 9.868/99, estabelecendo o rol de legitimados como o mesmo aplicado para a ADI e para a ADO (art. 12-A), requisitos da petição e indicação da omissão total ou parcial (art. 12-B), requisitos de admissibilidade (art. 12-C) e procedimentos (arts. 12-D e 12-E).

O examinando também deverá atentar para o requerimento de medida cautelar, convencendo a maioria absoluta dos ministros da Corte Suprema quanto à excepcional urgência e relevância da matéria, pugnando pela suspensão de lei ou ato normativo de parcial omissão, bem como de processos judiciais ou administrativos (arts. 12-F e 12-G da Lei n. 9.868/99).

Para exigência desta peça no Exame de Ordem, será fundamental a prestação da informação quanto à ausência de normatização e à consequente necessidade de regulamentação.

10.4.2. Modelo estruturado

EXCELENTÍSSIMO SENHOR DOUTOR MINISTRO PRESIDENTE DO SUPREMO TRIBUNAL FEDERAL

(Espaço de três a quatro linhas)

Nome do Legitimado, pessoa jurídica de direito privado, inscrito no Cadastro Nacional de Pessoas Jurídicas sob n. ..., com sede domiciliada..., conforme o art. 103, inciso..., da CF/88 e os arts. 2º e 12-A da Lei n. 9.868/99, por seu advogado regularmente inscrito na OAB/..., integrante do escritório... inscrito no CNPJ sob o n. ... situado na ..., vem, respeitosamente, à presença de Vossa Excelência, com fundamento no art. 102, I, "a", da CF/88, no art. 12-A e seguintes da Lei n. 9.868/99 e nos arts. 103 e 319 do CPC, propor

AÇÃO DIRETA DE INCONSTITUCIONALIDADE POR OMISSÃO

com pedido cautelar em face de (Legitimado passivo – órgão ou autoridade responsável pela mora que inviabiliza o pleno exercício da norma constitucional), uma vez que a falta da norma regulamentadora impede a plena eficácia da norma constitucional de eficácia limitada, conforme se comprovará:

I – Legitimidade Ativa/Pertinência Temática

O examinando deverá demonstrar a existência de legitimidade do autor para apresentação da presente ação, utilizando-se do art. 103 da CF e do art. 12-A da Lei n. 9.868/99.

Ressalte-se que a doutrina e a jurisprudência apontam para a necessidade de demonstração, por parte de alguns legitimados, da denominada pertinência temática, assim entendida como o convencimento de que a decisão final lhe seria aplicável.

Ademais, também será necessário comprovar que o próprio legitimado não detém competência para iniciar o projeto de lei (afinal, seria desnecessária a procura pelo Poder Judiciário se ele mesmo pudesse propor a criação da norma).

II – Legitimidade Passiva

Demonstrar que o órgão ou entidade indicada no polo passivo seria a responsável pela inércia normativa, ensejando sua provocação na inconstitucionalidade por omissão.

III – Dos Fatos

Narração semelhante ao próprio quesito proposto, apenas atentando para a não repetição de alguns pontos desnecessários (evitar repetição de expressões).

IV – Do Direito: a Norma de Eficácia Limitada (a omissão administrativa)

Explicar a existência de norma constitucional de eficácia limitada, necessitando de complementação por ato infraconstitucional para o pleno exercício de direitos.

Aconselhamos a indicação das omissões legislativas ou administrativas (nos moldes apresentados pelo enunciado), acrescentando a previsão do art. 12-A da Lei n. 9.868/99.

V – Da Medida Cautelar

Aqui será necessário requerer a suspensão de normatizações com parciais omissões ou mesmo de processos judiciais ou administrativos sobre o tema, aplicando-se os requisitos elencados nos arts. 12-F e 12-G da Lei n. 9.868/99.

Válida a explanação do risco/perigo na demora ("periculum in mora") e da probabilidade do direito/fumaça do bom direito ("fumus boni iuris").

VI – Dos Pedidos

Ante o exposto, requer:

a) a concessão de medida cautelar para fins de suspender a aplicação de norma com omissão parcial ou suspender processos judiciais ou administrativos em curso, nos termos do art. 12-F da Lei n. 9.868/99;
b) a intimação/notificação do órgão ou entidade responsável pela elaboração da norma para, querendo, apresentar resposta no prazo legal;
c) a intimação/notificação do Advogado-Geral da União para, no prazo legal, apresentar manifestação sobre o mérito da ação, na forma do art. 12-E, § 2º, da Lei n. 9.868/99;
d) a intimação/notificação do Procurador-Geral da União para, no prazo legal, apresentar manifestação sobre o mérito da ação, nos termos dos arts. 12-F, § 2º, e 12-E, § 3º, da Lei n. 9.868/99;
e) a procedência da demanda para que seja declarada a inconstitucionalidade por omissão, determinando a ciência do Poder (executivo ou legislativo) competente para adoção das medidas necessárias (ou, em se tratando de órgão administrativo, que realize a normatização no prazo de trinta dias);
f) a juntada das inclusas cópias em duas vias, da inicial e dos documentos necessários para comprovar a alegação de omissão, em cumprimento do art. 12-B, parágrafo único, da Lei n. 9.868/99.

Dá-se à causa o valor de R$... (numeral e por extenso).

Nesses termos, pede deferimento.

Local..., Data...

Advogado... OAB.../n. ...

10.5. Arguição de descumprimento de preceito fundamental (ADPF)

10.5.1. Conceito, cabimento e características gerais

A ADPF caracteriza-se como uma ferramenta utilizada para evitar ou reparar lesão a preceito fundamental resultante de ato do poder público federal, estadual, distrital ou municipal.

Entre seus elementos marcantes, destaca-se a aplicação abrangente e subsidiária em relação às anteriores ações de controle estudadas, utilizando-se quando não cabíveis a ADI, ADC e ADO.

Ressalte-se, ainda, a possibilidade de seu manejo quando se pretende questionar preceitos de lei ou atos normativos anteriores à Constituição Federal de 1988, muitas vezes exercendo o papel deixado pela ADI.

Incumbe ao Supremo Tribunal Federal, como protetor do sistema constitucional brasileiro, o papel de apreciação da ADPF (art. 102, § 3º, da CF/88), utilizando-se das especificações da lei de regência.

Aliás, a regência para esta espécie processual foi exteriorizada pela Lei federal n. 9.882/99, utilizando-se como legitimados os mesmos da ADI (art. 2º), elencando os requisitos da petição inicial (art. 3º), admissibilidade (art. 4º) e procedimentos (arts. 7º a 13).

O examinando também deverá atentar para o requerimento de medida liminar, convencendo a maioria absoluta dos ministros da Corte Suprema quanto à necessidade de suspensão do andamento de processos ou efeitos de decisões judiciais se relacionadas à matéria objeto da arguição (art. 5º da Lei n. 9.882/99).

Por fim, ressalte-se que a exigência no Exame de Ordem dependerá, conforme já explanado, da subsidiariedade para as anteriores ações de controle. O examinando somente deve se valer desta ação quanto inconteste a existência de violação a preceito fundamental anterior a atual Carta Magna e quando não cabíveis a ADI, ADC e ADO.

10.5.2. Modelo estruturado

EXCELENTÍSSIMO SENHOR DOUTOR MINISTRO PRESIDENTE DO SUPREMO TRIBUNAL FEDERAL

(Espaço de três a quatro linhas)

Nome do Legitimado, pessoa jurídica de direito privado, inscrito no CNPJ sob n. ..., com sede domiciliada..., conforme o art. 103, inciso..., da CF e o art. 2º, I, da Lei n. 9.882/99, por seu advogado regularmente inscrito na OAB/..., integrante do escritório... inscrito no CNPJ sob o n. ... situado na ..., vem, respeitosamente, à presença de Vossa Excelência, com fundamento no art. 102, § 1º, da CF/88, na Lei n. 9.882/99 e nos arts. 103 e 319 do CPC, propor

ARGUIÇÃO DE DESCUMPRIMENTO DE PRECEITO FUNDAMENTAL,
COM PEDIDO LIMINAR,

em face de [legitimado passivo – responsável pela violação ao preceito fundamental], uma vez que violou preceito fundamental da Constituição Federal, pelos fundamentos de fato e de direito a seguir aduzidos.

I – Legitimidade/Pertinência Temática

O examinando deverá demonstrar a existência de legitimidade do autor para apresentação da presente ação, utilizando-se do art. 103 da CF e do art. 2º da Lei n. 9.882/99.

Ressalte-se que a doutrina e a jurisprudência apontam para a necessidade de demonstração, por parte de alguns legitimados, da denominada pertinência temática, assim entendida como o convencimento de que a decisão final lhe seria aplicável.

Governador de Estado ou Distrito Federal, Mesas das Assembleias Legislativas, confederações sindicais ou entidade de âmbito nacional necessitam de tal comprovação.

II – Da Inexistência de Outro Meio Eficaz Capaz de Sanar a Lesão

Demonstrar que não existe outro meio eficaz de sanar a lesividade bem como o caráter de subsidiariedade da ADPF.

III – Dos Fatos

Narração semelhante ao próprio quesito proposto, apenas atentando para a não repetição de alguns pontos desnecessários (evitar repetição de expressões).

IV – Do Direito: a Controvérsia Constitucional (a violação ao preceito fundamental)

Nessa oportunidade, o examinando deverá expor todos os fundamentos jurídicos na exposição da controvérsia constitucional posterior ou anterior à CF/88, demonstrando inexistir outro mecanismo capaz de sanar tal situação.

Também será utilizado quando existir necessidade de reparação a preceito fundamental já violado, exigindo do examinando que indique qual foi (conforme elencado pelo enunciado da questão).

V – Da Medida Liminar

Aqui será necessário requerer a suspensão da eficácia do dispositivo questionado e, consequentemente, das ações que se submetam a tais normas, aplicando-se os requisitos elencados no art. 5º da Lei n. 9.882/99.

Válida a explanação do risco/perigo na demora ("periculum in mora") e da probabilidade do direito/fumaça do bom direito ("fumus boni iuris").

VI – Dos Pedidos

Ante o exposto, requer:

a) que seja concedida a medida liminar para fins de suspender o andamento de processos ou decisões judiciais relacionados a aplicação das normas em discussão, nos termos do art. 5º, § 2º, da Lei n. 9.882/99;

b) a intimação/notificação da autoridade responsável pela prática do ato questionado para, querendo, apresentar resposta nos termos do art. 6º da Lei n. 9.882/99;

c) a intimação/notificação do Advogado-Geral da União para, no prazo legal, apresentar manifestação sobre o mérito da ação, na forma do art. 5º, § 2º, da Lei n. 9.882/99;

d) a intimação/notificação do Procurador-Geral da União para, no prazo legal, apresentar manifestação sobre o mérito da ação, na forma do art. 5º, § 2º, da Lei n. 9.882/99;

e) a procedência da demanda para que seja reconhecida a violação do preceito fundamental, determinando as condições para sua correta aplicação;

f) a juntada das inclusas cópias em duas vias, da inicial, procuração, cópias do ato questionado e dos documentos necessários para comprovar a impugnação, em cumprimento ao art. 3º, parágrafo único, da Lei n. 9.882/99.

Dá-se à causa o valor de R$... (numeral e por extenso).

Nesses termos, pede deferimento.

Local..., Data...

Advogado... OAB.../n. ...

11. CONTESTAÇÃO

11.1. Considerações iniciais: conceito e cabimento

A contestação é o instrumento de defesa por excelência. Prevista no art. 335 do Código de Processo Civil, a contestação é o momento em que o réu contradita as alegações realizadas pelo titular do crédito objeto da cobrança.

Seria uma hipótese inusitada sua cobrança no Exame de Ordem, mas, como se trata de peça privativa de advogado e faz parte do curso processual, entendemos que é importante a sua abordagem. Assim, caso seja exigida no exame de ordem, o Examinando estará na defesa do Fisco, contra uma ação ordinária promovida pelo contribuinte, como no caso de uma ação declaratória de inexistência do crédito tributário ou de relação jurídica ou ação anulatória do crédito tributário. Nesse caso, a atuação será em defesa da fazenda, refutando os argumentos trazidos pelo contribuinte.

O prazo para apresentação da contestação é de 15 dias úteis, pois se trata de prazo processual e a defesa deve ser setorizada em defesa de mérito e preliminares.

Em sede preliminar, devem ser alegados, na forma do art. 337 do Código de Processo Civil, inexistência ou nulidade da citação, incompetência absoluta e relativa, incorreção do valor da causa, inépcia da petição inicial, perempção, litispendência, coisa julgada, conexão, incapacidade da parte, defeito de representação ou falta de autorização, convenção de arbitragem, ausência de legitimidade ou de interesse processual, falta de caução ou de outra prestação que a lei exige como preliminar e indevida concessão do benefício de gratuidade de justiça.

No mérito, a parte Ré deverá alegar toda a matéria relativa à defesa das alegações trazidas na inicial, contraditando cada ponto alegado individualmente e de forma precisa, presumindo verdadeiras as alegações não contestadas, conforme o art. 341 do Código de Processo Civil.

Assim sendo, no prazo para contestação o Réu deverá alegar toda a matéria útil à sua defesa.

11.2. Características

A contestação é o meio para defesa do Réu por excelência. Sua elaboração deve estar em consonância com a inicial, pois seu objetivo é afastar a pretensão do Autor da demanda. Portanto, a contestação é uma peça de bloqueio, em que o defensor exerce o contraditório e a ampla defesa.

11.2.1. Prazo e formalidade

O prazo para apresentação da contestação é de 15 dias úteis, conforme os arts. 335 e 212 do Código de Processo Civil. A contestação deverá ser apresentada nos autos da inicial, sendo direcionada ao juiz da causa.

Na contestação, não há pedido de citação do réu, pois somente o réu poderá apresentar contestação, mas caberá, em casos específicos, a concessão de tutela antecipada para evitar o perecimento de direitos.

Na peça, deverá ser o Réu qualificado integralmente, como se fosse uma petição inicial, devendo constar ainda o pedido de provas, improcedência do pedido e condenação em custas e honorários advocatícios.

Por fim, mas não menos importante, devemos destacar que não há indicação do valor da causa das contestações, uma vez que se trata de requisito da inicial e não da peça de defesa do contribuinte.

11.3. Como identificar a peça no exame

No exame de ordem, para que seja caracterizado o cabimento dessa peça processual, deverá estar claro que o seu cliente é um ente federado e você, na condição de advogado ou procurador, deverá defender seus interesses em juízo, em ação proposta pelo contribuinte.

Assim, deverão estar presentes expressões como as seguintes:

- *[...] você, na condição de procurador do Município, apresente a peça processual para defesa do ente público na ação promovida pelo particular [...].*
- *[...] você, na condição de advogado do Estado X, fundamente os elementos necessários à defesa do ente em juízo [...]*
- *[...] na qualidade de advogado do município redija uma contestação [...]*

11.4. Modelo estruturado

MM. JUIZO FEDERAL DA ... VARA FEDERAL DA SEÇÃO JUDICIÁRIA...

(Espaço de três a quatro linhas)

Processo n. ...

Réu..., pessoa jurídica de direito público, inscrita no CNPJ sob o n. ..., com endereço... e endereço eletrônico..., neste ato representada por seu representante legal, pelo advogado que esta subscreve, com endereço profissional..., na forma do art. 103 do CPC, vem, nos autos da ação ajuizada por ..., respeitosamente, perante Vossa Excelência, com fulcro no art. 335 do CPC, oferecer

CONTESTAÇÃO

I. Da Tempestividade

Citar o art. 335 do CPC, que define o prazo para contestação, bem como o art. 212 do CPC, que define o prazo em dias úteis.

II. Das Preliminares Processuais (se houver)

Citar a ocorrência de uma das hipóteses do art. 337 do CPC, ressaltando a extinção do processo sem a análise do mérito, na forma do art. 485 do CPC.

III. Da Impossibilidade de Realização de Audiência de Conciliação

Apenas informar que não caberá, conforme art. 334, § 4º, II, do CPC.

IV. Dos Fatos

Narração semelhante ao próprio quesito proposto, apenas atentando para a não repetição de alguns pontos desnecessários, como os nomes das Partes (evitar repetição de expressões).

Resumo dos fatos trazidos pelo enunciado, SEM COPIÁ-LOS.

V. Do Direito

a) Cabimento
b) Mérito
Ordem dos fundamentos
- Constituição Federal
- Lei Complementar
- Lei Ordinária ou Medida Provisória
- Decreto
- Súmula do STF
- Súmula do STJ
- Súmula do TFR

VI. Do Pedido

Em face do exposto, requer:

a) sejam acolhidas as preliminares processuais alegadas pelo Réu em sua peça de bloqueio, para que seja reconhecida a ... (falar uma das hipóteses do art. 337 do CPC), extinguindo-se o processo sem resolução de mérito, na forma do art. 485 (escolher o inciso correspondente) do Código de Processo Civil; (se houver)
b) sejam, preliminarmente, apreciadas as questões prejudiciais suscitadas pelo Réu em sua peça de bloqueio, para que seja reconhecida a ... (falar sobre a prejudicial do caso concreto), na forma do art. 487, III, do Código de Processo Civil; (se houver)

c) sejam julgados improcedentes os pedidos formulados pelo Autor em sua exordial, na forma do art. 487, I, do Código de Processo Civil, para que seja rejeitado o pleito autoral no sentido de ... (falar do motivo pelo qual o pedido do autor deve ser rejeitado);

d) seja o Autor condenado(a) nos ônus sucumbenciais, na forma do art. 85, § 3º, do Código de Processo Civil.

Protesta o Réu pela produção de todos os meios de provas em direito admitidos, na forma do art. 369 do Código de Processo Civil.

Nesses termos, pede deferimento.

Local..., Data...

Advogado... OAB.../n. ...

11.5. Gabaritando o Exame

(34º Exame de Ordem – 2007.3) Em determinado município, foi publicada, em julho de 2006, uma lei que isentava de IPTU "os portadores de dificuldade de locomoção decorrente de deficiência nos membros inferiores" (*in verbis*).

Após ser notificado, em janeiro de 2007, para pagar o IPTU de 2007, Aderaldo, portador de cegueira congênita, ajuizou ação contra o município, na qual pedia que fosse declarada a inexistência da relação jurídico-tributária referente ao IPTU, com a desconstituição daquele lançamento tributário. Na ação, Aderaldo alegou que, por analogia, enquadrava-se na mesma categoria dos "portadores de dificuldade de locomoção" citados na mencionada lei, uma vez que, segundo ele, os cegos também têm dificuldade de se locomover, muitas vezes, maior do que a dos deficientes motores.

Aderaldo aproveitou a ação, também, para pedir o direito de não pagar a contribuição de iluminação pública, que é cobrada juntamente com as contas de energia elétrica. Apresentou como razões para tal pedido: a) que as notificações de pagamento que tem recebido não foram expedidas pela prefeitura, como exigiria o Código Tributário Nacional; b) que, no seu caso, não ocorreria o fato gerador da obrigação tributária, visto que, sendo ele cego e sendo o fato gerador de tal tributo uma situação de fato, aplicar-se-ia, no caso, a regra do *caput* e a do inciso I do art. 116 do CTN, que rezam: "Salvo disposição de lei em contrário, considera-se ocorrido o fato gerador e existentes os seus efeitos: I – tratando-se de situação de fato, desde o momento em que se verifiquem as circunstâncias materiais necessárias a que produza os efeitos que normalmente lhe são próprios".

Conforme argumentação apresentada por Aderaldo, a definição do fato gerador da iluminação pública exige que o contribuinte se enquadre no conceito de receptador dessa iluminação, o que não ocorreria com ele.

Na qualidade de advogado da prefeitura e considerando a situação hipotética acima, redija uma contestação à ação proposta por Aderaldo.

Obs.: todos os dados não disponíveis, sejam eles sobre Aderaldo, sobre o município ou qualquer outro que seja necessário especificar no texto, devem ser seguidos de reticências (como, por exemplo, "domiciliado ..., CNPJ ..."); no exame de sua peça serão consideradas a técnica profissional e a argumentação material sobre os três pontos levantados por Aderaldo.

GABARITO:

MM. JUIZO DE DIREITO DA... VARA DE FAZENDA PÚBLICA DA COMARCA...

(Pular de três a quatro linhas)

Processo n. ...

Município..., pessoa jurídica de direito público, inscrita no CNPJ sob o n. ..., com endereço... e endereço eletrônico..., neste ato representada por seu representante legal, pelo advogado que esta subscreve, com endereço profissional..., na forma do art. 103 do CPC, vem, nos autos da ação ajuizada por ..., respeitosamente, perante Vossa Excelência, com fulcro no art. 335 do CPC, oferecer

CONTESTAÇÃO

I. Da Tempestividade

O prazo para apresentar contestação é de 15 dias, conforme o art. 335 do CPC. Ademais, como determina o art. 212 do CPC, tal prazo deverá ser contado em dias úteis.

II. Das Preliminares Processuais

Não há preliminares a serem alegadas no caso concreto.

III. Da Impossibilidade de Realização de Audiência de Conciliação

Apesar de o art. 319, VII, do CPC prever a realização de audiência preliminar como requisito da inicial, tal realização deverá estar de acordo com o interesse das partes. Ademais, conforme disposto no art. 334, § 4º, II, do mesmo diploma legal, não é cabível a realização de audiência de conciliação nas hipóteses em que o direito em discussão seja indisponível, como é o caso em análise.

IV. Dos Fatos

Foi publicada, em julho de 2006, uma lei isentando de IPTU "os portadores de dificuldade de locomoção decorrente de deficiência nos membros inferiores". O autor foi notificado, em janeiro de 2007, para pagar o IPTU de 2007, mas, na condição de portador de cegueira congênita, ajuizou a presente ação contra o município, na qual requer que seja declarada a inexistência da relação jurídico-tributária referente ao IPTU, bem como a desconstituição daquele lançamento tributário.

O Autor alega em sua exordial o direito de aplicação da analogia, pois se enquadraria na mesma categoria dos "portadores de dificuldade de locomoção" citados na mencionada lei, ao passo que os cegos também têm dificuldade de se locomover, muitas vezes maior do que a dos deficientes motores.

O Autor alega, ainda, que possui o direito de não pagar a contribuição de iluminação pública, que é cobrada juntamente com as contas de energia elétrica, sob os argumentos de que as notificações de pagamento que tem recebido não foram expedidas pela prefeitura, como exigiria o Código Tributário Nacional.

Alegou, ainda, que, no seu caso, não ocorreria o fato gerador da obrigação tributária, visto que, por ser cego e sendo o fato gerador de tal tributo uma situação de fato, aplicar-se-ia, no caso, a regra do "caput" e a do inciso I do art. 116 do CTN. Dessa forma, não se se enquadraria no conceito de receptador dessa iluminação, não devendo, então, ser caracterizado como sujeito passivo da obrigação tributária.

V. Do Direito

a) Cabimento

Na forma do art. 335 do CPC, é cabível a contestação para que seja exercido o contraditório e ampla defesa pelo Réu. Portanto, resta cabível a presente peça processual.

b) Da interpretação literal da isenção

Na forma do art. 111, II, do CTN, a isenção deverá ser interpretada literalmente, não cabendo sua extensão para além das hipóteses previstas em lei.

Assim sendo, a isenção prevista em lei somente abrange deficientes físicos, não abrangendo os deficientes visuais, de modo que o Autor não tem qualquer respaldo para seu pleito na legislação.

c) Da possibilidade de cobrança na conta de consumo de energia elétrica

O art. 149, parágrafo único, da CRFB autoriza que os Municípios efetuem a cobrança da contribuição de melhoria através da conta de consumo de energia elétrica. Assim, resta claro que, pelo mandamento constitucional, não há necessidade de que o Município expeça guia de cobrança dos valores referentes à contribuição.

Portanto, a alegação do Autor é vazia e não encontra respaldo em nosso ordenamento jurídico.

d) Tributo não vinculado

A contribuição de iluminação pública é espécie de tributo prevista no art. 149 da CRFB e tem como característica a destinação da sua receita. Assim sendo, é desimportante se o Autor da presente demanda se utiliza ou não da iluminação pública.

Isso porque a contribuição se caracteriza pela destinação da sua receita, tendo como fato gerador uma conduta do contribuinte. Assim, as contribuições especiais, espécie na qual se enquadra a contribuição de iluminação pública, são tributos não vinculados com receita destinada.

Assim, não assiste razão ao Autor, que, apesar de não utilizar da iluminação pública, se enquadra na condição de contribuinte.

VI. Do Pedido

Em face do exposto, requer o município Réu:

VI.I. Sejam julgados improcedentes os pedidos formulados pelo Autor em sua exordial, na forma do art. 487, I, do Código de Processo Civil, para que seja rejeitado o pleito autoral no sentido de reconhecer a legalidade da cobrança da contribuição de iluminação pública nos moldes em que é exigida e que seja afastada a isenção, tendo em vista ausência de enquadramento do Autor nos termos da lei;

VI.II. Seja o(a) Autor(a) condenado(a) nos ônus sucumbenciais, na forma do art. 85, § 3º, do Código de Processo Civil.

Protesta o(a) Ré(u) pela produção de todos os meios de provas em direito admitidos, na forma do art. 369 do Código de Processo Civil.

Nesses termos, pede deferimento.

Local..., Data...

Advogado... OAB.../n. ...

12. MEDIDA CAUTELAR FISCAL

12.1. Conceito, cabimento e características gerais

Prevista na Lei n. 8.397/92, trata-se de ação cautelar cabível quando o sujeito passivo do crédito tributário adota meios para fraudar a execução, fugindo do pagamento do tributo. Assim, fica claro que é uma ação a ser proposta pelo Fisco como proteção do crédito e garantia de sua satisfação.

Pode ser ajuizada tanto antes quanto após a propositura da execução fiscal pela Fazenda Pública, sendo competente para processar e julgar essa demanda o mesmo juízo da execução fiscal.

Com previsão na Lei n. 8.397/92, o procedimento cautelar pressupõe que o crédito esteja constituído para que seja instaurado, ressalvada a hipótese do art. 1º, parágrafo único, da citada lei.

Assim, será cabível a medida cautelar fiscal independentemente da prévia constituição do crédito tributário quando o devedor, notificado pela Fazenda Pública para que proceda ao recolhimento do crédito fiscal, põe ou tenta pôr seus bens em nome de terceiros ou aliena bens ou direitos sem proceder à devida comunicação ao órgão da Fazenda Pública competente, quando exigível em virtude de lei.

A medida cautelar fiscal somente poderá ser concedida se houver prova literal da constituição do crédito fiscal, ressalvadas as hipóteses supra, e prova documental de que a satisfação do crédito tributário está em risco.

O juízo competente para processar e julgar a medida cautelar fiscal será o juízo da execução fiscal e a petição inicial deverá indicar o juiz a quem é dirigida, a qualificação e o endereço do requerido, as provas que serão produzidas e o requerimento para citação.

O juízo, por sua vez, concederá a liminar para sustar os efeitos das transferências de bens do devedor, sendo dispensada a fazenda pública de justificação prévia ou oferecimento de caução. Uma vez concedida a cautelar, o devedor poderá substituí-la, a qualquer tempo, pela prestação de garantia correspondente ao valor da prestação da Fazenda Pública.

Importante frisar que, caso a cautelar seja deferida em procedimento preparatório, deverá a fazenda propor a execução fiscal no prazo de 60 dias contados da data em que a exigência se tornar irrecorrível na esfera administrativa.

Por fim, na forma do art. 15 da Lei n. 8.397/92, o indeferimento da medida cautelar fiscal não obsta a propositura da execução judicial. Como se não bastasse, também não influenciará no seu julgamento, salvo se o Juiz, no procedimento cautelar fiscal, acolher alegação de pagamento, de compensação, de transação, de remissão, de prescrição ou decadência, de conversão do depósito em renda, ou qualquer outra modalidade de extinção da pretensão deduzida.

Caso seja decretada a medida cautelar em definitivo, caberá apelação sem efeito suspensivo, salvo se garantido o juízo.

12.2. Modelo estruturado

AO JUÍZO FEDERAL DA... VARA FEDERAL DA SEÇÃO JUDICIÁRIA DE...

ou

AO JUÍZO DE DIREITO DA... VARA... (EXECUÇÕES FISCAIS/FAZENDA PÚBLICA/CÍVEL/ÚNICA) DA COMARCA DE...

(Espaço de três a quatro linhas)

O município de ..., pessoa jurídica de direito público, inscrita no CNPJ sob o n. ..., com endereço... e endereço eletrônico..., na pessoa do seu representante legal, vem, por seu advogado/procurador que esta subscreve, integrante da procuradoria, na forma dos arts. 103 e 319 do CPC e no art. 1º da Lei n. 8.397/92, promover a presente

MEDIDA CAUTELAR FISCAL COM PEDIDO LIMINAR

em face de Nome, nacionalidade, estado civil, profissão, portador do RG n. ..., inscrito no CPF sob o n. ..., residente e domiciliado..., com endereço eletrônico..., pelos fatos e fundamentos a seguir expostos:

I – Da Impossibilidade de Realização de Audiência de Conciliação

O CPC, em seu art. 319, VII, prevê como requisito da inicial a informação acerca do interesse do Autor na realização de audiência de conciliação ou mediação. No caso concreto, não há que se falar na realização de tal audiência, pois se trata de um direito indisponível.

II – Dos Fatos

Narração semelhante ao próprio quesito proposto, apenas atentando para a não repetição de alguns pontos desnecessários (evitar repetição de expressões).

III – Do Direito

III.I – Cabimento/III.II – Da dilapidação do patrimônio

IV – Da Necessidade de Concessão da Cautelar

O Examinando deve mostrar que estão presentes os requisitos da liminar, que são o "fumus boni iuris" e o "periculum in mora".

V – Pedido

Pelo exposto, vem requerer:

a) seja-lhe concedida a liminar, em face da urgência e relevância da medida, antes da citação do requerido, ou seja, "inaudita altera parte", máxime porque o "periculum in mora", para a imediata indisponibilidade...;

b) a citação do requerido para que, se quiser, no prazo legal de 15 dias, conteste o pedido, indicando as provas que pretende produzir;

c) seja, finalmente, decretada procedente a presente medida para confirmar a liminar, para a consequente desconstituição dos eventuais atos praticados pelo requerido;

d) a condenação do requerido no pagamento de custas processuais e honorários advocatícios e decorrentes da sucumbência, na forma do art. 85, § 3º, do CPC.

Dá-se à causa o valor de R$... (numeral e por extenso), na forma do art. 291 do CPC.

Nesses termos, pede deferimento.

Local..., Data...

Advogado... OAB.../n. ...

13. *HABEAS DATA*

13.1. Conceito, cabimento e características gerais

Durante anos discutiu-se o cabimento do *habeas data* em matéria tributária até que o Supremo Tribunal Federal, no julgamento do Recurso Extraordinário 673.707/MG, firmou o posicionamento favorável. Assim, "o *habeas data* é garantia constitucional adequada para a obtenção dos dados concernentes ao pagamento de tributos do próprio contribuinte constantes dos sistemas informatizados de apoio à arrecadação dos órgãos da administração fazendária dos entes estatais".

Previsto no art. 5º, LXXII e LXXVII, da Constituição Federal e na Lei n. 9.507/97, conceder-se-á *habeas data* para assegurar o conhecimento de informações relativas à pessoa do impetrante, constantes de registros ou bancos de dados de entidades governamentais ou de caráter público, bem como para a retificação de dados, quando não se prefira fazê-lo por processo sigiloso, judicial ou administrativo.

Assim, conforme previsto no art. 8º, parágrafo único, da Lei de Regência, a inicial de *habeas data* deverá ser instruída com prova da recusa ao acesso às informações ou do decurso de mais de dez dias sem decisão; da recusa em fazer-se a retificação ou do decurso de mais de quinze dias, sem decisão; ou da recusa em fazer-se a anotação a que se refere o § 2º do art. 4º ou do decurso de mais de quinze dias sem decisão.

A Súmula 2 do Superior Tribunal de Justiça deixa claro que, se não houve recusa de informações por parte da autoridade administrativa, não cabe *habeas data.*

Assim como o mandado de segurança, o *habeas data* deverá ser impetrado contra ato coator caracterizado como ato, comissivo ou omissivo, administrativo ou judicial, praticado por autoridade pública ou entidade quanto ao acesso ou retificação dos dados pessoais do impetrante.

A negativa de acesso ou retificação dos dados é um ato comissivo, enquanto o decurso de tempo para a decisão (seja de acesso ou retificação), previsto no art. 8º, parágrafo único, I a III, da Lei n. 9.507/97, é um ato omissivo.

Outrossim, o *habeas data* não será cabível quando houver negativa do direito de obter certidões ou informações de interesse particular ou geral, sendo a via correta a impetração do mandado de segurança. Também não caberá *habeas data* se não houver recusa de prestar a informação ou retificar os dados.

Por fim, mas não menos importante, não pode ser utilizado o *habeas data* para o conhecimento de atos de terceiros. No entanto, há precedentes do Supremo Tribunal Federal admitindo a impetração de *habeas data* por parentes de pessoa falecida, para o conhecimento de informações a ele relativas, conforme posicionamento firmado no RE 589.257/DF.

13.2. Modelo estruturado

AO JUÍZO FEDERAL DA ... VARA FEDERAL DA SEÇÃO JUDICIÁRIA ...

(Espaço de três a quatro linhas)

Autor, nacionalidade, estado civil, profissão, RG n. ..., CPF n. ..., com endereço eletrônico ..., residente e domiciliado na rua..., vem, por seu advogado, infra-assinado, integrante do escritório ... inscrito no CNPJ ... e endereço profissional na rua..., onde serão encaminhadas as intimações do feito, com fulcro nos arts. 103 e 319 do CPC e 1º da Lei n. 9.507/97, impetrar

"HABEAS DATA"

contra ato da autoridade coatora, agente público, com endereço profissional na rua..., pelos fatos e fundamentos a seguir:

I – Da Impossibilidade de Realização de Audiência de Conciliação

O CPC, em seu art. 319, VII, prevê como requisito da inicial a informação acerca do interesse do Autor na realização de audiência de conciliação ou mediação. No caso concreto, não há que se falar na realização de tal audiência, pois se trata de um direito indisponível.

II – Dos Fatos

Narração semelhante ao próprio quesito proposto, apenas atentando para a não repetição de alguns pontos desnecessários (evitar repetição de expressões).

III – Do Direito

III.I – Cabimento/III.II – Da negativa de fornecimento de informação sobre fiscalização em curso

IV – Pedido

Pelo exposto, requer:

a) a notificação da autoridade coatora para que preste as informações no prazo de lei;

b) a procedência dos pedidos, marcando data e hora para que sejam entregues as informações requeridas pelo impetrante;

c) a juntada dos documentos anexos e necessários à comprovação do direito líquido e certo do impetrante;

d) a intimação do Ilustríssimo representante do Ministério Público para atuar como fiscal da lei.

Dá-se à causa o valor de R$... (numeral e por extenso).

Nesses termos, pede deferimento.

Local..., Data...

Advogado... OAB.../n. ...

14. QUESTÕES COMENTADAS

Nesse momento, abordaremos todas as questões subjetivas já exigidas pela banca *Fundação Getulio Vargas (FGV)* no Exame de 2ª fase OAB Tributário.

Objetivando organizar seu estudo, realizamos a separação das questões por assuntos *predominantes*, utilizando-se da distribuição de pontos e gabarito oficial, com as devidas atualizações jurídicas.

I. CONCEITO DE TRIBUTO E ESPÉCIES TRIBUTÁRIAS

1. **(V Exame OAB)** Corta Pinheiro Ltda., empresa madeireira regularmente estabelecida e em dia com suas obrigações fiscais, recebeu, há pouco, boleto para pagamento de duas taxas: a Taxa de Controle e Fiscalização Ambiental (TCFA), instituída por lei federal, que confere ao Ibama poderes para controlar e fiscalizar atividades potencialmente poluidoras e utilizadoras de recursos naturais, que deve ser paga trimestralmente, e a Taxa de Conservação das Vias e Logradouros Públicos (TCVLP) do município onde a Corta Pinheiro Ltda. está sediada, esta com exação anual. Após uma breve pesquisa, o departamento jurídico da empresa atesta que, no último ano, o Ibama, apesar de manter o órgão de controle em funcionamento, não procedeu a qualquer fiscalização da empresa e que o município efetivamente mantém órgão específico responsável pela conservação das vias e logradouros públicos. Com base no caso acima, responda aos itens a seguir, empregando os argumentos jurídicos apropriados e a fundamentação legal pertinente ao caso.

A) Qual é a principal diferenciação entre a natureza jurídica da TCFA e a TCVLP e como ela influencia o caso em tela? (Valor: 0,85)

B) As taxas são devidas? (Valor: 0,40)

GABARITO:

A) A questão versa sobre duas espécies de taxas, uma relativa ao exercício do poder de polícia e outra sobre a prestação de serviços públicos, conforme previsão do art. 145, II, da CF/88 ou nos arts. 77, 78 e 79 do CTN. A TCFA tem natureza de poder de polícia ao passo em que a TCVLP estaria afeta a realização de serviço público (0,85).

B) O STF já pacificou entendimento quanto à desnecessidade da vistoria ou fiscalização "porta a porta" para a cobrança da taxa relativa ao exercício do poder de polícia. Para o Pretório Excelso, basta a existência do órgão competente na estrutura do ente federativo que exercite o poder de polícia, que não se restringe a atos fiscalizadores, mas compreende qualquer ato necessário para atestar a conformidade da atuação do contribuinte às normas ambientais, no caso em tela.

Deste modo, a TCFA é devida.

Já em relação à TCVLP, o CTN exige que a possibilidade da exação encontre fundamento somente quando o serviço público prestado for específico e divisível. Considerando que essa taxa não concentra tais características, seria, portanto, inconstitucional (0,40).

2. **(VIII Exame OAB)** Determinado Município instituiu, mediante lei, uma Taxa de Instalação de Rede Elétrica, tendo como contribuintes moradores de certo bairro que se encontravam desprovidos do serviço de iluminação pública. Nesse caso, tal exação fiscal se compatibiliza com o ordenamento jurídico tributário em vigor? Justifique sua resposta, apontando todos os dispositivos legais pertinentes, ciente de que o fato gerador da taxa é a instalação de rede elétrica. (Valor: 1,25)

GABARITO: De acordo com o art. 4º, I, do CTN, a natureza jurídica específica do tributo é determinada pelo seu fato gerador (0,40).

Ademais, cabe observar que a exação não é taxa, por não se tratar de serviço público específico e divisível, nos ternos do art. 145, II, da CF/88 ou art. 77 do CTN. (0,85).

3. **(IX Exame OAB)** Suponha que a União Federal tenha editado Lei Ordinária n. "X" em 14-5-2012, a fim de disciplinar o imposto sobre grandes fortunas - IGF, dispondo, em seu art. 1º, exclusivamente, as seguintes hipóteses de incidência:

I - a aquisição de disponibilidade econômica ou jurídica de renda, assim entendido o produto do capital, do trabalho ou da combinação de ambos com valor acima de 1 milhão de reais.

II - quaisquer outros acréscimos patrimoniais não entendidos no inciso anterior.

De acordo com o exposto, é possível a instituição e a cobrança do referido imposto sobre grandes fortunas (IGF)? Justifique, apontando os dispositivos legais pertinentes. (Valor: 1,25)

GABARITO: O IGF encontra-se previsto no art. 153, VII, da CF/88, possibilitando à União Federal instituí-lo de acordo com as regras constitucionais previstas (0,55), sendo certo que deverá o IGF ser instituído mediante lei complementar, o que não foi observado (0,35).

Ademais, tem-se o mesmo fato gerador do imposto de renda, o que caracteriza dupla incidência sobre o mesmo fato gerador já previsto no art. 43, I e II, do CTN. Desse modo, a lei em questão é inconstitucional (0,35).

4. **(XI Exame OAB)** A União, com o objetivo de financiar projetos de eletrificação rural, edita lei instituindo Contribuição de Intervenção no Domínio Econômico que tem como fato gerador a propriedade de imóvel rural ao longo do exercício financeiro. A base de cálculo é o valor venal do imóvel, e a alíquota é de 0,1%. Diante da hipótese, analise a competência tributária para instituição da contribuição e os aspectos de seu fato gerador, notadamente a base de cálculo e o aspecto material. (Valor: 1,25)

GABARITO: A União Federal, de acordo com o estabelecido no art. 149 da CF/88, tem competência para instituir contribuições de intervenção no domínio econômico. O fomento é uma forma de intervenção do Estado na economia, havendo referibilidade entre os contribuintes e o fato gerador da CIDE (0,6).

Não há como falar em violação ao art. 154, I, da Constituição Federal, por conta do fato gerador igual ao do ITR, uma vez que os requisitos apontados no dispositivo alcançam somente os impostos (0,25).

No entanto, a lei é inconstitucional no tocante à base de cálculo (valor da propriedade) que não está inserida na alínea *a* do inciso III do § 2º do art. 149, *d*, da Constituição Federal (0,4).

5. **(XI Exame OAB)** Baseado em uma efetiva hipótese de calamidade pública, o Presidente da República edita, em março de determinado ano, medida provisória instituindo empréstimo compulsório que passará a incidir a partir do mês subsequente. Indaga-se:

A) Pode o empréstimo compulsório pode ser instituído por Medida Provisória? (Valor: 0,65)

B) Qualquer que seja a resposta à questão anterior, deve o empréstimo compulsório observar o princípio da anterioridade? (Valor: 0,60)

GABARITO:

A) É negativa a resposta relativa à questão A. A Constituição da República veda, expressamente, a edição de Medida Provisória para dispor sobre matéria reservada à lei complementar (art. 62, § 1º, III) (0,35). E os empréstimos compulsórios só podem ser instituídos por meio de lei complementar (CF, art. 148) (0,30).

B) Também é negativa a resposta à questão B. A observância ao princípio da anterioridade é expressamente excepcionada com relação aos empréstimos compulsórios instituídos por força de calamidade pública (CF, art. 150, § 1º, conjugado com art. 148, I) (0,60).

6. **(XVI Exame OAB)** O Município XYZ resolveu instituir, por meio de lei específica, um tributo que tem como fato gerador a valorização imobiliária decorrente de obra realizada pelo Estado Alfa em seu território, sendo o contribuinte o proprietário do imóvel valorizado e a base de cálculo, independentemente da valorização experimentada por cada imóvel, o custo da obra estatal. Sobre a hipótese descrita, responda aos itens a seguir.

A) Qual seria a espécie tributária que o Município XYZ pretendeu instituir? Aponte o dispositivo constitucional aplicável. (Valor: 0,45)

B) Na hipótese descrita, o Município XYZ é competente para instituir tal tributo? (Valor: 0,40)

C) A base de cálculo do tributo está correta? (Valor: 0,40)

Obs.: responda justificadamente, empregando os argumentos jurídicos apropriados e a fundamentação legal pertinente ao caso.

GABARITO:

A) A espécie tributária que o Município XYZ pretendeu instituir foi a contribuição de melhoria, tributo que tem como fato gerador a valorização de imóvel decorrente de obra pública, conforme previsto no art. 145, III, da CF/88 (0,45).

B) Não. Apesar de a Constituição Federal outorgar a todos os entes federativos a competência para a instituição da contribuição de melhoria, tal tributo só pode ser instituído pelo ente que realizou a obra pública, no caso o Estado Alfa (0,4).

C) Não. A base de cálculo da contribuição de melhoria deve considerar a valorização do imóvel beneficiado pela obra pública e não os custos da obra, conforme previsto no art. 81 do CTN e/ou art. 3º do Decreto-lei n. 195/67. O valor da obra serve apenas como o limite a ser arrecadado pelo ente tributante com a contribuição de melhoria (0,4).

7. **(XVI Exame OAB)** O deputado federal Y apresentou dois projetos de lei ordinária federal. O primeiro pretende alterar o Código Tributário Nacional no que se refere aos artigos que tratam de responsabilidade tributária (obrigação tributária) e o segundo pretende instituir uma taxa de licenciamento de importação, cuja base de cálculo é o valor aduaneiro do produto importado.

A) Analise a constitucionalidade do primeiro projeto de lei apresentado pelo deputado. (Valor: 0,60)

B) A taxa a ser instituída é constitucional? (Valor: 0,65)

Obs.: responda justificadamente, empregando os argumentos jurídicos apropriados e a fundamentação legal pertinente ao caso.

GABARITO:

A) O Código Tributário Nacional (Lei Ordinária n. 5.172/66) foi recepcionado pela Constituição Federal de 1988 como lei complementar, uma vez que estabelece normas gerais em matéria de legislação tributária. Sendo assim, a alteração do CTN, especialmente no que se refere à responsabilidade tributária, deve ser feita por lei complementar, conforme o art. 146, III, *b*, da Constituição Federal (0,6).

B) A referida taxa possui a mesma base de cálculo do imposto de importação. O art. 145, § 2º, da Constituição Federal, veda a instituição de taxa com base de cálculo própria de imposto. Sendo assim, a taxa será inconstitucional, caso o projeto de lei seja aprovado (0,65).

8. **(XVII Exame OAB)** O Estado X instituiu, em 2010, por meio de lei, taxa pelo serviço de prevenção e extinção de incêndio prestado ou colocado à disposição do contribuinte. A referida lei definiu o contribuinte como o proprietário de unidade imobiliária, residencial ou não residencial, à qual o serviço estaria dirigido, bem como determinou que o valor da taxa seria calculado com base no tamanho da unidade imobiliária. Nada se dispôs na lei sobre eventuais responsáveis tributários pelo pagamento da taxa. João, na qualidade de proprietário, aluga, desde 2011, seu imóvel, situado no referido Estado X, para Pedro. No contrato de locação celebrado entre as partes, o qual foi devidamente registrado no Registro de Imóveis, estabeleceu-se, em uma das cláusulas, que a responsabilidade pelo pagamento da taxa de prevenção e extinção de incêndio seria exclusivamente de Pedro, isentando João de qualquer obrigação sobre ela. Tendo em vista o exposto, responda aos itens a seguir.

A) É constitucional o cálculo do valor da taxa de prevenção e extinção de incêndio tendo como parâmetro um dos elementos que compõem a base de cálculo do Imposto sobre a Propriedade Predial e Territorial Urbana – IPTU? (Valor: 0,65)

B) Considerando que nem João nem Pedro recolheram a taxa de prevenção e extinção de incêndio relativas aos exercícios de 2012 e 2013, bem como o que consta no contrato de locação celebrado entre eles e registrado no Registro de Imóveis, em face de quem o Estado X deve efetuar a cobrança dos exercícios não pagos? (Valor: 0,60)

Obs.: o examinando deve fundamentar suas respostas. A mera citação do dispositivo legal não confere pontuação.

GABARITO:

A) Sim, é constitucional o cálculo do valor da taxa de prevenção e extinção de incêndio tendo como parâmetro um dos elementos que compõem a base de cálculo do imposto sobre a propriedade predial e territorial urbana – IPTU. Embora o art. 145, § 2º, da Constituição da República e o art. 77, parágrafo único, do CTN, estabeleçam que as taxas não poderão ter base de cálculo própria de impostos, o Supremo Tribunal Federal, por meio da Súmula Vinculante 29, já consolidou o entendimento de que não viola os referidos dispositivos a adoção, no cálculo do valor da taxa, de um ou mais elementos da base de cálculo própria de determinado imposto, desde que não haja integral identidade entre uma base e outra (0,65).

B) O Estado X deve efetuar a cobrança da taxa de prevenção e extinção de incêndio, relativa aos exercícios de 2012 e de 2013, diretamente de João, proprietário do imóvel, por ser ele o contribuinte do tributo, conforme disposto na lei estadual. No caso, é irrelevante para a Fazenda Estadual a cláusula constante no contrato de locação celebrado entre as partes, que atribui a responsabilidade pelo pagamento da taxa de prevenção e extinção de incêndio exclusivamente a Pedro, locatário do imóvel, ainda que o referido contrato tenha sido registrado no Registro de Imóveis, tendo em vista que, nos termos do art. 123 do CTN, salvo disposição de lei em contrário, as convenções particulares, relativas à responsabilidade pelo pagamento de tributos, não podem ser opostas à Fazenda Pública para modificar a definição legal do sujeito passivo das obrigações tributárias correspondentes (0,60).

9. **(XVIII Exame OAB)** O Estado Alfa instituiu duas contribuições mensais compulsórias devidas por todos os seus servidores. A primeira, com alíquota de 10% sobre a remuneração mensal de cada servidor, destina-se ao custeio do regime previdenciário próprio, mantido pelo Estado Alfa. A segunda, no valor equivalente a 1/60 (um sessenta avos) da remuneração mensal de cada servidor, destina-se ao custeio da assistência à saúde do funcionalismo público daquele Estado. Sobre a situação apresentada, responda, fundamentadamente, aos itens a seguir.

A) É válida a contribuição compulsória instituída pelo Estado Alfa para o custeio do regime previdenciário próprio de seus servidores? (Valor: 0,65)

B) É válida a contribuição compulsória instituída pelo Estado Alfa para a assistência à saúde de seus servidores? (Valor: 0,60)

Obs.: o examinando deve fundamentar suas respostas. A mera citação do dispositivo legal não confere pontuação.

GABARITO:

A) Sim, é válida a contribuição. Os Estados podem instituir contribuição para o custeio do regime previdenciário de seus servidores, conforme o art. 149, § 1º, da CF/88 (0,65).

B) É inconstitucional qualquer outra contribuição compulsória instituída pelos Estados, além daquela exclusivamente voltada ao custeio do regime previdenciário de seus servidores. Portanto, não é válida a contribuição que, no caso proposto, foi instituída pelo Estado Alfa (0,60).

10. **(XX Exame OAB)** Em dezembro de 2014, o Município "M" publicou lei ordinária por meio da qual instituiu contribuição para o custeio do serviço de iluminação pública. A referida lei, que entrou em vigor na data de sua publicação, fixou os respectivos contribuintes e a base de cálculo aplicável. Ao receber a cobrança da nova contribuição, João decide impugná-la sob o argumento de que a cobrança é inconstitucional, já que (i) compete exclusivamente à União instituir contribuições e (ii) cabe à lei complementar estabelecer as bases de cálculo e os contribuintes dos tributos. Diante disso, responda:

A) Está correto o argumento de João quanto à competência para a instituição da contribuição para o custeio do serviço de iluminação pública? (Valor: 0,60)

B) Está correto o argumento de João quanto à necessidade de lei complementar para o estabelecimento da base de cálculo e dos contribuintes desta espécie de contribuição? (Valor: 0,65)

Obs.: o examinando deve fundamentar suas respostas. A mera citação do dispositivo legal não confere pontuação.

GABARITO:

A) Não está correto o argumento de João, já que a Constituição Federal prevê, em seu art. 149-A, que os Municípios e o Distrito Federal poderão instituir contribuição, na forma das respectivas leis, para o custeio do serviço de iluminação pública.

B) Não está correto o argumento, pois a reserva de lei complementar para a definição da base de cálculo e dos contribuintes não se estende às contribuições. De acordo com o art. 146, III, *a*, da CF/88, cabe à lei complementar estabelecer normas gerais em matéria de legislação tributária, especialmente sobre definição de tributos e de suas espécies, bem como em relação aos impostos discriminados na Constituição da República, a dos respectivos fatos geradores, bases de cálculo e contribuintes. Tratando-se de contribuição, como é o caso, é possível que a base de cálculo e o contribuinte sejam estabelecidos por lei ordinária.

11. **(XX Exame OAB)** Certa empresa de produtos químicos recebeu notificação do Município "X" para que pagasse um imposto por ele instituído no ano de 2013. O fato gerador do imposto era o ato de poluir o meio ambiente e a sua base de cálculo era a quantidade de lixo produzida. Com base em tais fatos, responda aos itens a seguir.

A) Pode o fato gerador de um imposto ser o ato de poluir o meio ambiente? (Valor: 0,60)

B) O Município "X" teria competência constitucional para criar um novo imposto? (Valor: 0,65)

Obs.: o examinando deve fundamentar suas respostas. A mera citação do dispositivo legal não confere pontuação.

GABARITO:

A) A resposta é negativa. De acordo com o art. 3º do CTN, é da essência de um tributo não ter natureza sancionatória.

B) É negativa a resposta. Só a União tem competência para instituir impostos residuais (isto é, impostos não indicados na própria Constituição da República), conforme o art. 154, I, da CF/88.

12. **(XXI Exame OAB)** Em 01 de novembro de 2016, a União, por meio de lei ordinária, instituiu empréstimo compulsório para custear despesas advindas de uma forte tempestade que assolou a Região Sul do Brasil. Naquele diploma legal, ficou previsto que o empréstimo compulsório passaria a ser exigido já no mês de dezembro de 2016. Diante de tal quadro, responda aos itens a seguir.

A) No caso em exame, o empréstimo compulsório poderia ter sido instituído por lei ordinária? (Valor: 0,60)

B) Empréstimo compulsório, instituído para o custeio de despesas extraordinárias decorrentes de calamidade pública, pode ser exigido já no mês seguinte à sua instituição? (Valor: 0,65)

Obs.: o(a) examinando(a) deve fundamentar as respostas. A mera citação do dispositivo legal não confere pontuação.

GABARITO:

A) Não. O empréstimo compulsório só pode ser instituído por meio de lei complementar, conforme o art. 148, *caput*, da CF/88.

B) Sim. Ao empréstimo compulsório instituído por força de calamidade pública não se aplica à vedação inerente ao princípio da anterioridade do exercício financeiro e à nonagesimal, conforme o art. 150, § 1º, da CF/88.

13. **(XXII Exame OAB)** A União publicou lei ordinária estabelecendo regime jurídico único de arrecadação dos tributos da União, dos Estados, do Distrito Federal e dos Municípios para microempresas e empresas de pequeno porte, e determinando a adesão obrigatória dos contribuintes que se enquadrassem nos requisitos legalmente previstos. Ao tomar conhecimento dessa nova lei, a pessoa jurídica B, microempresa, decidiu questionar a obrigatoriedade de sua adesão ao novo regime de recolhimento de tributos, bem como a imposição de tal adesão por lei ordinária. Considerando os fatos narrados acima, responda aos itens a seguir.

A) A obrigatoriedade de adesão da pessoa jurídica B ao novo regime jurídico instituído pela lei ordinária é constitucional? (Valor: 0,65)

B) É possível o estabelecimento das novas regras por meio de lei ordinária? (Valor: 0,60)

Obs.: o(a) examinando(a) deve fundamentar suas respostas. A mera citação do dispositivo legal não confere pontuação.

GABARITO:

A) A obrigatoriedade de adesão ao novo regime é inconstitucional, pois, de acordo com o art. 146, parágrafo único, I, da CF/88, o regime jurídico único de arrecadação dos impostos e contribuições da União, Estados, Distrito Federal e Municípios é opcional para o contribuinte.

B) Não é possível o estabelecimento das novas regras por meio de lei ordinária, uma vez que cabe à lei complementar definir tratamento diferenciado e favorecido para as microempresas e empresas de pequeno porte, conforme o art. 146, III, *d*, da CF/88 ou art. 146, parágrafo único, da CF/88.

14. **(XXIII Exame OAB)** O Município Beta instituiu, por meio de lei municipal, uma taxa de limpeza cujo fato gerador é, exclusivamente, o serviço público de coleta, remoção e tratamento de lixo domiciliar de imóveis no município. A lei também determinou a utilização da área do imóvel como base de cálculo da taxa. Diante desse quadro fático, responda aos itens a seguir.

A) O fato gerador da taxa determinado pela lei municipal violou a Constituição da República? (Valor: 0,65)

B) A base de cálculo adotada pelo Município Beta violou a regra constitucional de que taxas não podem ter base de cálculo própria de impostos? (Valor: 0,60)

GABARITO:

A) Não. A taxa cobrada exclusivamente em razão dos serviços públicos de coleta, remoção e tratamento ou destinação de lixo proveniente de imóveis não viola o art. 145, II, da CF/88, por possuírem tais serviços caráter específico e divisível, conforme a Súmula Vinculante 19 do STF.

B) Não. É constitucional a adoção, no cálculo do valor de taxa, de um ou mais elementos da base de cálculo própria de determinado imposto, desde que não haja integral identidade entre uma base e outra, conforme a Súmula Vinculante 29 do STF.

15. **(XXIV Exame OAB)** O Estado "X" instituiu um adicional de Imposto sobre a Propriedade de Veículos Automotores (IPVA) que tem como fato gerador a propriedade de veículos em mau estado de conservação e/ou que possuam duas ou mais multas não pagas. Caio, proprietário de veículo automotor em mau estado de conservação e com cinco multas não pagas, é notificado da cobrança do adicional do tributo por meio de auto de infração. Como não apresentou defesa e não pagou o tributo, o Estado "X" ajuíza execução fiscal. Caio, no entanto, não possui meios para garantir a execução fiscal e opor embargos à execução, mas possui todos os documentos que comprovam sua defesa. Com base na hipótese formulada, responda aos itens a seguir.

A) O adicional de IPVA instituído pelo Estado "X" é devido? (Valor: 0,60)

B) Qual seria o meio adequado para a defesa de Caio, nos próprios autos da execução fiscal, conforme o entendimento consolidado dos Tribunais Superiores? (Valor: 0,65)

Obs.: o(a) examinando(a) deve fundamentar as respostas. A mera citação do dispositivo legal não confere pontuação.

GABARITO:

A) O tributo não é devido por duas razões: primeiro, porque sua previsão tem natureza sancionatória e, com isso, viola o conceito de tributo do art. 3º do CTN ("Tributo é toda prestação pecuniária compulsória, em moeda ou cujo valor nela se possa exprimir, que não constitua sanção de ato ilícito, instituída em lei e cobrada mediante atividade administrativa plenamente vinculada"); segundo, sob a roupagem de "adicional", criou-se verdadeiro tributo novo, para o qual só a União tem competência, e, ainda assim, com observância dos requisitos do art. 154, I, da CRFB/88.

B) O Superior Tribunal de Justiça, por meio da Súmula 393, consolidou o cabimento da exceção de pré-executividade: "A exceção de pré-executividade é admissível na execução fiscal relativamente às matérias conhecíveis de ofício que não demandem dilação probatória". Na hipótese, a matéria a ser alegada por Caio em sua defesa (impossibilidade de cobrança do adicional do IPVA por se tratar de sanção por ato ilícito) é conhecível de ofício. Caio possui todos os documentos que comprovam sua defesa, o que não demandaria dilação probatória. Sendo assim, o meio de defesa possível para Caio é a exceção de pré-executividade.

16. **(XXIX Exame OAB)** O Município X, por meio de atuação conjunta do Fisco Municipal e da Secretaria Municipal responsável pela fiscalização sobre os estabelecimentos comerciais nele situados, autuou um restaurante, sob o fundamento de que não estava recolhendo ISS sobre a prestação de serviços de preparação de alimentos e atendimento dos clientes nas mesas. Ademais, também se verificou que o restaurante não recolhera, no último ano, a taxa anual de licença para localização e funcionamento de estabelecimentos comerciais, sendo, portanto, autuado também por esse fato. Diante desse cenário, responda aos itens a seguir.

A) A autuação do Município X referente ao não pagamento de ISS está correta? (Valor: 0,65)

B) Para a exigência da referida taxa anual de licença, é necessário que o Município exerça efetivamente a atividade de fiscalização sobre estabelecimentos comerciais ou basta que o faça potencialmente? (Valor: 0,60)

GABARITO:

A) A autuação não está correta, pois, nos termos da Súmula 163 do STJ, "o fornecimento de mercadorias com a simultânea prestação de serviços em bares, restaurantes e estabelecimentos similares constitui fato gerador do ICMS a incidir sobre o valor total da operação". Prepondera na atividade dos restaurantes a atividade de fornecimento de mercadorias, fato gerador típico do ICMS, e não a prestação de serviços de preparação de alimentos e atendimento dos clientes nas mesas.

B) Para a exigência da referida taxa anual de licença, é necessário que o Município exerça, de modo efetivo, o poder de polícia – e não meramente de forma potencial –, nos termos do art. 145, inciso II, da CRFB/88, OU do art. 77, *caput*, do CTN, OU art. 78, parágrafo único, do CTN, OU do entendimento expresso do STF, no RE 588.322 (repercussão geral).

17. **(XXXI Exame OAB)** A autarquia municipal responsável pelo serviço de coleta de lixo envia a Marcos Silva, possuidor em vias de usucapir imóvel situado no Município X, carnê de cobrança da taxa de coleta de lixo proveniente de imóveis, por força de delegação feita regularmente pelo referido ente municipal. Marcos insurge-se contra a cobrança, alegando que somente o Município, na qualidade de ente federado, poderia cobrar tributos, bem como o fato de que não seria contribuinte dessa taxa, por ser mero possuidor do imóvel, devendo a cobrança ser feita diretamente ao proprietário. Diante desse cenário, responda aos itens a seguir.

A) A autarquia municipal pode realizar a cobrança dessa taxa? Justifique. (Valor: 0,65)

B) O mero possuidor pode ser contribuinte dessa taxa? Justifique. (Valor: 0,60)

Obs.: o(a) examinando(a) deve fundamentar suas respostas. A mera citação do dispositivo legal não confere pontuação.

GABARITO:

A) Sim, a autarquia municipal pode cobrar essa taxa, desde que por meio da chamada delegação de "capacidade tributária ativa", isto é, a delegação de "funções de arrecadar ou fiscalizar tributos, ou de executar leis, serviços, atos ou decisões administrativas em matéria tributária, conferida por uma pessoa jurídica de direito público a outra", conforme previsto no art. 7º, *caput*, do CTN. Portanto, tendo a autarquia municipal recebido a delegação da capacidade tributária ativa do Município, poderá realizar a cobrança.

B) Sim. É possível cobrar taxas pela utilização, efetiva ou potencial, de serviços públicos específicos e divisíveis, prestados ao contribuinte ou postos a sua disposição, conforme o art. 145, inciso II, da CRFB, OU o art. 77 do CTN. Portanto, sendo Marcos Silva o possuidor do imóvel, em vias de usucapi-lo (com *animus domini*), é também ele que se beneficia do serviço público específico e divisível de coleta do lixo proveniente do imóvel por ele ocupado, podendo também ser classificado como contribuinte do mesmo. De fato, as leis municipais que instituem essa taxa indicam como seus contribuintes não apenas os proprietários e titulares do domínio útil, mas também os possuidores.

18. **(XXXV Exame OAB)** Resolução do Presidente do Tribunal de Justiça do Estado X, datada de 1º-6-2020, estabeleceu a elevação da alíquota máxima de preparo recursal para interposição de apelação de 2% para 4% sobre o valor da causa (mas sem estabelecer limite máximo de valor a ser recolhido), a entrar em vigor a partir de 1º-1-2021.

Em razão disso, a concessionária de telecomunicações Ligação 1000 S.A., em fevereiro de 2021, ao interpor apelação em um processo cujo valor da causa era de 200 milhões de reais, insurgiu-se contra a exigência de preparo de 8 milhões de reais (4%) feita pelo Tribunal, por reputá-lo excessivo e confiscatório.

Diante desse cenário, responda aos itens a seguir.

A) Está presente algum vício formal nesta elevação de alíquota? Justifique. (Valor: 0,60)

B) Tem razão a concessionária de telecomunicações Ligação 1000 S.A. em sua alegação de que o valor cobrado deste preparo é excessivo e confiscatório? Justifique. (Valor: 0,65)

GABARITO:

A) Sim. Sendo o preparo recursal uma espécie de custas judiciais, as quais ostentam natureza jurídica de tributo, a elevação das alíquotas de tributo deve ser veiculada por lei, e não por ato normativo infralegal, de acordo com o princípio da legalidade tributária previsto no art. 150, inciso I, da CRFB/88 e no art. 145, inciso II, da CRFB/88 ou no art. 77 do CTN ou no art. 97, inciso II, do CTN.

B) Sim. A concessionária tem razão. A cobrança de custas judiciais necessita do estabelecimento, para além da alíquota máxima razoável, de um teto ou limite máximo de valor a ser recolhido, nos termos da Súmula 667 do STF: "Viola a garantia constitucional de acesso à jurisdição a taxa judiciária calculada sem limite sobre o valor da causa". Ou, ainda, a ausência de um teto ou limite máximo de valor pode tornar confiscatório o tributo, conforme o art. 150, inciso IV, da CRFB/88.

II. LIMITAÇÕES AO PODER DE TRIBUTAR: PRINCÍPIOS E IMUNIDADES

19. **(III Exame OAB)** Município situado na região XYZ do Brasil realizou serviços e obras de rede de água potável e esgoto de certo bairro, durante o primeiro semestre de 2010, o que resultou na valorização de 100 (cem) imóveis da região. O custo total da obra correspondeu a R$ 3.500.000,00 (três milhões e quinhentos mil reais). Com isso, o Município editou Decreto, em 2-9-2010, a fim de disciplinar a instituição e cobrança de contribuição de melhoria incidente sobre os imóveis alcançados pela valorização imobiliária em questão. A municipalidade, para efetuar a respectiva cobrança, considerou somente a diferença entre o valor venal dos referidos imóveis antes da realização das obras e seu valor venal ao término das obras públicas, com base no cadastro do IPTU local. Em 10-10-2010, os contribuintes foram notificados, mediante recebimento de cobrança, para, no prazo máximo de 30 dias, efetuarem o pagamento da referida exação fiscal. Com base nesse cenário, responda aos itens a seguir, empregando os argumentos jurídicos apropriados e a fundamentação legal pertinente ao caso.

A) Discuta a correção da cobrança da exação, como realizada pela municipalidade, justificando com base na legislação e sua interpretação. (Valor: 0,50)

B) Analise o cálculo feito pela municipalidade para encontrar o valor devido pelos contribuintes, esclarecendo se é compatível com a legislação em vigor. (Valor: 0,50)

GABARITO:

A) A questão envolve a aplicação do princípio da legalidade previsto no art. 150, I, da CF/88, bem como o princípio da anterioridade tributária, constante no art. 150, III, *b* e *c*, da CF/88. Nessa linha, a lei seria o veículo adequado para instituição e cobrança da contribuição de melhoria (art. 97, I, do CTN), o que restou não observado pelo Poder Executivo ao instituí-la mediante simples edição de decreto, violando, frontalmente, os princípios da legalidade e da anterioridade tributária. Ademais, o candidato deverá mencionar os arts. 81 e 82 do CTN, visto que tais dispositivos legais impõem determinados requisitos prévios para instituição e cobrança da referida exação fiscal que não foram observados pelo Poder Executivo local.

B) Não. O fato gerador da contribuição de melhoria é a valorização imobiliária decorrente da obra pública, o que ocorreu, no caso descrito, em relação aos 100 imóveis em questão, porém o art. 81 do CTN estabelece dois limites para a cobrança: um individual e outro local. O limite individual deverá se ater à valorização individual de cada imóvel, e o limite total refere-se ao custo total das obras, isto é, a somatória das contribuições cobradas de cada proprietário não poderá exceder o limite total do custo da obra correspondente a R$ 3.500.000,00. Desse modo, o custo total da obra sequer foi levado em consideração pelo Poder Executivo local, infringindo, portanto, o disposto previsto no art. 81 do CTN.

20. **(VIII Exame OAB)** Determinado Município da Federação ingressa com execução fiscal referente ao IPTU devido, anos 2010/2011, em relação a um imóvel de propriedade da Companhia de Saneamento do Estado em que está localizado o exequente. A Companhia é sociedade de economia mista, dedicada à área de saneamento, com ações negociadas em bolsa de valores. Com base no caso apresentado, responda, com a indicação dos dispositivos legais pertinentes, aos seguintes itens.

A) Quais os fundamentos possíveis para a cobrança efetivada pelo Município? (0,65)

B) O que poderia alegar a Companhia na defesa de seu interesse em não pagar o imposto? (0,60)

GABARITO:

A) Diante da constante discussão que o tema gera no STF, a banca achou relevante explorar do examinando o domínio sobre as duas teses. De início, seria relevante fundamentar que o Município poderia realizar a cobrança sob o argumento de que, tratando-se de sociedade de economia mista com ações em bolsa de valores, inexistiria direito a qualquer benefício tributário se não extensiva ao setor privado, nos moldes do art. 173, § 2º, da CF (0,65).

B) Também mereceu pontuação a resposta que, no segundo item avaliado, registra que a atividade é serviço público não sujeito à exploração privada: direito à imunidade, na forma do art. 150, VI e § 2º, da CF, sendo inaplicável o art. 173, § 2º, da CF para quem presta serviços públicos (0,60).

21. **(IX Exame OAB)** Determinado Prefeito Municipal editou o Decreto n. X, publicado em 20-9-2011, a fim de modificar os critérios relativos à apuração da base de cálculo do IPTU, tornando-o mais oneroso para os contribuintes da respectiva municipalidade. Sabe-se que as mudanças inseridas no aludido Decreto só entrariam em vigor a partir do dia 1º-1-2012. Nesse caso, o referido ato normativo compatibiliza-se com o ordenamento jurídico tributário em vigor? Justifique, com o apontamento dos dispositivos legais pertinentes. (Valor: 1,25)

GABARITO: O Decreto n. X é inconstitucional, visto que contraria o art. 150, I, da CF/88 e o art. 97, § 1º, do CTN (0,45). Nessa linha, o referido Decreto fere o princípio da legalidade tributária, pois somente a lei poderá criar novos critérios relativos à base de cálculo do IPTU, uma vez que a alteração da base de cálculo de modo a torná-lo mais oneroso, como ocorreu na hipótese aqui cuidada, equipara-se à majoração de tributo (0,80).

22. (**X Exame OAB**) O Sindicato dos Trabalhadores Rurais de determinada cidade entrou com ação na Vara de Fazenda Pública, impugnando a cobrança de IPTU sobre lojas de sua propriedade, situadas na área urbana do mesmo município, alegando e comprovando, que os valores recebidos a título de alugueis, estavam sendo utilizados nas suas atividades essenciais. O Município em sua defesa, alega que os Sindicatos devem sustentar suas atividades com a contribuição sindical recebida e também que a própria cobrança de aluguel já evidencia a hipótese de restrição da imunidade prevista no artigo 150, § 4º, da Constituição Federal, por não ser finalidade essencial da entidade. Com base no caso apresentado, assiste razão ao Sindicato? Justifique sua resposta com base na Jurisprudência dos Tribunais Superiores. A simples menção ou transcrição do dispositivo legal não pontua. (Valor: 1,25)

GABARITO: Aplica-se no caso concreto a imunidade prevista no art. 150, VI, c, da CF, uma vez que este dispositivo não faz ressalva quanto à natureza do patrimônio (rural ou urbano) das entidades indicadas, dentre elas, os sindicatos. O fato de haver receitas oriundas de aluguéis em imóveis urbanos, não inviabiliza que tais valores possam ser usados nas atividades essenciais de tais entidades (0,85).

Súmula 724 do Supremo Tribunal Federal – Ainda quando alugado a terceiros, permanece imune ao IPTU o imóvel pertencente a qualquer das entidades referidas pelo art. 150, VI, c, da Constituição, desde que o valor dos aluguéis seja aplicado nas atividades essenciais de tais entidades (0,4).

O entendimento externado pela Súmula 724 do STF teve sua importância elevada por meio da Súmula Vinculante 52.

23. (**XI Exame OAB**) A Procuradoria de Estado membro da Federação insurge-se, por meio de ação judicial, contra disposição constante de tratado internacional assinado entre os governos do Brasil e de outro país aderente ao Acordo Geral Sobre Tarifas e Comércio (GATT), o qual prevê a isenção de ICMS em relação a determinadas mercadorias importadas, listadas no acordo, quando também são isentados do imposto os produtos nacionais do mesmo gênero. A Unidade da Federação, acima referenciada, sentindo-se lesada e alegando ter ocorrido a transgressão pela União de preceito relativo à competência tributária, busca a anulação da cláusula do pacto internacional. Deve ser acolhido o pedido do ente federativo? Responda fundamentadamente, apresentando a posição predominante no Supremo Tribunal Federal. (Valor: 1,25)

GABARITO: Não. O Presidente da República age como Chefe de Estado ao firmar tratados internacionais em nome da soberana República Federativa do Brasil (Estado Brasileiro), ou seja, atua em nome do país, visto como unidade dos entes que compõem a Federação, e não em nome exclusivo e único da União (0,45).

O STF entende que a concessão de isenção na via do tratado não se sujeita à vedação à concessão de isenção heterônoma, pois o âmbito de aplicação do art. 151, III, da CF é o das relações das entidades federadas entre si, não alcançando a União quando esta se apresenta na ordem externa (0,80).

24. (**XII Exame OAB**) Determinada instituição de educação sem fins lucrativos foi autuada pelo Estado "X", em razão do descumprimento de obrigação acessória prevista na legislação estadual. No caso, a obrigação acessória consistia em manter o livro de registro do imposto sobre serviços de qualquer natureza (ISSQN). Em sua defesa administrativa, a entidade sustentou que, por gozar de imunidade tributária, nos termos do art. 150, inciso VI, alínea c, da Constituição da República, e por não ser contribuinte do ISSQN, não estava obrigada a manter o livro de registro do referido imposto. A tese sustentada na defesa apresentada pela entidade imune é procedente? Responda de forma fundamentada. (Valor: 1,25)

GABARITO: A obrigação tributária acessória, nos termos do art. 113, § 2º, do CTN, tem por objeto as prestações, positivas ou negativas, previstas no interesse da arrecadação ou da fiscalização dos tributos, ou seja, o objetivo das obrigações tributárias acessórias é conferir meios para que a Administração Tributária possa fiscalizar o devido cumprimento de uma obrigação principal (de pagar o tributo). Diferentemente do que ocorre no Direito Privado, a obrigação tributária acessória não depende da existência de uma obrigação tributária principal nem a ela se subordina. A referida "acessoriedade" decorre desse caráter instrumental dessa espécie de obrigação, para fins de controle do cumprimento da obrigação principal. São deveres instrumentais autônomos em relação à obrigação principal, estabelecidos com a finalidade de viabilizar a fiscalização do cumprimento das obrigações principais. Assim, obrigação tributária acessória é autônoma em relação à obrigação principal, como se pode verificar no art. 175, parágrafo único, e no art. 194, parágrafo único, todos do CTN. Em razão dessa autonomia, os efeitos da imunidade podem restringir-se às obrigações tributárias principais, não dispensando a entidade imune de cumprir obrigações acessórias eventualmente previstas na legislação, conforme estabelece o art. 9º, IV, c c/c o art. 14, III, todos do CTN. Assim, no caso em tela, em razão de previsão legal, a imunidade tributária da instituição de educação não dispensava a obrigação de manter livro de registro do imposto sobre serviços de qualquer natureza (ISSQN). Portanto, a tese apresentada na defesa da instituição imune é improcedente (1,25).

25. **(XIII Exame OAB)** No município X, a lei determina que, no caso de aquisição de imóvel em hasta pública, o fato gerador do Imposto sobre Transmissão *inter vivos*, a qualquer título, por ato oneroso, de bens imóveis (ITBI) ocorre quando do registro do título aquisitivo no Registro de Imóveis. Em março de 2012, um imóvel localizado no município X é arrematado em hasta pública, e o arrematante paga o ITBI antecipadamente. A emissão da carta de arrematação e o registro da mesma no competente cartório do Registro de Imóveis ocorrem em maio do mesmo ano. Em novembro do referido exercício, o município X publica lei (vigente a partir da publicação) aumentando a alíquota de ITBI e, ato contínuo, emite lançamento para cobrar, do citado arrematante, a correspondente diferença de ITBI em relação ao já pago. Responda fundamentadamente:

A) O ITBI incidente sobre a operação narrada deveria ter sido recolhido ao município X? (Valor: 0,25)

B) Procede a cobrança, pelo município X, da diferença referida no enunciado? (Valor: 1,0)

A simples menção ou transcrição do dispositivo legal não pontua.

GABARITO:

A) Sim, pois ocorreu fato gerador e o imóvel se situa em X, conferindo a competência para exigir o respectivo ITBI, nos termos do art. 156, § 2º, II, da CF (0,25).

B) Não, pois a cobrança se volta para fato ocorrido anteriormente à vigência da lei que majorou o tributo, o que viola o princípio constitucional da irretroatividade tributária (art. 150, III, *a*, da

CF). Além disso, trata-se de fato ocorrido no mesmo exercício daquele de publicação da lei majorante e antes de decorridos 90 dias da referida publicação, o que viola os princípios constitucionais da anterioridade de exercício e anterioridade nonagesimal (art. 150, III, *b* e *c*, da CF) cuja aplicabilidade não é excepcionada pela Carta Política no caso do ITBI (1,0).

26. **(XV Exame OAB)** Determinado Estado da Federação brasileira publicou, em 19-12-2013, a Lei Estadual n. 5.678, a qual introduziu causa algumas alterações na Lei Estadual n. 1.234, que dispõe sobre a cobrança do imposto sobre transmissão mortis e doação – ITCMD no âmbito daquele Estado. A nova Lei Estadual n. 5.678 passou a vigorar na data da sua publicação, conforme expressamente previsto em um dos seus artigos. Dentre as alterações introduzidas pelo novo diploma legal, houve (i) o aumento da alíquota do imposto; e (ii) a redução da penalidade incidente para o caso de atraso no pagamento. João, dono de vários veículos, doou um veículo a Pedro em 2-12-2013, mas, na qualidade de contribuinte, deixou de efetuar o pagamento do imposto no prazo legal, que venceu em 17-12-2013, antes do advento da Lei Estadual n. 5.678. Posteriormente, em 3-1-2014, João doou outro veículo a Tiago. Tendo em vista o exposto, responda aos itens a seguir.

A) João faz jus à penalidade reduzida, introduzida pela Lei Estadual n. 5.678, para o pagamento do crédito tributário inadimplido incidente sobre a doação efetuada a Pedro? (Valor: 0,60)

B) Na doação efetuada a Tiago, incide a alíquota do imposto majorada pela Lei Estadual n. 5.678? (Valor: 0,65)

Obs.: o examinando deve fundamentar suas respostas. A mera citação do dispositivo legal não confere pontuação.

GABARITO:

A) João faz jus à penalidade reduzida introduzida pela Lei Estadual n. 5.678, mesmo considerando que o prazo de pagamento do imposto devido pela doação a Pedro venceu antes da publicação da referida lei. Isso porque, de acordo com o art. 106, II, c, do Código Tributário Nacional, que trata da retroatividade benigna, a lei tributária aplica-se a ato ou fato pretérito quando lhe comine penalidade menos severa que a prevista na lei vigente ao tempo da sua prática.

B) Na doação efetuada a Tiago, não incide a alíquota do imposto majorada pela Lei Estadual n. 5.678. De acordo com o art. 150, III, da Constituição da República, é vedada a cobrança do tributo com a alíquota majorada: (i) no mesmo exercício financeiro em que haja sido publicada a lei que o aumentou (alínea *b*); (ii) antes de decorridos 90 dias da data em que haja sido publicada a lei que o aumentou. No caso, embora a Lei n. 5.678 tenha sido publicada no exercício anterior àquele em que ocorreu o fato gerador ("doação"), em observância à anterioridade prevista no art. 150, III, *b*, da Constituição da República, entre a data da publicação e a realização do fato gerador não transcorreram os 90 dias previstos no art. 150, III, *c*, da Constituição da República. Dessa forma, em razão da necessidade de observância do referido dispositivo, a alíquota do imposto, majorada pela Lei Estadual n. 5.678, somente incidirá sobre fatos geradores ocorridos após 90 dias da data de sua publicação.

27. **(XVII Exame OAB)** No dia 23 de dezembro de 2013, a União, atendendo aos limites da disciplina legal do Imposto sobre Produtos Industrializados (IPI), publicou decreto aumentando a alíquota para automóveis, a partir da data de sua publicação. Em vista desse aumento, a pessoa jurídica X decide impugná-lo, tendo como base a violação do princípio da anterioridade nonagesimal/noventena. Com fundamento no princípio da legalidade tributária, a pessoa jurídica entende, ainda, que o aumento da alíquota não poderia ter sido veiculado por meio de decreto, considerando o disposto no art. 150, I, da Constituição, que veda a exigência ou o aumento de tributo sem lei que o estabeleça. Diante de tal quadro, responda aos itens a seguir.

A) Prospera o argumento da pessoa jurídica relativo ao princípio da anterioridade nonagesimal/noventena? (Valor: 0,65)

B) Prospera o argumento da pessoa jurídica relativo ao princípio da legalidade tributária? (Valor: 0,60)

Obs.: o examinando deve fundamentar suas respostas. A mera citação do dispositivo legal não confere pontuação.

GABARITO: A questão busca verificar o conhecimento do examinando sobre as limitações constitucionais ao poder de tributar.

A) Quanto à alegada violação ao princípio da anterioridade nonagesimal/noventena, o argumento está correto, por força do art. 150, III, c, da Constituição, não excepcionado, para o IPI, pelo art. 150, § 1º, da CF (0,65).

B) Não há violação ao princípio da legalidade tributária, pois o art. 153, § 1º, da Constituição, faculta ao Poder Executivo, atendidas as condições e os limites estabelecidos em lei, alterar as alíquotas do IPI (0,60).

28. **(XVII Exame OAB)** O Município "X" notificou a instituição de educação "Y" para que realizasse o pagamento do valor correspondente ao Imposto sobre a Propriedade Predial e Territorial Urbana (IPTU) referente ao imóvel de sua propriedade, alugado a terceiros, por meio do envio de carnê para pagamento do tributo pelos correios. Apesar de constatar que o valor dos aluguéis é aplicado no desenvolvimento das atividades essenciais da instituição, o Município entendeu que a imunidade conferida pelo texto constitucional somente se aplica quando o imóvel é usado como sede da instituição. Com base no caso descrito, responda, fundamentadamente, aos itens a seguir.

A) A cobrança do IPTU, realizada pelo Município "X", está correta? (Valor: 0,75)

B) De acordo com o entendimento firmado nos Tribunais Superiores, é válida a notificação da instituição por meio dos Correios? (Valor: 0,50)

Obs.: o examinando deve fundamentar suas respostas. A mera citação do dispositivo legal não confere pontuação.

GABARITO:

A) A cobrança feita pelo Município "X" não está correta, tendo em vista que, de acordo com a Súmula 724, do STF, *in verbis*, "Ainda quando alugado a terceiros, permanece imune ao IPTU o imóvel pertencente a qualquer das entidades referidas pelo art. 150, VI, c, da Constituição, desde que o valor dos aluguéis seja aplicado nas atividades essenciais de tais entidades".

O entendimento externado pela Súmula 724 do STF teve sua importância elevada por meio da Súmula Vinculante 52.

B) A notificação é válida, tendo em vista que "a remessa, ao endereço do contribuinte, do carnê de pagamento do IPTU é ato suficiente para a notificação do lançamento tributário". Nesse sentido, é o entendimento assentado pelo Superior Tribunal de Justiça (STJ).

29. **(XIX Exame OAB)** Em dezembro de 2014, o Município de Macaé-RJ editou a Lei n. 1.234, estendendo o prazo para a cobrança judicial dos créditos de Imposto Predial e Territorial Urbano (IPTU) de cinco para seis anos. O mesmo Município ajuizou, em 2015, execução fiscal em face da pessoa jurídica Ômega, para a cobrança de créditos IPTU não pagos. Os valores desses créditos sofreram correção monetária por ato do Poder Executivo em percentual superior ao índice oficial. Diante disso, responda aos itens a seguir.

A) O Município de Macaé-RJ agiu corretamente ao editar a Lei n. 1.234? (Valor: 0,60)

B) É correta a atualização monetária do IPTU em percentual superior aos índices oficiais por ato do Poder Executivo? (Valor: 0,65)

Obs.: o examinando deve fundamentar suas respostas. A mera citação do dispositivo legal não confere pontuação.

GABARITO:

A) O Município de Macaé-RJ não agiu corretamente ao editar a Lei n. 1.234, já que cabe à União, por meio de lei complementar, estabelecer normas gerais em matéria de legislação tributária, especialmente sobre prescrição, conforme o art. 146, III, *b*, da Constituição Federal.

B) Não é correta a atualização monetária do IPTU em percentual superior aos índices oficiais por ato do Poder Executivo, uma vez que é defeso ao Município atualizar o IPTU, mediante decreto, em percentual superior ao índice oficial de correção monetária, nos termos da Súmula 160 do Superior Tribunal de Justiça.

30. **(XXI Exame OAB)** Em abril de 2016, o Estado X publicou lei disciplinando as custas judiciais, concedendo isenção a todos os servidores do Poder Judiciário. Sobre a hipótese, responda aos itens a seguir.

A) As custas judiciais estão sujeitas às limitações ao poder de tributar? (Valor: 0,65)

B) É legítima a isenção de custas judiciais concedida aos servidores da justiça? (Valor: 0,60)

Obs.: o(a) examinando(a) deve fundamentar as respostas. A mera citação do dispositivo legal não confere pontuação.

GABARITO:

A) Sim, as custas judiciais são taxas remuneratórias de serviço público específico e divisível e, como tais, estão sujeitas às limitações constitucionais ao poder de tributar (art. 150 da CF/88: legalidade, isonomia, irretroatividade, anterioridade etc.).

B) Não. O art. 150, II, da CF/88 reconhece a isonomia como uma limitação ao poder de tributar. O referido artigo é expresso ao proibir "qualquer distinção em razão da ocupação profissional ou função por eles [contribuintes] exercida, independentemente da denominação jurídica dos rendimentos, títulos ou direitos". Portanto, a concessão de benefício fiscal para um determinado grupo, em razão da função por ele exercida, viola o princípio de isonomia.

31. **(XXI Exame OAB)** O governo federal, com o objetivo de proteger a indústria nacional fabricante de aço, publicou, no ano de 2015, um decreto que aumentava de 15 para 20% a alíquota do imposto sobre a importação de produtos siderúrgicos, atendidas as condições e os limites estabelecidos em lei formal. O decreto previu que o aumento já valeria para aquele mesmo exercício financeiro. Considerando a hipótese acima, responda aos itens a seguir.

A) A majoração da alíquota do imposto de importação poderia se dar por meio de um ato do Poder Executivo? (Valor: 0,65)

B) O governo federal agiu legalmente ao exigir a alíquota majorada do imposto de importação no mesmo exercício financeiro? (Valor: 0,60)

Obs.: o(a) examinando(a) deve fundamentar as respostas. A mera citação do dispositivo legal não confere pontuação.

GABARITO:

A) Sim. O imposto de importação é exceção ao princípio da legalidade, ou seja, sua alíquota pode ser majorada por meio de ato do Poder Executivo, desde que atendidas às condições e aos limites estabelecidos em lei, conforme dispõe o art. 153, § 1º, da CF/88.

B) Sim. Por ser um imposto que tem como função regular o mercado, o imposto de importação é exceção ao princípio da anterioridade, podendo ser alterado e cobrado ao tempo conveniente, conforme o art. 150, § 1º, da CF/88.

32. **(XXIII Exame OAB)** Em 12 de novembro de 2016, o Estado "X" publicou lei para modificar, para além da inflação, a tabela que estabelece os valores venais de veículos – base de cálculo do Imposto Sobre a Propriedade de Veículos Automotores (IPVA). O fato gerador do tributo, naquela unidade da Federação, ocorre em 1º de janeiro de cada ano. Em janeiro de 2017, a autoridade administrativa efetuou o lançamento do tributo, já com base nos valores modificados. Diante de tal quadro, responda aos itens a seguir.

A) O Estado "X" pode realizar o lançamento do IPVA, em janeiro de 2017, já com a nova base de cálculo instituída em novembro de 2016? (Valor: 0,60)

B) Se a nova lei, publicada em 12 de novembro de 2016, aumentasse a alíquota incidente sobre a base de cálculo, a majoração passaria a ser exigível para os fatos geradores ocorridos a partir de qual exercício (inclusive)? (Valor: 0,65)

GABARITO:

A) Sim. A fixação da base de cálculo do IPVA é uma exceção ao princípio da anterioridade nonagesimal, conforme o art. 150, III, c, e o art. 150, § 1º, ambos da CF/88. Desse modo, a autoridade administrativa pode realizar a cobrança do IPVA de 2017 já com base na nova tabela de valores. Ressalta-se ainda que a fixação da base de cálculo do IPVA não é exceção ao princípio da anterioridade do exercício. Desse modo, como a nova lei foi editada em 2016, não há problema em realizar a cobrança pelos novos valores no ano seguinte.

B) A majoração passaria a ser exigível para os fatos geradores ocorridos a partir de janeiro de 2018 (ou do exercício de 2018 e seguintes), pois a alteração da alíquota do IPVA deve observar o princípio da anterioridade nonagesimal, conforme o art. 150, III, c, da CF/88. Desse modo, a majoração da alíquota promovida em novembro de 2016 somente passaria a ser aplicável a partir de fevereiro de 2017, após a ocorrência do fato gerador do IPVA de 2017.

33. (XXIV Exame OAB) A União publicou, no Diário Oficial de 30 de junho de 2017, decreto que majorou a alíquota do Imposto sobre Produtos Industrializados (IPI). No decreto, foi estipulado que a alíquota majorada já seria válida para fatos geradores ocorridos a partir do mês seguinte. Tendo em vista a anterioridade nonagesimal e a anterioridade do exercício financeiro, responda aos itens a seguir.

A) É válida a exigência da alíquota majorada no mês seguinte à publicação do decreto? (Valor: 0,65)

B) Se, em vez de majorar a alíquota, o decreto alterasse apenas o prazo de recolhimento da obrigação tributária, seria válida a sua exigência a partir do mês seguinte ao da publicação? (Valor: 0,60)

GABARITO:

A) Não, pois, embora o IPI não se submeta à anterioridade do exercício financeiro, está sujeito à anterioridade nonagesimal, na forma do disposto no art. 150, § 1º, da CRFB/88.

B) Não, pois a norma legal que altera o prazo de recolhimento de obrigação tributária não se sujeita ao princípio da anterioridade, conforme a Súmula Vinculante 50 do STF.

34. (XXV Exame OAB – adaptada) Antes de realizado qualquer procedimento para a constituição do crédito tributário, determinado partido político optou, em 2016, pelo parcelamento da Contribuição para o Financiamento da Seguridade Social (COFINS), com vencimentos entre 2005 e 2009, não pagas no prazo determinado. Para tanto, nos termos da lei que instituiu o parcelamento, o partido político apresentou "confissão irrevogável e irretratável dos débitos". No entanto, o advogado do partido político opina que este deve rescindir o parcelamento, uma vez que, independentemente da assinatura do termo de confissão de débitos, a renda dos partidos políticos é imune, e os débitos estão alcançados pela decadência. Sobre a hipótese, responda ao item a seguir.

A) No que se refere à imunidade dos partidos políticos, o advogado está correto? (Valor: 0,60)

GABARITO:

A) Não. A imunidade da renda dos partidos políticos, prevista no art. 150, VI, c, da CRFB/88, não alcança as contribuições sociais, mas tão somente os impostos.

35. (XXV Exame OAB – extra) No Estado "X", até o ano de 2016, o mês para pagamento de Imposto Sobre a Propriedade de Veículos Automotores (IPVA) era março, e o valor poderia ser dividido em, no máximo, três parcelas. Em janeiro de 2017, foi editada a Lei n. 123 alterando tal sistemática. A nova lei estabeleceu o pagamento para o mês de fevereiro do mesmo exercício, sem a possibilidade de parcelamento. Diante de tal quadro, responda aos itens a seguir.

A) A alteração do prazo para pagamento poderia se dar por meio de decreto? (Valor: 0,55)

B) A Lei n. 123 precisa respeitar o princípio da anterioridade do exercício financeiro e o da anterioridade nonagesimal? (Valor: 0,70)

GABARITO:

A) Sim. O prazo de pagamento não representa majoração do tributo, razão pela qual não se sujeita ao princípio da legalidade, conforme o art. 150, I, da CRFB/88 e/ou o art. 97 do CTN.

B) Não. A alteração do prazo de recolhimento de obrigação tributária não se sujeita ao princípio da anterioridade do exercício financeiro (anterioridade geral) nem ao princípio da anterioridade nonagesimal, conforme a Súmula Vinculante 50.

36. **(XXVIII Exame OAB)** No intuito de aumentar a arrecadação, o prefeito do Município X sancionou lei que fixou uma nova base de cálculo do IPTU. A referida lei foi publicada em novembro de 2016, estabelecendo que sua vigência se dará após a data de sua publicação. Bruno e Thiago são irmãos que, por herança, tornaram-se proprietários de um imóvel, no qual apenas Thiago reside. Em janeiro de 2017, Bruno foi notificado do lançamento do IPTU referente ao imóvel de residência de Thiago, tendo 30 dias para pagá-lo. Bruno alegou que, pelo fato de apenas Thiago residir no imóvel, mesmo ele sendo coproprietário do bem, não precisaria pagar o imposto. Além disso, afirmou que, ainda que tivesse que pagá-lo, a lei que fixou uma nova base de cálculo do IPTU não respeitou a anterioridade nonagesimal.

Sobre a hipótese apresentada, responda aos itens a seguir.

A) Bruno está correto ao alegar que não é obrigado ao pagamento do imposto? (Valor: 0,65)

B) Bruno está correto ao alegar que a lei que fixou uma nova base de cálculo do IPTU violou a anterioridade nonagesimal? (Valor: 0,60)

GABARITO:

A) Não. Bruno e Thiago são solidariamente obrigados ao pagamento do IPTU por terem comum interesse no bem, diante da copropriedade, na forma do art. 124, inciso I, do CTN OU do art. 34 do CTN.

B) Não. A fixação de nova base de cálculo do IPTU apenas deve respeitar a anterioridade do exercício financeiro, estando excepcionada da anterioridade nonagesimal, na forma do art. 150, § 1º, da CRFB/88.

37. **(XXX Exame OAB)** A entidade beneficente de assistência social Associação Lar Das Crianças, devidamente registrada e cumprindo todos os requisitos legais para o gozo de imunidade tributária, requereu à Receita Federal o reconhecimento de imunidade tributária quanto às contribuições para a seguridade social.

O Fisco federal negou o pedido, afirmando que a imunidade tributária das entidades beneficentes de assistência social somente abarcava impostos, nos termos do art. 150, inciso VI, alínea c, da CRFB/88, mas não contribuições.

Além disso, o Fisco notificou a entidade para que apresentasse a escrituração de suas receitas e despesas, o que a entidade se recusou a fazer, alegando que não estava obrigada a manter essa escrituração em razão de sua imunidade tributária. Sobre o caso narrado, responda aos itens a seguir.

A) As entidades beneficentes de assistência social, que cumprem todos os requisitos legais para o gozo de imunidade tributária, também fazem jus ao reconhecimento de imunidade tributária quanto a contribuições para a seguridade social ou apenas quanto a impostos? (Valor: 0,60)

B) Está correta tal entidade beneficente de assistência social em se negar a apresentar a escrituração de suas receitas e despesas? (Valor: 0,65)

GABARITO:

A) Sim, as entidades beneficentes de assistência social que cumprem todos os requisitos legais para o gozo de imunidade tributária também fazem jus ao reconhecimento de imunidade tributária quanto a contribuições para a seguridade social, mas não por força do art. 150, inciso VI, alínea c, da CRFB/88, que de fato versa apenas sobre imunidade de impostos. Existe, contudo, previsão específica desta imunidade no art. 195, § 7º, da CRFB/88, *in verbis*: "§ 7º São isentas de contribuição para a seguridade social as entidades beneficentes de assistência social que atendam às exigências estabelecidas em lei" (ainda que, por atecnia do constituinte, tenha sido chamada "isenção").

B) Não. A entidade beneficente de assistência social não está correta ao se negar a apresentar a escrituração de suas receitas e despesas. O fato de ser entidade imune não a libera da obrigação acessória de manter a escrituração contábil em dia, como se pode ver do próprio art. 14 do CTN, que elenca as condições para que uma entidade beneficente de assistência social possa fruir da imunidade, dentre as quais a do inciso III: "manterem escrituração de suas receitas e despesas em livros revestidos de formalidades capazes de assegurar sua exatidão".

38. **(XXXI Exame OAB)** O Brasil firmou com um país escandinavo, signatário do GATT (Acordo Geral sobre Tarifas Aduaneiras e Comércio), um tratado, concedendo isenção de ICMS na importação de alguns produtos deste país estrangeiro, e garantindo reciprocidade aos similares nacionais, quando importados pelo país estrangeiro. Um Estado-membro da Federação brasileira, já tendo sido o tratado internacional internalizado, não concordou com a perda de receita que começou a sofrer como resultado de sua aplicação. Por isso, promulgou uma lei estadual revogando a isenção concedida. Diante desse cenário, responda aos itens a seguir.

A) Tal isenção de ICMS pode ser concedida mediante tratado em que os Estados-membros da Federação não são parte? (Valor: 0,65)

B) Sendo o ICMS um tributo de competência estadual, lei estadual superveniente pode revogar a isenção concedida por um tratado internacional? (Valor: 0,60)

Obs.: o examinando deve fundamentar suas respostas. A mera citação do dispositivo legal não confere pontuação.

GABARITO:

A) Sim, o tratado internacional pode conceder tal isenção. Na verdade, não está presente a vedação de isenção heterônoma prevista no art. 151, inciso III, da CRFB, pois não é a União, enquanto ente federado interno, que está a conceder a isenção de tributo estadual, mas sim a República Federativa do Brasil, que está a se obrigar no plano internacional. A respeito dessa mesma situação, o STF sedimentou seu entendimento por meio da Súmula 575: à mercadoria importada de país signatário do GATT, ou membro da ALALC, estende-se a isenção do imposto sobre circulação de mercadorias concedida a similar nacional.

B) A lei estadual não pode revogar tal isenção, porque o Estado-membro não pode representar a República no plano internacional, desobrigando-a de tratado por ela firmado, bem como o art. 98 do CTN estabelece que os tratados e as convenções internacionais revogam ou modificam a legislação tributária interna, e serão observados pela que lhes sobrevenha, de modo que a lei estadual superveniente terá de observar o tratado.

39. **(XXXII Exame OAB)** O partido político XYZ do Brasil alugou um imóvel de sua propriedade ao locatário Mateus Silva. Posteriormente, Mateus recebeu, no imóvel, um carnê contendo cobrança de Taxa de Coleta Domiciliar de Lixo, com lançamento efetuado em nome do proprietário. Mateus Silva, verificando seu contrato de locação, percebeu que havia previsão de que o locatário deveria arcar com o valor do pagamento de taxas que recaíssem sobre o imóvel. Entendendo que a cobrança era indevida, por violar a imunidade tributária dos partidos políticos e por não se tratar de serviço público remunerável por taxa, o locatário promove ação judicial para discutir o débito. Diante desse cenário, responda aos itens a seguir.

A) É devida a cobrança da Taxa de Coleta Domiciliar de Lixo em relação ao imóvel? (Valor: 0,75)

B) O locatário pode promover ação judicial para discutir o débito tributário? (Valor: 0,50)

GABARITO:

A) Sim, a cobrança é devida. A imunidade tributária, que abrange patrimônio, renda e serviços relacionados com as finalidades essenciais dos partidos políticos (art. 150, VI, c, c/c. art. 150, § 4º, da CRFB/88), refere-se apenas a impostos, nos termos literais do art. 150, VI, *caput*, da CRFB/88. Ademais, o STF, por meio da Súmula Vinculante 19, já assentou que a referida taxa é constitucional, por se tratar de serviço público específico e divisível que não viola o art. 145, II, da CRFB/88.

B) Não. O contribuinte é o proprietário, e não o locatário, não podendo o locatário opor ao Fisco seu contrato de locação, nos termos do art. 123 do CTN ou da Súmula 614 do STJ: "O locatário não possui legitimidade ativa para discutir a relação jurídico-tributária de IPTU e de taxas referentes ao imóvel alugado nem para repetir indébito desses tributos".

40. **(XXXIII Exame OAB)** Nova lei complementar de iniciativa do Presidente da República, aprovada pelo Congresso Nacional e sancionada pelo chefe do Executivo, foi publicada em 10-11-2021, mas expressamente prevendo que seus efeitos apenas se produziriam 30 dias após sua publicação. Ela determina que, na falência, todos os créditos tributários, inclusive aqueles constituídos antes da produção de efeitos da nova lei, terão preferência sobre todos os créditos com garantia real. Diante desse cenário, responda aos itens a seguir.

A) Esta lei pode alterar dispositivos expressos do Código Tributário Nacional? (Valor: 0,60)

B) Tal lei viola o princípio da irretroatividade tributária ao estabelecer que se aplica também a créditos tributários constituídos antes da sua produção de efeitos? (Valor: 0,65)

GABARITO:

A) Sim, pois o Código Tributário Nacional foi recepcionado pela CRFB/88 como lei complementar que veicula normas gerais em matéria de legislação tributária, somente podendo ser alterada por outra lei complementar nacional, tal como descrito no enunciado, cf. o art. 146, III, da CRFB/88.

B) Não, pois a irretroatividade tributária é princípio constitucional tributário que se aplica apenas à hipótese de cobrança de tributos em relação a fatos geradores ocorridos antes do início da vigência da lei que os houver instituído ou aumentado, cf. o art. 150, III, *a*, da CRFB/88, e não à legislação que, posteriormente à ocorrência do fato gerador da obrigação, apenas tenha outorgado ao crédito maiores garantias ou privilégios, cf. art. 144, § 1º, do CTN.

41. **(XXXV Exame OAB)** O Estado Alfa, no ano de 2022, pretende conceder uma isenção temporária de ICMS com duração de 1 ano em favor de setor econômico, que foi fortemente afetado pelo isolamento social decorrente da pandemia da Covid-19. Por isso, o Secretário de Fazenda do Estado Alfa levou a questão ao Conselho Nacional de Política Fazendária (CONFAZ), para que fosse deliberada pelos demais Estados e Distrito Federal a autorização para tal concessão de isenção. O CONFAZ, em deliberação unânime, autorizou mediante convênio tal concessão.

Em razão disto, o Governador do Estado Alfa publicou Decreto concedendo tal isenção com efeitos imediatos. Diante desse cenário, responda aos itens a seguir.

A) Tal concessão de uma isenção de ICMS, após autorização pelo CONFAZ, com efeitos imediatos, viola o princípio da anterioridade tributária? (Valor: 0,60)

B) Tal concessão de isenção de ICMS, após autorização pelo CONFAZ, por meio de Decreto do Governador, viola o princípio da legalidade tributária? (Valor: 0,65)

GABARITO:

A) Não. A concessão de isenção, como modalidade de exclusão do crédito tributário em que não há cobrança do tributo, não se submete ao princípio da anterioridade tributária, exigível apenas para quando se deseja cobrar tributos, instituindo-os ou majorando-os, conforme art. 150, inciso III, alíneas *b* e *c*, da CRFB/88.

B) Sim. Embora presente a autorização para concessão desta isenção mediante convênio do CONFAZ, as isenções somente podem ser concedidas efetivamente por meio de lei específica do ente instituidor do tributo, conforme o art. 150, § 6º, da CRFB/88 ou art. 176, *caput*, do CTN ou art. 97, inciso VI, do CTN.

42. **(XXXV Exame OAB)** Nova lei federal complementar, publicada em 10-10-2021, com o fim de garantir a manutenção do equilíbrio das contas da seguridade social, criou nova contribuição social residual de seguridade social. Nos termos desta lei, esta passaria a produzir seus efeitos em 1º-1-2022, data a partir da qual a nova contribuição começaria a ser cobrada.

Diante desse cenário, responda aos itens a seguir.

A) Era necessária a edição de lei complementar para a criação deste tributo? (Valor: 0,65)

B) Está correto o início do prazo de cobrança de tal contribuição previsto na lei? (Valor: 0,60)

GABARITO:

A) Sim, era necessária a edição de lei complementar para a criação deste tributo, uma vez que se trata de nova contribuição social residual de seguridade social não prevista expressamente no texto da Constituição, sendo sua criação reservada à lei complementar, conforme o art. 195, § 4º, da CRFB/88 ou art. 154, inciso I, da CRFB/88.

B) Não está correto. De acordo com o art. 195, § 6º, da CRFB/88, as contribuições sociais residuais de seguridade social poderão ser exigidas após decorridos noventa dias da data da publicação da lei que as houver instituído ou modificado. Contudo, no caso concreto, os 90 dias não foram obedecidos.

III. LEGISLAÇÃO TRIBUTÁRIA: ASPECTOS GERAIS, APLICAÇÃO, INTERPRETAÇÃO E INTEGRAÇÃO

43. (II Exame OAB) Determinada Lei Estadual, publicada em 10-1-2010, estabeleceu a redução das alíquotas e das multas aplicáveis, respectivamente, aos fatos jurídicos tributáveis e ilícitos fiscais previstos na legislação do ICMS daquele Estado. Considerando que certo contribuinte tenha sido autuado pela fiscalização local em 15-12-2009, em razão de falta de pagamento do ICMS relativo aos meses de fevereiro/2009 a novembro/2009, poderia ser aplicada a nova lei aos fatos geradores e infrações fiscais ocorridas em 2009, uma vez que este contribuinte ofereceu impugnação em tempo hábil, estando ainda pendente de julgamento na esfera administrativa? Responda, com base na legislação aplicável à espécie. (Valor: 1,0)

GABARITO: O art. 144 do Código Tributário Nacional determina que o lançamento se reporta à data do fato gerador do tributo, não se aplicando, desse modo, as alíquotas da lei nova aos fatos geradores ocorridos no ano de 2009, portanto, anteriores à sua entrada em vigor e à sua eficácia (0,5).

Todavia, quanto às multas, aplica-se o art. 106, III, c, do CTN, isto é, a lei nova poderá retroagir em benefício do contribuinte apenas quanto aos ilícitos ocorridos em 2009, em se tratando de ato ou fato não definitivamente julgado. Desse modo, mediante aditamento à impugnação fiscal oposta contra o lançamento tributário, ainda pendente de julgamento, poderia o contribuinte apenas ser beneficiado com a redução da multa fiscal, conforme disciplinada pela nova legislação (0,5).

44. (XIII Exame OAB) Uma pessoa jurídica, contribuinte do ICMS do Estado X, foi autuada por não recolhimento do ICMS devidamente escriturado, mas não informado em GIA-ICMS, dos meses de janeiro a julho de 2011. Foi exigida multa de 80% do valor não recolhido. No mês de maio de 2012, foi ajuizada a execução fiscal para cobrança do crédito tributário. Devidamente citada, a sociedade ofereceu um caminhão em garantia, que foi aceito pelo exequente e penhorado. A pessoa jurídica apresentou embargos à execução, sendo os mesmos desprovidos. Recorreu para o Tribunal de Justiça, que, por sua vez, não proveu a apelação. Protocolou recurso especial, estando este sujeito ao exame de admissibilidade.

A Fazenda Estadual requereu o leilão do veículo, o que foi deferido em agosto de 2013. O leilão foi marcado para 16 de dezembro de 2013. No dia 6 de dezembro foi publicada lei estabelecendo o percentual da multa para a mesma infração em 50%.

Diante da hipótese, qual é o percentual de multa que deve prevalecer? (Valor: 1,25)

O examinando deve fundamentar corretamente sua resposta. A simples menção ou transcrição do dispositivo legal não pontua.

GABARITO: Deve ser considerado o percentual estabelecido na nova lei (50%), sendo aplicável a lei mais benéfica de forma retroativa por força do disposto no art. 106, II, c, do CTN. Isso por tratar-se de ato ainda não definitivamente julgado, assim entendida a execução fiscal não definitivamente encerrada, ou seja, aquela em que não foram ultimados os atos executivos destinados à satisfação da prestação (1,25).

45. **(XXIII Exame OAB)** A sociedade empresária "X" foi autuada pelo Estado "Z" em 35% do valor do Imposto sobre Circulação de Mercadorias e de Serviços (ICMS) devido, em razão do preenchimento incorreto de determinado documento fiscal. Observadas diversas inconsistências no auto de infração, os advogados da sociedade impugnaram administrativamente a autuação. No curso do processo, nova lei foi publicada, estabelecendo nova penalidade para os casos de preenchimento incorreto de documentos fiscais, agora no percentual de 15% do valor do imposto. Ocorre que, embora pendente a decisão da impugnação, o fisco inscreveu a sociedade em dívida ativa, assinalando, no termo de inscrição, a penalidade anterior, de 35%. Com base nessas informações e de acordo com o disposto no CTN, responda aos itens a seguir.

A) O fisco poderia ter inscrito o contribuinte em dívida ativa naquele momento? Justifique. (Valor: 0,65)

B) O percentual da multa assinalado no ato de inscrição está correto? Fundamente. (Valor: 0,60)

GABARITO:

A) Não. A impugnação administrativa é hipótese de suspensão da exigibilidade do crédito tributário, impedindo que o fisco inscreva o crédito tributário em dívida ativa, na forma do art. 151, III, c/c o art. 201, ambos do CTN.

B) Não. Deve ser aplicada ao contribuinte a penalidade da lei mais benéfica, no percentual de 15%, na forma do art. 106, II, c, do CTN.

IV. OBRIGAÇÕES TRIBUTÁRIAS E FATO GERADOR

46. **(IV Exame OAB)** Caio e Tício pretendem celebrar contrato de compra e venda de bem imóvel. Contudo, para consumarem o negócio, constituem previamente a pessoa jurídica Provisória Ltda. formada por eles apenas, tendo por fito única e exclusivamente não fazer incidir o ITBI sobre a operação, com amparo no art. 156, § 2º, I, da CF, que prevê hipótese de imunidade da referida exação sobre o imóvel utilizado na integralização do capital social. Nesse sentido, Caio, originalmente proprietário alienante do bem, integraliza suas quotas na forma do imóvel, e Tício completa o capital social da empresa depositando o montante correspondente ao valor do bem objeto da alienação. Após pouco mais de duas semanas, Caio e Tício dissolvem a sociedade e, como consequência, Caio recebe sua parcela do capital em dinheiro, ao passo que Tício recebe o seu quinhão na forma do imóvel. Analise a conduta adotada pelos particulares e responda se, e como, poderia a Fazenda Municipal satisfazer seu crédito com relação à situação apresentada, uma vez descoberta a real intenção dos dois agentes. (Valor: 1,25)

GABARITO:

A conduta é abusiva e não terá eficácia em face do Fisco. Representa hipótese de elisão fiscal (ou elisão ineficaz), em que o comportamento do contribuinte não é, a rigor, ilícito, mas adota um formato artificioso, atípico para o ato que está sendo praticado, para obter redução de carga tributária. Caio e Tício constituíram a sociedade com a finalidade de dissimular a ocorrência do fato gerador do ITBI, com o escopo de escapar artificiosamente da tributação (0,45).

Caso o Fisco venha a perceber a manobra artificiosa adotada, poderia lançar o tributo devido, com a aplicação do art. 116, parágrafo único, do CTN, que dispõe: "A autoridade administrativa poderá desconsiderar atos ou negócios jurídicos praticados com a finalidade de dissimular a ocorrência do fato gerador do tributo ou a natureza dos elementos constitutivos da obrigação tributária, observados os procedimentos a serem estabelecidos em lei ordinária".

O Fisco poderá, nesta hipótese, requalificar juridicamente os fatos, para fazer incidir o tributo devido (0,8).

V. ELEMENTOS SUBJETIVOS DA RELAÇÃO TRIBUTÁRIA: SUJEITOS ATIVO E PASSIVO, RESPONSABILIDADE TRIBUTÁRIA E DOMICÍLIO

47. **(III Exame OAB)** Determinada pessoa física adquiriu de outra uma papelaria, estipulando-se, no contrato de compra e venda do estabelecimento, que o vendedor assumia plena responsabilidade por eventuais débitos fiscais anteriores à operação, ainda que apurados posteriormente. Três anos depois da operação, a Fiscalização Tributária Estadual lavrou auto de infração contra o adquirente do estabelecimento, por débitos do ICMS relativos à venda de mercadorias efetuadas em anos anteriores à aquisição da papelaria. Defendeu-se o autuado, dizendo não ser responsável pelo imposto reclamado, visto que o vendedor, antigo dono, assumira tal responsabilidade. Sabendo-se que o antigo proprietário, à época, aposentou-se cessando sua atividade empresarial, analise se há responsabilidade tributária do adquirente da papelaria, bem como os efeitos do contrato firmado entre o vendedor e o comprador do negócio. Justifique de forma cabal, com base na legislação. (Valor: 1,0)

GABARITO:

Segundo o art. 133, I, do CTN, o novo proprietário responderá integralmente pelos tributos devidos relativos ao comércio adquirido, por força da responsabilidade por sucessão prevista no CTN (0,50).

Por força do art. 123 do CTN, determina-se que quaisquer contratos ou convenções particulares não podem ser opostos perante a Fazenda Pública, para modificar a sujeição passiva tributária prevista no CTN. Pelo exposto, está correto o entendimento da Receita Federal, não possuindo a Empresa LM S.A. legitimidade ativa perante a autoridade administrativa competente para pleitear a repetição do indébito do aludido imposto (0,50).

48. **(IV Exame OAB)** A empresa Nova Casa atua no ramo de venda de eletrodomésticos e como tal encontra-se sujeita ao recolhimento do ICMS e ao dever de entregar arquivos magnéticos com as informações das vendas efetuadas em cada período de recolhimento. Em fiscalização realizada em 1-2-2009, o Fisco Estadual constatou a insuficiência do recolhimento do ICMS no período entre 1-1-2008 a 1-2-2009 e lavrou auto de infração exigindo o tributo não recolhido acrescido de multa no montante correspondente a 80% do tributo devido, na forma da legislação estadual. Ainda como consequência da fiscalização, foi lavrado outro auto de infração para aplicar a penalidade de R$ 1.000,00 por cada arquivo magnético não entregue no mesmo período. Ocorre que, no prazo para apresentação da impugnação administrativa, os sócios da empresa Nova Casa finalizaram as negociações anteriormente iniciadas com a sua concorrente Incasa e decidiram vender a empresa, a qual foi incorporada pela Incasa. Ao se deparar com as autuações em questão, a Incasa aciona o seu corpo jurídico. Com base nesse cenário, responda aos itens a seguir, empregando os argumentos jurídicos apropriados e a fundamentação legal pertinente ao caso.

A) Existe a possibilidade de cancelar, total ou parcialmente, o auto de infração lavrado para cobrança do tributo devido e da sua respectiva penalidade?

B) Existe a possibilidade de cancelar, total ou parcialmente, o auto de infração lavrado para exigir a penalidade por falta de entrega dos arquivos magnéticos?

GABARITO:

A) Não. O art. 132 do CTN prevê que a "pessoa jurídica de direito privado que resultar de fusão, transformação ou incorporação de outra ou em outra é responsável pelos tributos devidos até a data do ato pelas pessoas jurídicas de direito privado fusionadas, transformadas ou incorporadas" (0,35).

Ao utilizar a expressão "tributos", segundo a interpretação consolidada pelo STJ em sede de Recurso Repetitivo n. 923.012/MG, o legislador não quis restringir a sucessão dos créditos tributários somente aos débitos decorrentes de inadimplemento no pagamento do tributo, mas também as multas de caráter moratório ou punitivo, eis que no art. 129 do CTN o legislador expressamente utilizou a expressão "créditos tributários", sem qualquer restrição. Portanto, as multas constituídas ou em fase de constituição até a data do ato de incorporação permanecem como devidas pela empresa incorporadora (0,3).

B) Na mesma linha, as obrigações chamadas de acessórias também são consideradas devidas pela empresa incorporadora, pois conforme prevê o art. 113, § 3º, do CTN, as obrigações acessórias, pelo simples fato de sua inobservância, convertem-se em obrigação principal. Portanto, não há fundamento jurídico para excluí-las da sucessão por incorporação (0,4).

Ademais, a multa tributária também se submete ao princípio da vedação ao efeito confiscatório estampada no art. 150, IV, da CF/88 (0,2).

49. **(V Exame OAB)** A concessionária de veículos Carros Ltda. impetra mandado de segurança em face da Fazenda Pública do Estado de Goiás objetivando que fosse considerado na base de cálculo adotada para fins de substituição tributária o valor dos descontos promocionais concedidos pela empresa Ford quando da venda dos veículos à Carros Ltda. O juiz concedeu a liminar pleiteada e determinou que a Ford promovesse o recolhimento do ICMS-ST com base no valor de venda diminuído dos descontos promocionais. Quando da prolação da sentença, a liminar foi revogada e restabelecida a base de cálculo anterior, tendo sido intimada a Ford para que voltasse a proceder ao recolhimento com base no valor integral de venda. O processo atualmente encontra-se em trâmite perante o Superior Tribunal de Justiça, tendo sido mantida a sentença monocrática. Em fiscalização realizada junto à Ford, o Fisco Estadual decidiu por exigir desta o recolhimento do montante que deixou de ser recolhido durante o período de vigência da medida liminar, acrescido das penalidades previstas. Na condição de advogado da Ford, quando consultado, avalie:

A) a legitimidade passiva da Ford para suportar a autuação realizada; (Valor: 0,60)

B) a possibilidade de tal exigência sobre o período abrangido pela medida liminar. (Valor: 0,65)

GABARITO:

A) A substituição tributária encontra-se prevista no art. 150, § 7º, da CF/88. Nessa hipótese, o contribuinte substituído deixa de integrar diretamente a relação jurídico-tributária com o Fisco, passando a suportar apenas o ônus econômico do tributo, cabendo ao contribuinte substituto o dever de realizar a apuração e o recolhimento do tributo em nome do contribuinte substituído (0,3).

Na situação em análise, foi o contribuinte substituído que recorreu ao Poder Judiciário, por meio da impetração do *writ*, tendo convencido o julgador a lhe conceder medida liminar que acabou por reduzir o montante do ICMS a ser retido por substituição tributária pela Ford. Assim, a Ford não era parte na ação judicial, tendo se limitado a cumprir a decisão judicial. Não pode, em consequência, suportar os ônus da medida judicial, pois apenas agiu em cumprimento a uma ordem do juiz. Desta forma, a liminar concedida pelo juiz, por via reflexa, transmudou a natureza da substituição tributária originalmente existente, deslocando a responsabilidade pelo eventual e futuro recolhimento do imposto para a parte impetrante, isto é, para o contribuinte substituído. Portanto, não é a Ford parte legítima para suportar os ônus advindos da autuação (0,3).

B) Já no que concerne a possibilidade da exigência de tributo durante o período em que esteve vigente a medida liminar posteriormente revogada, o STF, por meio da edição da Súmula 405, estabeleceu que a revogação de medida liminar acarreta a recomposição do *status quo* anterior, cabendo a parte que a requereu e dela se beneficiou, arcar com os ônus de tal recomposição (0,25).

Portanto, como a medida liminar não se encontra mais em vigor, pode o Fisco Estadual constituir e exigir o tributo em face do contribuinte substituído (0,4).

50. **(VII Exame OAB)** Até o ano de 2007, o Sr. José da Silva exerceu a função de sócio com poderes de gestão da "Acampados Turismo S.A.", tendo, posteriormente, se desligado da sociedade. Em fevereiro de 2011, é surpreendido ao ser citado em execução fiscal para responder por débitos fiscais pendentes relativos ao IRPJ, e pela falta de recolhimento de contribuições previdenciárias dos funcionários as quais foram devidamente descontadas, ambos referentes a período de apuração em que José administrava a empresa. Considerando a situação acima, responda aos itens a seguir:

A) É possível a cobrança integral do ex-sócio dos montantes tributários e previdenciários devidos e não recolhidos pela companhia, quando ele já não exercia mais atos de administração da S.A.? (Valor: 0,65)

B) Houve infração legal imputável a José da Silva? (Valor: 0,60)

GABARITO:

A) Sim, para a contribuição previdenciária, conforme o art. 135, III, do CTN, os diretores, gerentes ou representantes de pessoas jurídicas de direito privado são pessoalmente responsáveis pelos créditos correspondentes a obrigações tributárias resultantes de atos praticados com excesso de poderes ou infração de lei, contrato social ou estatutos. Não, em relação ao IRPJ, visto que neste caso se trata de inadimplemento da obrigação tributária, razão pela qual deve ser aplicada a Súmula 430 do STJ.

Nas Sociedades Anônimas, os diretores não respondem pessoalmente pelas obrigações contraídas em nome da sociedade, mas respondem para com esta e para com terceiros solidária e ilimitadamente pelo excesso de mandato e pelos atos praticados com violação do estatuto ou lei (art. 158, I e II, da Lei n. 6.404/76). Os sócios (diretores, gerentes ou representantes da pessoa jurídica) são responsáveis, por substituição, pelos créditos correspondentes a obrigações tributárias resultantes da prática de ato ou fato eivado de excesso de poderes ou com infração de lei, contrato social ou estatutos, nos termos do art. 135, III, do CTN. O referido dispositivo trata da responsabilidade por substituição. Aqueles que representam a sociedade e agem de má-fé merecem, por inteiro, o peso da responsabilidade tributária decorrente de atos praticados sob essas circunstâncias.

B) Sim. Sempre que a empresa deixa de recolher o tributo na data do respectivo vencimento, a impontualidade ou a inadimplência é da pessoa jurídica, não do sócio-gerente (ou diretor). Ademais, o simples inadimplemento não caracteriza infração legal. Súmula 430 do STJ. Contudo, a falta de recolhimento das contribuições previdenciárias descontadas dos empregados se afigura em infração à lei, apropriação indébita.

51. **(VII Exame OAB)** Um jovem de 14 (quatorze) anos, especializado em rastreamento de sistemas e informática em geral, aufere, mensalmente, a quantia total de R$ 10.000,00 (dez mil reais), por força de contrato verbal de prestação de serviços, mantido com certa empresa contratante. Nesse caso, entende o jovem, em razão da sua absoluta incapacidade civil, não estar adstrito a quaisquer obrigações tributárias, razão pela qual não procede ao recolhimento do tributo decorrente das operações acima mencionadas.

À vista disso, o procedimento adotado pelo referido jovem está em consonância com o sistema legal tributário? Justifique, apontando os dispositivos legais pertinentes.

GABARITO:

A capacidade tributária passiva independe da capacidade civil das pessoas naturais, *ex vi* do art. 126, I, do CTN (0,45). Nessa esteira, o jovem é contribuinte do ISS (art. 156, III, da CF/88 e LC n. 116/2003) e do IRPF (art. 153, III, da CF/88 e art. 43 do CTN), em razão das operações acima descritas, visto que pratica o fato gerador relativo a esses impostos (0,8).

52. **(X Exame OAB)** O Município "Z" ingressa com execução fiscal por conta de débito do ISS em face da empresa Bom Negócio Arrendamento Mercantil, da qual o Banco Bom Negócio S/A é sócio, pertencendo ambas ao mesmo grupo econômico. Com base no caso apresentado, responda justificadamente, utilizando todos os fundamentos jurídicos aplicáveis à espécie.

A) Poderia o Banco Bom Negócio S/A ser parte legítima na execução fiscal? Resposta fundamentada. (Valor: 0,65)

B) Quais são os requisitos que devem estar presentes para o reconhecimento de eventual solidariedade entre as duas empresas? (Valor: 0,60)

A simples menção ou transcrição do dispositivo legal não pontua.

GABARITO:

A) Não há legitimidade do banco, já que sócio e sociedade não se confundem. Além disso, o fato de serem empresas do mesmo grupo econômico não torna o banco responsável. Não incide o art. 124, I, do CTN ou o art. 128 do CTN. Não há interesse comum (0,65).

B) Os elementos que deveriam estar presentes, para ser reconhecida a solidariedade são: expressa previsão da legislação, relação pessoal com o fato gerador do tributo e interesse comum, citando o art. 124, I e II, do CTN (0,6).

53. **(XI Exame OAB)** No ano de 2012, Caio doou um bem móvel no valor de R$ 100.000,00 para Tício, sem que tenha sido recolhido qualquer tributo. No ano seguinte, Tício, aconselhado por um amigo, antes de qualquer fiscalização por parte da Fazenda do Estado "X", declarou e recolheu o Imposto sobre Transmissão *causa mortis* e doação, de quaisquer bens ou direitos (ITCD) devido, acompanhado de juros de mora e correção monetária. Ao tomar ciência do fato gerador do ITCD e verificar que não houve recolhimento da multa moratória, a Fazenda autuou Caio, visando à cobrança da multa. Considerando o caso descrito e que a lei estadual previa que o doador é o contribuinte do ITD, responda aos itens a seguir, fundamentadamente.

A) Está correta a exclusão da multa moratória? (Valor: 0,65)

B) Pode a lei estadual definir o contribuinte do ITCD? (Valor: 0,60)

GABARITO:

A) Para se caracterizar o instituto da denúncia espontânea, o pagamento do tributo deve vir acompanhado da correção monetária e dos juros moratórios, conforme previsão legal. A denúncia espontânea, no entanto, exclui as multas de caráter punitivo, decorrentes do atraso no pagamento. Sendo assim, o candidato deve responder que está correta a exclusão da multa moratória no caso descrito, tendo em vista a ocorrência da denúncia espontânea, prevista no art. 138 do CTN (0,65).

B) Sim. Segundo o art. 42 do CTN, a lei poderá dispor sobre quem é o contribuinte: o donatário, no caso Tício, ou o doador, no caso Caio (0,6).

54. **(XII Exame OAB)** João, de apenas 3 anos de idade, recebeu por herança apartamento que foi devidamente registrado em seu nome. Ao receber a primeira notificação para o pagamento de imposto predial e territorial urbano (IPTU) do referido imóvel no início de 2013, os pais de João deixam de efetuar o recolhimento do tributo por entender que a cobrança seria improcedente, em razão da incapacidade civil do proprietário do imóvel. Diante deste caso, analise:

A) O entendimento dos pais de João está correto? (Valor: 0,60)

B) O Fisco poderia cobrar o tributo diretamente dos pais de João? (Valor: 0,65)

GABARITO:

A) O entendimento dos pais de João não está correto, tendo em vista que a condição de contribuinte independe da capacidade civil, na forma do art. 126, I, do Código Tributário Nacional (0,6).

B) Além disso, o Fisco poderia cobrar o tributo dos pais de João, tendo em vista a responsabilidade dos pais em relação aos tributos devidos por seus filhos menores, determinada pelo art. 134, I, do Código Tributário Nacional (0,65).

55. **(XVI Exame OAB)** Em 2008, constou na Declaração de Débitos e Créditos Tributários Federais (DCTF) da pessoa jurídica AB&C Participações Ltda. que era devido, a título de Contribuição para o Financiamento da Seguridade Social – Cofins, o valor de R$ 25.000,00 (vinte e cinco mil reais). No entanto, a AB&C Participações Ltda. não efetuou o recolhimento antes do vencimento do tributo.

Em 2009, antes do início de qualquer fiscalização por parte da Fazenda Nacional, a AB&C Participações Ltda. Efetuou o recolhimento daquele montante da Cofins informado no ano anterior na DCTF, sem, no entanto, o acréscimo da multa de mora, em razão da ocorrência da denúncia espontânea. Por não concordar com a AB&C Participações Ltda., a Fazenda Nacional lavrou auto de infração cobrando o valor integral do tributo (deduzido do montante já recolhido), sendo a AB&C Participações Ltda. intimada para pagar ou apresentar defesa. Sobre o caso, responda aos itens a seguir.

A) Está correto o entendimento da pessoa jurídica AB&C Participações Ltda. sobre a ocorrência da denúncia espontânea? (Valor: 0,65)

B) Caso a pessoa jurídica proponha ação anulatória buscando desconstituir o auto de infração, poderá apresentar, simultaneamente, defesa no processo administrativo? (Valor: 0,60)

Responda justificadamente, empregando os argumentos jurídicos apropriados e a fundamentação legal pertinente ao caso.

GABARITO:

A) Não. O benefício da denúncia espontânea, com a exclusão da multa de mora, não se aplica nos casos de tributos sujeitos ao lançamento por homologação, como no caso da Cofins, quando, regularmente declarados, foram pagos a destempo, conforme enunciado da Súmula 360 do STJ (0,65).

B) Não. A Lei n. 6.830/80 (a chamada Lei de Execuções Fiscais) prevê, em seu art. 38, parágrafo único, que "A propositura, pelo contribuinte, da ação prevista neste artigo (que é a ação anulatória) importa em renúncia ao poder de recorrer na esfera administrativa e desistência do recurso acaso interposto" (0,6).

56. **(XVII Exame OAB)** A União ajuizou execução fiscal em face da pessoa jurídica ABC Águas Ltda. e de João, diretor da pessoa jurídica, cujo nome estava indicado na certidão de dívida ativa (CDA), para a cobrança de valores relativos ao Imposto sobre a Renda (IR), supostamente devidos. De acordo com a União, a atribuição de responsabilidade ao Diretor estaria correta, tendo em vista o inadimplemento do tributo pela pessoa jurídica. Diante desse caso, responda aos itens a seguir.

A) A inclusão de João na CDA como responsável tributário, em razão do mero inadimplemento do tributo pela pessoa jurídica ABC Águas Ltda., está correta? (Valor: 0,60)

B) Caso a execução fiscal tivesse sido ajuizada somente em face da pessoa jurídica, a União teria que demonstrar algum requisito para a inclusão do Diretor no polo passivo da execução fiscal? (Valor: 0,65)

Obs.: o examinando deve fundamentar suas respostas. A mera citação do dispositivo legal não confere pontuação.

GABARITO:

A) O argumento apresentado pela União não está correto, tendo em vista que a falta de pagamento do tributo não gera, por si só, a responsabilidade do diretor, prevista no art. 135 do CTN. Nesse sentido, a Súmula 430 do Superior Tribunal de Justiça (0,60).

B) Se a execução tivesse sido proposta somente em face da pessoa jurídica, havendo indicação do nome do Diretor na CDA, a União não teria de provar a presença dos requisitos do art. 135 do CTN, tendo em vista a presunção relativa de liquidez e certeza da CDA, conforme o art. 3º da Lei n. 6.830/80 e/ou o art. 204 do CTN. Caso o nome de João não constasse da CDA, a União teria de provar a presença de atos praticados com excesso de poderes ou infração de lei ou contrato social ou estatuto ou a dissolução irregular da pessoa jurídica, nos termos do art. 135 do CTN ou da Súmula 435, do Superior Tribunal de Justiça (0,65).

57. **(XVIII Exame OAB)** Caio tem 10 anos e seu pai o presenteou com uma casa de praia no litoral do Município Y. No entanto, Caio não realizou o pagamento do carnê do Imposto sobre a Propriedade Predial e Territorial Urbana (IPTU) incidente sobre o imóvel de sua propriedade. Caio, representado por seu pai, apresentou uma impugnação ao lançamento do crédito, alegando que Caio não tem capacidade civil e que, portanto, não pode ser contribuinte do IPTU. O Município Y negou provimento à impugnação e Caio apresentou recurso voluntário ao Conselho Municipal de Contribuintes, que foi inadmitido por inexistência de depósito recursal prévio, conforme exigência da legislação municipal. A partir da questão proposta, responda aos itens a seguir.

A) Caio pode ser considerado contribuinte do imposto? Fundamente. (Valor: 0,65)

B) É constitucional a exigência do depósito como condição para o recurso administrativo, conforme decisão do Conselho Municipal? Justifique. (Valor: 0,60)

Obs.: o examinando deve fundamentar suas respostas. A mera citação do dispositivo legal não confere pontuação.

GABARITO:

A) Sim. A capacidade tributária independe da capacidade civil das pessoas naturais. Sendo assim, Caio é contribuinte do IPTU, independente de não ter capacidade civil. Nesse sentido, o art. 126, I, do CTN (0,65).

B) Conforme a Súmula Vinculante 21 do Supremo Tribunal Federal, a exigência de um depósito prévio como requisito de admissibilidade de recurso administrativo é inconstitucional, pois fere o art. 5º, XXXIV (direito de petição independente do pagamento) e LV (assegurados o contraditório e a ampla defesa) (0,6).

58. **(XIX Exame OAB)** A pessoa jurídica Theta S.A. declarou e não pagou o débito referente à Contribuição para o Financiamento da Seguridade Social (Cofins). Meses depois, como iria participar de uma licitação e precisava apresentar certidão de regularidade fiscal, antes do início de qualquer procedimento administrativo ou medida de fiscalização por parte da União, a pessoa jurídica Theta S.A. realizou o pagamento do tributo, excluindo, no entanto, a multa moratória. Sobre a hipótese descrita, responda aos itens a seguir.

A) Está correta a exclusão da multa moratória? Fundamente. (Valor: 0,65)

B) O contribuinte tem direito à certidão negativa de débitos? Justifique. (Valor: 0,60)

Obs.: o examinando deve fundamentar suas respostas. A mera citação do dispositivo legal não confere pontuação.

GABARITO:

A) Na hipótese, não é cabível a denúncia espontânea, prevista no art. 138 do Código Tributário Nacional, pois a Cofins, tributo sujeito a lançamento por homologação, foi regularmente declarada, porém paga a destempo. Nesse sentido, é o entendimento do Superior Tribunal de Justiça, conforme a Súmula 360.

B) O contribuinte não tem direito à certidão de regularidade fiscal, isso porque declarou o débito, porém não pagou integralmente, sendo legítima a recusa da emissão da certidão negativa, conforme a Súmula 446 do Superior Tribunal de Justiça.

59.

(XIX Exame OAB) Em janeiro de 2014, a pessoa jurídica Beta adquiriu o estabelecimento comercial da pessoa jurídica Delta e continuou a explorar a atividade sob outra razão social. Ao adquirir o estabelecimento, a pessoa jurídica Beta não elegeu domicílio tributário. Três meses após a alienação, a pessoa jurídica Delta iniciou nova atividade no mesmo ramo de comércio. Em janeiro de 2015, a pessoa jurídica Beta foi notificada pelo Estado de Minas Gerais para pagamento de créditos de ICMS relativos ao estabelecimento adquirido e referentes ao ano de 2013, uma vez que, de acordo com o Estado de Minas Gerais, a responsabilidade da pessoa jurídica Beta quanto a tais créditos seria integral. Diante disso, responda aos itens a seguir.

A) É correto o entendimento do Estado de Minas Gerais no sentido de que a responsabilidade da pessoa jurídica Beta é integral? (Valor: 0,75)

B) Diante da falta de eleição de domicílio tributário pela pessoa jurídica Beta, qual(is) local(is) deve(m) ser indicado(s) pela administração tributária para a notificação? (Valor: 0,50)

Obs.: o examinando deve fundamentar suas respostas. A mera citação do dispositivo legal não confere pontuação.

GABARITO:

A) O entendimento do Estado de Minas Gerais não está correto, uma vez que, de acordo com o art. 133, II, do Código Tributário Nacional, a pessoa jurídica de direito privado que adquirir de outra, por qualquer título, estabelecimento comercial e continuar a respectiva exploração sob outra razão social responde pelos tributos relativos ao estabelecimento adquirido devidos até a data do ato, subsidiariamente com o alienante, se este iniciar, dentro de seis meses, a contar da data da alienação, nova atividade no mesmo ramo de comércio.

B) Na falta de eleição, pelo contribuinte ou responsável, de domicílio tributário, na forma da legislação aplicável, considera-se como tal, quanto às pessoas jurídicas de direito privado ou às firmas individuais, o lugar da sua sede ou, em relação aos atos ou fatos que derem origem à obrigação, o de cada estabelecimento, conforme o art. 127, II, do Código Tributário Nacional.

60.

(XXVIII EXAME OAB) O Fisco Federal ajuíza uma ação de execução fiscal contra a sociedade empresária ABC Ltda. por créditos tributários vencidos e não pagos. Contudo, ao se tentar promover a citação da executada pelos Correios, percebe-se que a sociedade já não funciona no local por ela declarado ao Fisco, sem que tenha comunicado a nenhum órgão competente o local onde pode receber citações ou onde continua realizando suas atividades. Também não são encontrados bens da executada que pudessem ser objeto de penhora. Diante dessa situação, responda aos itens a seguir.

A) Frustrada a citação via postal, por quais outros meios se fará a citação da sociedade nesta execução fiscal? (Valor: 0,50)

B) Qual a consequência, para o sócio-administrador que sempre integrou a sociedade, de a executada não ser encontrada no domicílio por ela declarado? (Valor: 0,75)

GABARITO:

A) Sendo frustrada a citação na execução fiscal feita primeiro pelo correio, os meios disponíveis são por Oficial de Justiça e por edital (art. 8º, inciso III, da Lei n. 6.830/80).

B) A consequência será a responsabilidade tributária do sócio administrador pela prática de um ato com infração de lei (art. 135, inciso III, do CTN), a saber, o ato de dissolução irregular da sociedade, a qual é presumida quando a empresa deixou de funcionar no seu domicílio fiscal sem comunicação aos órgãos competentes, enseja o redirecionamento da execução fiscal para o sócio administrador (Súmula 435 do STJ).

VI. CRÉDITO TRIBUTÁRIO: LANÇAMENTO, CONSTITUIÇÃO, SUSPENSÃO, EXTINÇÃO E EXCLUSÃO

61. **(IV Exame OAB)** Um Estado da Federação promulga lei ordinária que prevê como modalidade de extinção, total ou parcial, dos créditos tributários de sua competência inscritos em dívida ativa a dação em pagamento de bens móveis (títulos públicos). Analise a regularidade dessa lei e sua compatibilidade com o sistema jurídico tributário nacional. (Valor: 1,25)

GABARITO:

Não é possível a lei ordinária criar uma nova forma de extinção do crédito tributário, conforme o art. 141 do CTN ("Art. 141. O crédito tributário regularmente constituído somente se modifica ou extingue, ou tem sua exigibilidade suspensa ou excluída, nos casos previstos nesta Lei, fora dos quais não podem ser dispensadas, sob pena de responsabilidade funcional na forma da lei, a sua efetivação ou as respectivas garantia"). Logo, somente mediante lei complementar seria modificável a hipótese de extinção do crédito tributário. Além disso, o art. 156, XI, do CTN prevê que a prestação substitutiva do pagamento em dinheiro somente poderá ser a dação em pagamento de bem imóvel, sendo o referido dispositivo dotado de caráter taxativo (1,25).

62. **(VII Exame OAB)** Em 20-5-1995, a Receita Federal, em decorrência de fiscalização realizada na sede da empresa ABC, constatou que a empresa não havia declarado, e consequentemente recolhido, a Cofins referente a todos os meses do exercício de 1990. Notificada a empresa, esta impugnou, sem sucesso, o auto de infração e, depois, recorreu administrativamente ao Conselho de Contribuintes. Em 20-7-2004, adveio a decisão definitiva, confirmando o ato da autoridade tributária, sendo a empresa notificada da referida decisão na própria data. A União Federal ajuizou execução fiscal relativa ao crédito em 20-6-2009, sendo que o despacho de citação foi exarado em 20-8-2010, entretanto, não encontrada de pronto a executada, a exequente não mais movimentou o processo. Examine as questões envolvidas e responda aos itens a seguir, utilizando os argumentos jurídicos apropriados e a fundamentação legal pertinente ao caso.

A) Analise a constituição do crédito tributário pelo Fisco, referindo se ocorreu de forma regular ou não, bem como se adveio dentro do prazo legal. (Valor: 0,30)

B) Houve, na hipótese, interrupção ou suspensão do prazo de cobrança do crédito fiscal? (Valor: 0,50)

C) A propositura da execução em 20-6-2009 e o despacho de citação em 20-8-2010 resguardarão o direito da Fazenda Pública? (Valor: 0,45)

GABARITO:

A) A constituição do crédito tributário ocorreu de forma regular pelo Fisco, pois como a empresa não havia declarado qualquer valor a recolher a título de Cofins, deve ser aplicada a regra prevista no art. 173, I, do CTN, que estipula que o prazo decadencial somente se inicia no primeiro dia útil do exercício seguinte ao da ocorrência do fato gerador. Assim, não se verificou a decadência do direito de lançar o tributo (0,3).

B) Houve, inicialmente, suspensão do prazo de cobrança com a apresentação de impugnação administrativa que, conforme previsto no art. 151, III, do CTN, suspende a exigibilidade do crédito tributário, o qual somente retoma a sua plena exigibilidade após a sua constituição definitiva, ocorrido após o término do processo administrativo. Portanto, conforme previsto no art. 174 do CTN, a execução fiscal deve ser ajuizada no prazo de cinco anos a contar do encerramento do processo administrativo, sob pena de restar caracterizada a ocorrência de prescrição. No presente caso, o primeiro ato que interrompeu a fluência do prazo prescricional ocorreu com a determinação de citação do devedor. Como a executada não foi encontrada, o processo deve ser suspenso na forma do art. 40 da LEF Lei n. 6.830/80 (0,50).

C) Como a execução fiscal foi ajuizada antes do prazo prescricional, o crédito tributário exigido por meio da presente execução não se encontra prescrito, já que a demora na citação decorreu de motivos inerentes ao mecanismo da Justiça, na forma da Súmula 106 do STJ (0,45).

63. **(X Exame OAB)** A Empresa JLMS Ltda. possui crédito no valor de R$ 500.000,00 (quinhentos mil reais), em face da unidade federativa XYZ onde mantém a sede de seu estabelecimento comercial, sendo tal crédito oriundo de um precatório judicial resultante de ação por desapropriação. Todavia, a empresa aqui cuidada encontra-se em débito com o Estado XYZ, em razão do não pagamento de ICMS no montante de 450.000,00. Até o presente momento, a legislação estadual aplicável ao contribuinte em pauta somente prevê como forma de extinção do crédito de ICMS o pagamento em dinheiro conforme prazo e condições nela estabelecidas. À vista disso, responda, justificadamente, utilizando todos os fundamentos jurídicos aplicáveis à espécie.

A) Qual a forma de extinção do crédito tributário que se amolda a liquidação do aludido débito do ICMS com a utilização do crédito oriundo do referido precatório judicial? (Valor: 0,70)

B) Com base na resposta contida na letra A, a referida empresa poderia liquidar o seu débito do ICMS fundado no crédito contido no aludido precatório judicial. (Valor: 0,55)

A simples menção ou transcrição do dispositivo legal não pontua.

GABARITO:

A) A modalidade de extinção do crédito tributário referida na questão é a compensação tributária prevista no art. 156, II, e no art. 170 do CTN, em outras palavras, os valores decorrentes do precatório judicial a que faz jus o contribuinte poderiam ser compensados com o valor resultante do débito do ICMS que mantém perante o Estado ao mesmo tempo devedor e credor da empresa em relação às respectivas obrigações (0,7).

B) Não poderia ser efetuada a compensação tributária nesse caso, pois não se amolda à previsão do art. 170 do CTN. Somente seria possível se houvesse previsão expressa, o que não ocorre à luz do caso em tela (0,55).

64. **(XII Exame OAB)** A empresa XYZ deixou de declarar e pagar imposto sobre a renda, devido no ano calendário 2006. No início de 2013, a empresa decidiu incluir todos os valores não declarados e não pagos em um parcelamento previsto em lei federal assinando, para tanto, termo de confissão de dívida. Após quitação integral do parcelamento, a empresa XYZ percebeu que, antes mesmo da inclusão dos valores no referido programa, os débitos já tinham sido atingidos pela decadência, tendo em vista que em nenhum momento houve a constituição do crédito através do lançamento. Diante disso, responda, fundamentadamente, aos itens a seguir.

A) Considerando o instrumento de confissão de dívida assinado pelo contribuinte, bem como a quitação integral do tributo, é possível que o contribuinte pleiteie a restituição dos valores que foram atingidos pela decadência? (Valor: 0,80)

B) Tratando-se de tributo sujeito a lançamento por homologação não pago e não declarado, que dispositivo do Código Tributário Nacional é aplicável para regular a contagem do prazo para o Fisco realizar o lançamento? (Valor: 0,45)

GABARITO:

A) A decadência é forma de extinção do crédito tributário (art. 156, V, do CTN), incidindo, neste caso, o disposto no art. 173, I, do Código Tributário Nacional. Nesse contexto, o instrumento de confissão de dívida assinado pelo contribuinte não tem o condão de restabelecer o crédito tributário, havendo, inclusive, entendimento consolidado do Superior Tribunal de Justiça em sede de recurso repetitivo Sendo assim, é possível que João pleiteie a restituição dos valores que foram atingidos pela decadência (0,80).

B) O prazo é regido pelo art. 173, I, do Código Tributário Nacional. Conforme assentado pela jurisprudência do Superior Tribunal de Justiça, em sede de recurso repetitivo. "O prazo decadencial quinquenal para o Fisco constituir o crédito tributário (lançamento de ofício) conta-se do primeiro dia do exercício seguinte àquele em que o lançamento poderia ter sido efetuado, nos casos em que a lei não prevê o pagamento antecipado da exação ou quando, a despeito da previsão legal, o mesmo não ocorre, sem a constatação de dolo, fraude ou simulação do contribuinte, inexistindo declaração prévia do débito" (0,45).

65. **(XIII Exame OAB)** O setor contábil da pessoa jurídica LP Ltda. entrega ao Fisco a Declaração de Débitos e Créditos Tributários Federais (DCTF), devidamente preenchida, com relação ao recolhimento da contribuição para o PIS e da Cofins. A Fazenda Nacional atestou que os respectivos tributos declarados no documento foram recolhidos a menor e enviou simples aviso de cobrança, quanto à diferença não recolhida. Para participar em procedimento licitatório de seu interesse, a LP Ltda. não pode apresentar pendências fiscais e, por isso, interessa saber, com base na situação descrita:

A) Houve a constituição do crédito tributário relativo à diferença do valor já declarado mas não recolhido pela LP Ltda.? Qual a posição dominante no STJ sobre o momento da constituição do crédito tributário? (Valor: 0,65)

B) A pessoa jurídica tem direito subjetivo à expedição de certidão negativa ou positiva com efeito de negativa? (Valor: 0,60)

O examinando deve fundamentar corretamente sua resposta. A simples menção ou transcrição do dispositivo legal não pontua.

GABARITO:

A) Sim, houve. Ela ocorreu no momento da entrega da DCTF. A Súmula 436 do STJ estabelece que: "A entrega de declaração pelo contribuinte reconhecendo débito fiscal constitui o crédito tributário, dispensada qualquer outra providência por parte do Fisco" (0,65).

B) Não, pois a pessoa jurídica mantém pendências fiscais. Neste sentido, dispõe a Súmula 446 do STJ: "Declarado e não pago o débito tributário pelo contribuinte, é legítima a recusa de expedição de certidão negativa ou positiva com efeito de negativa" (0,60).

66. **(XIV Exame OAB)** Ocorre o fato gerador do imposto sobre transmissão e doação (ITCMD) em 15-1-2001. Como não houve o recolhimento do imposto devido nem declaração por parte do contribuinte, em 17-7-2006 a Fazenda Estadual realiza o lançamento de ofício do imposto, dando ciência ao contribuinte. Após a interposição tempestiva de impugnação administrativa pelo contribuinte contra o lançamento e trâmite regular do processo administrativo tributário, o crédito foi constituído definitivamente em 10.06.2007, sendo o sujeito passivo notificado, pessoalmente, na mesma data. Em razão de o valor do crédito tributário estar abaixo do limite de ajuizamento previsto na legislação estadual para a sua cobrança judicial, a Fazenda Estadual não ajuizou a respectiva Execução Fiscal. Em 24-7-2012, a fim de regularizar sua situação junto ao Fisco, o contribuinte realiza o pagamento da dívida. Diante desse cenário, responda aos itens a seguir.

A) Na data em que foi realizado o pagamento, o crédito tributário estava decaído? (Valor: 0,40)

B) Na data em que foi realizado o pagamento, o crédito tributário estava prescrito? (Valor: 0,40)

C) Caso efetue o pagamento de um crédito prescrito, pode o contribuinte pleitear a restituição da quantia que foi paga? (Valor: 0,45)

Responda às questões de forma fundamentada, indicando os dispositivos legais pertinentes.

GABARITO:

A) No caso em tela, não se pode falar em decadência. Com efeito, nos termos do art. 173, I, do CTN, o direito de a Fazenda Pública constituir o crédito tributário extingue-se após 05 anos contados do primeiro dia do exercício seguinte àquele em que o lançamento poderia ter sido realizado. Como o lançamento poderia ser realizado no exercício de 2001, já que o fato gerador foi praticado 15-1-2001, o prazo de 05 anos iniciou-se no primeiro dia útil do exercício seguinte, ou seja, 1-1-2002. Dessa forma, como o lançamento foi realizado em 17-7-2006, não transcorreram os 05 anos previstos no CTN para a extinção do direito da Fazenda Pública constituir o crédito (0,40).

B) No que concerne à prescrição, o art. 174 do CTN, estabelece que a ação para a cobrança do crédito tributário prescreve em 05 anos contados da data da sua constituição definitiva. O crédito em questão foi definitivamente constituído em 10-6-2007. Portanto, em 24-7-2012, quando foi efetuado o pagamento, a dívida já estava prescrita (0,40).

C) Nos termos do art. 156, V, do CTN, a prescrição extingue o crédito tributário. Assim, se na data do pagamento o crédito tributário já estava extinto, pode-se afirmar que o pagamento é indevido (0,30). Em sendo indevido, o contribuinte pode pleitear a restituição da quantia paga nos termos do art. 165 do CTN (0,15).

67. **(XX Exame OAB)** Em 2015, a pessoa jurídica "X" verificou a existência de débito de Imposto sobre a Renda (IRPJ) não declarado, referente ao ano calendário de 2012. Antes do início de procedimento administrativo ou medida de fiscalização, realizou o pagamento do tributo devido, acrescido dos juros de mora. Ao constatar o pagamento, a União notificou a contribuinte para que pagasse multa sancionatória incidente sobre o tributo pago extemporaneamente. Adicionalmente, efetuou o lançamento do IRPJ referente ao ano calendário 2008, que também não havia sido declarado nem pago pela contribuinte. Diante disso, responda aos itens a seguir.

A) Está correta a cobrança da multa? (Valor: 0,60)

B) É correta a cobrança do IRPJ referente ao ano calendário 2008? (Valor: 0,65)

Obs.: o examinando deve fundamentar suas respostas. A mera citação do dispositivo legal não confere pontuação.

GABARITO:

A) Não está correta a cobrança da multa, uma vez que, de acordo com o art. 138 do Código Tributário Nacional, a responsabilidade é excluída pela denúncia espontânea da infração, acompanhada, se for o caso, do pagamento do tributo devido e dos juros de mora. Nesse sentido o julgamento, pelo STJ, sob o rito dos repetitivos, do REsp 1.149.022/SP.

B) Não está correta a cobrança do IRPJ referente ao ano calendário de 2008, uma vez que se trata de crédito tributário atingido pela decadência, na forma do art. 173, I, do CTN.

68. **(XXII Exame OAB)** Em 2015, devido a uma grande enchente que assolou o município X, foi aprovada uma lei que reabria, por um ano, o prazo de pagamento do IPTU já vencido dos contribuintes proprietários de imóveis localizados nas áreas atingidas pela enchente. Com base nessa situação, responda aos itens a seguir.

A) Qual o nome do instituto tributário utilizado para ajudar os contribuintes das áreas mais atingidas pela enchente? Aponte o seu dispositivo legal. (Valor: 0,70)

B) A lei poderia ter delimitado a aplicação desse instituto a apenas um conjunto de sujeitos passivos, como fez neste caso, aplicando-o somente aos contribuintes das áreas mais atingidas? (Valor: 0,55)

Obs.: o(a) examinando(a) deve fundamentar suas respostas. A mera citação do dispositivo legal não confere pontuação.

GABARITO:

A) O instituto é o da moratória, que é uma das modalidades de suspensão de exigibilidade do crédito tributário. Caracteriza-se por ser uma prorrogação do prazo de pagamento de tributo pelo ente competente para instituí-lo. Está previsto no art. 151, I, e nos arts. 152 a 155, todos do CTN.

B) Sim, a lei que institui a moratória pode delimitar os sujeitos passivos que dela se beneficiarão, na forma do art. 152, parágrafo único, do CTN.

69. **(XXIII Exame OAB)** A União ajuizou, em 2016, execução fiscal em face da pessoa jurídica "X". Estavam em cobrança dois débitos distintos: um deles era relativo ao Imposto sobre Produtos Industrializados (IPI) vencido no final do mês de março de 2009, regularmente declarado pelo contribuinte no mesmo mês, mas que não foi recolhido; o outro era relativo à multa pelo descumprimento, em 2014, de obrigação acessória do IPI. Regularmente citada, a pessoa jurídica "X" alegou a ocorrência de prescrição do débito relativo ao ano de 2009. Para tanto, sustentou que foi ultrapassado o prazo de cinco anos para a exigência do imposto – pois tal prazo tivera início com o vencimento do tributo, já que o montante devido foi oportunamente declarado. No que se refere à multa, sustentou a inexigibilidade da obrigação, porquanto referente a uma operação específica que, no momento de sua realização, estava coberta por isenção concedida pela própria União (isenção esta que efetivamente existia em 2014). Com base no caso relatado, responda aos itens a seguir.

A) Conforme sustentado pela contribuinte, operou-se a prescrição no presente caso? (Valor: 0,65)

B) Está correto o argumento da pessoa jurídica "X" quanto à improcedência da multa? (Valor: 0,60)

GABARITO:

A) Sim, já que, de acordo com a Súmula 436 do STJ, "A entrega de declaração pelo contribuinte reconhecendo débito fiscal constitui crédito tributário, dispensada qualquer outra providência por parte do fisco", razão pela qual o prazo prescricional teve início com o vencimento do tributo, em março de 2009, estando a prescrição consumada desde março de 2014.

B) Não, pois, de acordo com o art. 175, parágrafo único, do CTN, a exclusão do crédito tributário não dispensa o cumprimento das obrigações acessórias dependentes da obrigação principal cujo crédito seja excluído ou dela consequente.

70. **(XXV Exame OAB)** Antônio doou seu carro para José, que, diante disso, realizou o pagamento do Imposto sobre Transmissão *Causa Mortis* e Doação de quaisquer bens ou direitos (ITCMD). Três anos após a quitação do imposto, José constatou equívoco no cálculo do tributo, cujo pagamento foi realizado em valor superior ao efetivamente devido. Sendo assim, ajuizou ação de repetição de indébito em face do Estado X, requerendo a restituição do valor principal acrescido de juros moratórios e atualização pela SELIC. Devidamente citado, o Estado X apresentou contestação alegando prescrição da pretensão autoral, visto que inobservado o prazo legal de dois anos para o ajuizamento da ação. Adicionalmente, defendeu que, na eventualidade de não ser acolhido seu primeiro argumento, seria incabível a cumulação de juros moratórios e taxa SELIC, tendo em vista que, no Estado X, não há previsão, na legislação local, de incidência da taxa SELIC na cobrança de tributos pagos em atraso. Considerando o caso em questão, responda aos itens a seguir.

A) O prazo prescricional de dois anos indicado pelo Estado X está correto? (Valor: 0,65)

B) A restituição do valor principal deve ser acrescida de juros moratórios e SELIC, conforme pretende o contribuinte? (Valor: 0,60)

GABARITO:

A) Não. O art. 168 do CTN determina que o direito de pleitear a restituição se extingue com o decurso do prazo de cinco anos, contados da data da extinção do crédito tributário, que, no caso em questão, operou-se com o pagamento do imposto pelo contribuinte.

B) Não. A incidência da taxa SELIC na repetição de indébito de tributos estaduais só seria possível se estivesse prevista na legislação local como índice de atualização de tributos inadimplidos e, de todo modo, seria inviável sua cumulação com juros de mora, na forma da Súmula 523 do STJ.

71. **(XXV Exame OAB – adaptada)** Antes de realizado qualquer procedimento para a constituição do crédito tributário, determinado partido político optou, em 2016, pelo parcelamento da Contribuição para o Financiamento da Seguridade Social (Cofins), com vencimentos entre 2005 e 2009, não pagas no prazo determinado. Para tanto, nos termos da lei que instituiu o parcelamento, o partido político apresentou "confissão irrevogável e irretratável dos débitos". No entanto, o advogado do partido político opina que este deve rescindir o parcelamento, uma vez que, independentemente da assinatura do termo de confissão de débitos, a renda dos partidos políticos é imune, e os débitos estão alcançados pela decadência. (...) B) A alegação sobre a ineficácia da confissão de débitos, no que se refere aos débitos alcançados pela decadência, está correta? (Valor: 0,65)

GABARITO:

B) Sim. O parcelamento postulado depois de transcorrido o prazo decadencial não restabelece o crédito tributário, uma vez que já estava extinto por força da decadência. Essa é a orientação pacificada pelo STJ, em julgamento pela sistemática dos Recursos Repetitivos, no qual foi consolidada a orientação de que "A decadência, consoante a letra do art. 156, inciso V, do CTN, é forma de extinção do crédito tributário. Sendo assim, uma vez extinto o direito, não pode ser reavivado por qualquer sistemática de lançamento ou autolançamento, seja ela via documento de confissão de dívida, declaração de débitos, parcelamento ou de outra espécie qualquer".

72. **(XXIX Exame OAB)** João dos Santos, em abril de 2016, declarou, à Receita Federal do Brasil, os rendimentos que auferiu no exercício financeiro anterior, reconhecendo o débito tributário do Imposto sobre a Renda (IR). Apesar de a declaração ter sido regular, o contribuinte não pagou o Imposto sobre a Renda devido. No mês seguinte ao vencimento do tributo, antes do início de qualquer procedimento administrativo ou medida de fiscalização, João emite a respectiva guia e faz o recolhimento do tributo ao Fisco. Diante de tal quadro, responda aos itens a seguir.

A) Em que momento o crédito tributário foi constituído definitivamente? (Valor: 0,60)

B) O Fisco poderá cobrar multa de João pelo pagamento feito após o vencimento, mesmo à luz do art. 138 do CTN, que prevê o benefício da denúncia espontânea? (Valor: 0,65)

GABARITO:

A) O crédito tributário foi constituído com a entrega de declaração pelo contribuinte (ou com o vencimento do tributo, o que ocorrer por último), reconhecendo o débito fiscal, dispensada qualquer outra providência por parte do Fisco, nos termos da Súmula 436 do Superior Tribunal de Justiça.

B) Sim. O benefício da denúncia espontânea (art. 138 do CTN) não se aplica aos tributos sujeitos a lançamento por homologação, regularmente declarados, mas pagos após o vencimento, conforme Súmula 360 do Superior Tribunal de Justiça.

73. **(XXIX Exame OAB)** José da Silva, aposentado, foi acometido de neoplasia maligna (câncer), doença prevista em lei como moléstia grave e que autoriza a concessão de isenção de Imposto sobre a Renda da Pessoa Física sobre os proventos de aposentadoria. Ele apresentou seus exames e laudos de seus médicos particulares, requerendo à Receita Federal do Brasil que a isenção fosse reconhecida. O Fisco federal, contudo, negou o pedido, exigindo que fosse apresentado laudo médico oficial, e não de médicos privados. Diante da negativa, José da Silva buscou a declaração do seu direito à isenção pela via judicial. Diante desse quadro, responda aos itens a seguir.

A) A apresentação de laudo médico oficial é imprescindível para o reconhecimento judicial da isenção? (Valor: 0,55)

B) Se, após o tratamento adequado, José da Silva não apresentar mais sintomas da enfermidade, a isenção deverá ser revogada por ele não cumprir mais o requisito de ser portador de moléstia grave, nos termos do art. 179, § 2º, do CTN? (Valor: 0,70)

GABARITO:

A) Não, a apresentação de laudo médico oficial não é o único meio de prova habilitado à comprovação da existência de moléstia grave para fins de isenção de imposto, não sendo imprescindível para o reconhecimento judicial da isenção, de acordo com a Súmula 598 do STJ: "É desnecessária a apresentação de laudo médico oficial para o reconhecimento judicial da isenção do Imposto sobre a Renda, desde que o magistrado entenda suficientemente demonstrada a doença grave por outros meios de prova".

B) Não, apesar da previsão do art. 179, § 2º, do CTN, a isenção não deverá ser revogada, em razão da gravidade da doença (que sempre inspira acompanhamento constante ou cuidados médicos ou medicamentosos posteriores), mesmo que a pessoa não apresente mais os sintomas do câncer após o tratamento, nos termos da Súmula 627 do STJ: "O contribuinte faz jus à concessão ou à manutenção da isenção do imposto sobre a renda, não se lhe exigindo a demonstração da contemporaneidade dos sintomas da doença nem da recidiva da enfermidade".

74. **(XXXI Exame OAB)** A sociedade empresária ABC Ltda. realizou, em 10-1-2014, fato gerador de um tributo sujeito a lançamento por homologação. O prazo final para entrega da declaração e pagamento era 10-2-2014, mas a empresa nem entregou a declaração, nem pagou o tributo devido. Em razão disso, o Fisco, em 5-2-2019, realizou lançamento de ofício do tributo devido, notificando a contribuinte, em 15-2-2019, para impugnar ou pagar o débito em 30 dias. A sociedade empresária, no entanto, nem pagou, nem impugnou administrativamente tal lançamento. O débito é inscrito em dívida ativa e, em 10-6-2019, é ajuizada ação de execução fiscal contra ela, com despacho do juiz ordenando a citação, em 30-6-2019. A sociedade empresária, ao fazer sua defesa em embargos à execução fiscal, alega que o direito de lançar aquele crédito tributário já havia sido alcançado pela decadência, pois, nos termos do art. 150, § 4º, do CTN, aplicável aos tributos sujeitos a lançamento por homologação, já havia transcorrido mais de cinco anos entre a data do fato gerador e o lançamento efetuado pelo Fisco. Diante desse cenário, responda aos itens a seguir.

A) Tem razão a sociedade empresária em sua alegação? (Valor: 0,55)

B) Caso a sociedade empresária houvesse declarado corretamente o tributo devido em 10-2-2014, mas não tivesse efetuado o seu recolhimento, seria possível ajuizar a execução fiscal em 10-6-2019? (Valor: 0,70)

Obs.: o(a) examinando(a) deve fundamentar suas respostas. A mera citação do dispositivo legal não confere pontuação.

GABARITO:

A) A sociedade empresária não tem razão. Como não houve sequer declaração do tributo devido, o Fisco teve de efetuar um lançamento de ofício, cujo início do prazo decadencial, nos termos do art. 173, I, do CTN, não se vincula ao fato gerador, mas sim ao primeiro dia do exercício seguinte àquele em que o lançamento deveria ter sido efetuado. Portanto, não se trata de caso de aplicação do art. 150, § 4º, do CTN, de acordo com a própria orientação da Súmula 555 do STJ: "Quando não houver declaração do débito, o prazo decadencial quinquenal para o Fisco constituir o crédito tributário conta-se exclusivamente na forma do art. 173, I, do CTN, nos casos em que a legislação atribui ao sujeito passivo o dever de antecipar o pagamento sem prévio exame da autoridade administrativa". É inequívoco que o prazo decadencial de cinco anos não se consumara em 5-2-2019, pois deve ser contado do primeiro dia do exercício seguinte, e não do fato gerador, ocorrido em 10-1-2014.

B) Não seria mais possível. Caso a sociedade empresária houvesse declarado corretamente ao Fisco o valor devido em 10-2-2014, nos termos da Súmula 436 do STJ, a simples entrega da declaração correta já constitui o crédito tributário, contando-se o prazo prescricional de 5 anos para a propositura da ação de execução fiscal, a partir daí. Portanto, já teria ocorrido a prescrição quando do ajuizamento da execução fiscal.

75. **(XXXII Exame OAB)** João, residente no estado X, é proprietário de veículo licenciado no município Y, situado no estado X. João não pagou o IPVA do carro, com vencimento previsto para a data de 11-5-2017, data esta publicada no Diário Oficial, pelo ente público, em calendário específico para recolhimento do IPVA. Considerando que não houve envio de correspondência à residência de João, responda aos itens a seguir.

A) Ocorreu a constituição definitiva do crédito tributário? (Valor: 0,65)

B) Qual será o termo inicial do prazo prescricional para o ajuizamento da Execução Fiscal, na hipótese de constituição definitiva do crédito de IPVA? (Valor: 0,60)

GABARITO:

A) Sim. Tendo sido publicado calendário específico para recolhimento do IPVA divulgado pelo ente, ocorreu a notificação do contribuinte para o recolhimento do IPVA, a qual perfectibiliza a constituição definitiva do crédito tributário, nos termos do art. 142 do CTN, conforme entendimento específico fixado pelo STJ em recurso repetitivo (REsp 1.320.825/RJ).

B) Na hipótese de constituição definitiva do crédito de IPVA, o prazo prescricional deverá ser contado a partir do dia seguinte à data estipulada como vencimento do imposto, ou seja, a partir de 12-5-2017, conforme entendimento específico fixado pelo STJ em recurso repetitivo (REsp 1.320.825/RJ).

76. **(XXXIV Exame OAB)** Considere que a União instituiu, por meio da Lei Ordinária n. 123, de 15 de janeiro de 2022, contribuição de intervenção no domínio econômico (CIDE) incidente sobre receitas decorrentes de exportação de petróleo e determinou que a ação para a cobrança do crédito tributário dessa CIDE prescreverá em dez anos, contados da data da sua constituição definitiva.

Diante de tal quadro, responda aos itens a seguir.

A) O fato gerador dessa CIDE está em conformidade com a CRFB/88? (Valor: 0,65)

B) O novo prazo prescricional, estabelecido da Lei Ordinária n. 123/2022, é válido? (Valor: 0,60)

GABARITO:

A) Não. É de competência exclusiva da União, conforme o art. 149, da CRFB/88, instituir contribuições de intervenção no domínio econômico como instrumento de sua atuação nas respectivas áreas. No entanto, o art. 149, § 2º, inciso I, da CRFB/88, restringe a competência da União para instituir a CIDE, estabelecendo imunidade das receitas decorrentes de exportação (no mesmo sentido, o art. 3º, § 2º, da Lei n. 10.336/01: "A Cide não incidirá sobre as receitas de exportação, para o exterior, dos produtos relacionados no *caput* deste artigo."). Sendo assim, não é constitucional estabelecer CIDE sobre receitas decorrentes de exportação de petróleo, uma vez que tais receitas são imunes.

B) Não, uma vez que cabe à lei complementar estabelecer normas gerais em matéria de legislação tributária, especialmente sobre prescrição tributária, conforme art. 146, inciso III, alínea *b*, da CRFB/88.

VII. GARANTIAS E PRIVILÉGIOS DO CRÉDITO TRIBUTÁRIO

77. **(III Exame OAB)** Em março de 2009, João, após ser citado em execução fiscal, vendeu automóvel a Pedro, acarretando a sua insolvência. Posteriormente, a Fazenda requereu a penhora do bem, a qual foi prontamente deferida pelo Juízo da Execução. Inconformado, Pedro ajuizou embargos de terceiro alegando que, quando adquiriu o veículo, não havia restrição judicial sobre o bem, por não constar registro de penhora relativo ao automóvel. O veículo fora adquirido de boa-fé, descaracterizando, portanto, a fraude à execução, conforme sustentou o embargante, com base em entendimento jurisprudencial pacífico. Com base na aplicação da legislação tributária, os embargos devem ser acolhidos? Empregue os argumentos jurídicos apropriados e a fundamentação legal pertinente ao caso. (Valor: 1,0)

GABARITO:

Conforme prevê o art. 185 do CTN, "presume-se fraudulenta a alienação ou oneração de bens ou rendas, ou seu começo, por sujeito passivo em débito para com a Fazenda Pública, por crédito tributário regularmente inscrito como dívida ativa. Parágrafo único. O disposto neste artigo não se aplica na hipótese de terem sido reservados, pelo devedor, bens ou rendas suficientes ao total pagamento da dívida inscrita" (0,40).

Não se aplica a Súmula 375 do STJ ("O reconhecimento da fraude à execução depende do registro da penhora do bem alienado ou da prova de má-fé do terceiro adquirente"), uma vez que os precedentes que levaram à edição do verbete não foram produzidos em processos tributários a serem confrontados com a redação assumida pelo art. 185 do CTN após a edição da LC n. 118/2005. Para caracterizar a fraude à execução fiscal, não é necessário o registro da penhora do bem objeto do negócio jurídico entre particulares, bastando que a alienação leve o contribuinte devedor do tributo à insolvência (0,40).

Há diferença de tratamento entre a fraude civil e a fraude fiscal, já que, naquela, ocorre a violação de um interesse privado, ao passo que, na segunda, o interesse é público, tendo em vista que o recolhimento dos tributos serve à satisfação das necessidades coletivas. Nesse sentido, a fraude de execução, diversamente da fraude contra credores, opera-se *in re ipsa*, sendo dotada de caráter absoluto, objetivo, dispensando o *concilium fraudis*. Assim, com a atual redação do art. 185 do CTN, a fraude à execução tem sua caracterização antecipada, passando a ser presumida desde quando da realização da inscrição em dívida ativa (0,20).

78. (XV Exame OAB) Em 2001, Caio Silva comprou um imóvel de Tício Santos. Em 2002, a Fazenda Nacional inscreveu em dívida ativa créditos decorrentes do Imposto sobre a Renda da Pessoa Física - IRPF, que em 2000 haviam sido objeto de constituição definitiva contra Tício. Em 2007, a Fazenda Nacional ajuizou execução fiscal visando à cobrança dos créditos de IRPF. Após Tício ser citado sem garantir o Juízo, a Fazenda Nacional requereu a penhora do imóvel vendido a Caio, visto que a alienação foi realizada quando o fato gerador do IRPF já tinha ocorrido, o que a tornaria, segundo a Fazenda Nacional, fraudulenta.

A) Está correto o entendimento da Fazenda Nacional de que a alienação foi fraudulenta? (Valor: 0,65)

B) Qual o argumento que Tício, contribuinte do IRPF, poderia alegar em sua defesa, em eventual oposição de embargos à execução? (Valor: 0,60)

Obs.: o examinando deve fundamentar suas respostas. A mera citação do dispositivo legal não confere pontuação.

GABARITO:

A) Não. Na hipótese analisada, a alienação do imóvel ocorreu antes da inscrição em dívida ativa. Sendo assim, tendo em vista o disposto no art. 185 do CTN ("Presume-se fraudulenta a alienação ou oneração de bens ou rendas, ou seu começo, por sujeito passivo em débito para com a Fazenda Pública, por crédito tributário regularmente inscrito como dívida ativa"), não há que se falar em presunção de fraude. Portanto, o entendimento da Fazenda Nacional não está correto: a alienação não foi fraudulenta (0,65).

B) Tício poderá alegar que os créditos cobrados na execução fiscal foram alcançados pela prescrição. Isso porque, conforme destacado no enunciado, os créditos foram constituídos em 2000. Sendo assim, a Fazenda teria até o ano de 2005, conforme previsto no art. 174 do CTN, para cobrar os créditos tributários. No entanto, a execução fiscal somente foi ajuizada em 2007, quando os créditos já estavam prescritos (0,6).

79. (XVIII Exame OAB) Em dezembro de 2014, a pessoa jurídica W teve a falência decretada durante o seu processo de recuperação judicial, iniciado no mesmo ano, em virtude da não apresentação do plano de recuperação judicial no prazo previsto em lei. Considerando a ordem a ser observada na classificação dos créditos na falência, a União alegou que os créditos de Imposto sobre a Renda da Pessoa Jurídica (IRPJ) devidos pela contribuinte, relativos aos exercícios de 2011 e 2012, deveriam ser pagos antes dos créditos extraconcursais. Diante disso, responda aos itens a seguir.

A) Está correto o argumento da União? (Valor: 0,60)

B) Após a decretação da falência, a cobrança judicial do crédito tributário pode prosseguir por meio de execução fiscal? (Valor: 0,65)

Obs.: o examinando deve fundamentar suas respostas. A mera citação do dispositivo legal não confere pontuação.

GABARITO:

A) Não está correto o argumento da União, tendo em vista que, na falência, o crédito tributário não prefere aos créditos extraconcursais ou às importâncias passíveis de restituição, nos termos da lei falimentar, nem aos créditos com garantia real, no limite do valor do bem gravado, conforme o art. 186, parágrafo único, I, do CTN ou art. 84 da Lei de Falências (Lei n. 11.101/2005) (0,60).

B) Sim, a cobrança judicial do crédito tributário pode prosseguir por meio de execução fiscal, já que esta não é sujeita a concurso de credores ou habilitação em falência, recuperação judicial, concordata, inventário ou arrolamento, nos termos do art. 187 do CTN (0,35).

Ademais, de acordo com o art. 5º da Lei n. 6.830/80 e/ou art. 76 da Lei de Falências (Lei n. 11.101/2005), a competência para processar e julgar a execução da Dívida Ativa da Fazenda Pública exclui a de qualquer outro juízo, inclusive o da falência (0,30).

80. **(XXXI Exame OAB)** Marcos dos Santos, em grave dificuldade financeira, embora tenha entregado a declaração de ajuste anual do Imposto sobre a Renda de Pessoa Física (IRPF) no último dia de abril de 2018, não pagou o IR devido, cujo valor era de R$ 22.000,00. Em agosto de 2018, o débito foi devidamente inscrito em dívida ativa e, em dezembro do mesmo ano, foi proposta a execução fiscal contra ele. Marcos é proprietário apenas do imóvel em que reside, não tendo outros bens ou rendas suficientes para o total pagamento da dívida inscrita. Diante desse cenário, responda aos itens a seguir.

A) O referido imóvel responde pelo pagamento desse crédito tributário? (Valor: 0,50)

B) Se Marcos tivesse um imóvel e um automóvel para lazer, e efetuasse doação do automóvel antes da inscrição em dívida ativa (mas após o vencimento do tributo), poderia ser presumida fraudulenta a doação? (Valor: 0,75)

Obs.: o(a) examinando(a) deve fundamentar suas respostas. A mera citação do dispositivo legal não confere pontuação.

GABARITO:

A) Não. Os bens absolutamente impenhoráveis, como o bem de família (único imóvel residencial do contribuinte, cf. art. 1º ou art. 3º da Lei n. 8.009/90), não respondem por dívidas tributárias, nos termos do art. 184, CTN (OU do art. 10 OU do art. 30, ambos da Lei n. 6.830/80 - LEF), de forma a garantir ao devedor tributário o mínimo para sua subsistência.

B) Não poderia ser presumida fraudulenta. Nos termos do art. 185, *caput*, do CTN, somente se presume fraudulenta a alienação de bens ou rendas, ou seu começo, por sujeito passivo em débito para com a Fazenda Pública, por crédito tributário regularmente inscrito como dívida ativa. Ausente a inscrição em dívida ativa, não milita a presunção em favor da Fazenda Pública, devendo ser ela a comprovar o intuito de fraudar o pagamento do crédito tributário.

VIII. ADMINISTRAÇÃO TRIBUTÁRIA: FISCALIZAÇÃO, DÍVIDA ATIVA E CERTIDÕES

81. **(XV Exame OAB)** O Município Z ajuizou execução fiscal em face da pessoa jurídica X para cobrança de valores de Imposto sobre Prestação de Serviços (ISS), referentes ao ano-calendário 2013, recolhidos a menor. Verificando a improcedência de referida cobrança, o contribuinte apresenta embargos à execução, nos quais se insurge contra a pretensão da Fazenda e requer que lhe seja garantida a obtenção de certidão negativa de débitos. Em garantia da execução, o contribuinte realiza o depósito do montante integral do tributo cobrado. Os embargos à execução são julgados procedentes em primeira instância e, em face da sentença, a Fazenda interpõe apelação, que aguarda julgamento pelo Tribunal. Diante do caso apresentado, responda, fundamentadamente, aos itens a seguir.

A) O contribuinte tem direito à certidão negativa de débitos (ou à certidão positiva com efeitos de negativa) antes da sentença de primeira instância que lhe foi favorável? (Valor: 0,80)

B) O contribuinte, durante o curso da apelação interposta pela Fazenda, tem direito à mesma certidão? (Valor: 0,45)

Obs.: o examinando deve fundamentar suas respostas. A mera citação do dispositivo legal não confere pontuação.

GABARITO:

A) A certidão positiva com efeitos de negativa é cabível por força do depósito integral do montante exigido pela Fazenda na Execução Fiscal. Já a certidão negativa não é cabível, uma vez que o crédito tributário já está constituído. Isso é fruto da conjugação dos arts. 205 e 206 do Código Tributário Nacional (CTN), combinados com o art. 151, II, do mesmo Código (0,8).

B) Como o fundamento do direito do contribuinte à certidão positiva com efeitos de negativa é o depósito do montante integral do débito discutido (que não é alterado pela superveniente interposição da apelação por parte da Fazenda), o contribuinte continua tendo direito à certidão em questão. O item B somente será pontuado se a certidão correta for identificada no item A (0,45).

82. **(XXXIII Exame OAB)** A sociedade empresária Mal-Entendido Ltda., sediada no Brasil mas também com filial no país estrangeiro X, possui uma série de dívidas tributárias para com o Fisco federal. Em razão disso, no sítio eletrônico da Secretaria Especial da Receita Federal do Brasil (SERFB), foram divulgadas informações relativas a suas inscrições na Dívida Ativa Tributária da União, bem como informações quanto a parcelamentos tributários a que havia aderido. Além disso, a Fazenda Pública da União, sem fazer uso do mecanismo de cooperação jurídica internacional e sem que houvesse tratado, acordo ou convênio com o país estrangeiro X, permutou informações fiscais da sociedade empresária com aquele Estado estrangeiro, no interesse da arrecadação e da fiscalização de tributos. Diante desse cenário, responda aos itens a seguir.

A) É possível, sem autorização judicial, divulgar no sítio eletrônico da SERFB informações relativas a inscrições na Dívida Ativa Tributária da União, bem como informações quanto a parcelamentos tributários a que a empresa havia aderido? (Valor: 0,65)

B) É possível, sem fazer uso do mecanismo de cooperação jurídica internacional e sem que houvesse tratado, acordo ou convênio com o País Estrangeiro X, à Fazenda Pública da União permutar com Estado estrangeiro informações fiscais da empresa no interesse da arrecadação e da fiscalização de tributos? (Valor: 0,60)

GABARITO:

A) Sim, é possível, sem autorização judicial, divulgar no sítio eletrônico da SERFB informações relativas a inscrições na Dívida Ativa Tributária da União, bem como informações quanto a parcelamentos tributários a que a empresa havia aderido, cf. o art. 198, § 3º, II e III, do CTN.

B) Não é possível, sem fazer uso do mecanismo de cooperação jurídica internacional e sem que houvesse tratado, acordo ou convênio com o País Estrangeiro X, à Fazenda Pública da União permutar com Estado estrangeiro informações fiscais da empresa no interesse da arrecadação e da fiscalização de tributos, cf. art. 199, parágrafo único, do CTN.

IX. IMPOSTOS EM ESPÉCIE

83. **(II Exame OAB)** A empresa Vídeo Locadora, estabelecida no Município Y, tem como atividade principal a locação de fitas de vídeo, DVD's e congêneres, estando tal atividade prevista em item específico da Lista de Serviços anexa à Lei Complementar do Imposto sobre Serviços de Qualquer Natureza, desta Municipalidade. Todavia a empresa, por meio de seu representante legal, entende que a sua atividade estaria fora do campo de incidência do ISS, razão pela qual pretende suspender o seu pagamento. A empresa ainda não foi notificada pelo Fisco e também nunca pagou o tributo. O entendimento da empresa está correto? Em caso afirmativo, qual(is) demanda(s) a ser(em) proposta(s)? Justifique. (Valor: 1,0)

GABARITO:

A empresa está correta. O item 79 da Lei Complementar n. 56/87, anexa ao Decreto-lei n. 406/68 foi objeto de julgamento, pelo STF, no Recurso Extraordinário n. 116.121-3/SP. Em sessão plenária foi reconhecida a inconstitucionalidade da expressão "locação de bens móveis". Em síntese, entendeu o STF que o legislador complementar confundiu o arrendamento de coisa com prestação de serviço, sendo tal diferença consagrada no direito privado, de modo que só poderiam ser tributadas as "obrigações de fazer", e não as "obrigações de dar". Entendimento diverso configura ofensa ao conceito de serviço, bem como à regra prevista no art. 110 do CTN. Esse julgado foi utilizado no veto presidencial ao item 3.01 da atual lista de serviços anexa à Lei Complementar n. 116/2003, cuja redação se identificava com a do item que fora declarado inconstitucional (0,5).

O entendimento referendado nessa questão atualmente encontra-se estabelecido Súmula Vinculante 31 do STF, aduzindo: "é inconstitucional a incidência do imposto sobre serviços de qualquer natureza - ISS sobre operações de locação de bens móveis".

Ademais, o STF entendeu que a lista de serviços deverá ser interpretada taxativamente em relação aos seus itens, não podendo a Municipalidade estabelecer em sua lista de serviços, outros que não estejam previstos na referida lista de serviços anexa à lei complementar do imposto em questão. Na hipótese da locação de fitas, bens móveis, estaria afastada a incidência do ISS, pois esta atividade se constitui em obrigação de dar (0,25).

Quanto à propositura de demanda judicial, poderá ser manejada ação declaratória de inexistência da relação jurídica tributária ou mandado de segurança preventivo (0,25).

84. **(II Exame OAB)** Lei Municipal n. XYZ, publicada em 20-9-2010, alterou a cobrança do ISS para os advogados. A lei definiu que, a partir de 2011, a base de cálculo dos serviços prestados por advogados será o preço do serviço, qual seja, o valor dos honorários profissionais recebidos. Com base na situação hipotética, emita parecer acerca da legalidade do diploma legal em questão. Caso entenda pela ilegalidade da cobrança, que medida(s) judicial(ais) um advogado pode propor para suspender a cobrança do tributo? (Valor: 1,0)

GABARITO:

O Decreto-lei n. 406/68, em seu art. 9º, § 1º, estabelece que o imposto sobre serviço prestado sob a forma de trabalho pessoal não pode ser calculado sobre a importância recebida a título de remuneração do próprio trabalho (0,5).

Com a entrada em vigor da LC n. 116/2003, o seu art. 10 não revogou expressamente o art. 9º do Decreto-lei n. 406/68, o que resulta ainda na sua aplicação quanto a essa forma específica de tributação. Desse modo, os advogados não se submeteriam a tributação imposta pela lei prevista no enunciado, em razão de ilegalidade, com base no art. 10 da LC n. 116/2003 e o art. 9º, §§ 1º e 3º, do Decreto-lei n. 406/68 que não foram expressamente revogados, e constituem normas gerais a serem observadas pelos municípios (0,25).

O advogado poderá propor ação declaratória de inexistência de relação jurídica tributária ou mandado de segurança preventivo (0,25).

85. **(III Exame OAB)** A transportadora aérea brasileira Voe Bem S.A. firmou contrato de leasing por 20 anos e sem opção de compra de três aeronaves 747-800 novíssimas com a empresa Bongo, com sede em Minneapolis, Estados Unidos da América, para o transporte doméstico de passageiros. As aeronaves foram entregues no prazo avençado. Ocorre que, na chegada das aeronaves ao Brasil, a Voe Bem S.A. recebeu notificação do Estado X, por meio da Secretaria de Fazenda Estadual, determinando o pagamento do ICMS relativo às três aeronaves. O departamento jurídico da Voe Bem S.A. entra em contato com você, renomado(a) tributarista, para consultá-lo(a) sobre a questão. Com base no cenário acima, responda aos itens a seguir, empregando os argumentos jurídicos apropriados e a fundamentação legal pertinente ao caso.

A) A cobrança é constitucional ou inconstitucional? (Valor: 0,20)

B) Quais são os pressupostos de incidência do imposto? (Valor: 0,40)

C) Qual é a principal característica desse contrato que determina a constitucionalidade ou inconstitucionalidade da cobrança? (Valor: 0,40)

GABARITO:

A) A questão foi sedimentada na posição do Supremo Tribunal Federal que sublinha a inconstitucionalidade da cobrança de ICMS em operações de arrendamento mercantil, uma vez que não há transferência de domínio do bem nos casos de *leasing* sem opção de compra.

B) Não há um dos pressupostos fundamentais do ICMS, que é a circulação do bem ou mercadoria. Nos contratos de arrendamento mercantil, não há a circulação do bem, que é exigência constitucional (CF, art. 155, II) para a exação do tributo, já que a titularidade do bem permanece com a arrendadora, sendo a transferência para a arrendatária meramente temporária.

C) Aliás, cumpre ressaltar que essa é a principal característica deste contrato que influi diretamente na impossibilidade de cobrança do tributo supracitado. O imposto não é sobre a entrada de bem ou mercadoria importada, senão sobre essas entradas desde que elas sejam atinentes a operações relativas à circulação desses mesmos bens ou mercadorias. Além disso, a LC n. 87/96, art. 3º, VIII, impossibilita a cobrança explicitamente em relação ao arrendamento mercantil. Demais precedentes: RE 460.814 AgR, RE 194.255 AgR, RE 553.663.

86. **(IV Exame OAB)** O Laboratório de Análises Clínicas Almeida Silva Ltda., cuja sociedade é constituída por 3 (três) sócios, um médico, um farmacêutico e uma empresária, explora, no ramo da medicina, serviços de análises clínicas, em caráter empresarial, mantendo, para tanto, várias filiais em funcionamento em diversas municipalidades de determinada região do país. Ocorre que, a partir de março/2011, a referida empresa, na qualidade de contribuinte do Imposto sobre Serviços de Qualquer Natureza - ISSQN, deixou de recolher o respectivo tributo, dando origem a diversas autuações fiscais, que geraram defesas administrativas no sentido de que o ISS deveria ser calculado e recolhido como tributo fixo, ou seja, com base em um valor fixo previsto na legislação municipal pertinente a ser calculado em relação a cada sócio, não devendo ser considerado, para fins de apuração do imposto, o valor do serviço praticado pela empresa com incidência da alíquota correspondente à sua atividade. Esclareça se o laboratório tem ou não direito a realizar o recolhimento na forma pretendida. Justifique, com base na legislação tributária pertinente.

GABARITO:

Dispõe o art. 7º da LC n. 116/2003 que a base de cálculo do imposto corresponde ao preço do serviço. Caso excepcional, contudo, é a regra do art. 9º do Decreto-lei n. 406/68, de vigência mantida pela LC n. 116/2003, que trata dos serviços prestados autonomamente pelo contribuinte ou sob a forma de agrupamento profissional, consoantes §§ 1º e 3º do dispositivo citado, sendo exemplo as sociedades uniprofissionais formadas por médicos, contadores, advogados, dentistas etc. Nesses casos excepcionais, o tributo é fixo, exigido e calculado em relação a cada profissional habilitado, sócio, empregado ou não, que preste serviços em nome da sociedade. Ademais, a plena vigência dos §§ 1º e 3º do art. 9º Do Decreto-lei n. 406/68 foi declarada pelo STF na Súmula 663. Todavia, é pacífico o entendimento do Superior Tribunal de Justiça no sentido de que para que o ISS seja calculado e recolhido como tributo fixo deverá a sociedade caracterizar-se como sociedade uniprofissional, sem caráter empresarial, o que por certo não se compatibiliza com a sociedade limitada. Ademais, se a sociedade dispõe de caráter empresarial não haveria incidência do art. 9º, §§ 1º e 3º, do Decreto-lei n. 406/68. Dessa forma, não há direito da empresa em recolher o ISS na forma pretendida. O imposto deverá ter como base de cálculo o preço do serviço cobrado, de acordo com o art. 7º da LC n. 116/2003, com incidência da alíquota prevista na legislação municipal local relativa ao serviço em questão (1,25).

87. **(V Exame OAB)** Determinado jogador integrante de importante time de futebol de estado da federação brasileira, na qualidade de pessoa física, ao promover, em dezembro de 2010, a importação, por conta própria, de um automóvel de luxo, da marca Jaguar, zero quilômetro, fabricado no exterior, foi surpreendido com a cobrança de tributos, inclusive o Imposto sobre Circulação de Mercadorias e Serviços - ICMS. Todavia, o jogador de futebol, inconformado com a cobrança do referido imposto estadual, ajuizou, por meio de seu advogado, competente mandado de segurança, com base na súmula 660 editada pelo STF, a fim de viabilizar a defesa dos seus direitos perante a Justiça Estadual. Com base no caso acima, responda aos itens a seguir, empregando os argumentos jurídicos apropriados e a fundamentação legal pertinente ao caso.

A) O jogador de futebol em questão estaria enquadrado na qualidade de contribuinte do ICMS? (Valor: 0,65)

B) Considerando que existe pedido liminar, analise sua viabilidade, bem como a do direito em discussão. (Valor: 0,60)

GABARITO:

A) Sim. Até a entrada em vigor da Emenda Constitucional n. 33, de 11 de dezembro de 2001, o art. 155, IX, *a*, da CF/88, não disciplinava, em sua redação originária, a possibilidade de incidência do ICMS de bem ou mercadoria importados do exterior por pessoa física, daí por que inúmeros contribuintes, à época, questionaram judicialmente a cobrança do ICMS pelos Estados o que resultou em julgamentos favoráveis aos contribuintes, culminando com a edição da Súmula 660 do STF. Contudo, com o advento da Emenda Constitucional n. 33, de 11 de dezembro de 2001, que alterou a redação do art. 155, IX, *a*, da CF/88, a pessoa física passou, expressamente, a constar como contribuinte de bem ou mercadoria importado do exterior. Ademais, a LC n. 87/96 teve a redação alterada pela LC n. 114/2002, a qual passou a determinar, em seu art. 4º, parágrafo único, inciso I, que a pessoa física, mesmo sem habitualidade ou intuito comercial, enquadra-se como contribuinte do ICMS quando "importe mercadorias ou bens do exterior, qualquer que seja sua finalidade". Dessa forma, o candidato deverá interpretar as mudanças trazidas pela EC n. 33/2001 em relação ao caso posto em debate, bem como mencionar a inaplicabilidade da Súmula 660 STF frente à redação atual prevista no art. 155, IX, *a*, da CF/88 (0,65).

B) Não. O presente *writ* é inviável, pois não engloba direito líquido e certo, portanto, não há que se falar em deferimento ou não da liminar (art. 5º, LXIX, da CF/88 e Lei n. 12.016/2009). Dessa forma, o examinando deverá identificar a aplicação ou não da existência de direito líquido e certo à luz das informações previstas no problema (0,60).

88. **(V Exame OAB)** Em janeiro de 2007, o agricultor Manoel Santos teve sua extensa propriedade invadida por cinquenta famílias de camponeses. Inconformado, ele moveu, tempestivamente, ação de reintegração de posse com pedido de medida liminar no intuito de ser reintegrado na posse do imóvel, a qual foi prontamente deferida, embora siga pendente de cumprimento, por inércia do poder público. Com base na situação apresentada, responda, fundamentadamente, como repercute a incidência do Imposto Territorial Rural. (Valor: 1,25)

GABARITO: O fato gerador do tributo é a situação ou circunstância com previsão legal suscetível de originar obrigação de natureza tributária. O Imposto Territorial Rural (ITR) tem como hipótese de incidência tributária, segundo o já citado art. 29 do CTN, "a propriedade, o domínio útil, ou o seu possuidor a qualquer título". Desde 2007, o proprietário não detém o direito de usar, gozar e dispor do imóvel, em decorrência da invasão pelos integrantes das famílias camponesas e o direito de reavê-lo não é assegurado pelo Estado (0,45).

Houve, portanto, o completo esvaziamento do conteúdo do direito de propriedade, que se mantém apenas formalmente, não configurando o fato gerador do ITR. O ITR é inexigível ante o desaparecimento da base material do fato gerador. O mesmo Estado que se omite na salvaguarda de direitos fundamentais, mesmo após decisão judicial exigindo a sua intervenção, não pode utilizar a aparência do direito, para cobrar o tributo que pressupõe a incolumidade da titularidade do domínio não apenas formalmente, mas também materialmente (0,8).

89. **(VI Exame OAB)** Instituição financeira Bling Bling S.A. insurge-se por meio de ação anulatória de débito fiscal em face de auto de infração lavrado por agente do fisco municipal, que fora expedido em decorrência da ausência do recolhimento do Imposto Sobre Serviço sobre as tarifas cobradas pelo banco pela atividade de análise, cadastro, controle e processamento, prestada na elaboração de contrato de adiantamento de crédito para clientes que se encontram sem fundos em suas contas bancárias. A empresa alega, em síntese, que não procede a cobrança, tendo em vista que o aludido serviço não configura hipótese de incidência de nenhuma forma de tributo, em especial o ISS, por não constar expressamente previsto na lista de serviços anexa à Lei Complementar n. 116/2003. Responda se o pleito da demandante deve ser acolhido, empregando os fundamentos legais cabíveis. (Valor: 1,25)

GABARITO: Não. *Vide* Súmula 424 do STJ: "É legítima a incidência de ISS sobre os serviços bancários congêneres da lista anexa ao DL n. 406/68 e à LC n. 56/87". A lista da LC n. 116/2003 é taxativa, mas admite interpretação extensiva, de acordo com o sentido do termo "congênere" contido na LC n. 116/2003, devendo prevalecer não a literalidade da denominação utilizada pelo banco, mas a efetiva natureza do serviço prestado por ele (1,25).

90. **(VI Exame OAB)** A empresa de construção civil Britadeira Ltda. é intimada por autoridade da Fazenda Estadual para que proceda ao recolhimento do ICMS complementar referente à diferença das alíquotas interestaduais e internas proveniente de aquisição de materiais adquiridos pela limitada em outro Estado para utilizar em obra realizada no território da unidade federativa que realizou a intimação. Diante desse fato, o administrador da empresa consulta os seus conhecimentos tributários, com o intuito de saber se, de fato, deve incidir a cobrança do ICMS - ou de qualquer outra espécie de imposto estadual ou municipal - sobre a operação realizada pela companhia. Responda fundamentadamente. (Valor: 1,25)

GABARITO: Súmula 432 do STJ: "As empresas de construção civil não estão obrigadas a pagar ICMS sobre mercadorias adquiridas como insumos em operações interestaduais". A construtora ao adquirir material de construção em Estado de origem, que exigiu o ICMS, ao utilizar as mercadorias como insumo em suas obras, não estará compelida à satisfação do diferencial de alíquota de ICMS do Estado destinatário. Logo, a empresa de construção civil que comprar material a ser utilizado em sua atividade comercial em outro Estado, tendo em vista não ser contribuinte do ICMS, deve se sujeitar tão somente à alíquota interna.

91. **(VI Exame OAB)** Determinado contribuinte do ICMS, com sede no Estado Beta, detentor de saldos credores do respectivo imposto acumulados desde a edição da Lei Complementar n. 87/96, em razão de operações de exportação, foi autuado pela Fiscalização Estadual sob o entendimento de ser inválida a operação de transferência dos saldos credores do ICMS acumulados a outro estabelecimento seu, situado no mesmo Estado, tendo em vista a ausência de lei estadual disciplinando a hipótese objeto do auto de infração em questão. Procedeu o Fisco corretamente? Justifique com base na legislação tributária pertinente. (Valor: 1,25)

GABARITO: O art. 25, § 1º, da LC n. 87/96 é expresso ao conferir ao contribuinte detentor de saldos credores de ICMS acumulados desde a edição da lei, em razão de operações de exportação, a faculdade de aproveitá-los mediante a transferência a qualquer estabelecimento seu no mesmo Estado (inciso I) e, havendo saldo remanescente, mediante transferência a outro contribuinte do mesmo Estado (inciso II), utilizando-se, nessa segunda hipótese, de documento expedido pela Fazenda reconhecendo a existência de crédito. Trata-se, segundo entendimento do Superior Tribunal de Justiça (RMS 13.969/PA), de norma de eficácia plena que dispensa regulamentação por lei estadual (0,5).

A lei estadual somente seria obrigatória para a hipótese prevista no § 2º do art. 25 da LC n. 87/96. Assim, não é dado ao legislador estadual qualquer vedação ao aproveitamento dos créditos do ICMS, sob pena de se violar a não cumulatividade, quando este aproveitamento se fizer em benefício do contribuinte, no mesmo Estado (0,25).

Ademais, o art. 155, § 2º, X, *a*, da CF/88 dispõe que nas operações de exportação será, ao contribuinte: "... assegurada a manutenção e aproveitamento do imposto cobrado nas operações e prestações anteriores", o que resulta em plena eficácia do direito ao aproveitamento do crédito por força da aplicação do princípio da não cumulatividade, previsto no art. 155, § 2º, I, da CF/88 (0,5).

92. **(VIII Exame OAB)** Lei Estadual publicada em 12/05/2011 estabeleceu, entre outras providências, novo critério para apuração da base de cálculo do ICMS, no sentido de que o valor correspondente aos descontos incondicionais nas operações mercantis deve ser integrado à respectiva base de cálculo do ICMS. À vista disso, alguns jornais especializados em economia noticiaram que a aludida lei seria inconstitucional, visto que lei ordinária não poderia tratar de base de cálculo do ICMS, sendo matéria reservada à lei complementar. Nesse caso, a notícia divulgada está correta? Justifique, com o apontamento de todos os dispositivos legais pertinentes. (Valor: 1,25)

GABARITO: No art. 146, III, *a*, da CF, há expressa referência à lei complementar como a ferramenta legislativa própria para fixar base de cálculo dos impostos (0,25).

Nesse caso, a lei complementar que disciplina matéria relativa ao ICMS é a Lei Complementar n. 87/96, dispondo em seu art. 13, § 1º, II, *a*, que o valor correspondente à base de cálculo do ICMS inclui "seguros, juros e demais importâncias pagas, recebidas ou debitadas, bem como descontos concedidos sob condição" (0,5).

Em outras palavras, os descontos incondicionais não deverão ser incluídos na base de cálculo do referido imposto, já dispondo o STJ da Súmula 457 que veda a inclusão dos descontos incondicionais na base de cálculo do referido imposto. Conclui-se, portanto, que a referida lei é inconstitucional (0,5).

93. **(IX Exame OAB)** Jogador de Futebol, colecionador de carros de luxo, importa o último modelo de veículo utilitário para integrar sua coleção pessoal e é surpreendido ao ser impedido de retirar o produto no desembaraço aduaneiro, em razão de ter apenas apresentado a documentação pertinente à quitação do Imposto de Importação, único tributo que o atleta acreditava devido, restando pendente a comprovação do pagamento do IPI, exigido pela autoridade alfandegária. Utilizando todos os argumentos jurídicos apropriados e a fundamentação legal pertinente, responda aos itens a seguir.

A) Na importação de produtos, a cobrança simultânea do Imposto de Importação e do Imposto sobre Produtos Industrializados revela hipótese de bitributação? (Valor: 0,55)

B) Sobre a importação do veículo incide o Imposto sobre Produtos Industrializados? (Valor: 0,70)

GABARITO:

A) Não há bitributação, pois os tributos apresentam fatos geradores distintos. Além disso, bitributação é figura que ocorre quando entes tributantes diversos exigem do mesmo sujeito passivo tributos decorrentes do mesmo fato gerador. O fato gerador do Imposto de Importação é a entrada do produto no território nacional, *vide* art. 19 do CTN. Já a hipótese de incidência do Imposto sobre Produtos Industrializados na importação, na forma do art. 46, I, do CTN, é o desembaraço aduaneiro (0,55).

B) Não. Como a importação não se destina a comércio, o importador não é considerado contribuinte do Imposto sobre Produtos Industrializados. O fato gerador do IPI na importação envolve uma relação mercantil. Caso contrário, haveria um descumprimento do princípio da não cumulatividade, previsto no art. 153, § 3º, II, da CF (0,7).

Nos últimos anos, a matéria oscilou nos tribunais pátrios, todavia, o mais recente julgado do STF (RE 723.651) firmou pela constitucionalidade do IPI na importação, mesmo que para pessoa física e para uso próprio.

94. **(IX Exame OAB)** Uma associação de indústrias de informática, sediada no município Alfa e que não goza de imunidade tributária, decide realizar um congresso de especialistas no município Beta, para que seus associados possam se atualizar sobre as novas tendências do mercado. Para organizar e administrar o evento, a associação contrata a empresa Pérola S.A., sediada no município Gama e sem estabelecimentos em outros locais. O valor desse contrato será pago, 30 dias após o evento, pela associação. No entanto, os interessados em assistir ao congresso têm de comprar ingressos. A receita de ingressos pertence à associação, cabendo à Pérola S. A. apenas arrecadá-la nos guichês no dia do evento e repassá-la imediatamente à associação, sem qualquer desconto ou comissão. Em face desses dados, responda, com base no ordenamento jurídico vigente, aos itens a seguir.

A) Para qual(is) município(s) deve haver recolhimento do Imposto sobre Serviços de Qualquer Natureza (ISS) por conta dos negócios jurídicos mencionados? (Valor: 0,80)

B) Que receita(s) específica(s) compõe(m) a base de cálculo do ISS a ser recolhido pela empresa Pérola S.A.? (Valor: 0,45)

GABARITO:

A) O ISS incidente sobre serviços de administração de congressos é devido no local do congresso, conforme o art. 3º, XXI, da Lei Complementar Federal n. 116/2003. Logo, é devido pelo contribuinte Pérola, prestadora desses serviços, ao município Beta (0,4). O ISS incidente sobre os ingressos vendidos para o congresso (isto é, sobre a receita de serviços de congresso, previstos no subitem 12.08 na lista da referida Lei Complementar), é devido no local onde se realiza o evento, conforme o inciso XVIII do art. 3º da citada lei complementar. Logo, também é devido no município Beta, embora por outro contribuinte (o prestador desses serviços é a associação) (0,4).

B) O único serviço prestado pela Pérola S.A. é o de organização e administração do congresso. Logo, apenas o valor desse serviço compõe a base de cálculo do ISS a ser por ela recolhido, prevista no art. 7º da Lei Complementar n. 116/2003. A receita de ingressos não remunera a atividade da Pérola e por isso não integra o preço de seu serviço (0,45).

95. **(X Exame OAB)** A empresa "X", atuante na locação de veículos, questiona judicialmente a incidência da Cofins referente às operações de locação que realiza, que não constituiriam prestação de serviço. Com base na hipótese apresentada, responda aos itens a seguir, utilizando os argumentos jurídicos apropriados e a fundamentação legal pertinente.

A) A locação de automóveis caracteriza prestação de serviço? (Valor: 0,55)

B) Há incidência de Cofins sobre as operações de locação de veículos? (Valor: 0,70)

A simples menção ou transcrição do dispositivo legal não pontua.

GABARITO:

A) Não caracteriza. A locação de bens móveis não constitui uma prestação de serviços, mas a disponibilização de um bem móvel para utilização do locatário. A locação de bens móveis não consta do rol de serviços da lista anexa à LC n. 116/2003. Súmula Vinculante 31 do STF (0,55).

B) Sim. Súmula 423 do STJ: "A Contribuição para Financiamento da Seguridade Social - Cofins incide sobre as receitas provenientes das operações de locação de bens móveis". A noção de receita ou faturamento, fato gerador da Cofins, *vide* art. 195, I, *b*, da CF, engloba as receitas advindas das operações de locação de bens móveis, posto tratar-se de receitas decorrentes da execução da atividade empresarial (0,7).

96. **(XII Exame OAB)** O Presidente da República editou Medida Provisória estabelecendo normas gerais sobre o imposto sobre propriedade de veículos automotores (IPVA), relativamente ao seu fato gerador, base de cálculo e contribuintes. Partindo da premissa de que estão preenchidos os requisitos de relevância e urgência, responda aos itens a seguir, de forma fundamentada, indicando os dispositivos legais pertinentes.

A) Pode uma Medida Provisória do Presidente da República estabelecer normas gerais sobre o imposto sobre propriedade de veículos automotores (IPVA), tal como a acima referida? (Valor: 0,70)

B) Inexistindo normas gerais relativas ao imposto sobre propriedade de veículos automotores (IPVA), podem os legisladores estaduais definir, no âmbito de suas competências, e observados os limites impostos pela Constituição Federal, o fato gerador, a base de cálculo e os contribuintes desse imposto? (Valor: 0,55)

GABARITO:

A) Não. De acordo com o art. 146, III, *a*, da Constituição da República, cabe à lei complementar estabelecer normas gerais em matéria de legislação tributária, definindo, inclusive em relação ao IPVA, os respectivos fatos geradores, bases de cálculo e contribuintes (0,35). Como o art. 62, § 1º, III, da Constituição da República, veda a edição de medidas provisórias em relação a matéria reservada à lei complementar, conclui-se que uma medida provisória não pode veicular normas gerais sobre o IPVA (0,35).

B) Sim. Inexistindo normas gerais relativas ao imposto sobre propriedade de veículos automotores (IPVA), o legislador estadual, no contexto da competência concorrente, exerce competência plena sobre a matéria, nos termos do art. 24, § 3º, da Constituição da República, e art. 34, § 3º, do ADCT (0,55).

97. **(XIV Exame OAB)** A pessoa jurídica "X" é fabricante de telefones celulares, e nas vendas realizadas para seus adquirentes, comerciantes de tais aparelhos, efetua remessas de telefones entre diferentes Estados da federação.

Em março de 2014, o Estado "Y", ao fiscalizar uma dessas remessas, verificou que a pessoa jurídica "X" não recolheu o Imposto sobre Circulação de Mercadorias e Prestação de Serviços ("ICMS") incidente sobre tal operação e, imediatamente, apreendeu todos os telefones celulares.

Tendo em vista o caso apresentado, responda, fundamentadamente, aos itens a seguir.

A) O Estado "Y" agiu corretamente ao apreender as mercadorias? (Valor: 0,60)

B) Será aplicável a alíquota interna ou a interestadual à operação, realizada pela pessoa jurídica "X", de remessa de aparelhos celulares a consumidor final localizado em outro Estado, quando o destinatário não for contribuinte do ICMS? (Valor: 0,65)

A mera citação ou transcrição do artigo ou súmula não pontua.

GABARITO:

A) Não, uma vez que o Estado dispõe de meios legalmente previstos para a cobrança de tributos e, consequentemente, para a satisfação dos seus créditos. Nesse sentido, dispõe a Súmula 323 do STF, do Supremo "é inadmissível a apreensão de mercadorias como meio coercitivo para pagamento de tributos" (0,6).

B) Conforme dispõe o art. 155, § 2º, VII, *b*, da Constituição, em relação às operações e prestações que destinem bens e serviços a consumidor final localizado em outro Estado, quando o destinatário não for contribuinte do imposto, adotar-se-á a alíquota interna (0,65).

A partir da vigência da Emenda Constitucional n. 87/2015, o entendimento para essa questão passar a ser outro, pois o art. 155, § 2º, VII, da CF teve sua redação alterada para os seguintes termos: "nas operações e prestações que destinem bens e serviços a consumidor final, contribuinte ou não do imposto, localizado em outro Estado, adotar-se-á a alíquota interestadual e caberá ao Estado de localização do destinatário o imposto correspondente à diferença entre a alíquota interna do Estado destinatário e a alíquota interestadual".

98. **(XIV Exame OAB)** A pessoa jurídica Bom Porto S.A., domiciliada no Município A, prestou serviços portuários no Município B, onde se localiza o Porto de Ferro. A pessoa jurídica não realizou o pagamento do Imposto sobre Serviços de Qualquer Natureza – ISS, e os dois Municípios lavraram auto de infração visando à cobrança do ISS.

A) Qual o Município competente para a cobrança do ISS? Justifique. (Valor: 0,60)

B) Qual a medida judicial mais adequada para dirimir, na hipótese, o conflito de competência tributária relativo ao ISS? (Valor: 0,65)

A mera citação ou transcrição do artigo não pontua.

GABARITO:

A) Segundo o art. 3º, XXII, da Lei Complementar n. 116/2003, o serviço considera-se prestado no local do porto, no caso dos serviços descritos pelo item 20 da lista anexa (serviços portuários, aeroportuários, ferroportuários, de terminais rodoviários, ferroviários e metroviários). Sendo assim, o Município B, onde se localiza o Porto de Ferro, é o competente para cobrança do ISS na hipótese (0,6).

B) A medida judicial mais adequada é a ação de consignação em pagamento, nos termos do art. 164, III, do CTN (0,65).

99. **(XIV Exame OAB)** No início do ano de 2014, João da Silva realizou a importação de um carro de procedência alemã para uso próprio. Na entrada da mercadoria importada do exterior, João da Silva foi surpreendido pela notificação de lançamento do Imposto sobre Operações relativas à Circulação de Mercadorias e Serviços - ICMS, cobrado pelo Estado da Federação em que João reside, que, por sua vez, desde 2006 conta com lei estadual prevendo a incidência do imposto nesta hipótese. O desembaraço ocorrerá nesse mesmo Estado, que determinou a retenção do carro até que o ICMS viesse a ser pago. João da Silva apresenta, então, impugnação ao lançamento, alegando que não é contribuinte do imposto e que, portanto, a cobrança é inconstitucional. Sobre o assunto, responda aos itens a seguir.

A) A alegação de João da Silva está correta? Fundamente. (Valor: 0,70)

B) O Estado pode reter a mercadoria? Fundamente. (Valor: 0,55)

GABARITO:

A) Trata-se de questão envolvendo a incidência do ICMS sobre importações. Após a edição da Emenda Constitucional n. 33, de 2001, que modificou a redação original do art. 155, § 2º, IX, *a*, da Constituição Federal, o ICMS incide sobre a entrada de bem ou mercadoria importados do exterior por pessoa física. Sendo assim, a alegação do João da Silva não está correta (0,7).

O examinando deve fundamentar na inaplicabilidade da Súmula 660 do STF.

B) Sim, a autoridade aduaneira, responsável pelo desembaraço da mercadoria somente, liberará o carro importado mediante a exibição do comprovante de pagamento do imposto incidente no ato do despacho aduaneiro, conforme previsto no art. 12, § 2º, da Lei Complementar n. 87/96 ou Não, pois é inadmissível, como meio coercitivo, condicionar a liberação do veículo ao pagamento de tributos, conforme Súmula 323 do STF (0,55).

100. **(XVI Exame OAB)** O Município "M" notificou a pessoa jurídica "Z", fabricante de peças automotivas, para que efetuasse o pagamento do Imposto sobre a Transmissão *inter vivos* de Bens Imóveis (ITBI), incidente sobre a transmissão de bens decorrentes de processo de incorporação de outra pessoa jurídica. Inconformada com a cobrança, a pessoa jurídica "Z" decide apresentar impugnação. Verificando a inexistência de outros débitos, após a regular apresentação da impugnação, a pessoa jurídica "Z" requer a emissão da certidão de regularidade fiscal (no caso, Certidão Positiva de Débito com efeito de Negativa), que lhe é negada, sob o argumento de que, para a sua emissão, seria necessário o depósito do montante integral do crédito cobrado. Diante desta situação, responda aos itens a seguir.

A) Está correto o lançamento do imposto pelo Município "M"? (Valor: 0,60)

B) A pessoa jurídica "Z" tem direito à certidão de regularidade fiscal? (Valor: 0,65)

Obs.: as respostas devem ser juridicamente justificadas.

GABARITO:

A) Não está correto o lançamento do imposto, uma vez que o ITBI não incide sobre a transmissão de bens ou direitos incorporados ao patrimônio de pessoa jurídica em realização de capital, nem sobre a transmissão de bens ou direitos decorrentes de fusão, incorporação, cisão ou extinção de pessoa jurídica, nos termos do art. 156, § 2º, I, da Constituição (0,65).

B) Sim, uma vez que as reclamações e os recursos, nos termos das leis reguladoras do processo tributário administrativo, suspendem a exigibilidade do crédito tributário, conforme o art. 151, III, do CTN, assegurando ao contribuinte a emissão da certidão de regularidade fiscal (0,6).

101. **(XIX Exame OAB)** Por vários anos, Alberto trabalhou na pessoa jurídica Alfa Ltda. Quando da rescisão de seu contrato de trabalho, a pessoa jurídica pagou a Alberto a remuneração proporcional aos dias trabalhados no curso do mês em que se deu a rescisão; e o valor equivalente a 3 (três) meses de salário, como gratificação voluntária (mera liberalidade) pelos anos de bons serviços prestados pelo ex-empregado. Com base no caso apresentado, responda aos itens a seguir.

A) Incide o Imposto sobre a Renda (IR) sobre a remuneração proporcional aos dias trabalhados por Alberto? (Valor 0,60)

B) Incide o Imposto sobre a Renda (IR) sobre a gratificação voluntária paga a Alberto? (Valor 0,65)

Obs.: o examinando deve fundamentar suas respostas. A mera citação do dispositivo legal não confere pontuação.

GABARITO:

A) Sim, pois a remuneração está sujeita ao IR, uma vez que é produto do trabalho, tal como previsto no art. 43, I, do Código Tributário Nacional (CTN).

B) Sim, pois a denominação que venha a lhe dar o empregador (ou ex-empregador) não altera sua vinculação com os serviços prestados pelo empregado (ou ex-empregado), conforme previsto pelo art. 43, § 1º, do CTN.

102. **(XX Exame OAB)** Em janeiro de 2014, a pessoa jurídica XYZ Ltda., com sede no Município "A", prestou serviço de decoração e jardinagem no Município "C" e não recolheu o Imposto sobre Serviços de Qualquer Natureza (ISS). No entanto, em julho do mesmo ano, a empresa foi surpreendida com a cobrança administrativa do imposto pelos dois entes tributantes - pelo município "A" e pelo município "C". Sobre a hipótese, responda aos itens a seguir.

A) A qual município o ISS é devido? (Valor 0,65)

B) Caso o contribuinte ajuíze ação consignatória com o depósito do montante integral, visando solucionar o conflito de competência entre os municípios "A" e "C", os municípios poderão ajuizar execução fiscal visando à cobrança de ISS? (Valor 0,60)

Obs.: o examinando deve fundamentar suas respostas. A mera citação do dispositivo legal não confere pontuação.

GABARITO:

A) O art. 3º da Lei Complementar n. 116/2003 prevê que, em regra, o "serviço considera-se prestado e o imposto devido no local do estabelecimento prestador ou, na falta do estabelecimento, no local do domicílio do prestador". No entanto, o referido artigo também prevê algumas exceções, quando o imposto será devido no local da execução do serviço. Esse é o caso da prestação dos serviços de decoração e jardinagem, do corte e poda de árvores (subitem 7.11 da lista anexa - inciso VIII). Sendo assim, na hipótese descrita o imposto será devido no município "C", local da execução do serviço.

B) A ação consignatória é a ação cabível para solucionar o conflito de competência e titularidade, uma vez que os municípios "C" e "A" estão exigindo ISS sobre o mesmo fato gerador, conforme o art. 164, III, do Código Tributário Nacional. Sendo assim, considerando que o contribuinte XYZ Ltda. realizou o depósito do montante integral, o crédito tributário está suspenso, na forma do art. 151, II, do CTN. Dessa forma, considerando que o crédito está com a exigibilidade suspensa, os municípios não podem ajuizar a execução fiscal.

103. **(XX Exame OAB – Replicação Porto Velho/RO)** A pessoa física X ajuizou ação de indenização por danos morais em face da pessoa jurídica W Ltda., em razão da inclusão indevida do seu nome no cadastro de inadimplentes. A pessoa jurídica foi condenada ao pagamento de indenização por danos morais no valor de R$ 15.000,00 (quinze mil reais). A União, ao tomar ciência da condenação, lavrou auto de infração visando à cobrança de imposto sobre a renda da pessoa física, incidente sobre a indenização recebida. A pessoa física X apresenta impugnação ao auto de infração, que está pendente de julgamento. Sobre a hipótese, responda aos itens a seguir.

A) A indenização recebida pela pessoa física X está sujeita ao imposto sobre a renda? Fundamente. (Valor 0,65)

B) Na hipótese, a União poderá negar certidão de regularidade fiscal ao contribuinte? (Valor 0,60)

Obs.: o examinando deve fundamentar suas respostas. A mera citação do dispositivo legal não confere pontuação.

GABARITO:

A) Segundo o art. 43 do CTN, o fato gerador do imposto sobre a renda é a aquisição de disponibilidade econômica ou jurídica decorrente de acréscimo patrimonial. Na indenização por dano moral, inexiste acréscimo patrimonial e, portanto, não é devido o imposto sobre a renda. Nesse sentido, é o teor da Súmula 498 do STJ: "Não incide imposto de renda sobre a indenização por danos morais".

B) Na hipótese, como a pessoa física X apresentou impugnação ao auto de infração, hipótese de suspensão de exigibilidade do crédito, na forma do art. 151, III, do CTN, ele terá direito à certidão positiva com efeitos de negativa, nos termos do art. 206 do CTN.

104. **(XX Exame OAB – Replicação Porto Velho/RO)** O Estado X ajuizou em face da pessoa jurídica W execução fiscal visando à cobrança de Imposto sobre Circulação de Mercadorias e Prestação de Serviços (ICMS) incidente sobre (i) serviço de transmissão de televisão a cabo, realizada de forma onerosa pela pessoa jurídica; e (ii) serviço de provedor de acesso à Internet. Após penhora de bem imóvel, a pessoa jurídica opôs embargos à execução. Posteriormente, a pessoa jurídica requereu a substituição da penhora do imóvel por fiança bancária. O Estado X se manifestou contrariamente à substituição e o juiz indeferiu o pedido.

A) O ICMS incide sobre os serviços acima? Fundamente. (Valor: 0,80)

B) Está correta a decisão do juiz? Fundamente. (Valor: 0,45)

Obs.: o examinando deve fundamentar suas respostas. A mera citação do dispositivo legal não confere pontuação.

GABARITO:

A) Sobre a transmissão do sinal de televisão a cabo, quando realizada de forma onerosa, incide ICMS, nos termos do art. 2º da Lei Complementar n. 87/96, por ser considerado serviço de comunicação. No entanto, o ICMS não incide sobre a prestação de serviço de acesso à internet, por se tratar de serviço de valor adicionado e não de comunicação, nos termos da Súmula 334 do STJ.

B) Não, a substituição de penhora por fiança bancária é direito subjetivo do executado, na forma do art. 15, I, da Lei n. 6.830/80 e do art. 835, § 2º, do CPC.

105. **(XX Exame OAB – Replicação Porto Velho/RO)** O Município M ajuizou execução fiscal para a cobrança de Imposto sobre a Propriedade Predial e Territorial Urbana (IPTU) do contribuinte Z. A cobrança foi embasada na Lei n. 1.234, que determinou alíquotas diferentes para o IPTU em razão da data de construção do imóvel. Citado, o contribuinte Z, certo de que a cobrança é manifestamente infundada, imediatamente apresenta embargos à execução, antes de qualquer garantia ao Juízo. Diante disso, responda aos itens a seguir.

A) Está correta a cobrança feita pelo Município M? (Valor: 0,65)

B) Os embargos à execução podem ser admitidos? (Valor: 0,60)

Obs.: o examinando deve fundamentar suas respostas. A mera citação do dispositivo legal não confere pontuação.

GABARITO:

A) Não. A cobrança feita pelo Município M não está correta, uma vez que, de acordo com o art. 156, § 1º, da CF/88, o IPTU somente pode ter alíquotas diferentes de acordo com o valor, a localização e o uso do imóvel, o que não é o caso.

B) Os embargos não podem ser admitidos, já que, de acordo com o art. 16, § 1º, da Lei n. 6.830/80, não são admissíveis embargos do executado antes de garantida a execução.

106. **(XX Exame OAB – Replicação Porto Velho/RO)** O Estado X estabeleceu alíquotas diferenciadas de Imposto sobre a Propriedade de Veículos Automotores (IPVA), entre veículos nacionais e importados. Segundo a legislação estadual, a alíquota dos veículos importados será superior à dos veículos nacionais. Caio, proprietário de um automóvel importado, ajuizou ação questionando a diferença entre as alíquotas. No entanto, o juiz de 1ª instância determinou a realização do depósito integral do montante discutido, sob pena de extinção do processo sem julgamento de mérito, por entender que o depósito é requisito de admissibilidade de ação judicial. Sobre a hipótese, responda aos itens a seguir.

A) O contribuinte tem razão quanto ao questionamento da diferença de alíquotas? (Valor: 0,60)

B) Ao determinar a realização do depósito, o juiz está correto? (Valor: 0,65)

Obs.: o examinando deve fundamentar suas respostas. A mera citação do dispositivo legal não confere pontuação.

GABARITO:

A) Sim. O art. 155, § 6º, II, da CF/88 só admite a diferenciação da alíquota do IPVA em razão do tipo e da utilização do veículo, o que afasta a possibilidade de alíquota diferenciada em razão da origem do bem.

B) O juiz não está correto. A exigência de depósito prévio, como requisito de admissibilidade de ação judicial na qual se pretenda discutir a exigibilidade de crédito tributário, é inconstitucional, conforme redação da Súmula Vinculante 28 do Supremo Tribunal Federal.

107. **(XXI Exame OAB)** O Estado Alfa editou duas leis relativas ao Imposto sobre Circulação de Mercadorias e Serviços – ICMS. A primeira, com o objetivo de fomentar a indústria de uma determinada área e atrair contribuintes de outros Estados da Federação, concedeu redução da base de cálculo do ICMS para pessoas jurídicas que instalassem indústrias dentro daquela região, sem a deliberação dos outros Estados. A segunda, de abril de 2016, reduziu o prazo para recolhimento do ICMS. Sobre a hipótese, responda aos itens a seguir.

A) É legítima a redução de base de cálculo concedida pela primeira lei? (Valor: 0,65)

B) A segunda lei está sujeita ao princípio da anterioridade? (Valor: 0,60)

Obs.: o(a) examinando(a) deve fundamentar as respostas. A mera citação do dispositivo legal não confere pontuação.

GABARITO:

A) Não. O art. 155, § 2º, XII, *g*, da CF/88 prevê que cabe à lei complementar regular como, mediante deliberação dos Estados e do Distrito Federal, isenções, incentivos e benefícios fiscais serão concedidos. Trata-se do artigo constitucional mais importante no combate à chamada "guerra fiscal", que exige que os benefícios fiscais de ICMS sejam concedidos mediante deliberação dos Estados. Conforme o art. 1º, parágrafo único, inciso I, da Lei Complementar n. 24/75, os benefícios fiscais relativos ao ICMS serão concedidos ou revogados nos termos de convênios celebrados e ratificados pelos Estados e pelo Distrito Federal. Portanto, a redução de base de cálculo concedida pela primeira lei não é legítima, uma vez que tal benefício somente poderia ter sido aprovado mediante prévia deliberação dos Estados e do Distrito Federal.

B) Não. A alteração do prazo de recolhimento, uma vez que não implica instituição ou majoração de tributos, não está sujeita ao princípio da anterioridade. Nesse sentido, é o teor da Súmula Vinculante 50 do Supremo Tribunal Federal: "Norma legal que altera o prazo de recolhimento de obrigação tributária não se sujeita ao princípio da anterioridade".

108. **(XXII Exame OAB)** A pessoa jurídica A realizou a importação de peças para utilização no processo de fabricação de equipamentos eletrônicos. Diante da constatação de que a contribuinte não havia recolhido o Imposto sobre Circulação de Mercadorias e Serviços (ICMS), a liberação das mercadorias importadas foi condicionada ao pagamento do referido tributo, tendo, ainda, sido determinada a interdição do estabelecimento da pessoa jurídica A. Diante desse panorama, responda aos itens a seguir.

A) A cobrança do ICMS pelo Fisco está correta? (Valor: 0,65)

B) A interdição do estabelecimento realizada pelo Fisco está correta? (Valor: 0,60)

Obs.: o(a) examinando(a) deve fundamentar suas respostas. A mera citação do dispositivo legal não confere pontuação.

GABARITO:

A) O examinando deverá responder que a cobrança está correta, pois é legítima a exigência do ICMS como condição para a liberação das mercadorias importadas, conforme a Súmula Vinculante 48 ou a Súmula 661/STF ou a Lei Complementar n. 87/96, art. 12, IX ou § 2º.

B) O examinando deverá responder que a interdição do estabelecimento comercial não está correta, eis que, na forma da Súmula 70 do STF, é inadmissível a interdição de estabelecimento como meio coercitivo para cobrança de tributo.

109. **(XXVIII Exame OAB)** Em 01 de novembro de 2017, o Estado X instituiu um sistema progressivo de alíquotas para o Imposto sobre a Transmissão *Causa Mortis* e Doação - ITCD. A redação do dispositivo legal era a seguinte: "Art. 26 - O valor da totalidade dos bens e direitos transmitidos é a base de cálculo do imposto e sobre ela incidirão as seguintes alíquotas: I - 4% (quatro por cento), para valores entre R$ 2.000,01 (dois mil reais e um centavo) e R$ 50.000,00 (cinquenta mil reais); II - 6% (seis por cento), para valores entre R$ 50.000,01 (cinquenta mil reais e um centavo) e R$ 250.000,00 (duzentos e cinquenta mil reais); III - 8% (oito por cento), para valores acima de R$ 250.000,01 (duzentos e cinquenta mil reais e um centavo). Parágrafo único: há isenção do imposto quando a totalidade dos bens e direitos transmitidos não exceder R$ 2.000,00 (dois mil reais)".

Caio, residente no Estado Y, recebeu de herança um bem imóvel localizado no Estado X, no valor de R$ 500.000,00 (quinhentos mil reais), e decidiu impugnar o lançamento, afirmando que a progressividade do ITCD é inconstitucional, por ser este um imposto de caráter real. Alegou, ainda, que o imposto é devido no Estado Y, local de sua residência. Diante de tal quadro, responda aos itens a seguir.

A) Caio está correto quanto à alegação de inconstitucionalidade da progressividade do imposto? (Valor: 0,80)

B) Em qual Estado o ITCD é devido? (Valor: 0,45)

GABARITO:

A) Não. A progressividade de alíquotas está de acordo com a CRFB/88. Isso porque no Imposto sobre a Transmissão *Causa Mortis* e Doação (ITCD) é possível aferir a capacidade contributiva do contribuinte do tributo, nos termos do art. 145, § 1º, da CRFB/88. O ITCD é devido pelo contribuinte beneficiário de bem ou direito transmitido, implicando um acréscimo patrimonial gratuito. Nesse sentido, o Tribunal Pleno do Supremo Tribunal Federal, reconhecendo a repercussão geral no RE 562.045, julgou constitucional a progressividade de alíquotas do ITCD.

B) O imposto é devido, nos casos de bens imóveis, no Estado da situação do bem, ou seja, o Estado X, conforme o art. 41 do CTN ou o art. 155, § 1º, inciso I, da CRFB/88.

110. **(XXX Exame OAB)** A pessoa jurídica X, na condição de importadora de produtos industrializados, ajuizou medida judicial pleiteando a restituição de valores pagos a título de Imposto sobre Produtos Industrializados ("IPI").

No caso em questão, o contribuinte pagou o tributo em operação de revenda por ocasião da saída de seu estabelecimento e entendeu que o pagamento foi feito indevidamente, uma vez que não houve processo de industrialização no Brasil. Em seu pleito, a pessoa jurídica X requereu, em sede de antecipação de tutela, a compensação dos valores pagos a título de IPI, objeto de contestação. Com base nos fatos apresentados acima, responda aos itens a seguir.

A) A ausência de operação de industrialização no Brasil inviabiliza a cobrança do IPI na revenda pelo importador? (Valor: 0,65)

B) É possível requerer, em sede de antecipação de tutela, a compensação de eventual tributo pago indevidamente? (Valor: 0,60)

GABARITO:

A) Não. A ausência de operação de industrialização no Brasil em relação ao produto importado não impede a cobrança do IPI na revenda pelo importador, pois de acordo com o art. 46, inciso II, do CTN, o IPI tem como fato gerador a saída do produto industrializado do estabelecimento do importador. Assim, tendo em vista a ocorrência do fato gerador, o tributo é devido.

B) Não. De acordo com o art. 170-A do CTN, é vedada a compensação mediante o aproveitamento de tributo, objeto de contestação judicial pelo sujeito passivo, antes do trânsito em julgado da respectiva decisão judicial.

111. (XXX Exame OAB) Motivados pela forte queda nas vendas de eletrodomésticos da denominada "linha branca" no país, os Estados, por meio do Conselho Nacional de Política Fazendária - CONFAZ, celebraram Convênio ICMS específico prevendo benefício fiscal do ICMS às empresas atuantes nesse setor, por meio da concessão de redução da base de cálculo do imposto incidente na comercialização de todos os produtos enquadrados nesse segmento.

O Estado X, no intuito de proporcionar aos contribuintes localizados no seu território a fruição desse benefício fiscal, editou lei ordinária internalizando os termos do Convênio. Porém, ao formular a relação descritiva das mercadorias beneficiadas pela lei estadual, o Estado X deixou de incluir alguns produtos classificados como eletrodomésticos da "linha branca", dentre os quais, aparelhos micro-ondas; e estendeu os benefícios a produtos que não compõem a "linha branca", alegando a necessidade de estimular setores específicos da economia local, que estariam perdendo mercado para concorrentes de outros Estados. Diante desse cenário, responda aos itens a seguir.

A) É autorizado ao Estado X estender o benefício fiscal a produtos que não integram a denominada "linha branca", considerando que somente este segmento foi abrangido pelo Convênio CONFAZ? (Valor: 0,60)

B) O Estado X, tendo ratificado o Convênio em questão, pode aplicá-lo parcialmente, alcançando apenas parte dos produtos discriminados no Convênio celebrado pelo CONFAZ? (Valor: 0,65)

GABARITO:

A) Não. Nos termos do art. 155, § 2º, inciso XII, alínea *g*, da CRFB/88, compete à lei complementar regular a forma como, mediante deliberação dos Estados e do Distrito Federal, isenções, incentivos e benefícios fiscais relativos ao Imposto sobre a Circulação de Mercadorias e Serviços - ICMS serão concedidos e revogados. Esta atribuição é conferida à Lei Complementar n. 24/75, que estabelece a obrigatoriedade de os benefícios fiscais de ICMS, inclusive os estabelecidos via reduções de base de cálculo, serem pactuados por meio da celebração de Convênios pelos Estados e pelo Distrito Federal no âmbito do CONFAZ. Nessa mesma linha, o Supremo Tribunal Federal reputa inconstitucional lei que conceda benefício fiscal de ICMS sem prévia autorização de Convênio no CONFAZ.

B) Sim. A jurisprudência firmada tanto no âmbito do Supremo Tribunal Federal como no Superior Tribunal de Justiça reconhece natureza autorizativa, e não impositiva, aos Convênios CONFAZ, asseverando que a celebração desses acordos não gera automaticamente, aos contribuintes, direito líquido e certo à fruição dos benefícios ajustados nos Convênios. Entender de maneira diferente resultaria em ofensa à autonomia político-administrativa dos Estados em relação à União, consagrada pelo art. 18, *caput*, da CRFB/88, sendo assim, não há óbice para que o Estado X deixe de aplicar, parcialmente, benefício fiscal contido em Convênio a determinadas mercadorias.

112. **(XXX Exame OAB)** José da Silva, desejando integralizar sua parte no capital social da sociedade empresária da qual é sócio, buscou transmitir imóvel de sua propriedade, de alto valor, para a sociedade empresária, cuja atividade preponderante é a de locação de imóveis.

Ele ficou surpreso ao verificar que havia cobrança do Imposto de Transmissão de Bens Imóveis (ITBI) e, mais admirado ainda, com a aplicação de alíquota superior àquela aplicada a outros imóveis de menor valor, em razão da existência de lei municipal ordinária estabelecendo alíquotas progressivas do ITBI em função do valor do imóvel. Diante desse cenário, responda aos itens a seguir.

A) José da Silva tem razão ao ser contrário à cobrança de ITBI? (Valor: 0,65)

B) José da Silva tem razão ao insurgir-se contra a diferença na alíquota de ITBI cobrada? (Valor: 0,60)

GABARITO:

A) Não, José da Silva não tem razão. Embora a regra geral prevista no art. 156. § 2º, inciso I, da CRFB/88 seja a de que o ITBI não incide sobre a transmissão de bens ou direitos incorporados ao patrimônio de pessoa jurídica em realização de capital, o próprio texto constitucional excepciona tal não incidência se a atividade preponderante do adquirente for a compra e venda desses bens ou direitos, locação de bens imóveis ou arrendamento mercantil. Portanto, deve, sim, haver cobrança de ITBI.

B) Sim, José da Silva tem razão. O ITBI é um tributo real que não admite alíquotas progressivas em razão do valor do imóvel, como sedimentado na Súmula 656 do STF: É inconstitucional a lei que estabelece alíquotas progressivas para o Imposto de Transmissão *Inter Vivos* de Bens Imóveis (ITBI) com base no valor venal do imóvel.

113. **(XXXII Exame OAB)** Lei municipal fixou determinada área do Município como zona de expansão urbana. Contudo, a região ainda não conta com melhorias típicas de áreas urbanas, tais como meio-fio ou calçamento, canalização de águas pluviais, abastecimento de água, sistema de esgotos sanitários, rede de iluminação pública, escolas primárias ou posto de saúde. A maior parte dos terrenos da região é ocupada por possuidores, que ali instalaram suas moradias. Os possuidores se surpreenderam quando começaram a receber carnês de IPTU do Município, insurgindo-se contra a cobrança. Sobre a hipótese apresentada, responda aos itens a seguir.

A) É possível que meros possuidores sejam considerados contribuintes de IPTU pelo Município? (Valor: 0,55)

B) É possível cobrar IPTU em tal zona, em que ausentes melhorias típicas de áreas urbanas? (Valor: 0,70)

GABARITO:

A) Sim. O contribuinte do imposto é o proprietário do imóvel, o titular do seu domínio útil, ou o seu possuidor a qualquer título (art. 34 do CTN). Sendo possuidores e tendo ali estabelecido suas moradias, é inequívoco o seu comportamento como se proprietários fossem (posse com *animus domini*).

B) Sim. Embora a referida zona ainda não possua as melhorias urbanas que, em regra, são necessárias para a cobrança do IPTU (art. 32, § 1º, do CTN), a lei municipal também pode considerar urbanas, para efeitos de cobrança de IPTU, as áreas urbanizáveis ou de expansão urbana (art. 32, § 2º, do CTN), orientação essa que foi corroborada pela Súmula 626 do STJ: "A incidência do IPTU sobre imóvel situado em área considerada pela lei local como urbanizável ou de expansão urbana não está condicionada à existência dos melhoramentos elencados no art. 32, § 1º, do CTN".

114. **(XXXIII Exame OAB)** Lucas foi demitido da empresa que trabalhava e, no momento da demissão, recebeu, entre outras verbas rescisórias, o valor referente a férias proporcionais e respectivo terço constitucional, bem como, por liberalidade do empregador, em caráter individual a este empregado, um bônus por cada ano de trabalho prestado àquela empresa. Sobre todos esses valores, o departamento de gestão de pessoal da empresa em que laborava reteve o respectivo Imposto sobre a Renda de Pessoa Física (IRPF). Diante deste cenário, responda aos itens a seguir.

A) Está correta a incidência do IRPF sobre o valor referente a férias proporcionais e respectivo terço constitucional? Justifique. (Valor: 0,60)

B) Está correta a incidência do IRPF sobre o bônus por cada ano de trabalho prestado àquela empresa? Justifique. (Valor: 0,65)

GABARITO:

A) Não está correta. A rescisão do contrato de trabalho impede o empregado de gozar do período anual de descanso (férias), restando-lhe apenas a expressão econômica do direito, daí por que o seu pagamento, neste contexto, adquire o caráter de indenização, não devendo incidir IRPF, por não se caracterizar dentro do conceito de renda, cf. Súmula 386 do STJ: "São isentos de imposto de renda as indenizações de férias proporcionais e respectivo adicional".

B) Sim, está correta. Aqui, ao revés, as verbas pagas por liberalidade na rescisão do contrato de trabalho são aquelas que, nos casos em que ocorre a demissão, são pagas sem decorrerem de imposição de nenhuma fonte normativa prévia ao ato de dispensa, dependendo apenas da vontade do empregador e excedendo as indenizações legalmente instituídas, de modo que não possuem caráter indenizatório, e sim de aquisição de renda, cf. o art. 153, III, da CRFB/88 ou o art. 43 do CTN.

115. **(XXXIII Exame OAB)** Calçados Couro Bom Ltda. remeteu, por meio de veículos próprios, diversas caixas de sapato de uma para outra de suas lojas. Contudo, os veículos foram parados pela fiscalização tributária estadual e, não tendo sido emitida nota fiscal das mercadorias transportadas, houve autuação pelo Fisco Estadual, que cobrou o valor de ICMS, bem como a multa pela ausência da nota fiscal, com base em legislação estadual que impede a circulação física de mercadorias desacompanhadas de nota fiscal. Diante desse cenário, responda aos itens a seguir.

A) Está correto o Fisco estadual em cobrar o ICMS nessa operação? (Valor: 0,60)

B) Está correto o Fisco estadual em multar a sociedade empresária por ausência de nota fiscal? (Valor: 0,65)

GABARITO:

A) Não está correto. A mera circulação física de mercadorias de um estabelecimento para outro do mesmo titular não gera incidência do ICMS, pois não há transmissão de posse ou de propriedade de bens, cf. STJ, Súmula 166: "Não constitui fato gerador do ICMS o simples deslocamento de mercadoria de um para outro estabelecimento do mesmo contribuinte".

B) Sim, está correto. O Estado pode instituir obrigação acessória para viabilizar o exercício do poder-dever fiscalizador da Administração Tributária, ainda que o sujeito passivo da obrigação acessória não seja devedor do tributo ou que inexistente hipótese de incidência tributária, nos termos do art. 115 ou do art. 175, parágrafo único, ou do art. 194, parágrafo único, todos do CTN. Assim, mesmo que não haja fato gerador de ICMS, a empresa estava sim obrigada a emitir Nota Fiscal para o transporte destas mercadorias, ainda que indicando nesta Nota que não haveria ICMS a recolher, por se tratar de hipótese de não incidência tributária.

X. PROCESSO TRIBUTÁRIO

116. (II Exame OAB) MÁRIO ROBERTO possui terreno limítrofe entre as zonas urbana e rural do município de Pedra Grande. No ano de 2009, ele recebeu o carnê do IPTU, emitido pela Secretaria de Fazenda de Pedra Grande, e também foi surpreendido com a cobrança do ITR sobre a mesma parcela do imóvel. Como advogado de MÁRIO ROBERTO discorra sobre a ação judicial mais adequada para a defesa de seu interesse. Aponte quem deve figurar no polo passivo da ação e de quem é a competência para o julgamento. (Valor: 1,0)

GABARITO:

Nos termos do art. 164, III, do CTN, a ação de consignação em pagamento é a via mais adequada para garantir que este seja efetuado ao ente competente (0,5);

A União e o Município de Pedra Grande devem figurar no polo passivo da consignatória em litisconsórcio passivo obrigatório (0,2);

A competência será da Justiça Federal, por força do disposto na CF art. 109, I. O candidato que informar a competência da Justiça Estadual somente deve receber a pontuação se justificar a prorrogação de competência ante a possível ausência de vara federal no município (0,3).

117. (II Exame OAB) Empresa de auditoria externa foi contratada por DELTA S/A e verificou que houve cálculo equivocado e pagamento a maior de Cofins relativo às competências: de abril/2006; julho/2006; abril/2007 e julho/2007.

À vista disso, emita parecer sobre:

o prazo para o contribuinte reaver os valores pagos indevidamente na esfera federal e quais as medidas judicial(is) e administrativa(s) para que o contribuinte possa reaver os valores pagos indevidamente? Justifique. (Valor 1,00)

GABARITO:

O contribuinte tem direito à compensação por meio administrativo, na forma prevista no art. 74 da Lei n. 9.430/96, permitindo-se que possa ser efetuada mediante créditos e débitos de tributos administrados pela Receita Federal, ainda que distintos os destinos da arrecadação, no entanto, exige-se prévio requerimento ao Fisco (0,5).

A compensação subordina-se ao mesmo prazo da repetição previsto no art. 168 do CTN, pois não deixa de ser uma forma de restituição. Assim, o contribuinte, no prazo de cinco anos contados do pagamento indevido do tributo, poderá optar pela compensação a ser realizada na via administrativa e/ou repetição do indébito quer na via administrativa ou judicial (0,50).

118. **(VI Exame OAB)** A Fábrica de Refrigerantes Super Refri Ltda. recolheu a maior o IPI incidente sobre a saída dos respectivos produtos vendidos à Distribuidora de Bebidas Delta Ltda. Verificado o equívoco, a Distribuidora de Bebidas postulou em juízo o creditamento relativo ao IPI indevidamente pago pela fabricante, mas embutido no preço do produto. Nesse caso, tem a distribuidora legitimidade para requerer a repetição do indébito? Justifique, com base na legislação tributária pertinente. (Valor: 1,25)

GABARITO:

De acordo com o art. 166 do CTN, a restituição da quantia paga a título de tributo indireto deve ser feita ao potencial sujeito passivo da obrigação correspondente, quando este demonstre, de forma inequívoca, que não repassou o encargo respectivo, ou, tendo havido a transferência do ônus a terceiro, contribuinte de fato, deverá ser por este autorizado a receber a quantia maior que tiver sido paga. No caso do IPI, tributo indireto, legitimada a requerer a repetição do indébito tributário será a pessoa que estaria no polo passivo da relação obrigacional correspondente, caso a tributação tivesse ocorrido de forma regular (contribuinte de direito), na hipótese da questão, a Fábrica de Refrigerantes Super Refri Ltda. Em resumo, a fábrica que industrializa o refrigerante se enquadra como contribuinte do IPI, visto praticar o fato gerador deste imposto resultante do processo de industrialização com posterior venda, sendo certo que o IPI compõe o preço final do produto a ser vendido, ocorrendo, portanto, o repasse da carga econômica do imposto a terceiro (contribuinte de fato). Pelo exposto, conclui-se que a Distribuidora de Bebidas não tem legitimidade para propor ação de repetição do indébito tributário, visto não se enquadrar como contribuinte de direito, na forma da legislação tributária (art. 46, parágrafo único c/c art.51, ambos do CTN); arts. 46, II, e 51, II, do CTN; O contribuinte de fato é aquele que arca com o pagamento do tributo, que está embutido no preço do produto. A distribuidora efetivamente não pode assim ser qualificada, visto que não está no fim do ciclo de produção, mas sim o consumidor final. A distribuidora não tem com o Fisco qualquer relação jurídica, não participa da relação jurídica tributária (1,25).

119. **(VII Exame OAB)** Determinado contribuinte adquiriu um lote de terreno, em zona de expansão urbana, situado em Condomínio ainda não dotado de qualquer dos melhoramentos elencados no art. 32, § 1º, do CTN. Considerando o caso acima, responda aos itens a seguir:

A) Sobre o bem imóvel acima especificado há incidência de imposto? (Valor: 0,50)

B) Havendo incidência, qual Ente o titulariza? (Valor: 0,75)

Justifique, com a indicação dos dispositivos legais pertinentes.

GABARITO:

A) Sim, incide o IPTU. Apesar de o art. 32, § 1º, do CTN estabelecer a observância de pelo menos dois melhoramentos para que o imóvel venha a se enquadrar na zona urbana, certo é que há incidência do IPTU sobre sítio de recreio situado em zona de expansão urbana, conforme previsto no art. 32, § 2º, do CTN, ainda que o imóvel ainda não disponha de tais benefícios. Nessa linha, também é o entendimento do STJ, conforme o REsp 181.105, Ministro José Delgado (0,50).

B) A titularidade é do município ou do Distrito Federal na competência municipal (0,75).

120. **(VIII Exame OAB)** A Empresa LM S/A, produtora de cosméticos, recolheu a maior o IPI incidente sobre a saída dos respectivos produtos vendidos a terceiros, tendo sido incluído, no preço da venda, o montante do tributo. Verificado o equívoco, a empresa ingressou com pedido, junto à Receita Federal competente, ao efeito de ser declarado o pagamento indevido e restituído o seu montante. A Receita Federal reconheceu o pagamento indevido, tendo, contudo, negado o pedido de restituição. Esclareça se é possível a repetição do indébito no caso vertente, quem deveria requerer e com qual fundamento. Justifique com base no ordenamento jurídico em vigor. (Valor: 1,25)

GABARITO:

A repetição de indébito tem fundamento no art. 165 do CTN, e se justifica por motivo do pagamento a maior realizado pela empresa (0,3).

Em segundo lugar, o IPI é tributo indireto, ou seja, o ônus financeiro é, via de regra, suportado por terceiro, chamado de contribuinte de fato (0,35).

A norma do Código Tributário Nacional sobre a questão é o art. 166 do CTN, onde fica consignado que cabe a restituição do tributo pago a maior, desde que provado pelo requerente que suportou o encargo financeiro, ou está autorizado a receber o valor pago de forma equivocada por quem ficou com este ônus. Nestes termos, destacou-se no gabarito a Súmula 546 do STF (0,30).

Por fim, o critério de correção adotado prestigiou o entendimento do Superior Tribunal de Justiça, emitido na forma de recurso repetitivo, de que, em se tratando de IPI, a legitimidade é do contribuinte de direito (0,30).

121. **(XIII Exame OAB)** Julgada procedente a ação de repetição de indébito de imposto recolhido em 2009, proposta em face da Fazenda Estadual, José da Silva recorreu da decisão que lhe foi favorável, pretendendo alterar o marco temporal de aplicação dos juros moratórios constante da decisão judicial.

O julgado determinou como devida a incidência dos juros moratórios na ordem de 1% ao mês, a contar do trânsito em julgado da sentença, contrariando a pretensão autoral, que pleiteava o início do cômputo a partir da realização do pagamento indevido.

Considerando que a legislação do Estado em questão não possui nenhuma norma própria a regular os índices de juros do imposto a ser restituído, responda aos itens a seguir.

A) O contribuinte tem razão? Resposta fundamentada. (Valor: 0,80)

B) Acaso a ação repetitória tratasse de um tributo federal, a contagem acerca da incidência dos juros seria diferente? Resposta fundamentada. (Valor: 0,45)

GABARITO:

A) Não, o contribuinte não tem razão. Conforme esposado na Súmula 188 do STJ, "os juros moratórios, na repetição do indébito tributário, são devidos a partir do trânsito em julgado da sentença". Além disso, determina o art. 167, parágrafo único, do CTN: "A restituição vence juros não capitalizáveis, a partir do trânsito em julgado da decisão definitiva que a determinar" (0,8).

B) Na hipótese de o tributo ser federal, será aplicado o disposto pela Lei n. 9.250/95, que altera a legislação do Imposto sobre a Renda, a qual, no seu art. 39, § 4º, determina: "A partir de 1º de janeiro de 1996, a compensação ou restituição será acrescida de juros equivalentes à taxa referencial do Sistema Especial de Liquidação e de Custódia – Selic para títulos federais, acumulada mensalmente, calculados a partir da data do pagamento indevido ou a maior até o mês anterior ao da compensação ou restituição e de 1% relativamente ao mês em que estiver sendo efetuada" (0,45).

122. **(XV Exame OAB)** Joana é proprietária de um apartamento localizado no Município X. Em 5 de janeiro de 2014, o Município X enviou a Joana o carnê do IPTU referente ao ano de 2014. A data limite para pagamento ocorreu em 31 de janeiro. Como Joana não realizou o pagamento e não apresentou impugnação, em 10 de março de 2014 o Município X inscreveu o crédito em dívida ativa. Em 30 de abril de 2014, o Município X ajuizou execução fiscal cobrando o IPTU. Joana ofereceu, para garantir o juízo, o próprio imóvel, sendo a garantia aceita pelo Município X. Sobre a hipótese descrita, responda aos itens a seguir.

A) Quando ocorreu a constituição do crédito tributário, considerando-se a jurisprudência do STJ? Justifique. (Valor: 0,75)

B) Joana pode substituir a penhora feita por depósito em dinheiro? Justifique. (Valor: 0,50)

Obs.: o examinando deve fundamentar suas respostas. A mera citação do dispositivo legal não confere pontuação.

GABARITO:

A) A constituição do crédito ocorreu com a remessa do carnê do IPTU, em 5 de janeiro de 2014. Nesse sentido, é o entendimento do Superior Tribunal de Justiça, conforme a Súmula 397 (0,75).

B) Sim. Em qualquer fase do processo, será deferida pelo juiz a substituição, pelo executado, da penhora por depósito em dinheiro, conforme a previsão do art. 15, I, da Lei n. 6.830/80 (0,5).

123. **(XVIII Exame OAB)** A União ajuizou execução fiscal em face de pessoa jurídica ABC, prestadora de serviços de telecomunicações, para cobrança de taxa devida em razão da fiscalização de instalação e manutenção de orelhões, tendo como base de cálculo o valor correspondente a 0,01% da renda da pessoa jurídica. Inconformado com a cobrança, a contribuinte, certa de que seu pleito será bem-sucedido, pretende apresentar embargos à execução, sem o oferecimento de garantia, com base no art. 914 do CPC. Tendo em vista o caso em questão, responda aos itens a seguir.

A) É possível a instituição da base de cálculo no valor correspondente a 0,01% da renda da pessoa jurídica para a taxa em questão? (Valor: 0,65)

B) É possível, segundo a legislação específica, a apresentação de embargos à execução fiscal sem o oferecimento de garantia, conforme pretendido pelo contribuinte? (Valor: 0,60)

Obs.: o examinando deve fundamentar suas respostas. A mera citação do dispositivo legal não confere pontuação.

GABARITO:

A) Não é possível a instituição da base de cálculo no valor correspondente a 0,01% da renda da pessoa jurídica para a taxa em questão, uma vez que a taxa não pode ter base de cálculo ou fato gerador idênticos aos que correspondam a imposto, conforme determinam o art. 145, § 2º, da CF/88 e o art. 77, parágrafo único, do CTN (0,65).

B) Não é possível a apresentação de embargos em execução fiscal sem o oferecimento de garantia, conforme pretendido pelo contribuinte, pois em sede de execução fiscal aplica-se o art. 16, § 1º, da Lei n. 6.830/80, de acordo com o qual não são admissíveis embargos do executado antes de garantida a execução (0,6).

124. **(XXII Exame OAB)** Em março de 2016, a União ajuizou execução fiscal em face da pessoa jurídica Alfa para a cobrança de créditos de Imposto sobre a Renda (IRPJ), referentes aos anos-calendários de 2013 e 2014. De acordo com o exequente, em que pese a declaração dos créditos relativos aos anos-calendários em questão, a contribuinte apenas efetuou o pagamento parcial dos tributos, sendo, dessa forma, devido o pagamento da diferença inadimplida. Devidamente cientificada da demanda, a contribuinte, após o oferecimento de garantia, apresentou embargos à execução, objetivando sua extinção, uma vez que a União não instruiu a petição inicial com o demonstrativo de cálculo do débito, inviabilizando a ampla defesa. Alegou a contribuinte, ainda, que o crédito não poderia ser objeto de execução, eis que não foi realizado, por parte da Administração Fazendária, o prévio lançamento por meio de processo administrativo regularmente instaurado. Em vista das alegações da pessoa jurídica Alfa, responda aos itens a seguir.

A) A execução fiscal deve ser extinta em virtude da falta do demonstrativo de cálculo do débito? (Valor: 0,65)

B) A ausência de prévio lançamento por meio de processo administrativo regularmente instaurado inviabiliza a execução do crédito? (Valor: 0,60)

Obs.: o(a) examinando(a) deve fundamentar suas respostas. A mera citação do dispositivo legal não confere pontuação.

GABARITO:

A) O examinando deverá responder que a execução fiscal não deve ser extinta em virtude da falta do demonstrativo de cálculo do débito, eis que, a teor da Súmula 559 do Superior Tribunal de Justiça, em ações de execução fiscal, é desnecessária a instrução da petição inicial com o demonstrativo de cálculo do débito, por se tratar de requisito não previsto no art. 6º da Lei n. 6.830/80.

B) O examinando deverá responder que não, uma vez que a entrega de declaração pelo contribuinte, reconhecendo o débito fiscal, constitui o crédito tributário, dispensada qualquer outra providência por parte do Fisco, conforme a Súmula 436 do Superior Tribunal de Justiça.

125. **(XXVIII Exame OAB)** Maria, servidora pública do Estado X, verificou no contracheque referente ao mês de março que foi retido de sua remuneração um adicional de 2%, referente ao Imposto sobre a Renda Pessoa Física – IRPF. Ao questionar seu órgão de vinculação, obteve a informação de que a cobrança tinha por fundamento a Lei Estadual n. 12.345, editada no último dia do exercício imediatamente anterior. Indignada com a cobrança, Maria procura você, na condição de advogado(a), para que adote as providências cabíveis, a fim de questionar judicialmente o desconto e obter a devolução do valor recolhido, já que seu pedido administrativo foi negado. Analisando o contexto fático descrito, responda aos itens a seguir.

A) No caso de eventual ação de repetição de indébito, qual a parte legítima para figurar no polo passivo da ação? (Valor: 0,65)

B) O Estado X poderia ter estipulado o adicional de IRPF para seus servidores? (Valor: 0,60)

GABARITO:

A) A ação deverá ser proposta em face do Estado X que é o responsável pela retenção na fonte e destinatário do valor do IRPF no caso, já que se trata de servidora pública integrante de seus quadros, de acordo com o art. 157, I, da CRFB/88 ou com a orientação da Súmula 447 do STJ.

B) Não. A competência tributária é da União, seja para instituir imposto sobre renda e proventos, seja sob a perspectiva da competência residual, na forma do art. 153, inciso III, ou do art. 154, I, ambos da CRFB/88.

126. **(XXIX Exame OAB)** A refinaria de petróleo Alfa vende seus produtos à pessoa jurídica Beta, comerciante de combustíveis e lubrificantes. Beta, por sua vez, revende seus produtos aos consumidores. O Estado X possui a Lei Ordinária n. 123, que estabelece que as indústrias são responsáveis tributárias por todo o Imposto sobre Circulação de Mercadorias e Serviços (ICMS) incidente na cadeia produtiva (regime da Substituição Tributária). Em novembro de 2017, Beta recebeu de Alfa os produtos que iria revender. No mesmo mês, sofreu um incêndio em sua sede e, consequentemente, perdeu todos os produtos, razão pela qual não efetuou qualquer venda naquele mês. No mês de dezembro, já restabelecidas as condições para a retomada de suas atividades, Beta recebeu novos produtos de Alfa. Para tentar recuperar o prejuízo do mês anterior, Beta realizou uma promoção e os revendeu, no mesmo mês de dezembro, a preço inferior ao presumido (que servira de base de cálculo para o recolhimento do ICMS pelo regime da Substituição Tributária). Diante de tal quadro, responda aos itens a seguir.

A) A refinaria Alfa poderá pleitear a restituição do valor pago a título de ICMS, pelo regime da Substituição Tributária, relativo ao mês de novembro? (Valor: 0,60)

B) Em relação ao mês de dezembro, Beta poderá recuperar o valor pago a mais, a título de ICMS, pelo regime da Substituição Tributária? (Valor: 0,65)

GABARITO:

A) Não. Tendo em vista tratar-se de substituição tributária progressiva, apenas Beta, como contribuinte substituído, terá o direito à restituição do valor do imposto pago por força da substituição tributária, correspondente ao fato gerador presumido que não se realizou, conforme art. 10, *caput*, da LC n. 87/96.

B) Sim. Beta poderá pleitear a restituição da diferença do Imposto sobre Circulação de Mercadorias e Serviços (ICMS) pago a mais, no regime de substituição tributária progressiva (ou "para frente"), uma vez que a base de cálculo efetiva da operação foi inferior à presumida, conforme o art. 10 da LC n. 87/96 OU a Tese 201 de Repercussão Geral, do STF.

127. **(XXXII Exame OAB)** Após se lograr vencedora em um processo licitatório privado para fornecimento de 300 notebooks para a Associação X, reconhecida como entidade beneficente de assistência social, a pessoa jurídica Alpha ingressa com Mandado de Segurança, visando afastar o pagamento do ICMS incidente na importação desses notebooks, sob o fundamento de que a Associação X, destinatária final das mercadorias, possui imunidade tributária, por força do disposto no art. 150, inciso VI, alínea c, da CRFB/88. Diante desse cenário, responda aos itens a seguir.

A) Quanto ao mérito, procede o argumento da pessoa jurídica Alpha? (Valor: 0,65)

B) Caso o ICMS incidente na importação seja recolhido a maior por Alpha e o seu valor seja embutido no preço de venda para a Associação X, poderia essa Associação ingressar com pedido de restituição do imposto recolhido na importação? (Valor: 0,60)

GABARITO:

A) Não, uma vez que a imunidade tributária subjetiva se aplica a seus beneficiários na posição de contribuinte de direito, mas não na de simples contribuinte de fato, sendo irrelevante para a verificação da existência da imunidade tributária a repercussão econômica do tributo envolvido, conforme decidido pelo STF, quando do julgamento do RE 608.872, com repercussão geral reconhecida.

B) Não, uma vez que o contribuinte de fato não detém legitimidade ativa para pleitear a restituição de valores pagos a título de tributo indireto recolhido pelo contribuinte de direito, por não integrar a relação jurídica tributária pertinente. Nesse sentido decidiu o STJ, no julgamento do REsp 903.394, sob o regime dos repetitivos. O contribuinte de direito é o sujeito passivo que tem relação pessoal e direta com fato gerador, nos termos do art. 121, parágrafo único, I, do CTN. Na cadeia tributária, é quem recolhe o tributo ao Fisco. O contribuinte de fato, por sua vez, é quem suporta o ônus econômico do tributo, ou seja, a quem a carga do tributo indireto é repassada, normalmente o consumidor final. Tributos indiretos são aqueles que comportam transferência do encargo financeiro.

128. **(XXXIV Exame OAB)** A sociedade empresária Indústria Metalúrgica ABC Ltda. formulou consulta ao Fisco federal sobre interpretação da legislação tributária federal, perguntando se era possível creditar-se de IPI relativamente à entrada de insumos sujeitos à alíquota zero necessários ao seu processo produtivo.

Na pendência desse processo administrativo de consulta, a referida sociedade empresária continuou realizando tal creditamento. A decisão de primeira instância na consulta foi-lhe favorável, declarando que possuía, sim, o direito a tal creditamento.

Diante desse cenário, responda aos itens a seguir.

A) É devido o creditamento de IPI nesse caso? (Valor: 0,60)

B) Caberia alguma medida dentro desse mesmo processo administrativo fiscal para que a Administração revertesse a decisão de 1ª instância favorável à consulente? (Valor: 0,65)

GABARITO:

A) Não. Nos termos da Súmula Vinculante 58, inexiste direito a crédito presumido de IPI relativamente à entrada de insumos isentos, sujeitos à alíquota zero ou não tributáveis, o que não contraria o princípio da não cumulatividade. A lógica está em que, se nada foi pago, nada há para ser creditado ou compensado.

B) Segundo o art. 57 do Decreto n. 70.235/72, sempre que a decisão em primeira instância for favorável ao consulente, a autoridade de primeira instância deverá recorrer de ofício desta decisão favorável ao consulente, a fim de que a decisão seja revisada pela segunda instância, ocasião em que poderá ser revertida.

129. **(XXXIV Exame OAB)** O Fisco Municipal realizou o lançamento de ofício do Imposto sobre a Propriedade Predial e Territorial Urbana (IPTU), referente a imóvel de propriedade de José. Contudo, fazendo uso de ferramenta de Internet que gera fotos por satélites, bem como de drones equipados com câmeras, o Fisco constatou que o cadastro municipal sobre o imóvel estava desatualizado, pois, embora a metragem do terreno não houvesse sido alterada, foi edificada uma casa no terreno. Todavia, José deixou de notificar o Município sobre a construção, conforme era exigido em lei municipal tributária.

Diante desse cenário, responda aos itens a seguir.

A) Ainda que o terreno não tenha sofrido alteração de metragem, é possível majorar o IPTU cobrado de José com base na construção da casa? (Valor: 0,60)

B) Já tendo efetuado o primeiro lançamento, poderá o Fisco realizar um segundo lançamento de IPTU referente ao mesmo ano? (Valor: 0,65)

GABARITO:

A) Sim. O fato gerador do IPTU, cf. o art. 32 do CTN, é a propriedade, o domínio útil ou a posse de bem imóvel por natureza ou por acessão física. Ora, a construção de uma casa sobre o terreno constitui acessão física que valoriza o imóvel, ampliando o valor venal de sua base de cálculo, cf. o art. 33 do CTN.

B) Sim. Havia dever do contribuinte, estabelecido na legislação tributária municipal, de notificar o Município sobre a nova construção. Tendo se omitido neste dever, poderá o Fisco realizar novo lançamento suplementar de ofício, agora considerando a nova edificação não declarada, fato desconhecido até então do Fisco, cf. art. 149, inciso IV, do CTN.

130. **(XXXIV Exame OAB)** Lei federal, visando diminuir a carga tributária incidente sobre operações financeiras envolvendo o ouro, estabeleceu em 0,5% a alíquota do Imposto sobre Operações Financeiras (IOF) incidente sobre a aquisição de ouro como ativo financeiro.

Além disso, a mesma lei determinou que a arrecadação obtida com tal cobrança de IOF seria destinada integralmente ao Estado de origem do ouro, como forma de auxílio financeiro aos estados.

Diante desse cenário, responda aos itens a seguir.

A) É possível tal fixação de alíquota do IOF-ouro em 0,5%? (Valor: 0,60)

B) É possível a destinação integral dos recursos obtidos com a cobrança do IOF-ouro para o Estado de origem do ouro? (Valor: 0,65)

GABARITO:

A) Não é possível. Segundo o art. 153, § 5º, da CRFB/88, o ouro, quando definido em lei como ativo financeiro ou instrumento cambial, sujeita-se exclusivamente à incidência do IOF, sendo que a alíquota mínima será de um por cento.

B) Não é possível. Segundo o art. 153, § 5º, incisos I e II, da CRFB/88, assegura-se a transferência do montante da arrecadação deste IOF-ouro nos seguintes termos: I – trinta por cento para o Estado, o Distrito Federal ou o Território, conforme a origem; II – setenta por cento para o Município de origem.

Referências

ALEXANDRE, Ricardo. *Direito tributário esquematizado*. São Paulo: Método, 2015.

ALEXANDRINO, Marcelo; PAULO, Vicente. *Direito tributário na Constituição e no STF*. São Paulo: Método, 2014.

BALEEIRO, Aliomar. *Direito tributário brasileiro*. Atual. por Misabel Abreu Machado Derzi. Rio de Janeiro: Forense, 2015.

BALEEIRO, Aliomar. *Uma introdução à ciência das finanças*. Atual. por Djalma de Campos. Rio de Janeiro: Forense, 2002.

BARREIRINHAS, Robinson Sakiyama. *Como se preparar para o Exame de Ordem n. 4 tributário*. São Paulo: Método, 2010.

BECKER, Alfredo Augusto. *Teoria geral do direito tributário*. 6. ed. São Paulo: Noeses, 2013.

CARRAZZA, Roque Antonio. *ICMS*. São Paulo: Malheiros, 2011.

CARVALHO, Paulo de Barros. *Curso de direito tributário*. São Paulo: Saraiva, 2002.

CASSONE, Vittorio. *Direito tributário*. São Paulo: Atlas, 2014.

CASSONE, Vittorio. *Interpretação do Sistema Tributário Nacional e o STF*. São Paulo: Atlas, 2013.

CASSONE, Vittorio; CASSONE, Maria Eugenia Teixeira; ROSSI, Júlio César. *Processo tributário*. São Paulo: Atlas, 2012.

CONRADO, Paulo Cesar. *Processo tributário analítico*. São Paulo: Dialética, 2003.

COSTA, Regina Helena. *Praticabilidade e justiça tributária. Exequibilidade de lei tributária e direitos do contribuinte*. São Paulo: Malheiros, 2007.

FABRETTI, Láudio Camargo. *Direito tributário aplicado*. São Paulo: Atlas, 2012.

HARADA, Kiyoshi. *Direito financeiro e tributário*. São Paulo: Atlas, 2014.

KNIJNIK, Eduardo. *Passe na OAB 2ª Fase – Questões e peças comentadas*. São Paulo: Saraiva, 2012.

MACHADO, Hugo de Brito. *Curso de direito tributário*. São Paulo: Malheiros, 2008.

MACHADO SEGUNDO, Hugo de Brito. *Direito tributário nas súmulas do STF* e *STJ*. São Paulo: Atlas, 2010.

MACHADO SEGUNDO, Hugo de Brito. *Código Tributário Nacional – Anotações à Constituição, ao Código Tributário Nacional* e *às Leis Complementares 87/1996* e *116/2003*. São Paulo: Atlas, 2014.

MACHADO SEGUNDO, Hugo de Brito. *Processo tributário*. São Paulo: Atlas, 2014.

MARTINS, Ives Gandra da Silva. *Comentários ao Código Tributário Nacional*. São Paulo: Saraiva, 1998.

NASSER, Guilherme Sacomano; ROQUE, Nathaly Campitelli. *Vade Mecum prática tributária*. São Paulo: Método, 2015.

NISHIYAMA, Adolfo Mamoru. *Prática de direito processual tributário*. São Paulo: Atlas, 2012.

NOHARA, Irene Patrícia; MARRARA, Thiago. *Processo administrativo - Lei n. 9.784/99 comentada*. São Paulo: Atlas, 2011.

NOHARA, Irene Patrícia; MORAES FILHO, Marco Antonio Praxedes de. *Processo administrativo*. São Paulo: Atlas, 2011.

NOVAIS, Rafael. *Descomplicando direito tributário*. Recife: Armador, 2015.

NOVAIS, Rafael. *Direito tributário facilitado*. São Paulo: Método, 2018.

PADILHA, Rodrigo Corrêa. *Como se preparar para 2ª fase*: constitucional. São Paulo: Método, 2015.

QUINTANILHA, Gabriel Sant'Anna. *Mandado de segurança no direito tributário*. 2. ed. São Paulo: Saraiva, 2017.

QUINTANILHA, Gabriel Sant'Anna. *Mandado de segurança no direito tributário*. 3. ed. São Paulo: SaraivaJur, 2022.

QUINTANILHA, Gabriel Sant'Anna. *Manual de direito tributário*: volume único. 2. ed. Rio de Janeiro: Método, 2022.

ROCHA, João Marcelo. *Direito tributário*. São Paulo: Método, 2013.

SABBAG, Eduardo. *Direito tributário essencial*. São Paulo: Método, 2015.

SABBAG, Eduardo. *Prática tributária*. São Paulo: Método, 2014.

SANTI, Eurico Marcos Diniz de. *Lançamento tributário*. São Paulo: Max Limonad, 1999.

SCHOUERI, Luís Eduardo. *Direito tributário*. São Paulo: Saraiva, 2012.

SPILBORGHS, Alessandro. *Passe na OAB 2ª Fase - teoria e modelos*. São Paulo: Saraiva, 2013.

XAVIER, Alberto. *Do lançamento, teoria geral do ato, do procedimento e do processo tributário*. Rio de Janeiro: Forense, 1998.

YAMASHITA, Douglas. *Direito tributário*: uma visão sistemática. São Paulo: Atlas, 2014.